Giesbert Damaschke

iTunes 12 & Apple Music

10 Jahre amac-buch Verlag (seit 2005)

amac
BUCH VERLAG

Giesbert Damaschke

iTunes 12 & Apple Music

10 Jahre amac-buch Verlag (seit 2005)

ISBN 978-3-95431-039-5

Hergestellt in Deutschland

Trotz sorgfältigen Lektorats schleichen sich manchmal Fehler ein. Autoren und Verlag sind Ihnen dankbar für Anregungen und Hinweise!

amac-buch Verlag
Erlenweg 6
D-86573 Obergriesbach
E-Mail: info@amac-buch.de
http://www.amac-buch.de
Telefon +49(0) 82 51/82 71 37
Telefax +49(0) 82 51/82 71 38

Inhalt

Kapitel 3 – Musik: Darstellungsoptionen 55

Kapitel 4 – Musik wiedergeben 69

Kapitel 5 – Die Wiedergabelisten 95

Kapitel 6 – Musik organisieren und verwalten 121

Kapitel 7 – Der iTunes Store 145

Kapitel 13 – Freigaben 239

Kapitel 14 – Die Mediathek und ihre Inhalte 251

Kapitel 15 – Apple Music 263

Vorwort

Dass ich es nur gleich gestehe: Meine erste Begegnung mit iTunes war alles andere als Liebe auf den ersten Blick. Im Gegenteil: Ich habe mich gefragt, wozu um alles in der Welt man so ein Programm braucht. Ein paar CDs importieren, Wiedergabe starten, fertig – sehr viel mehr war damit doch nicht drin.

Im Grunde schien iTunes mir nur ein ziemlich aufgeblähter Bytehaufen zur Erledigung eher simpler Aufgaben zu sein, und ich war fest davon überzeugt, dass ich das, was iTunes kann, auf Datei-Ebene selbst sehr viel besser und schneller erledigen könnte.

Ich hatte ja keine Ahnung.

Denn je mehr ich mich auf iTunes einließ und je häufiger ich es einsetzte, als desto wertvoller, leistungsfähiger und hilfreicher entpuppte es sich. Anfangs hatte ich mich darüber mokiert, dass iTunes alle Inhalte selbst verwalten wollte und mir gelegentliche Abstecher auf die Datei-Ebene eher übel nahm.

Doch das, was mir anfangs als Einschränkung erschien, erwies sich im Laufe der Zeit nicht nur als große Befreiung von lästigen und zeitraubenden Arbeiten, die ein Computer eigentlich auch sehr gut allein und vor allem besser und fehlerfreier erledigen kann, sondern bescherte mir auch eine bis dato unbekannte Flexibilität bei der Verwaltung meiner digitalen Medienbestände.

Heute bin ich froh, dass ich mich mit Dateien und Dateistrukturen nicht mehr herumschlagen muss, sondern das alles getrost iTunes überlassen kann. Statt endlos Zeit mit Jonglieren von Ordnern und Dateien zu verschwenden, lege ich heute mit wenigen Klicks maßgeschneiderte Wiedergabelisten in iTunes an und habe auf meinem iPod und iPhone immer genau die Medien dabei, die ich dabeihaben möchte.

Inzwischen verwalte ich meine Musik, Filme, TV-Serien, Hörbücher, Hörspiele und meine Podcasts vollständig mit iTunes. Hinzu kommen natürlich auch noch alle Apps und Daten, die ich auf meinem iPhone immer dabei habe, schließlich wird iTunes auch für den Datenabgleich zwischen meinem Computer und meinem iPhone eingesetzt. Dank Apple Music habe ich obendrein Zugriff auf praktisch den kompletten Musikkatalog von Apple – und der ist sehr, sehr umfangreich.

Meine Mediathek ist inzwischen auf mehrere 100 GB angewachsen – und zwar ohne dass ich den Überblick verlieren, entlegene Bestände nicht mehr wiederfinden oder iTunes in die Knie gehen würde. Natürlich hat auch iTunes – wie jedes Programm – mitunter seine Macken und Mucken, aber das sind seltene Ausnahmen, mit denen ich sehr gut leben kann.

In diesem Buch stelle ich Ihnen iTunes und seine mitunter verblüffenden Fähigkeiten detailliert vor. Ganz gleich, ob Sie Einsteiger oder fortgeschrittener Anfänger sind, ob Sie mit Windows oder OS X arbeiten, in diesem Buch erfahren Sie alles, was Sie zu iTunes wissen sollten – und noch ein bisschen mehr.

Wenn Sie iTunes noch nicht kennen, dann werden Sie es mit diesem Buch sehr genau kennenlernen. Und wenn Sie iTunes bislang eher missmutig als notwendiges Übel betrachtet haben, dann sollten Sie dem Programm noch einmal eine Chance geben – am Ende wird es Ihnen dann so gehen wie mir: Sie werden verwundert feststellen, was iTunes Ihnen alles zu bieten hat und wie das Programm Ihren digitalen Alltag erleichtern kann. Versprochen.

Mit „Apple Music" ist Apple vom reinen Verkäufer digitaler Musik zum Streaming-Anbieter geworden. Seit Apple Music können Sie Titel und Alben nicht nur gegen Geld im iTunes Store kaufen, sondern gegen eine moderate monatliche Gebühr können Sie fast alles hören, was es an Musik im iTunes Store gibt. Wie Apple Music funktioniert, welche Möglichkeiten es Ihnen bietet und worauf Sie achten müssen, erfahren Sie ebenfalls in diesem Buch.

Ihr
Giesbert Damaschke

Giesbert Damaschke

Oktober 2015

Kapitel 1 Überblick

Mit iTunes bietet Apple ein ungemein vielseitiges und leistungsfähiges Programm an, das als Medienzentrale immer dann ins Spiel kommt, wenn es um Musik, Videos und ähnliche Inhalte geht. Dabei ist die wichtigste Aufgabe von iTunes zwar zweifellos die Organisation und Wiedergabe Ihrer digitalen Musik – nicht umsonst zeigt das Programmsymbol zwei Noten –, doch das Programm kann sehr viel mehr, als Ihnen nur als flexible Jukebox zu dienen. In diesem Kapitel machen wir uns zuerst mit den Möglichkeiten und dem generellen Aufbau des Programms vertraut. Hier erfahren Sie, wie Sie das Programm installieren bzw. aktualisieren und wo die Unterschiede zwischen der Windows- und der Mac-Version des Programms liegen. (Spoiler: Es gibt so gut wie keine.)

Das kann iTunes

Als Apple im Jahr 2001 *iTunes* vorstellte, da war es noch ein kleines Programm zum Abspielen von Musikdateien und CDs. Inzwischen ist man bei der Version 12 angekommen, und iTunes hat sich vom eher simplen Player zu einer mächtigen Datenbank zur Verwaltung und Wiedergabe von Medien entwickelt. Nach wie vor ist Musik zwar die große Stärke von iTunes, doch das Programm kann mehr. Sehr viel mehr.

- *Musik:* Die Verwaltung und Wiedergabe von Musik ist die Hauptaufgabe, die iTunes zu bewältigen hat. Sie können Musik-CDs „rippen" (also die Musik von der CD auf Ihre Festplatte kopieren) sowie Audiodateien importieren und verwalten. iTunes organisiert Ihre Musik nach den unterschiedlichsten Kriterien, verwaltet Wiedergabelisten und hat noch vieles mehr zu bieten.
- *Video:* Sie können mit iTunes auch Videos, Filme oder TV-Serien verwalten und natürlich auch schauen. Während iTunes allerdings Musik von einer CD problemlos importieren kann, kann iTunes das mit Filmen auf DVD nicht. Oder genauer: iTunes darf das nicht. Können könnte es das Programm schon – aber die Rechteinhaber erlauben es nicht.

- *Podcasts:* Das Programm bietet auch einen leistungsfähigen „Podcaster“, also die Möglichkeit, Podcasts zu laden, zu abonnieren und natürlich auch abzuspielen. Apple bietet das weltweit wohl umfangreichste Angebot an kostenlosen Podcasts zu allen, aber wirklich allen nur denkbaren Themen. Dabei kommt iTunes sowohl mit Video- als auch mit Audio-Podcasts klar.
- *Hörbücher:* Sie lassen sich Literatur gern vorlesen? Kein Problem. Auch mit Hörbüchern und Hörspielen hat iTunes keine Probleme.
- *Internetradio:* Als wäre das alles noch nicht genug, bietet iTunes zudem Zugriff auf Tausende von Radiosendern aus aller Welt, auf die Sie via Internet zugreifen.
- *iTunes U:* Das „U“ steht für „University“ und gibt die Richtung vor. Hier finden Sie keine Musik oder Videos, sondern hochkarätige Vorlesungen und Kurse namhafter Universitäten und Bildungseinrichtungen zu allen nur denkbaren Themen – als mehrstündige Videos, Audiodateien oder PDF-Dateien, und das völlig kostenlos.
- *iTunes Store:* Apples iTunes Store ist das wohl größte Kaufhaus für digitale Inhalte mit einem riesigen Angebot an Musik, Filmen, Serien, Podcasts oder E-Books.
- *iPhone, iPad & Co:* Ganz gleich ob iPhone, iPad oder iPod touch – für alle iOS-Geräte ist iTunes das zentrale Verwaltungsprogramm, mit dem Sie Programme, Musik, Filme, Fotos und mehr auf die Geräte kopieren. Und wenn Sie ein Apple-TV besitzen, dient auch hier iTunes als Medienzentrale.

Auch wenn Musik immer noch den Schwerpunkt von iTunes bildet, so kann das Programm doch auch zahlreiche andere digitale Medien verwalten.

> **Apples „i"**
>
> Sie werden es wohl schon bemerkt haben – Apple stellt den Namen seiner Produkte gern ein kleines „i" voran: iTunes, iCloud, iPhone, iMac und so weiter. Dieses „i" steht nicht – oder jedenfalls nicht nur – für das englische „I", also „ich", sondern war bei der Einführung des ersten iMac im Jahr 1998 die Abkürzung für „Internet".

Apple Music

Im Herbst 2015 hat Apple das ohnehin sehr leistungsfähige Programm um eine weitere mächtige Funktion ergänzt: „Apple Music". Dabei handelt es sich um einen (kostenpflichtigen) Streamingdienst, über den Sie via Internet mehr oder weniger auf den kompletten Bestand des iTunes Stores zugreifen können und auf allen aktivierten Geräten (Computer, iPhone, iPad, iPod touch) die Musik aus dem iTunes Store abspielen können. Zudem synchronisiert Apple Music über die „iCloud-Mediathek" Ihre lokal vorhandene Musik mit allen angeschlossenen Geräten. Sie können also zum Beispiel an Ihrem Computer eine Musik-CD Ihrer Mediathek hinzufügen und haben diese Musik dann auch auf dem iPhone verfügbar. Zu Apple Music gehört auch ein eigenes Radio-Angebot von Apple. Mit diesem Thema beschäftigen wir uns ausführlich in Kapitel 15.

iTunes installieren

Apple bietet iTunes für OS X und Windows kostenlos an. Bei OS X gehört iTunes zum Lieferumfang und ist auf jedem Mac als Standardprogramm zur Verwaltung digitaler Medien installiert.

Bei Windows ist dies nicht der Fall – von Haus aus ist der Windows Media Player für derlei zuständig –, hier muss das Programm also zuerst installiert werden. Dazu laden Sie die Installationsdatei von der Webseite *www.itunes.de*. Das Programm unterstützt alle Versionen ab Windows XP, ab Windows Vista liegt iTunes als 32- und als 64-Bit-Version vor.

Auf der Webseite können Sie Ihre E-Mail-Adresse eingeben – aber Sie müssen dies nicht tun. Wenn Sie keine Werbung und Informationen von Apple in Ihrem Posteingang finden möchten, dann ignorieren Sie die entsprechenden Felder und klicken kurzerhand auf *Jetzt laden*. Die Datei „iTunesSetup.exe“ wird geladen und kann wie gewohnt installiert werden.

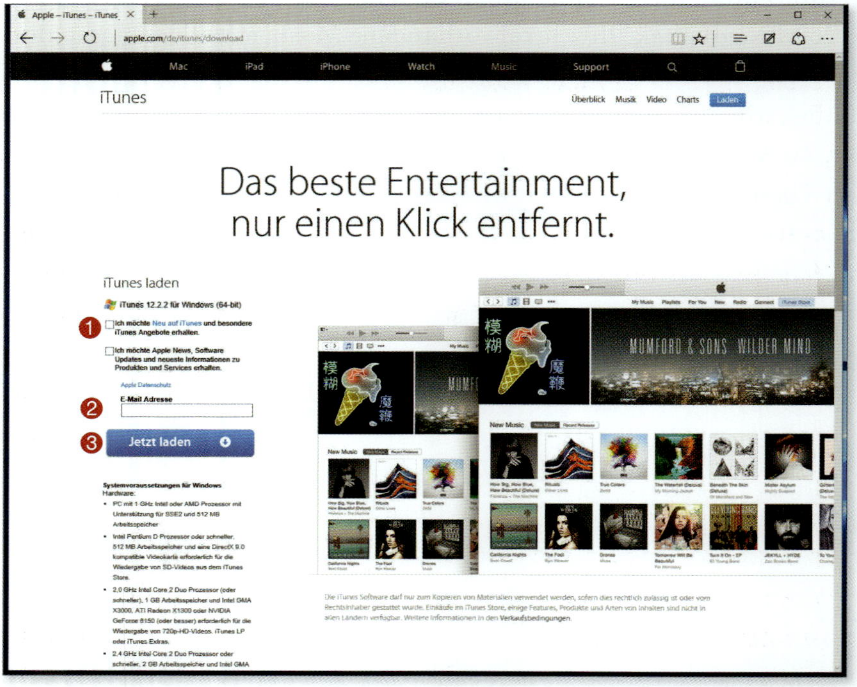

Auch wenn Apple Sie dazu ermuntert, sich regelmäßig Werbepost zuschicken zu lassen ❶ *und gar zu gern Ihre E-Mail-Adresse hätte* ❷ *– Sie müssen das nicht akzeptieren, sondern können iTunes auch einfach direkt laden* ❸*.*

!

Was alles installiert wird

Erfahrene Windows-Anwender werfen nach der Installation eines Programms gern einen Blick in die Systemsteuerung, um zu überprüfen, was genau alles installiert wurde. Bei iTunes kann man da eine Überraschung erleben. Denn neben iTunes selbst finden sich auch Einträge zu „Apple Mobile Device Support", „Apple Software Update", „Bonjour" und „Apple Application Support". Im Internet kursieren diverse Anleitungen, wie man diese scheinbar überflüssigen Programme deinstalliert – aber das sollten Sie auf gar keinen Fall tun. Denn diese Programmpakete benötigt iTunes, um alle Funktionen korrekt zur Verfügung zu stellen. Auch wenn Sie beispielsweise kein iPhone oder kein Apple-TV besitzen, sollten Sie **alle** Komponenten installiert lassen – nur so ist gewährleistet, dass iTunes tatsächlich reibungslos funktioniert.

Unter OS X ist iTunes standardmäßig installiert. Sollte es – aus welchen Gründen auch immer – nicht vorhanden oder beschädigt sein, dann können Sie die aktuelle Version des Programms von der Website *www.itunes.de* laden und installieren.

Erster Programmstart

Nach der Installation unter Windows startet iTunes üblicherweise automatisch. Wenn dies nicht der Fall sein sollte (oder Sie an einem Mac arbeiten, wo das Programm nicht installiert werden muss), starten Sie iTunes wie gewohnt mit einem Doppelklick auf das Programmsymbol.

Beim ersten Start begrüßt iTunes Sie mit einem Willkommen-Bildschirm. Bevor Sie irgendetwas mit dem Programm machen können, braucht iTunes noch die Antwort auf die Frage, ob Sie die *Freigabe von Details über Ihre Mediathek* akzeptieren oder nicht. Was ist damit gemeint – spioniert Apple Sie etwa aus? Nein, keine Sorge, die Sache erklärt sich ganz einfach.

Apple verwaltet auf seinen Servern Millionen von CD-Covern und andere Informationen zu den verschiedenen Künstlern und Bands. Damit iTunes auf diese Daten zugreifen kann, muss das Programm einige (technische) Informationen an die Server von Apple schicken – und genau dazu braucht es Ihre Erlaubnis. Apple speichert dabei keine Daten. Klicken Sie also auf *Akzeptieren*, um sich die Arbeit mit iTunes zu erleichtern. Falls Sie unsicher sind, können

Sie natürlich auch auf *Nein* klicken – Sie können die hier verweigerte Erlaubnis jederzeit nachträglich erteilen (mehr dazu lesen Sie in Kapitel 2).

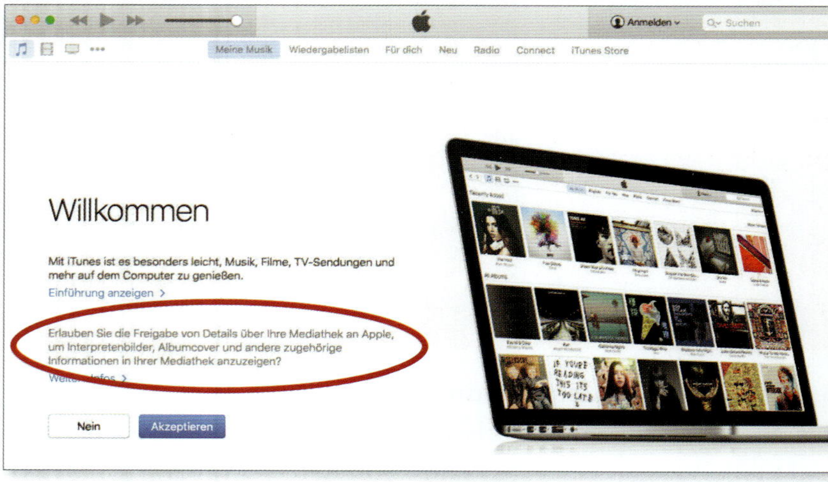

Beim ersten Start verdutzt iTunes den Anwender mit einer seltsamen Frage und bittet um die Erlaubnis einer Freigabe.

Nach der ersten Installation besitzt iTunes natürlich noch keine Inhalte, die Sie mit dem Programm verwalten oder wiedergeben könnten. Daher bietet iTunes Ihnen im nächsten Schritt an, entweder *Zum iTunes Store* zu wechseln – das ist Apples digitales Kaufhaus, dem wir uns in Kapitel 7 ausführlich widmen werden – oder Ihren Computer nach Musik zu durchsuchen, um sie der Mediathek einzuverleiben.

Anfangs ist die Mediathek natürlich noch leer. Aber das werden wir sehr bald ändern.

Wenn Sie bereits sehr viele Mediendateien gespeichert haben, dann können sich die Suche und der Import der Daten schon mal einige Zeit hinziehen. Sollten Sie bei der ersten Begegnung mit iTunes noch ein wenig unschlüssig sein, dann ignorieren Sie diese Taste und gehen gleich zum iTunes Store. Sobald Sie sich mit iTunes ein wenig vertraut gemacht haben, können Sie Ihre bereits vorhandenen Dateien jederzeit nachträglich importieren. Mit diesem Thema beschäftigen wir uns in Kapitel 2.

iTunes aktuell halten

Standardmäßig kümmert sich iTunes selbst darum, dass es immer auf dem aktuellen Stand ist. Falls das bei Ihrer Installation nicht der Fall ist, lässt sich die automatische Aktualisierung jederzeit in den Eigenschaften von iTunes aktivieren:

- *OS X:* Wählen Sie *iTunes –> Einstellungen,* und aktivieren Sie auf der Registerkarte *Erweitert* den Punkt *Automatisch nach neuen Software-Updates suchen.*
- *Windows:* Klicken Sie auf die kleine dunkelgrau/graue Taste links oben und wählen Sie *Einstellungen*. Wechseln Sie zur Registerkarte *Erweitert*, und aktivieren Sie dort den Punkt *Automatisch nach neuen Software-Updates suchen.*

Wenn Sie ganz sicher sein wollen, dass Ihre iTunes-Installation dem aktuellen Stand entspricht, dann können Sie das auch manuell überprüfen:

- *OS X:* Wählen Sie *iTunes –> Nach Updates suchen.*
- *Windows:* Blenden Sie mit *Strg + B* das Menü ein und wählen Sie hier *? –> Nach Updates suchen.*

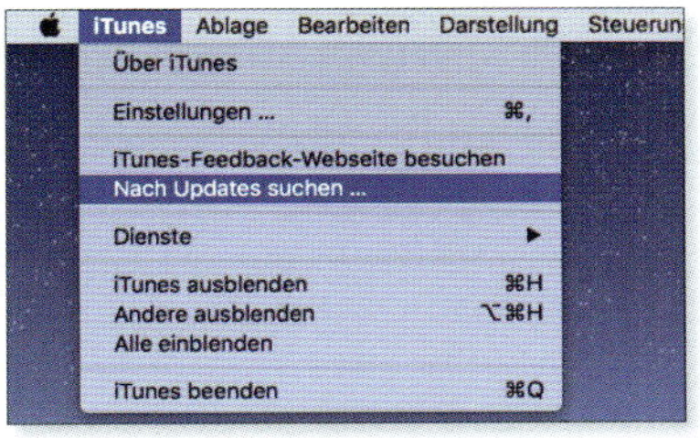

Üblicherweise kümmert sich iTunes selbst darum, dass es auf dem aktuellen Stand ist. Wenn Sie sicher sein wollen, können Sie aber auch selbst einmal nachsehen.

Die Unterschiede bei Windows und Mac

Apple ist in erster Linie eine Hardware-Firma. Das Unternehmen verdient sein Geld vor allem mit dem Verkauf seiner Geräte, wie den Mac-Computern, dem iPhone, dem iPad oder der Apple Watch. Auf diesen Geräten setzt Apple seine eigenen Betriebssysteme ein. Auf einem Mac läuft OS X, auf einem iPhone, iPad oder iPod touch läuft das Betriebssystem iOS, und die Apple Watch wird mit Watch OS betrieben. Allerdings richtet sich Apple mit iPhone oder iPad nicht nur an Mac-Anwender, sondern natürlich auch an Windows-Nutzer. Entsprechend gibt es iTunes sowohl in einer Mac- als auch in einer Windows-Variante. Beide Versionen sind im Grunde identisch und werden auch fast gleich bedient. Es gibt allerdings einige kleinere Besonderheiten – schließlich lässt sich ein Programm nicht wirklich eins zu eins von OS X nach Windows portieren, dazu sind die Systeme bei allen Ähnlichkeiten dann doch zu unterschiedlich.

> **!**
>
> **Die Abbildungen in diesem Buch**
>
> Die Screenshots und Abbildungen in diesem Buch wurden überwiegend mit der Mac-Version von iTunes 12 angefertigt. Sobald die Windows-Version von der Mac-Version signifikant abweicht, werden die Unterschiede erläutert.

Die Windows-Version von iTunes ist in Aufbau und Struktur zwar prinzipiell mit der Mac-Version identisch und bietet auch den gleichen Funktionsumfang, unterscheidet sich aber doch in Kleinigkeiten, die vor allem den unterschiedlichen Bedienkonzepten von OS X und Windows geschuldet sind.

So bietet das Programm unter Windows standardmäßig keine Menüleiste. Die lässt sich – wie von anderen Programmen gewohnt – mit der *Alt*-Taste oder der Tastenkombination *Strg + B* ein- und ausblenden. Ist die Menüleiste ausgeblendet, erreichen Sie über die kleine dunkelgrau/graue Taste links oben die wichtigsten Grundfunktionen von iTunes.

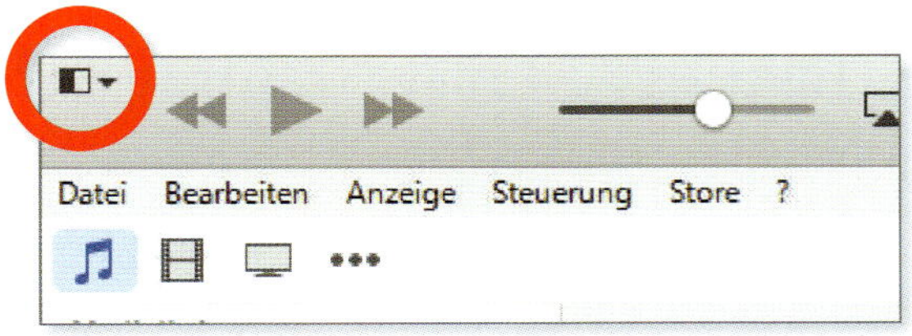

Unter Windows muss die Menüleiste explizit eingeblendet werden. Sie können alle Funktionen aber auch über die kleine Taste links oben erreichen.

Auch bei der Benennung der verschiedenen Menübefehle gibt es zwischen OS X und Windows geringfügige Unterschiede. Beim Mac heißt ein Menü *Ablage*, unter Windows *Datei*. Aus dem Mac-Menü *Darstellung* wird unter Windows *Anzeige*. Das Menü *Fenster* vom Mac gibt es unter Windows nicht, die auf dem Mac zu findenden *Optionen* stehen bei Windows ebenfalls unter *Anzeige*.

Mit iTunes werden auch Inhalte vom Computer auf ein iOS-Gerät – also iPhone, iPad oder iPod touch – übertragen (wie das funktioniert, erfahren Sie in Kapitel 12). Dabei sind die Mac- und die Windows-Version bis auf einen Punkt identisch. Für iOS bietet Apple mit dem iBooks Store und der App *iBooks* die Möglichkeit, etwa ein iPad in einen E-Book-Reader zu verwandeln. Auf dem Mac gibt es ebenfalls eine App namens iBooks – für Windows gibt es dergleichen nicht. Sie können also auf einem Mac Ihre E-Books mit der App iBooks im iBooks Store kaufen und Ihre E-Books mit der App lesen und verwalten. Unter Windows übernimmt iTunes diese Aufgaben, bietet Zugang zum iBooks Store und verwaltet die gekauften und importierten E-Books. Öffnen können Sie E-Books mit iTunes allerdings nicht.

Der wohl wichtigste Unterschied zwischen beiden Versionen besteht darin, dass auf dem Mac iTunes den Medienordner automatisch verwaltet und alle importierten Inhalte automatisch in seine Mediathek kopiert. Diese Optionen sind unter Windows standardmäßig deaktiviert. Wenn Sie jetzt nur Bahnhof verstehen, kann ich Sie beruhigen – was das heißt und welche Auswirkungen das hat, erfahren Sie in Kapitel 2.

Die Mediathek und andere Dateien von iTunes

Alle Inhalte, die Sie in iTunes verwalten, werden in einer Datenbank, der sogenannten Mediathek, organisiert. Zur Verwaltung speichert iTunes dabei allerlei Informationen zu den einzelnen Inhalten (aber nicht die Inhalte selbst!) in den beiden Dateien *iTunes Library.itl* und *iTunes Library.xml*. Dabei ist die Datei *iTunes Library.itl* die zentrale Verwaltungsdatei, in der iTunes sämtliche Informationen zu den verwalteten Inhalten speichert („itl“ steht dabei für „iTunes Library“). Die XML-Datei wird von iTunes nur noch aus Kompatibilitätsgründen mit Programmen anderer Anbieter mitgeführt – iTunes selbst benötigt diese Datei nicht. In den Einstellungen von iTunes können Sie auch festlegen, dass iTunes diese Datei nicht anlegen soll (wovon ich Ihnen allerdings abrate – es kann Ihnen ansonsten passieren, dass manche Programme nicht mehr korrekt auf die iTunes-Inhalte zugreifen können).

> **!**
>
> **Nur gucken, nichts berühren!**
>
> Auch wenn alle Inhalte und die Verwaltungsdaten der Mediathek problemlos zugänglich sind, sollten Sie sich tunlichst von diesem Ordner fernhalten und dort nichts bearbeiten. Wenn Sie hier etwas verändern, Dateien umbenennen oder gar löschen, wird iTunes nicht mehr korrekt funktionieren.

Wenn von „Mediathek“ die Rede ist, ist nicht immer vollständig klar, was damit gemeint ist. Mitunter bezeichnet Apple damit lediglich die Datei *iTunes Library.itl*, häufiger aber alle Inhalte, die von iTunes verwaltet werden. In der Praxis ist mit „Mediathek“ allerdings häufig der komplette Ordner *iTunes* gemeint, den Sie unter OS X im Ordner *Musik* Ihres Benutzerordners finden. Unter Windows liegt er in der Bibliothek *Musik* im Ordner *Eigene Musik*.

In diesem Ordner speichert iTunes sämtliche Verwaltungsdateien und in der Regel auch alle Inhalte, die Sie in das Programm importieren oder im iTunes Store kaufen. Lassen Sie sich dabei vom Ordnernamen „Musik“ nicht irritieren – hier finden sich auch die Filme, Podcasts oder Apps für iPhone und iPad, die Sie mit iTunes verwalten. Unter Windows werden hier auch Ihre Hörbücher gespeichert (unter OS X werden Hörbücher und Hörspiele mit iBooks verwaltet und sehr versteckt in Ihrer Benutzer-Library abgelegt).

Neben den beiden genannten Library-Dateien finden Sie hier noch die beiden Dateien *iTunes Library Extras.itdb* und *iTunes Library Genius.itdb*. Dabei handelt es sich um Datenbankdateien – das „itdb" steht für „iTunes Database" –, in denen iTunes weitere Verwaltungsdaten speichert.

Bei einem Update legt iTunes automatisch den Ordner *Previous iTunes Libraries* an, in dem frühere Versionen von *iTunes Library.itl* gespeichert werden. Aus diesen Dateien lässt sich im Falle eines Falles der vorherige Zustand von iTunes wiederherstellen.

Die Inhalte – also Ihre Musik, Videos, Podcasts und so weiter – liegen im Ordner *iTunes Media*, in dem sich weitere Ordner für die verschiedenen Inhalte finden, etwa *Music*, *Downloads*, *Movies* oder *Podcasts* (Sie sehen schon – auf dieser Ebene spricht iTunes überwiegend Englisch).

Im Ordner *Album Artwork* werden die Cover von Alben und Titel im Format „.itc" („iTunes Cover") gespeichert. Die Cover sind zwar üblicherweise Bestandteil einer Musikdatei, aber wenn iTunes beim Anzeigen der Cover jede Datei einzeln öffnen müsste, um das Cover zu lesen, würde das den Bildschirmaufbau enorm verlangsamen. Daher kopiert iTunes die Cover noch einmal in einen eigenen Ordner, den es sehr viel schneller lesen kann.

Beim Import einer Musik-CD kopiert iTunes die Daten automatisch in den Ordner *iTunes Media –> Music*. Dort werden Ordner mit den Namen der Interpreten angelegt. In diesen Ordnern finden sich wiederum Ordner mit den Namen der importierten CDs und darin schließlich die einzelnen Titel einer CD, wobei die Dateinamen den Namen der Titel entsprechen.

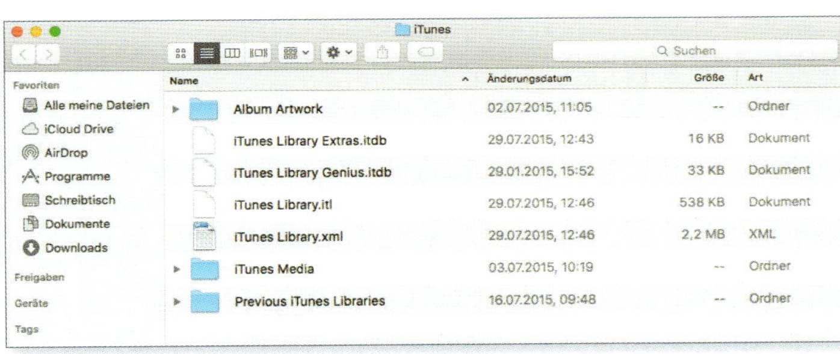

Im „iTunes"-Ordner finden sich sämtliche Verwaltungsdateien und Inhalte, die in iTunes organisiert werden.

Importieren Sie zum Beispiel die CD „Abbey Road" von den Beatles, dann legt iTunes automatisch den Ordner *iTunes –> iTunes Media –> Music –> The Beatles –> Abbey Road* an. Hier sind die Titel der CD dann als einzelne Musikdateien wie *01 Come Together* oder *07 Here Comes The Sun* gespeichert.

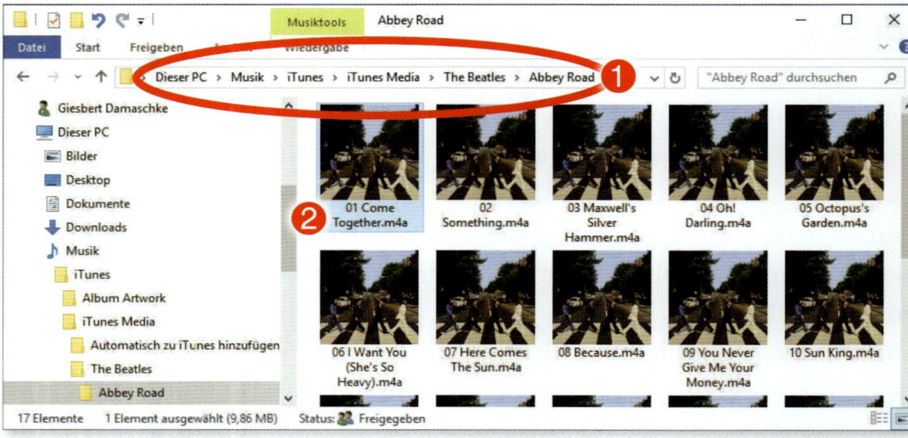

Beim Import einer CD legt iTunes im Media-Ordner einen Ordner mit dem Namen des Interpreten und der CD an ❶*, in dem dann die einzelnen Titel als Datei landen, wobei der Titelname als Dateiname benutzt wird* ❷.

Die Apple-ID

Die Apple-ID ist der Zugang zu Ihrem Account bei Apple. Sie ist für den Einsatz von iTunes nicht zwingend erforderlich, aber ohne diese ID können Sie nicht alle Funktionen nutzen, Downloads aus dem iTunes Store sind nicht möglich und Apple Music bleibt Ihnen auch versperrt. Auch das automatische Laden von CD-Cover funktioniert nur, wenn Sie sich mit Ihrer Apple-ID angemeldet haben.

Eine Apple-ID ist kostenlos und im Grunde nicht mehr als Ihre E-Mail-Adresse, die zusammen mit Ihren Daten (Name, Anschrift, Bankverbindung) bei Apple gespeichert ist. Die Apple-ID lässt sich auf verschiedenen Wegen einrichten. In Anhang A beschäftigen wir uns ausführlich mit den Feinheiten einer Apple-ID. An dieser Stelle soll nur rasch gezeigt werden, wie Sie eine Apple-ID einrichten, damit Sie alle Funktionen von iTunes nutzen können.

Es gibt mehrere Möglichkeiten, um eine Apple-ID zu erstellen. In iTunes klicken Sie auf das Benutzer-Symbol in der Kopfleiste des Programms und wählen *Apple-ID erstellen*.

Im Webbrowser rufen Sie die Adresse *appleid.apple.com* auf. Klicken Sie dort auf *Apple-ID erstellen*. Dort geben Sie Ihre E-Mail-Adresse ein und füllen das kleine Formular aus.

Es gibt viele Wege, eine Apple-ID zu erstellen. Am einfachsten geht es wohl über die entsprechende Webseite von Apple.

Nach kurzer Zeit erhalten Sie eine Bestätigungsmail an die angegebene E-Mail-Adresse. Klicken Sie dort auf den Link *Jetzt überprüfen*. Im Browser geben Sie nun Ihre frisch angelegte Apple-ID und Ihr Kennwort ein und klicken auf *Adresse bestätigen*. Damit ist die Anmeldung abgeschlossen: Ihre Apple-ID ist mit den Grunddaten aktiv und kann auch für andere Dienste von Apple, wie etwa iCloud oder Apple Music, benutzt werden. Beim ersten Zugriff auf den iTunes Store werden Sie aufgefordert, Ihre Daten zu vervollständigen, also zum Beispiel Ihre Bankverbindung einzugeben.

> **!**
> **Wichtig!**
> Ihre Apple-ID ist Ihr Schlüssel zu allen Angeboten bei Apple und für alle Interaktionen mit dem Apple-Support. Notieren Sie sich die Angaben, die Sie machen, und vergessen Sie auch die Sicherheitsfrage nicht – ohne diese Angaben können Sie später unter Umständen nicht mehr auf Ihren Account zugreifen.

Die Titel-, Symbol- und Statusleiste

In dem großen und derzeit noch leeren Bereich des Programmfensters werden später die Inhalte angezeigt, die Sie mit iTunes verwalten. Doch bevor es so weit ist, schauen wir uns die zentralen Elemente an, über die Sie iTunes steuern. Wir werden uns mit den verschiedenen Elementen und Symbolen im Verlauf des Buches noch ausführlich beschäftigen, an dieser Stelle verschaffen wir uns zuerst einmal einen allgemeinen Überblick.

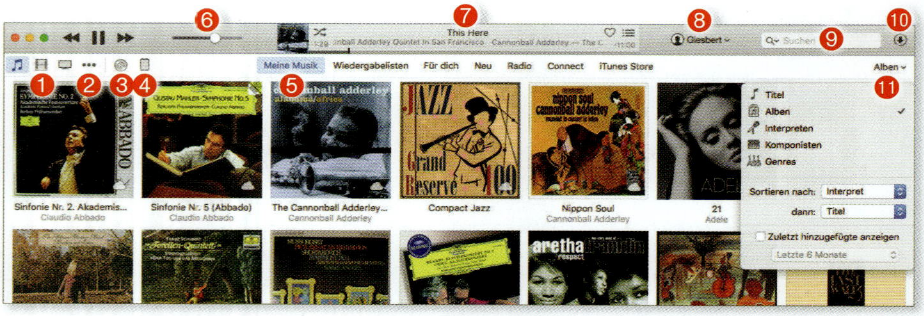

Das gesamte Programm wird über eine Handvoll Tasten und Schalter gesteuert.

Links sehen Sie verschiedene Symbole, über die Sie in die einzelnen Bereiche von iTunes wechseln. Standardmäßig sehen Sie hier Musik, TV-Serien und Filme ❶. Über die drei Punkte ❷ können Sie zu den Bereichen wechseln, die nicht in der Symbolleiste angezeigt werden (die Leiste können Sie Ihren Wünschen entsprechend anpassen, dazu gleich mehr.) Falls Sie eine CD ❸ eingelegt oder ein iOS-Gerät (iPhone, iPad, iPod touch) ❹ angeschlossen haben, erscheinen weitere Tasten, über die Sie zur CD bzw. zur Verwaltung des entsprechenden Gerätes wechseln.

In der Mitte der Symbolleiste sehen Sie verschiedene Einträge, über die Sie auf verschiedene Inhalte des aktuell gewählten Bereichs zugreifen ❺. Welche Menüpunkte hier aufgeführt werden, hängt davon ab, welcher Bereich von iTunes gerade aktiv ist. In diesem Beispiel ist es *Musik*, zur Auswahl stehen *Meine Musik*, *Wiedergabelisten*, *Für dich*, *Neu*, *Radio*, *Connect* und *iTunes Store*. Wechseln Sie zum Beispiel zu *Filme*, ändern sich die Menüpunkt zu *Meine Filme*, *Ungesehen*, *Eigene Videos*, *Wiedergabelisten* und *iTunes Store*. Gemeinsam ist den verschiedenen Menüs, dass *iTunes Store* immer als letzter Punkt rechts außen erscheint.

Die Kopfleiste von iTunes bietet auf der linken Seite die vertrauten Symbole zur Steuerung der Wiedergabe und der Lautstärke ❻. Falls Sie ein Apple TV via iTunes steuern oder AirPlay-Lautsprecher besitzen, die via WLAN mit Ihrem Computer verbunden werden, erscheint das AirPlay-Symbol ebenfalls in der Kopfleiste. Das große Feld in der Mitte ❼ ist die Aktivitätsanzeige, die genau das tut, was ihr Name verspricht: Sie zeigt Informationen zur aktuellen Aktivität von iTunes. Bei der Wiedergabe eines Titels sehen Sie hier also etwa den Namen des Titels und das Albumcover.

Rechts sehen Sie eine Account-Taste ❽, über die Sie sich mit Ihrer Apple-ID beim iTunes-Server anmelden. Je nachdem, wie viel Platz iTunes in der Kopfleiste hat, wird hier entweder nur das Symbol oder das Symbol und Ihr Name bzw. der Text „Anmelden“ gezeigt.

Über das Suchfeld rechts außen ❾ können Sie Ihre komplette Mediathek nach Stichwörtern durchsuchen und so blitzschnell jeden gewünschten Titel finden. Dieses Suchfeld passt sich dem jeweils aktiven Bereich an, sucht also bei aktivierter Musik im Musikbestand Ihrer Mediathek (oder, falls Sie Apple Music benutzen, auch im Musikangebot von Apple), bei TV-Serien oder Filmen entsprechend im Videobestand und bei iTunes Store im digitalen Kaufhaus von Apple.

Falls iTunes aktuell Daten mit dem Internet austauscht, eine CD importiert oder anderweitig mit Aufgaben beschäftigt ist, die im Hintergrund ablaufen, wird rechts außen ein weiteres Symbol ❿ eingeblendet. Klicken Sie dieses Symbol an, erhalten Sie genaue Informationen darüber, was iTunes da gerade treibt.

Je nach gewähltem Bereich erscheint zudem außen eine weitere Taste ⓫, über die Sie die Darstellung des aktuellen Bereichs festlegen (in diesem Beispiel ist die *Alben*-Ansicht aktiv).

Die Symbolleiste anpassen

Welche Bereiche Sie mit einem Mausklick erreichen und für welche Sie zuerst auf die drei Punkte klicken müssen, können Sie selbst festlegen.

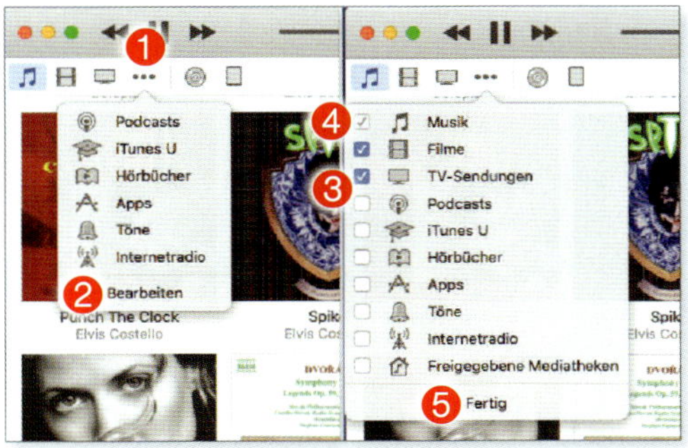

Welche Symbole für den Schnellzugriff Bereich erscheinen sollen, legen Sie selbst fest.

Die Abbildungen stammen von der OS X-Version von iTunes; unter Windows heißt der Punkt „Hörbücher" nur „Bücher", da iTunes für Windows nicht nur Hörbücher, sondern auch E-Books verwaltet. Unter OS X übernimmt die App iBooks die Verwaltung der E-Books. Klicken Sie dazu auf die *Mehr*-Taste (die drei Punkte ❶ und wählen Sie *Bearbeiten* ❷. Nun können Sie die verschiedenen Bereiche mit einem Klick in das Kästchen ein- bzw. ausblenden ❸. Der Bereich *Musik* ❹ wird dabei auf jeden Fall gezeigt und lässt sich nicht deaktivieren. Mit einem Klick auf *Fertig* ❺ speichern Sie Ihre Auswahl.

Die Statusleiste

Neben der Titel- und Symbolleiste bietet iTunes auch noch eine Statusleiste, die standardmäßig allerdings ausgeblendet ist. Wie der Name schon sagt, erhalten Sie hier Informationen zum aktuellen Status, genauer gesagt: zur Anzahl, Dauer und zum Speicherplatzbedarf der markierten Titel, Alben, TV-Serien, Filme und so weiter. Diese Informationen sind vor allem dann relevant, wenn Sie Musik aus iTunes exportieren und zuvor etwa wissen möchten, ob die gewählten Titel auch tatsächlich auf den USB-Stick passen.

Um die Leiste einzublenden, wählen Sie unter OS X den Menüeintrag *Darstellung –> Statusleiste einblenden*. Unter Windows führt *Anzeige –> Statusleiste einblenden* zum Ziel.

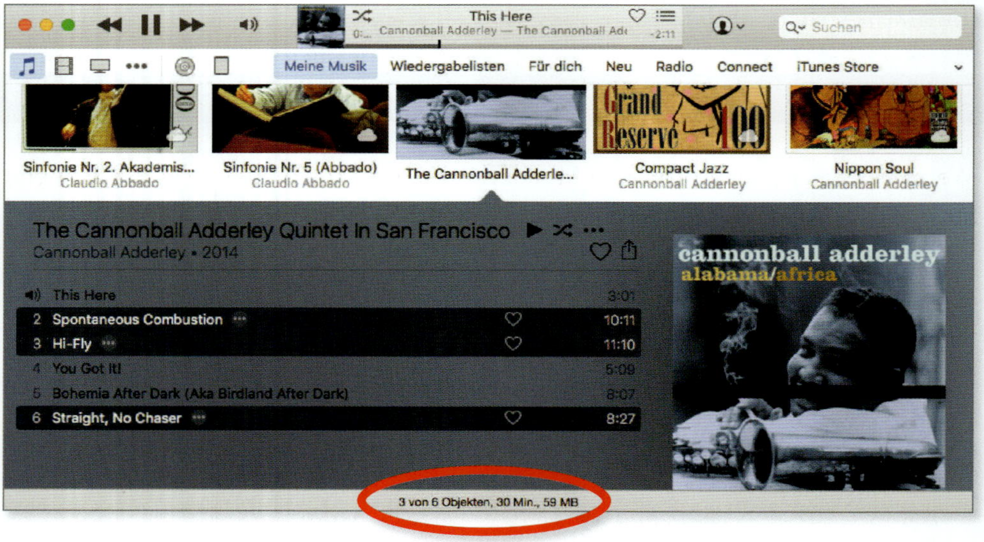

Die Statusleiste von iTunes ist standardmäßig ausgeblendet, bietet Ihnen aber mitunter wichtige Informationen zu den aktuell gewählten Titeln oder Alben.

> **!**
>
> **Genauere Informationen**
>
> Standardmäßig zeigt Ihnen die Statusleiste die Abspieldauer der gewählten Objekte bzw. des aktuell angezeigten Bereichs in gerundeter Form an, etwa „5 Std., 57 Min.". Wenn Sie es auf die Sekunde genau wissen möchten, klicken Sie die Statusleiste einmal an. Aus „5 Std., 57 Min." wird dann zum Beispiel „5:56:08 Gesamtdauer".

Die Einstellungen von iTunes

Die grundlegende Konfiguration von iTunes wird an einer zentralen Stelle verwaltet, den *Einstellungen*. Hier legen Sie etwa fest, wie iTunes Musik importieren und verwalten soll, was beim Einlegen einer CD passiert, wo iTunes seine Dateien speichert, ob Apple Music und die iCloud-Mediathek angezeigt werden soll oder welche Inhalte Sie in einem lokalen Netzwerk für andere Anwender freigeben möchten. Wir werden im Verlauf des Buches immer wieder auf diese Einstellungen zurückgreifen, daher sei an dieser Stelle erklärt, wie Sie die Einstellungen aufrufen.

- *Einstellungen unter OS X:* Auf dem Mac rufen Sie die Einstellungen von iTunes so auf, wie Sie es von anderen Programmen her gewohnt sind: Sie klicken in der Menüleiste auf den Programmnamen und wählen den gewünschten Punkt, also: *iTunes –> Einstellungen*. Alternativ dazu drücken Sie die Tastenkombination *cmd + ,*.
- *Einstellungen unter Windows:* Unter Windows erreichen Sie die Einstellungen auf verschiedene Weise. Der Standardweg führt über einen Klick auf die dunkelgrau/graue Taste oben links. Hier finden Sie dann den Eintrag *Einstellungen*. Haben Sie mit *Strg + B* die Menüleiste eingeblendet, taucht der entsprechende Eintrag auch im Menüpunkt *Bearbeiten* auf. Auch unter Windows gibt es eine Tastenkombination zum blitzschnellen Aufruf: Hier drücken Sie *Strg + ,*.

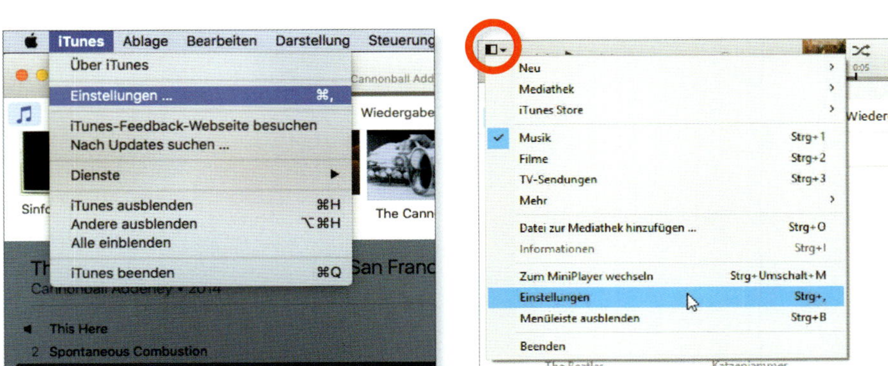

Auf dem Mac finden Sie die Einstellungen von iTunes wie gewohnt im Programmmenü, bei Windows erreichen Sie sie jederzeit über die kleine Taste links oben.

Der Aufbau der Einstellungen ist unter OS X und Windows bis auf Kleinigkeiten in der Darstellung identisch, hier wie dort gliedern sie sich in sieben Kategorien: *Allgemein*, *Wiedergabe*, *Freigabe*, *Store*, *Kindersicherung*, *Geräte* und *Erweitert*.

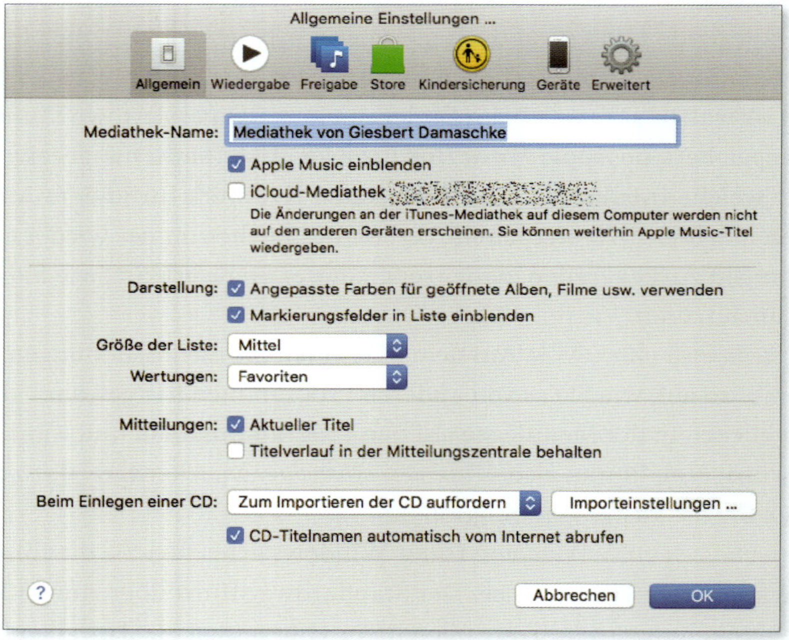

Die „Einstellungen" sind die Steuerzentrale von iTunes.

Kapitel 2 Musik importieren

In diesem Kapitel werden wir uns ausführlich mit allen Fragen rund um den Import von Musik beschäftigen. Hier gibt es zwei Möglichkeiten: Entweder importieren Sie eine Musik-CD, oder die zu importierenden Titel liegen bereits als Datei (etwa als MP3) auf Ihrer Festplatte oder einem externen Datenträger vor. In beiden Fällen ist das von Apple bevorzugte Standardvorgehen ausgesprochen simpel – und in beiden Fällen gibt es einige Besonderheiten, mit denen Sie den Import genau auf Ihre Wünsche abstimmen können.

Zwei grundlegende Einstellungen

Bevor Sie damit beginnen, Ihre Musik von CD oder Ihre Musikdateien nach iTunes zu importieren, sollten Sie sich kurz Gedanken über zwei grundlegende Einstellungen von iTunes machen. Das gilt vor allem für Windows-Anwender.

Wie schon im ersten Kapitel erläutert, ist iTunes nicht einfach ein Programm zum Abspielen Ihrer Musik und anderer Mediendateien, sondern eine ausgewachsene Datenbank mit eigenen Strukturen und diversen Verwaltungsdateien.

Am besten funktioniert iTunes, wenn Sie das Programm bei der Verwaltung Ihrer Musik nicht stören. Das betrifft zwei Dinge:

- *Speicherort der Dateien:* Im Prinzip ist es iTunes völlig egal, wo genau auf Ihrer Festplatte Ihre Musikdateien sind. Diese können wild verstreut auf der Festplatte liegen oder auch auf USB-Sticks oder externen Laufwerken gespeichert sein. Doch am besten ist es, wenn sämtliche Inhalte sich im Ordner *iTunes Media* befinden. Die Daten von Musik-CDs, die Sie importieren, landen automatisch in diesem Ordner. Bei Musikdateien, die Sie von Ihrer Festplatte oder aus einer anderen Quelle importieren, ist das nicht unbedingt der Fall. Hier kann iTunes die Dateien an Ort und Stelle belassen und in seiner Verwaltung nur den Speicherort vermerken. Das bedeutet aber, dass die Musik nur dann zur Verfügung steht, wenn die

Dateien auch dort bleiben, wo sie waren, als iTunes sie importiert hat. Ein konkretes Beispiel: Sie importieren MP3-Dateien von einem externen Laufwerk. Wird dieses Laufwerk entfernt, kann iTunes auf diese Dateien natürlich nicht mehr zugreifen. Oder: Sie haben mehrere MP3-Dateien in einem Ordner auf Ihrer Festplatte und importieren sie nach iTunes, ohne dass die Dateien kopiert werden. Das geht. Es bedeutet aber auch, dass iTunes die Dateien nicht mehr findet, sobald Sie sie in einen anderen Ordner verschieben. Generell ist es daher sehr sinnvoll, die Dateien beim Import automatisch nach *iTunes Media* zu kopieren.

- *Die Dateistruktur der Mediathek:* Wenn Sie eine Musik-CD importieren, legt iTunes entsprechend benannte Ordner und Dateien an (s. dazu Kapitel 1). Wenn Sie den Namen eines Albums oder eines Titels in iTunes nachträglich ändern, kann iTunes diese Änderung auch in die Dateistruktur auf der Festplatte übernehmen, Ordner und Dateien also entsprechend umbenennen. So spiegelt die Dateistruktur der Mediathek Ihre Ordnungsstruktur in iTunes wider.

Bei OS X sind diese beiden Grundeinstellungen standardmäßig aktiviert. Importierte Dateien werden also in die Mediathek kopiert, und die Dateistruktur wird bei Änderungen in iTunes automatisch angepasst.

Bei Windows sieht die Sache allerdings anders aus. Hier sind diese beiden Einstellungen von Haus aus deaktiviert. Das sollten Sie ändern, damit Sie iTunes optimal nutzen können.

Dazu rufen Sie die *Einstellungen* auf und wechseln zur Registerkarte *Erweitert*. Hier aktivieren Sie die beiden Punkte *iTunes-Medienordner automatisch verwalten* ❶ und *Beim Hinzufügen zur Mediathek Dateien in den iTunes-Medienordner kopieren* ❷.

Übrigens – auch wenn diese beiden Einstellungen auf dem Mac standardmäßig aktiviert sind, kann ein kleiner Kontrollblick nicht schaden: Sicher ist sicher.

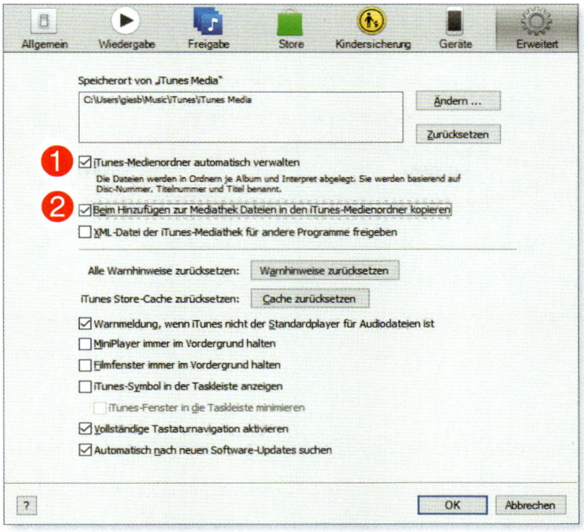

Unter Windows sind zwei zentrale Einstellungen standardmäßig ausgeschaltet. Das sollten Sie tunlichst ändern – und auf dem Mac kann es nicht schaden, diese Einstellungen zu kontrollieren.

Was passiert beim Einlegen einer Musik-CD?

Es gibt zwei Stellen, an denen Sie festlegen, wie Ihr Computer auf das Einlegen einer Musik-CD reagieren soll:

- *Betriebssystem:* In den *Systemeinstellungen* (OS X) bzw. in der *Systemsteuerung* (Windows) legen Sie fest, was generell passieren soll, wenn Sie eine Musik-CD einlegen. Solange iTunes nicht gestartet ist, greift das Betriebssystem auf diese Einstellungen zurück.
- *iTunes:* Auch in den *Einstellungen* von iTunes lässt sich die Reaktion auf das Einlegen einer Musik-CD festlegen. Die Regeln, die Sie hier aufstellen, gelten dann, wenn iTunes beim Einlegen einer Musik-CD bereits gestartet ist, und überschreiben die systemweiten Einstellungen.

Die systemweiten Einstellungen für OS X finden Sie unter *Apfel-Menü –> Systemeinstellungen –> CDs & DVDs*. Hier ist unter *Beim Einlegen einer Musik-CD* standardmäßig der Punkt *iTunes öffnen* aktiviert. Sobald iTunes geöffnet ist, greifen dann die dort festgelegten Einstellungen.

Was passiert beim Einlegen einer Musik-CD?

In den Systemeinstellungen von OS X legen Sie fest, dass iTunes automatisch gestartet werden soll, sobald Sie eine Musik-CD einlegen. Ab dann übernimmt iTunes.

Unter Windows sieht die Sache in klein wenig anders aus. Hier wählen Sie zuerst *Systemsteuerung –> Hardware und Sound –> Automatische Wiedergabe* (unter Windows 10 klicken Sie zuerst mit der rechten Maustaste auf das Windows-Symbol und wählen dort *Systemsteuerung*). Unter *Audio-CD* haben Sie für iTunes mehrere Möglichkeiten:

- *Titel anzeigen (iTunes):* Die Musik-CD wird von iTunes ausgelesen und angezeigt.
- *Audio-CD abspielen (iTunes):* Mit dieser Einstellung verhält sich iTunes so wie ein normaler CD-Player und spielt alle Titel auf der Musik-CD der Reihe nach ab.
- *Titel importieren (iTunes):* Die eingelegte Musik-CD wird von iTunes in den Standardeinstellungen importiert und der Mediathek hinzugefügt.

Wie schon erwähnt wurde, gelten diese Einstellungen nur, wenn iTunes nicht gestartet ist – andernfalls überschreiben die Einstellungen von iTunes die systemweiten Standards von Windows.

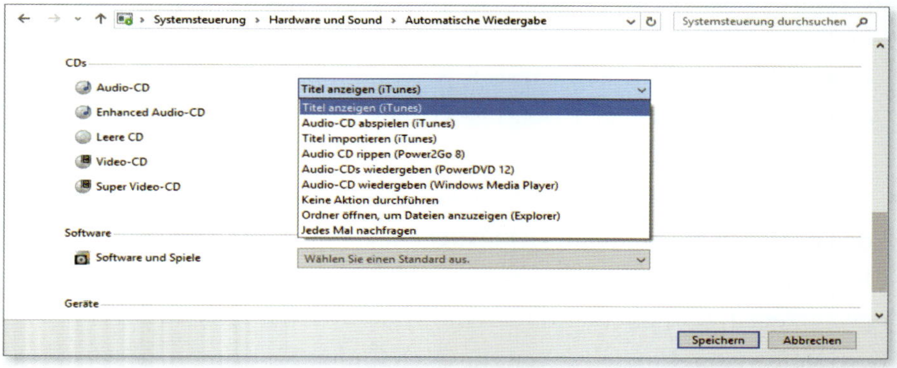

Unter Windows bietet Ihnen das System mehrere Möglichkeiten, wie es auf das Einlegen einer CD reagieren soll. Diese Einstellungen gelten allerdings nur, solange iTunes nicht gestartet ist.

Wie iTunes auf das Einlegen einer CD reagieren soll, legen Sie in den Einstellungen auf der Registerkarte *Allgemein* fest. Hier verhalten sich die OS-X- und die Windows-Version identisch. Sie haben folgende Möglichkeiten:

- *CD einblenden:* Der Inhalt der CD wird angezeigt, Sie haben jetzt die Möglichkeit, die CD-Informationen zu bearbeiten, die CD wiederzugeben oder zu importieren.
- *CD wiedergeben:* Der Inhalt der CD wird angezeigt, die CD wird wiedergegeben.
- *Zum Import der CD auffordern:* Der Dialog zum Import der CD erscheint. Dies ist die Standardeinstellung.
- *CD importieren:* Die CD wird ohne weitere Rückfrage mit den aktuellen Importeinstellungen importiert.
- *CD importieren und auswerfen:* Auch hier wird die CD mit den aktuellen Einstellungen importiert, anschließend wird die CD ausgeworfen. Diese Option ist dann besonders hilfreich, wenn Sie gleich einen ganzen Stapel Musik-CDs in einem Rutsch importieren möchten.

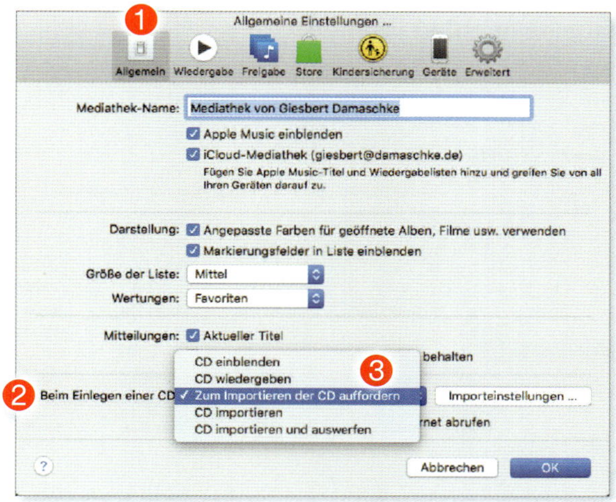

Auf der Registerkarte „Allgemein" ❶ finden Sie den Punkt „Beim Einlegen einer CD" ❷. Hier legen Sie fest, wie iTunes auf das Einlegen einer Musik-CD reagieren soll ❸.

> **!**
>
> **MP3-CDs**
>
> Die Einstellungen beim Einlegen einer CD gelten ausschließlich für Audio- bzw. Musik-CDs – **nicht** für MP3-CDs. Während die Daten einer Musik-CD zuerst computertauglich aufbereitet werden müssen, können MP3-Dateien von der CD ohne Umwege in die Mediathek aufgenommen werden. Wie Sie MP3- und andere Audio-Dateien importieren, erfahren Sie weiter unten in diesem Kapitel.

Was Sie vor dem Import wissen sollten

Jetzt könnten Sie eigentlich sofort loslegen und Ihre Musik-CDs in iTunes importieren. Doch bevor Sie frohgemut klicken, sollten wir uns kurz überlegen, was bei diesem Import eigentlich passiert. Es könnte ja sein, dass Sie die eine oder andere Voreinstellung Ihren Wünschen anpassen möchten.

Die einzelnen Stücke auf einer Musik-CD liegen in einem bestimmten Format vor, mit dem ein Computer so ohne weiteres nichts anzufangen weiß. Zwar ist es möglich, eine CD über das eingebaute CD/DVD-Laufwerk abzuspielen, aber damit ein Titel auf die Festplatte kopiert werden kann, muss er zunächst in eine Audiodatei umgewandelt werden. Lassen Sie sich also nicht dadurch täuschen, dass der Finder (OS X) bzw. der Explorer (Windows) einzelne Dateien anzeigt. Dabei handelt es sich nur um eine Hilfestellung, damit Sie einen einzelnen Titel für die Wiedergabe auswählen können.

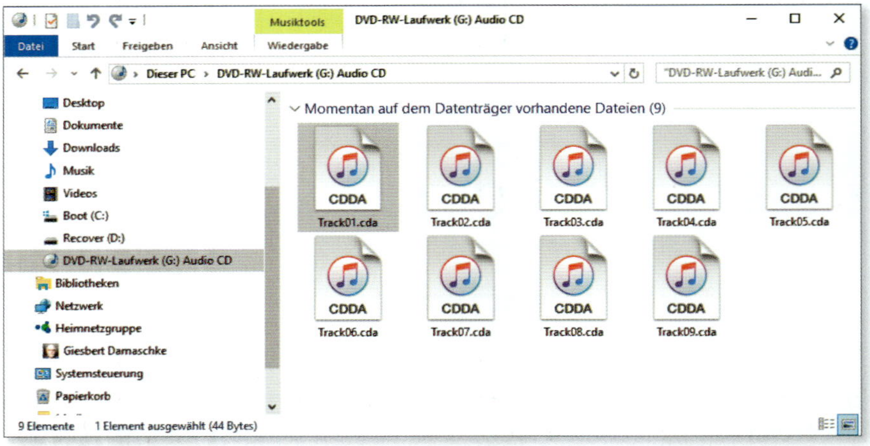

Eine Musik-CD sieht im Explorer von Windows (und auch im Finder bei OS X) auf den ersten Blick so aus wie ein normaler Datenträger. Doch das täuscht. Windows oder OS X können eine CD zwar wiedergeben – aber die einzelnen Tracks einer CD lassen sich nicht ohne Tricks als Datei auf die Festplatte kopieren. Die Dateiendung „cda" steht für „Compact Disc Audio". Dabei handelt es sich nur um Sprungmarken zu den einzelnen Tracks auf der CD.

Unter Windows lassen sich diese Dateien von einer CD zwar scheinbar auf die Festplatte kopieren, aber das, was Sie da kopieren, sind nicht die abspielbaren Titel, sondern Verwaltungsdateien, mit denen Windows ohne die dazugehörige

CD nichts anzufangen weiß. Auf dem Mac gaukelt das Betriebssystem Ihnen vor, es handele sich um normale Dateien. Kopieren Sie hier einen Track von der CD, wird dieser aber intern bereits in ein computertaugliches Format umgewandelt, damit der jeweilige Titel auf dem Computer abgespielt werden kann.

Beim Import (dem sogenannten „Rippen") werden die Titel in der Regel in ein wesentlich kompakteres Format konvertiert, als es von einer Musik-CD benutzt wird. Die Größe dieser Dateien hängt von verschiedenen Faktoren ab, zum Beispiel von der Bitrate und dem benutzten Audioformat. Als grobe Faustregel gilt, dass die Musik auf einer CD rund 600 MB, nach dem Import aber nur noch rund 100 MB auf der Festplatte belegt.

Um diese Ersparnis zu erreichen, werden die Musikdaten komprimiert. Dabei kommen verschiedene Verfahren zum Einsatz.

- *Verlustfreie Komprimierung:* Hier werden die Daten platzsparender angeordnet, als sie auf der CD vorliegen. So erreicht man kleinere Dateigrößen, ohne dass die Klangqualität darunter leidet.
- *Verlustbehaftete Komprimierung:* Dies ist das Standardverfahren, bei dem etwa bestimmte Frequenzen, die das menschliche Ohr kaum wahrnimmt, weggelassen werden. So erzielt man deutlich kleinere Dateien, muss dafür aber Kompromisse bei der Klangqualität machen. Eine gerippte, komprimierte Musikdatei hat nicht mehr die Klangqualität des Originals.

Bitrate und Audioqualität

Die Qualität von digitaler Musik hängt entscheidend davon ab, wie viele Informationen pro Sekunde kodiert werden. Je größer diese Datenrate ist, desto besser ist die Audioqualität. Da die Datenrate in Bit/s gemessen wird, wird auch der Begriff „Bitrate" dafür verwendet.

Ein Musikstück, das mit 96 kBit/s importiert wurde, klingt hörbar schlechter als eines, das mit 256 kBit/s eingelesen wurde. Man könnte also auf die Idee kommen, einfach die höchstmögliche Bitrate zu wählen, die iTunes zur Verfügung stellt (320 kBit/s). Schließlich ist die Audioqualität die wohl wichtigste Eigenschaft einer digitalen Musikdatei.

Die Sache hat nur einen Haken: Je höher die Bitrate ist, desto größer werden die Dateien. Das spielt bei einer Handvoll Titel noch keine große Rolle, doch sobald Sie ein paar CDs importieren, werden Sie feststellen, dass der benötigte Speicherplatz rapide zunimmt. Auch das ist bei heutigen Festplattengrößen im Terabyte-Bereich oft ein zu vernachlässigender Faktor, aber wenn Sie Ihre Musik auf einem iPhone hören oder auf einem USB-Stick speichern möchten, macht sich die enorme Dateigröße störend bemerkbar. Eine Musik-CD, die Sie mit der bestmöglichen Bitrate eingelesen haben, belegt ungefähr 150 bis 200 MB Platz auf der Festplatte. Bei dem knapp bemessenen Speicherplatz auf einem iPhone bekommen Sie mit dieser Auflösung also nur eine Handvoll CDs auf das Gerät.

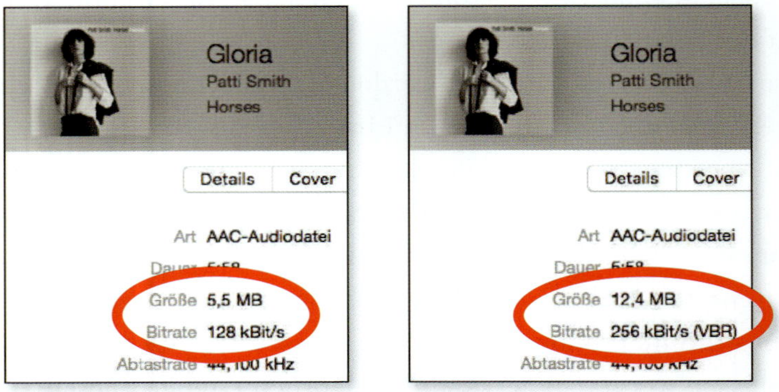

Im Beispiel wurde ein Titel im gleichen Audioformat (AAC), aber mit unterschiedlicher Bitrate importiert – die Unterschiede sprechen eine deutliche Sprache. Beim Import mit 128 kBit/s belegt der Titel 5,5 MB (links), bei 256 kBit/s – der Standardeinstellung von iTunes – wächst die Dateigröße auf 12,4 MB (rechts) an. Wohlgemerkt: Es handelt sich um denselben Titel, der im gleichen Format, aber mit unterschiedlicher Qualität importiert wurde.

Auch die Art der Audiodatei sollte berücksichtigt werden. Ein Hörbuch muss nicht unbedingt in der Qualität importiert werden, die für ein Musikstück erforderlich ist – Musik belegt einen größeren Frequenzraum und besitzt sehr viel mehr akustische Informationen als das gesprochene Wort.

Beim Import muss man also einen Kompromiss aus Qualität und Dateigröße finden, wobei als Faustregel gilt, dass oberhalb von 256 kBit/s nur noch mit guter Audio-Ausstattung Unterschiede hörbar sind. Doch der Höreindruck ist natürlich sehr subjektiv – was für den einen akzeptabel klingt, ist dem anderen unerträglich. Da Sie die Datenrate vor dem Import selbst einstellen können, sollten Sie hier einige Tests machen und die für Sie optimalen Einstellungen vornehmen.

Die Audioformate von iTunes

Das Format einer Musikdatei unterscheidet sich vor allem darin, mit welchem Verfahren die Musikdaten kodiert bzw. komprimiert werden. Das hat Auswirkungen auf Dateigröße und Klangqualität.

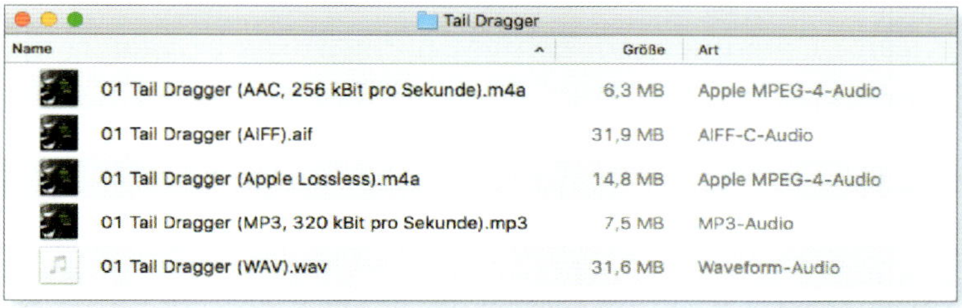

In welchem Format und mit welcher Datenrate Sie einen Titel importieren, hat direkte Auswirkungen auf die Audioqualität und die Dateigröße. In diesem Beispiel wurde ein Song als AAC mit 256 kBit/s, als AIFF, als Apple Lossless, als MP3 mit 320 kBit/s und schließlich als WAV importiert. Der Song ist in allen Fällen identisch – die Klangqualität und der Platzbedarf sind es nicht.

Folgende Formate beherrscht iTunes von Haus aus:

- *AAC („Advanced Audio Coding")* ist das Standardformat von iTunes. Bei der Standard-Datenrate von 256 kBit/s erzielt man einen exzellenten Kompromiss aus Klang und Dateigröße. Für zehn Minuten Musik benötigen Sie rund 20 MB Speicherplatz. Apple nennt diese Einstellung „iTunes Plus". AAC-Dateien klingen für viele Menschen etwas besser als MP3-Dateien mit gleicher Bitrate. Die Dateiendung bei iTunes ist nicht – wie zu erwarten wäre – „.aac", sondern „.m4a", was für „MPEG-4-Audio" steht.
- *AIFF („Audio Interchange File Format")* importiert Daten ohne Kompression, also verlustfrei. So erhalten Sie zwar klanglich sehr gute, aber auch sehr große Dateien – zehn Minuten Musik belegen rund 110 MB auf der Festplatte.
- *Apple Lossless* ist ein verlustfreies Kompressionsformat. Dabei werden wie bei AIFF oder WAV sämtliche Informationen der Musikdatei gespeichert, aber die Dateien sind deutlich kleiner. Für zehn Minuten Musik benötigen Sie rund 70 MB. Dieses Format eignet sich für eine verlustfreie Kopie Ihrer Musik-CDs, die Sie als Backup speichern möchten. Mit iTunes lassen sich diese Dateien später dann in das gewünschte Endformat (etwa AAC oder MP3) konvertieren. Auch hier lautet die Dateiendung „.m4a".

- *MP3 („MPEG Layer 3")* ist das mit weitem Abstand populärste Format für digitale Musik. Wenn Sie sicher sein wollen, dass Ihre Dateien auf praktisch jedem Computer und jedem mobilen Player wiedergegeben werden können, führt kein Weg an MP3 vorbei. Wie bei AAC belegen zehn Minuten Musik mit 256 kBit/s rund 20 MB auf der Festplatte.
- *WAV („Wave")* ist wie AIFF und Apple Lossless ein verlustfreies Format. Importieren Sie in diesem Format, erhalten Sie die Audioqualität der CD. Wie bei allen verlustfreien Formaten erzeugen Sie dabei allerdings riesige Datenmengen: Zehn Minuten Musik belegen rund 110 MB Festplattenplatz.

Importformat festlegen

Das Importformat für Musik-CDs lässt sich auf zwei Weisen definieren: zum einen in den *Einstellungen* von iTunes, zum anderen vor dem Import einer CD. Dabei gilt ein gewähltes Format bis zur nächsten Änderung.

Importieren Sie Ihre Musik also zum Beispiel üblicherweise mit AAC und 256 kBit/s und wechseln dieses Format ausnahmsweise einmal für den Import einer Hörbuch-CD auf MP3 mit 128 kBit/s, dann müssen Sie daran denken, nach dem Import des Hörbuchs zur früheren Einstellung zurückzukehren. Andernfalls importieren Sie auch Ihre Musik in Zukunft als relativ schwach aufgelöste MP3-Datei.

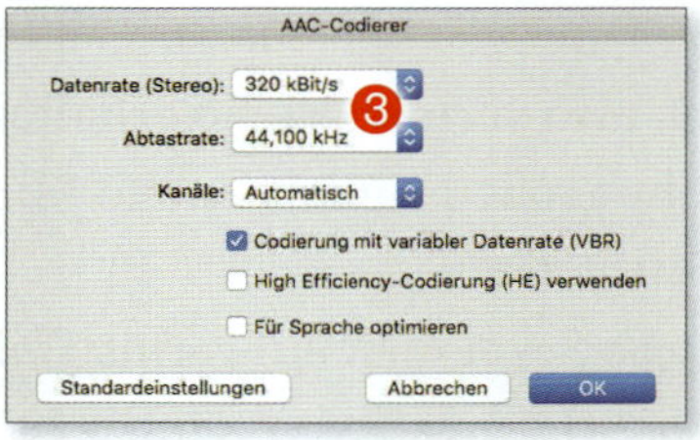

Um das Importformat erstmals festzulegen, klicken Sie in den „Einstellungen" von iTunes bei der Registerkarte „Allgemein" auf die Taste „Importeinstellungen".

Unter *Importieren mit* ❶ legen Sie das Importformat fest. Hier stehen AAC, AIFF, Apple Lossless, MP3 und WAV zur Auswahl. Standardmäßig benutzt iTunes AAC.

Anschließend können Sie unter *Einstellung* ❷ die Bitrate und andere Parameter für den Import festlegen. Hier bietet iTunes Ihnen zuerst nur eine kleine Auswahl – bei AAC etwa *Höhere Qualität (128 kBit/s)*, *iTunes Plus* und *Gesprochene Podcasts*. Klicken Sie hier auf *Eigene* (OS X) bzw. *Benutzerdefiniert* (Windows), stehen Ihnen weitere Bitraten und Parameter zur Verfügung ❸.

Damit Sie ohne Umwege wissen, was genau iTunes unter Einstellungen wie „Höhere Qualität" oder „iTunes Plus" versteht, finden Sie eine Kurzfassung der technischen Einzelheiten im Kasten *Details* ❹. Hier steht „VBR" für „Variable Bitrate", und mit „für MMX/SSE2 optimiert" ist gemeint, dass die Datei die Multimedia-Erweiterungen moderner Prozessoren nutzen kann.

Falls Ihr CD/DVD-Laufwerk Probleme mit dem Import einer Musik-CD hat, aktivieren Sie die Option *Beim Lesen von Audio-CDs Fehlerkorrektur anwenden* ❺. Dadurch verlangsamt sich zwar der Import einer Audio-CD, aber dafür können Sie mit etwas Glück auch CDs einlesen, die (leichte) Beschädigungen aufweisen. Bei modernen Computern spielt diese Option kaum noch eine Rolle, sie sollte daher standardmäßig ausgeschaltet und nur bei Bedarf vorübergehend aktiviert werden. Mit einem Klick auf *OK* ❻ übernimmt iTunes das gewählte Verfahren.

Das Format nach dem Einlegen der CD wählen

Standardmäßig übernimmt iTunes das in den Einstellungen festgelegte Format automatisch, sobald Sie eine CD einlegen und die Frage, ob Sie die CD importieren möchten, mit *Ja* beantworten. Es ist allerdings auch möglich, das Importformat vor dem Import einer CD zu ändern.

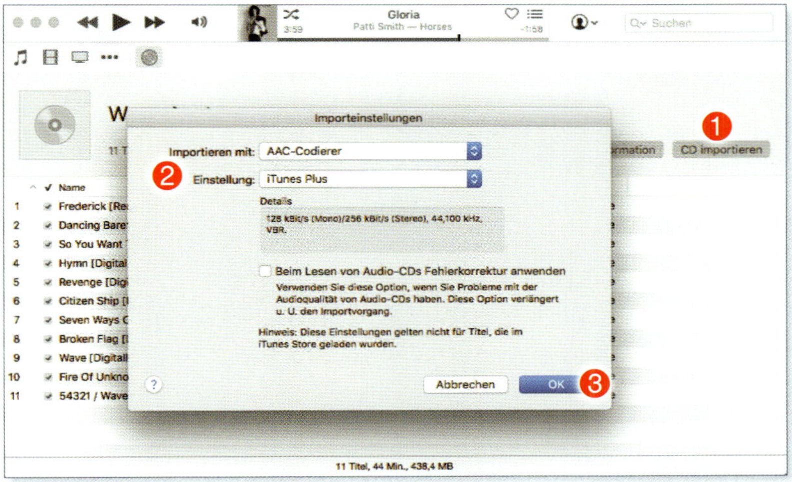

Die Importeinstellungen lassen sich auch nach dem Einlegen einer Musik-CD festlegen.

Dazu beantworten Sie die Frage nach dem Import der CD mit *Nein* und haben nun über die Taste *CD importieren* ❶ Zugriff auf die Importeinstellungen. Legen Sie hier die gewünschten Werte fest ❷. Nach einem Klick auf *OK* ❸ beginnt iTunes ohne weitere Rückfragen mit dem Import.

!

Vorsicht, Falle!

Es sei noch einmal darauf hingewiesen, dass die gewählten Importeinstellungen automatisch als Standard übernommen werden und fortan für alle Importvorgänge gelten. Ändern Sie hier also vorübergehend Ihre Standardeinstellungen, müssen Sie sie nach dem Import der CD wieder zurücksetzen.

Informationen zu einer Musik-CD automatisch eintragen

Sobald Sie eine Musik-CD einlegen, zeigt iTunes Ihnen üblicherweise allerlei Informationen zur CD an, etwa den Albumtitel, die Namen der einzelnen Titel und den Interpreten. Da stellt sich natürlich die Frage, woher iTunes das eigentlich weiß. Die Antwort ist einfach: iTunes kennt diese Daten überhaupt nicht, sondern bekommt sie vom Unternehmen Gracenote via Internet.

Gracenote betreibt eine riesige Datenbank, in der Informationen zu Millionen von Audio-CDs gespeichert sind. Sobald Sie eine CD einlegen, ermittelt iTunes anhand der auf der CD gespeicherten Daten eine Prüfsumme und schickt diese Information an Gracenote. Als Antwort erhält iTunes alle zu dieser CD gespeicherten Daten.

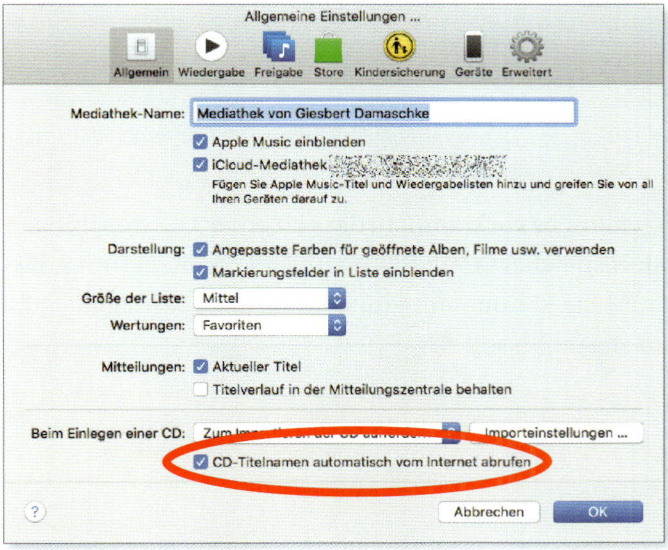

Standardmäßig fragt iTunes die Titelnamen einer CD bei der Internetdatenbank Gracenote ab – aber das können Sie auch ausschalten.

Ob iTunes überhaupt Kontakt zu Gracenote aufnehmen soll, können Sie in den *Einstellungen* von iTunes auf der Registerkarte *Allgemein* bestimmen. Hier ist der Punkt *CD-Titelnamen automatisch vom Internet abrufen* standardmäßig aktiviert, Sie können ihn natürlich auch ausschalten.

Ist die Titelabfrage generell ausgeschaltet, können Sie sie vor dem Import einer CD auch manuell starten. Dazu verneinen Sie nach dem Einlegen der CD die Frage, ob die CD importiert werden soll. Anschließend klicken Sie auf *Optionen* und wählen *Titelnamen empfangen* ❶. Nun nimmt iTunes Kontakt zur Gracenote-Datenbank auf und fragt die Informationen zur eingelegten CD ab, was Sie an dem kleinen, sich drehenden Kreis rechts oben erkennen ❷.

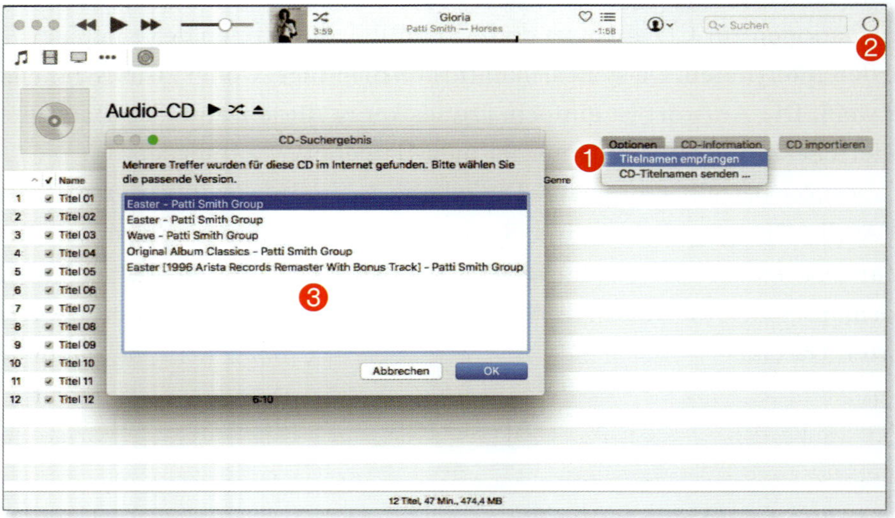

Die Gracenote-Datenbank lässt sich auch nur bei Bedarf aufrufen.

Gelegentlich kann es vorkommen, dass zu einer CD verschiedene Einträge in der Datenbank gespeichert sind. In diesem Fall blendet iTunes die vorhandenen Einträge ein, und Sie können mit einem Mausklick festlegen, auf welche Daten das Programm zugreifen soll ❸.

!

Metadaten

Die Angaben zu einem Titel – Name, Interpret, Album, Genre und so weiter – werden als „Metadaten" bezeichnet. Bei MP3-Dateien sind sie fester Bestandteil der Datei und heißen „ID3-Tags". Ein „Tag" heißt wörtlich übersetzt „Etikett" (die Metadaten werden also gewissermaßen wie ein Etikett auf die Datei geklebt), und „ID3" steht für „Identify an MP3". AAC benutzt ein eigenes Format für Metadaten, auch diese sind Bestandteil der Datei. Kopieren Sie also eine AAC- oder eine MP3-Datei, dann werden vorhandene Metadaten ebenfalls kopiert. Das ist nicht immer der Fall – WAV kennt zum Beispiel keine Tags. Die Metadaten liegen in diesem Fall nur in den Verwaltungsdaten von iTunes vor und gehen verloren, sobald Sie die Datei aus iTunes exportieren.

Ein Albumcover automatisch hinzufügen

Die Gracenote-Datenbank liefert zwar jede Menge Metadaten zu einer Musik-CD, aber dazu gehören keine Albumcover. Die können Sie jedoch von Apple bekommen – vorausgesetzt, Sie haben sich in iTunes mit Ihrer Apple-ID angemeldet.

Falls Sie beim ersten Start von iTunes der „Freigabe von Details über Ihre Mediathek“ zugestimmt haben (s. dazu Kapitel 1) und beim Import einer CD mit Ihrer Apple-ID angemeldet sind, müssen Sie sich um nichts kümmern. In diesem Fall sucht iTunes automatisch nach dem passenden Cover.

Falls Sie der Freigabe nachträglich zustimmen möchten, aktivieren Sie in den *Einstellungen* von iTunes auf der Registerkarte *Store* ❶ den Punkt *Albumcover automatisch laden* ❷. Es erscheint eine ähnliche Abfrage wie beim ersten Programmstart, die Sie *Akzeptieren* ❸ müssen, damit der Cover-Download funktioniert. Sobald Sie diesen Punkt aktiviert haben, wird der dazugehörige Punkt *Details über Ihre Mediathek mit Apple teilen* ebenfalls aktiviert ❹.

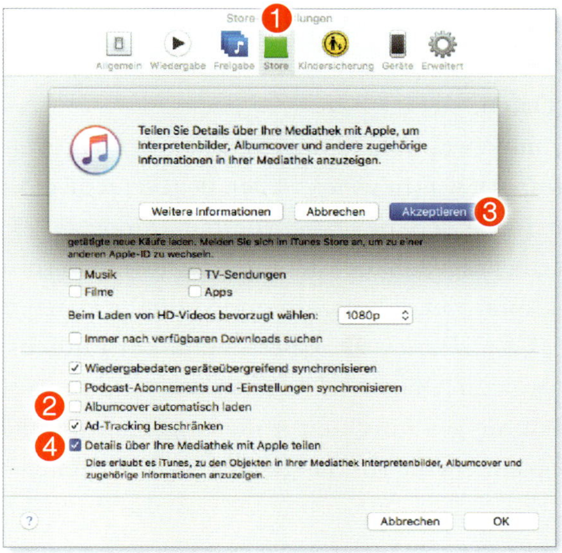

Der automatische Download von Albumcovern lässt sich jederzeit ein- und ausschalten.

Wenn Ihnen das alles ein wenig unheimlich ist und Sie der Versicherung von Apple misstrauen, keine individuellen Daten zu speichern, dann lassen Sie diesen Punkt ausgeschaltet. In diesem Fall müssen Sie Cover allerdings nachträglich manuell hinzufügen. Falls Sie es sich später einmal anders überlegen und Sie die Cover doch von Apple beziehen möchten, ist auch das kein Problem. Wie Sie Cover manuell hinzufügen oder nachträglich von Apple bekommen, erfahren Sie in Kapitel 6.

Die Metadaten vor dem Import bearbeiten

Die Informationen, die iTunes von Gracenote bezieht, sind sehr häufig korrekt – aber nicht immer. Mitunter finden sich Tippfehler, Buchstabendreher oder eine uneinheitliche Schreibweise. Und auch wenn die Daten korrekt sind, gefallen sie Ihnen vielleicht nicht. Vielleicht möchten Sie einem Album ein anderes Genre zuweisen, die Titel von lästigen Anhängen wie „[Remastered]“ oder „[Bonustrack]“ befreien oder – was besonders bei Klassik-Aufnahmen oft vorkommt – den Namen des Komponisten nicht als Bestandteil des Albumtitels ausgewiesen sehen. In seltenen Fällen muss Gracenote auch komplett passen und liefert überhaupt keine Daten.

Hier haben Sie nun zwei Möglichkeiten: Entweder korrigieren Sie die Metadaten nach dem Import, was in vielen Fällen der bequemste Weg ist (mehr dazu in Kapitel 6), oder Sie passen die Daten vor dem Import einer CD an. Dazu verneinen Sie zuerst die Frage, ob die CD importiert werden soll.

Um Albumtitel, Interpret, Jahreszahl und ähnliche Daten der CD zu ändern, klicken Sie auf *CD-Information* ❶. Es erscheint ein Infofenster ❷. Wenn Sie einen Eintrag – etwa den Albumtitel – anklicken, wird er zu einem Eingabefeld ❸, und Sie können die gewünschten Änderungen vornehmen. So lassen sich die Metadaten bearbeiten, die für das gesamte Album gelten.

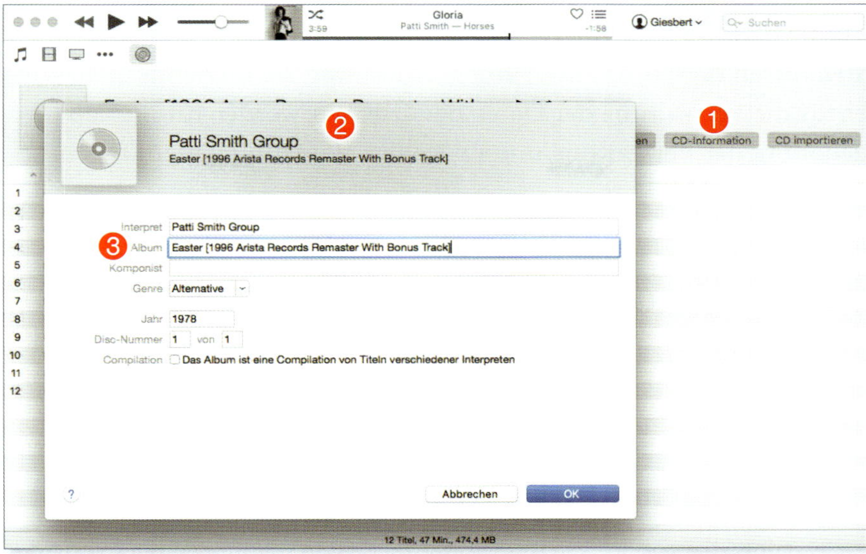

Die Metadaten einer CD lassen sich vor dem Import den eigenen Wünschen anpassen.

Um die Daten zu einem einzelnen Titel zu bearbeiten, klicken Sie den entsprechenden Eintrag an ❹ und drücken *cmd* + *I* (OS X) bzw. *Strg* + *I* (Windows). Nun erscheint erneut ein Infofenster ❺, das diesmal verschiedene Register bietet. Von Interesse ist hier vor allem das Register *Details* ❻. Auch hier können Sie einen Eintrag anklicken, um ihn zu ändern.

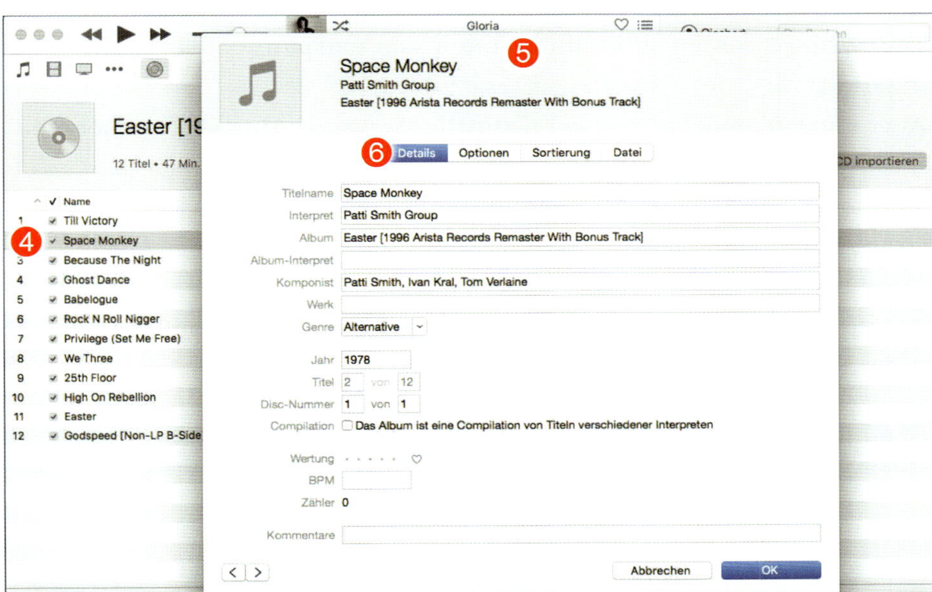

Auch die Daten zu einzelnen Titeln lassen sich vor dem Import bearbeiten.

Diese beiden Infofenster sind die zentrale Schnittstelle zwischen Ihnen und den Strukturen der iTunes-Mediathek. Alles, was Sie hier eintragen, wird von iTunes für die Verwaltung der Daten benutzt. Wir werden uns in Kapitel 6 ausführlicher mit der Verwaltung und Pflege der Metadaten beschäftigen.

!

Informationen für andere Anwender bereitstellen

Es ist eine schöne Geste, wenn Sie Ihre Einträge, Korrekturen und Ergänzungen der Metadaten an Gracenote schicken und so die Qualität der Datenbank verbessern. Wenn ein anderer Anwender nach Ihnen die gleiche CD importieren möchte, so kann er auf Ihre Angaben zurückgreifen. Klicken Sie dazu auf **Optionen** und wählen Sie **CD-Titelnamen senden**.

Eine komplette CD und einzelne Titel importieren

Möchten Sie einfach nur eine CD in Ihre Mediathek aufnehmen, ist die Sache ausgesprochen simpel: Sie legen die CD ein, bestätigen die Nachfrage, ob die CD importiert werden soll – und lehnen sich entspannt zurück. Das ist der Normalfall.

Aber mitunter möchte man gar nicht alle Titel einer Musik-CD seiner Mediathek einverleiben, sondern nur ein, zwei ausgewählte Stücke. Oder man möchte – etwa bei Hörbüchern oder Klassik-Aufnahmen – viele kurze Tracks zu einem Eintrag zusammenfassen. Auch das ist natürlich problemlos möglich.

Damit Sie den Import genauer steuern können, verneinen Sie zuerst die Frage, ob Sie die CD importieren möchten, und erhalten so Zugriff auf die Daten der eingelegten Musik-CD.

Vorspielservice

Nicht immer weiß man so genau, ob man das, was auf der CD zu hören ist, auch tatsächlich in die Mediathek aufnehmen möchte. In diesem Fall lassen Sie sich von iTunes die Titel einer CD vorspielen. Doppelklicken Sie auf einen Titel, beginnt iTunes automatisch mit dessen Wiedergabe. Falls Sie iTunes dabei nicht unterbrechen, wird anschließend der nächste Titel wiedergegeben; welcher Titel aktuell gespielt wird, sehen Sie zum einen im Aktivitätsfenster ❶, zum anderen an dem kleinen Lautsprechersymbol ❷ neben dem Titel. Die komplette CD spielen Sie mit einem Klick auf den Play-Button ❸ neben dem Albumtitel ab.

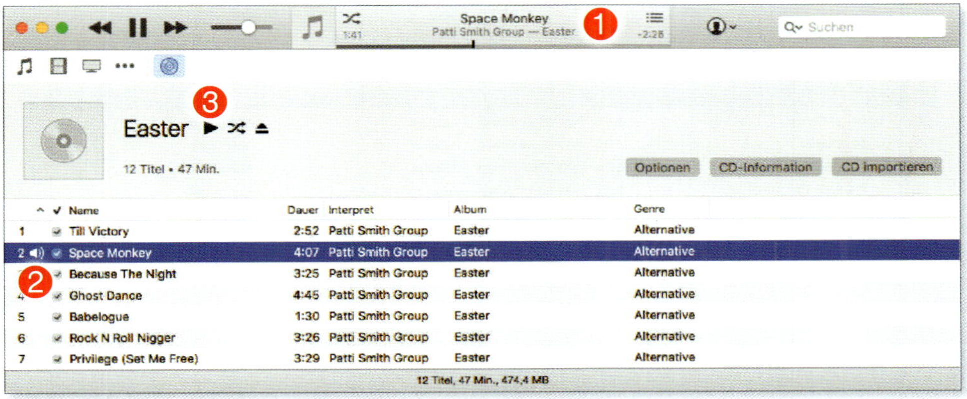

Vor dem Import können Sie sich die Titel oder die komplette CD vorspielen lassen, damit Sie am Ende nicht Musik importieren, die Ihnen so überhaupt nicht zusagt.

Einzelne Titel importieren

Welche Titel iTunes importiert, steuern Sie über das kleine Kontrollfeld neben jedem Titel. Wenn hier ein Häkchen gesetzt ist, wird der Titel importiert, andernfalls ignoriert iTunes diesen Eintrag. Standardmäßig sind natürlich alle Titel für den Import markiert. Wenn Sie von einer CD nur einen oder zwei Titel importieren möchten, dann ist es natürlich etwas lästig, bei allen nicht gewünschten Titeln die Häkchen per Mausklick zu entfernen. Bei einer CD mit zehn Titeln, von denen Sie nur einen importieren möchten, müssten Sie also neunmal klicken, um die nicht gewünschten Titel zu entfernen. Doch das geht auch schneller: Halten Sie bei einem Klick in ein Kästchen die *cmd-* (OS X) bzw. die *Strg*-Taste (Windows) gedrückt, werden bei allen Einträgen die Häkchen entfernt (bzw. gesetzt) und Sie können nun den gewünschten Titel anwählen. Aus neun Klicks werden also nur noch zwei.

Sie müssen nicht eine komplette Musik-CD importieren, sondern können sich auch auf einzelne ausgewählte Titel beschränken. iTunes importiert lediglich die Titel, bei denen ein Häkchen gesetzt ist.

Titel gruppieren

Bei Hörbüchern kommt es oft vor, dass ein Kapitel in relativ kurze Tracks aufgeteilt ist. Auch bei klassischer Musik ist es mitunter so, dass ein mäßig langes Stück aus sehr kurzen Teilen besteht, die auf der CD jeweils einen eigenen Track bilden, aber nur als eine Datei importiert werden sollen. In diesem Fall können Sie die Tracks gruppieren und so zu einem einzigen Eintrag zusammenfassen. Auch dazu müssen Sie die Frage, ob die CD importiert werden soll, zuerst verneinen. Markieren Sie dann mit gedrückter *Shift*-Taste die Titel, die Sie zu einem Eintrag zusammenfassen möchten ❶ (damit Titel gruppiert werden können, müssen sie aufeinanderfolgen). Klicken Sie anschließend auf *Optionen* und wählen Sie hier den Eintrag *CD-Titel gruppieren* ❷. Die Titel werden eingerückt und zu einem Eintrag zusammengefasst ❸. Beim Import wird aus den gruppierten Titeln nur noch eine Datei. Haben Sie es sich anders überlegt und möchten Sie die Gruppierung wieder auflösen, so klicken Sie sie an und klicken anschließend auf *Optionen*. Hier wählen Sie *Gruppierung der CD-Titel aufheben*.

Überlegen Sie sich die Gruppierung gut! Denn nach dem Import können Gruppierungen weder angelegt noch aufgehoben werden.

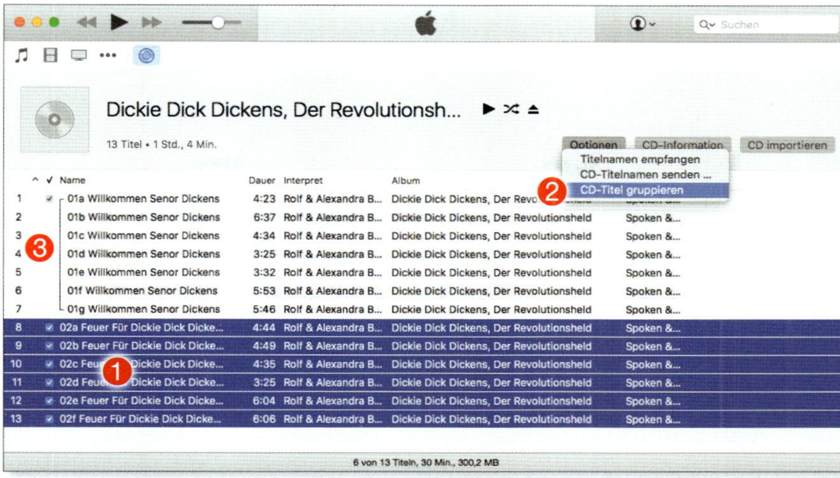

Manchmal, etwa bei Hörbüchern oder bei klassischer Musik, kann es sinnvoll sein, mehrere Tracks zu einem Titel zusammenzufassen.

Import starten und CD auswerfen

Wenn alle Daten zur CD und zu den einzelnen Titeln so sind, wie Sie sich das vorstellen, klicken Sie auf *CD importieren* ❶ und importieren die CD bzw. die gewünschten Titel in die Mediathek.

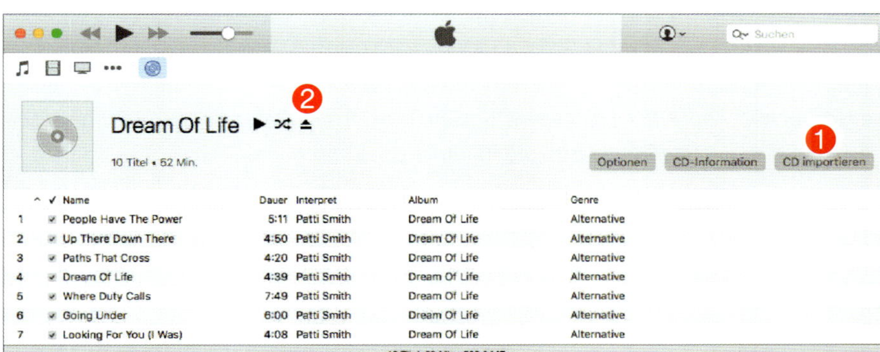

Nach dem Import werfen Sie die CD mit einem Klick auf das entsprechende Symbol ❷ neben dem Albumnamen aus.

Der Import von Musikdateien

Natürlich können Sie mit iTunes nicht nur Musik von CD importieren, sondern auch Musik, die als Datei auf Ihrer Festplatte vorhanden ist oder die Sie auf einem USB-Stick oder einer MP3-CD zur Hand haben. Dabei lassen sich alle Dateien importieren, die in einem von iTunes unterstützten Format vorliegen, also als AAC, AIF, Apple Lossless, MP3 oder WAV. Unter Windows – nicht aber auf dem Mac! – kommt iTunes zudem noch mit dem Microsoft-Format WMA (Windows Media Audio) zurecht.

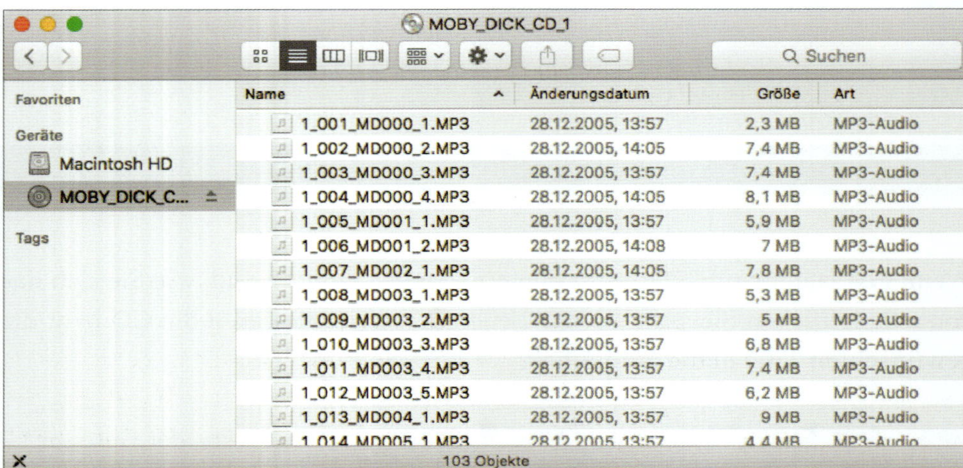

Eine Hörbuch-CD mit MP3-Dateien wird wie ein normaler Datenträger behandelt. Diese Dateien müssen Sie manuell zu iTunes hinzufügen.

> **!**
>
> **MP3-CDs und iTunes**
>
> Anders als bei Musik-CDs reagiert iTunes nicht automatisch auf das Einlegen einer MP3-CD. Denn in diesem Fall handelt es sich für iTunes einfach nur um einen normalen Datenträger, nicht um eine spezielle Audio-CD, deren Inhalt vor dem Import noch bearbeitet werden muss.

Beim Import einer Datei werden die Importeinstellungen für Musik-CDs ignoriert, und es bleibt prinzipiell das Ausgangsformat erhalten. Haben Sie etwa in den Importeinstellungen das Format AAC gewählt und importieren Sie MP3-Dateien von einer Hörbuch-CD, werden diese Dateien nicht nach AAC umgewandelt, sondern bleiben im Format MP3. Das hat seinen guten Grund. Denn bei der Konvertierung einer Musikdatei gehen unweigerlich Informationen verloren. Anders gesagt: Die konvertierte Datei hat eine schlechtere Audioqualität als die Ausgangsdatei.

Eine Ausnahme bilden hier die WMA-Dateien unter Windows. Dieses Format kann iTunes unter Windows zwar lesen, aber nicht wiedergeben. WMA-Dateien werden daher vor dem Import in das Format umgewandelt, das Sie in den Importeinstellungen festgelegt haben, also zum Beispiel nach AAC.

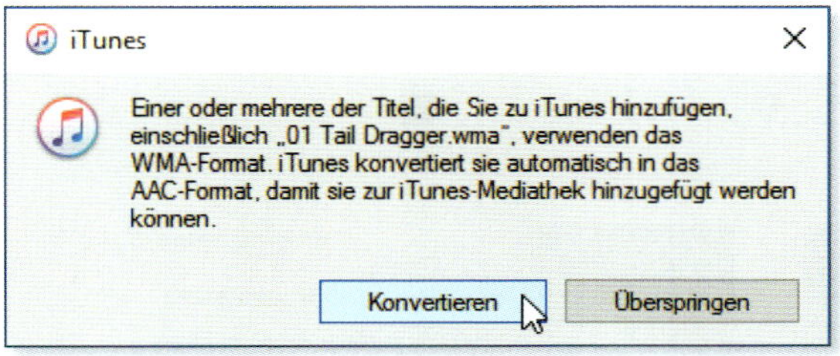

WMA-Dateien kann iTunes zwar lesen, nicht aber wiedergeben. In diesem Fall müssen die Dateien vor dem Import von iTunes konvertiert werden, damit sie in die Mediathek aufgenommen werden können.

Anders als beim Import einer Musik-CD fragt iTunes beim Import einer Musikdatei die Gracenote-Datenbank nicht ab, sondern greift nur auf die Metadaten zurück, die in einer Datei bereits gespeichert sind. Das hat fast immer zur Folge, dass Sie nach dem Import von Musikdateien noch einmal selbst Hand anlegen müssen, um die Metadaten anzupassen. Sie können die Abfrage der Datenbank auch nach dem Import anstoßen und sich so die Erfassung der Metadaten etwas erleichtern. Wie das im Detail funktioniert, erfahren Sie in Kapitel 6.

Schließlich ist auch die Gruppierung von Dateien beim Import nicht möglich.

Beim Import von Musikdateien greift die eingangs vorgestellte Grundeinstellung, dass Dateien „beim Hinzufügen zur Mediathek in den iTunes-Medienordner“ kopiert werden. In diesem Fall liegen die Dateien nach dem Import also doppelt vor: einmal an ihrem ursprünglichen Platz – etwa in einem Ordner auf Ihrer Festplatte – und im Verzeichnis *iTunes Media*. Um Speicherplatz zu sparen, können Sie die Originaldateien nach dem Import also löschen oder auf ein externes Backup-Medium verschieben. Das gilt allerdings nicht für WMA-Dateien, die ja vor dem Import konvertiert werden und anschließend sowohl im WMA- als auch in dem Format vorliegen, in dem Sie sie importiert haben. Diese Dateien sollten Sie nach dem Import also besser nicht löschen, um die Originaldateien nicht zu verlieren.

Musikdateien importieren

Es gibt verschiedene Möglichkeiten, um Musikdateien zu iTunes hinzuzufügen:

- *Drag & Drop:* Am einfachsten und schnellsten geht der Import von Musikdateien, wenn Sie sie in das iTunes-Fenster ziehen und dort loslassen. Dabei spielt es keine Rolle, welche Inhalte in iTunes aktuell angezeigt werden. Sie können MP3-Dateien also auch in das Film-Fenster ziehen, sie werden dennoch als Musik importiert.

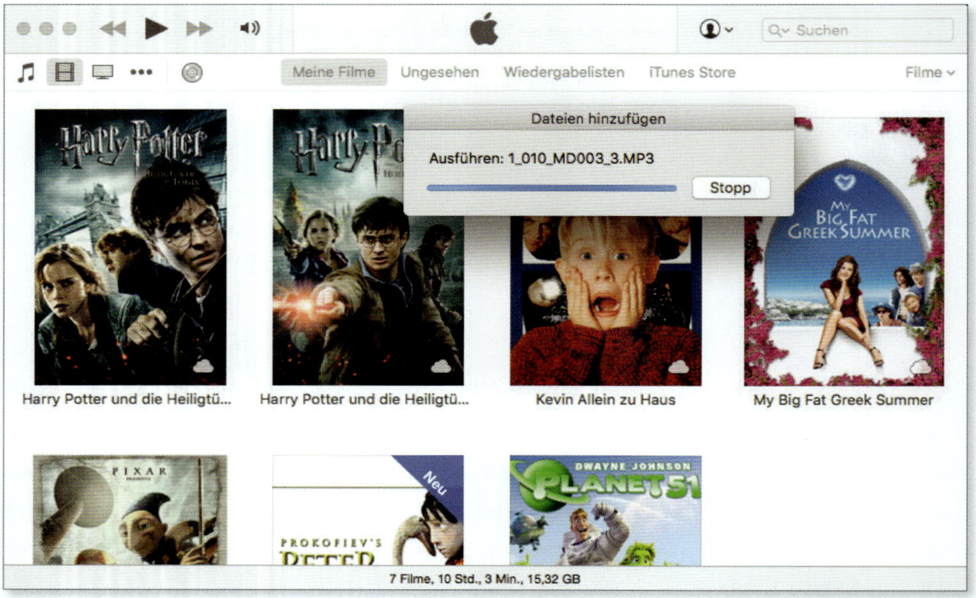

MP3- und andere Musikdateien lassen sich am schnellsten mit Drag & Drop hinzufügen. Ziehen Sie dazu die Dateien einfach in das iTunes-Fenster und lassen Sie sie dort los. Der Import der Musikdateien ist unabhängig davon, was aktuell im iTunes-Fenster angezeigt wird (hier: Filme).

- *Menü (OS X):* Wenn Sie die Musikdateien nicht mit Drag & Drop importieren möchten, dann wählen Sie *Ablage –> Zur Mediathek hinzufügen*. Das funktioniert sowohl mit einzelnen Dateien als auch mit Ordnern. Bei Ordnern importiert iTunes automatisch alle Musikdateien, die es im gewählten Ordner findet.
- *Menü (Windows):* Unter Windows importieren Sie Dateien über das Menü, indem Sie oben links auf die dunkelgrau/graue Taste klicken und *Datei zur Mediathek hinzufügen* wählen. Möchten Sie einen kompletten Ordner importieren, blenden Sie zuerst mit *Strg + B* das Menü ein und wählen hier *Datei –> Ordner zur Mediathek hinzufügen*.

- *Automatisch hinzufügen:* Schließlich können Sie umfangreichere Musiksammlungen auch einfach über den Finder (OS X) bzw. den Explorer (Windows) hinzufügen. Dazu bietet iTunes den Ordner *Automatisch zu iTunes hinzufügen*, den Sie unter *iTunes –> iTunes Media* finden. Alle Musikdateien oder Ordner mit Dateien, die Sie hier ablegen, werden von iTunes automatisch importiert, sobald das Programm gestartet wird. Alle Dateien, die Sie auf diese Weise hinzufügen, werden in die Mediathek von iTunes kopiert und anschließend aus dem Ordner *Automatisch zu iTunes hinzufügen* gelöscht – ganz gleich, welche Vorgaben Sie in den Einstellungen von iTunes gewählt haben.

Wenn Sie sehr viele Dateien und Ordner nach iTunes importieren möchten, dann kopieren Sie sie einfach in den Ordner „Automatisch zu iTunes hinzufügen". Sobald iTunes gestartet wird, werden die hier abgelegten Dateien importiert und nach dem Import aus dem Ordner gelöscht.

Fremde Formate importieren

Zwar unterstützt iTunes mit AAC und MP3 die beiden wichtigsten Formate für Audiodateien, doch bei Formaten, die aus der Open-Source-Szene stammen, verweigert das Programm die Zusammenarbeit. Das ist bedauerlich, sind diese Formate doch nicht durch Patente geschützt und können frei benutzt werden, weshalb man immer wieder auf Musikdateien in diesen Formaten stößt.

Das betrifft vor allem diese beiden Audioformate:

- *Flac („Free Lossless Audio Codec"):* Wie der Name schon sagt, handelt es sich hier wie bei WAF, AIFF oder Apple Lossless um ein verlustfreies Format.
- *Ogg Vorbis:* Ein verlustbehaftetes Format, vergleichbar etwa mit AAC oder MP3.

Damit Sie Dateien in diesem Format in iTunes importieren, wiedergeben und auf Ihren iPod oder Ihr iPhone kopieren können, müssen Sie sie zuerst in ein iTunes-taugliches Format wie MP3 oder AAC umwandeln. Diese Aufgabe erledigen Sie am einfachsten mit einem der kostenlosen Konvertierungstools, die es im Internet in einer fast unüberschaubar großen Zahl gibt, z. B.:

- *Super Musik Konverter:* Ein kostenloses Konvertierungstool für OS X, das Sie im Mac App Store finden. Konvertiert praktisch jedes beliebige Audioformat in ein anderes.
- *LameXP:* Das Tool für Windows ist das Schweizer Taschenmesser unter den Konvertierungstools. Es gibt praktisch kein Audioformat, das von LameXP nicht unterstützt wird. Sie finden es im Internet unter der Adresse *lamexp.sourceforge.net*.

Kapitel 3 Darstellungsoptionen

Damit Sie auch bei sehr umfangreichen Mediatheken schnell und sicher genau die Musik finden, die Sie aktuell hören möchten, bietet iTunes eine Reihe von verschiedenen Darstellungsoptionen, mit denen Sie den Inhalt Ihrer Mediathek nach verschiedenen Aspekten organisieren können.

Wie iTunes Ihre Musik darstellt

Wenn Sie auf das *Notensymbol* ❶ und *Meine Musik* ❷ klicken, zeigt iTunes Ihnen die musikalischen Inhalte Ihrer Mediathek.

Damit Sie jederzeit das gewünschte Album oder den gewünschten Song finden, präsentiert iTunes Ihnen Ihre Musik in verschiedenen Darstellungen.

Damit Sie sich auch bei umfangreichen Musiksammlungen sofort zurechtfinden, kann iTunes Ihnen den Inhalt Ihrer Mediathek auf verschiedene Weise präsentieren und die Musik nach Titeln, Alben, Interpreten, Komponisten und Genres ordnen, wobei es jeweils weitere Sortiermöglichkeiten und Darstellungsoptionen gibt.

Welche Darstellung aktuell gewählt ist, sehen Sie an der Taste rechts außen ❸. Klicken Sie die Taste an, um zwischen den verschiedenen Darstellungen zu wechseln ❹. Alternativ dazu können Sie auch *cmd + J* (OS X) bzw. *Strg + J* (Windows) drücken, um das Menü der Darstellungsoptionen zu öffnen. Oder

Sie wählen *Darstellung –> Darstellungsoptionen* (OS X) bzw. *Anzeige –> Darstellungsoptionen* (Windows).

Im folgenden werden die verschiedenen Darstellungen und ihre Optionen ausführlich vorgestellt.

> **!**
> **Gute Metadaten = gute Darstellung**
> Bei der Darstellung Ihrer Musik greift iTunes auf die Metadaten von Album und Songs zurück. Je sorgfältiger diese Metadaten gepflegt werden, desto übersichtlicher und hilfreicher wird die Darstellung. Mit der Pflege der Metadaten beschäftigen wir uns in Kapitel 6.

Die Albendarstellung

Die Albendarstellung ist die Standardansicht. Hier werden alle in der Mediathek enthaltenen Alben mit ihren Covern, ihrem Titel und dem Namen des Interpreten angezeigt ❶. Sie öffnen ein Album mit einem einfachen Klick auf das Cover. Nun sehen Sie die Titelliste und die Dauer der einzelnen Tracks ❷. Um diese Ansicht zu schließen, klicken Sie das Album erneut an. Ein Doppelklick auf das Album oder einen Titel ❸ startet die Wiedergabe.

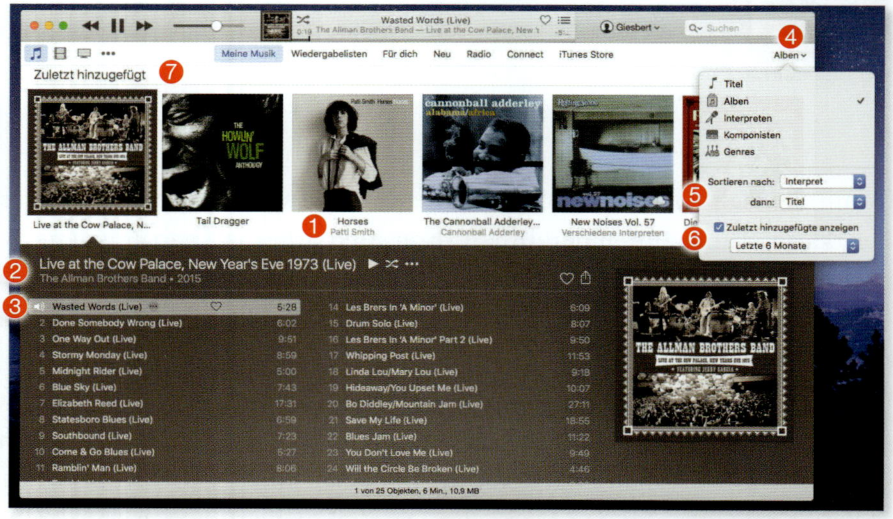

Standardmäßig stellt iTunes Ihre Musik in Form einer Albenansicht dar.

Sortiert wird nach dem Namen des Interpreten. Wenn mehrere Alben eines Interpreten vorliegen, werden diese ebenfalls alphabetisch sortiert angezeigt. Diese Sortierung lässt sich natürlich ändern. Rufen Sie dazu mit einem Klick auf *Alben* ❹ die Darstellungsoptionen auf und wählen Sie die gewünschten Kriterien für die Sortierung ❺.

Wenn Sie Ihre Neuzugänge im schnellen Überblick präsentiert haben möchten, können Sie in den Darstellungsoptionen den Punkt *Zuletzt hinzugefügte anzeigen* aktivieren und den gewünschten Zeitraum festlegen ❻. In diesem Fall blendet iTunes oberhalb der sortierten Übersicht aller Alben eine Reihe *Zuletzt hinzugefügt* ❼ ein, in der die Alben chronologisch nach ihrer Aufnahme in die Mediathek angezeigt werden.

Bei der Anzeige eines Albums und seines Inhalts benutzt iTunes standardmäßig für die farbliche Gestaltung die Farben des gewählten Covers. Das ergibt (fast) immer eine harmonische Darstellung. In seltenen Fällen kann diese aber auch etwas schwer lesbar geraten. Wenn Sie lieber einen neutralen grauen Hintergrund ohne Cover bevorzugen, dann schalten Sie in den *Einstellungen* von iTunes auf der Registerkarte *Allgemein* den Punkt *Angepasste Farben für geöffnete Alben, Filme usw. verwenden* aus.

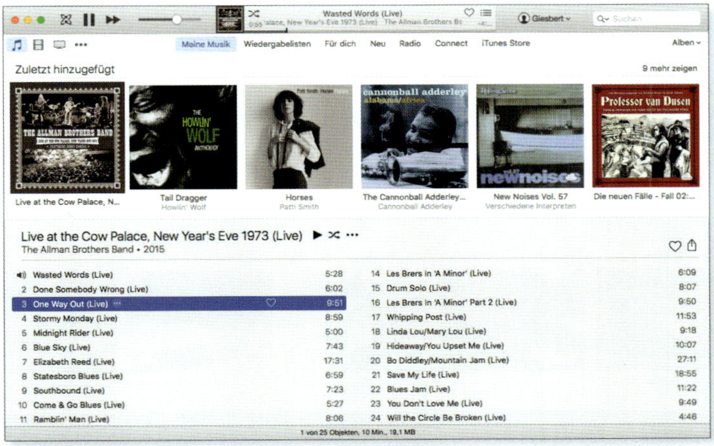

Wenn Ihnen die Standardeinstellung mit angepassten Farben und Cover nicht gefällt, können Sie auch eine neutrale Darstellung wählen.

Bei fast allen Alben sehen Sie unterhalb der Titelliste die Taste *Ähnliche einblenden*. Klicken Sie darauf, werden verwandte Titel und Alben aus dem App Store eingeblendet, und die Taste wird zu *Ähnliche ausblenden*, die genau das tut, was ihr Name verspricht: Sie blendet die ähnlichen und verwandten Angebote aus dem iTunes Store wieder aus.

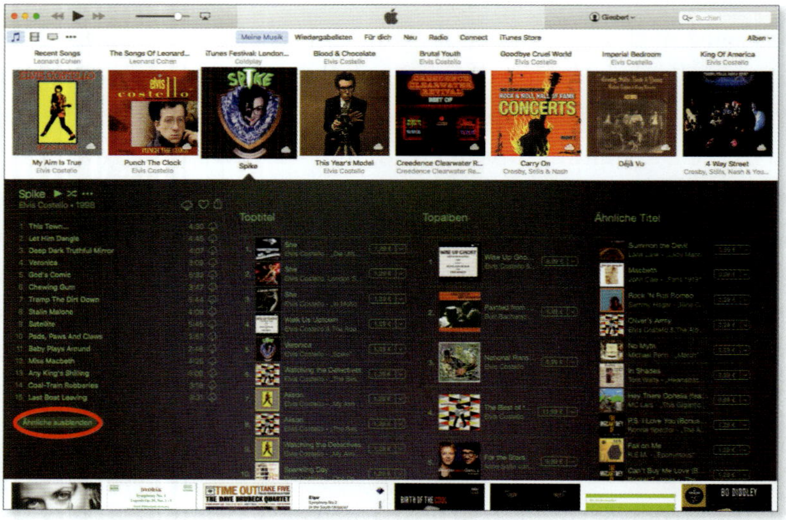

Zu praktisch allen Alben kann Ihnen iTunes ähnliche und verwandte Musik aus dem iTunes Store anzeigen und Ihnen so dabei helfen, neue Musik zu finden, die Ihren Geschmack trifft. Natürlich lassen sich diese Vorschläge auch wieder ausblenden.

Bei Alben, von denen Sie nur ein paar Titel in Ihrer Mediathek haben, kann Ihnen iTunes das vollständige Album anzeigen, indem es die fehlenden Titel aus dem iTunes Store ergänzt. Klicken Sie dazu auf *Vollständiges Album zeigen*. Nun können Sie, falls gewünscht, die Titel aus dem iTunes Store kaufen oder – wenn Sie Apple Music abonniert haben – die fehlenden Songs sofort Ihrer Mediathek einverleiben.

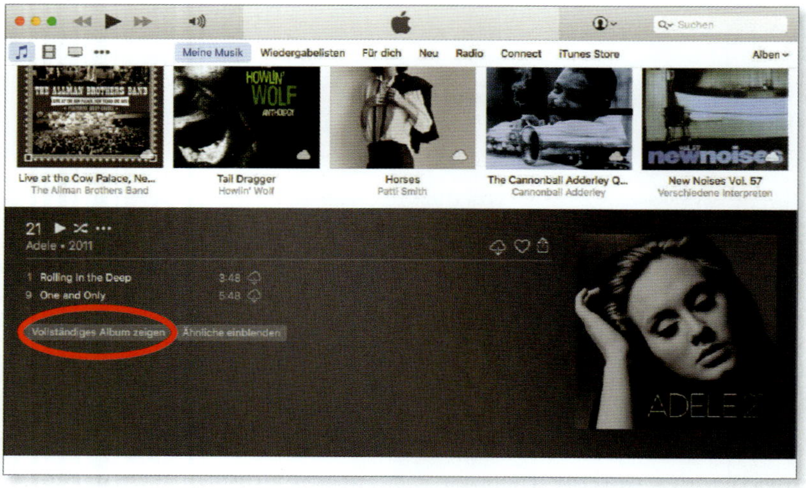

Auf Wunsch kann iTunes Ihnen ein Album auch vervollständigen und Ihnen anbieten, die fehlenden Songs aus dem iTunes Store zu laden.

Darstellung nach Interpreten

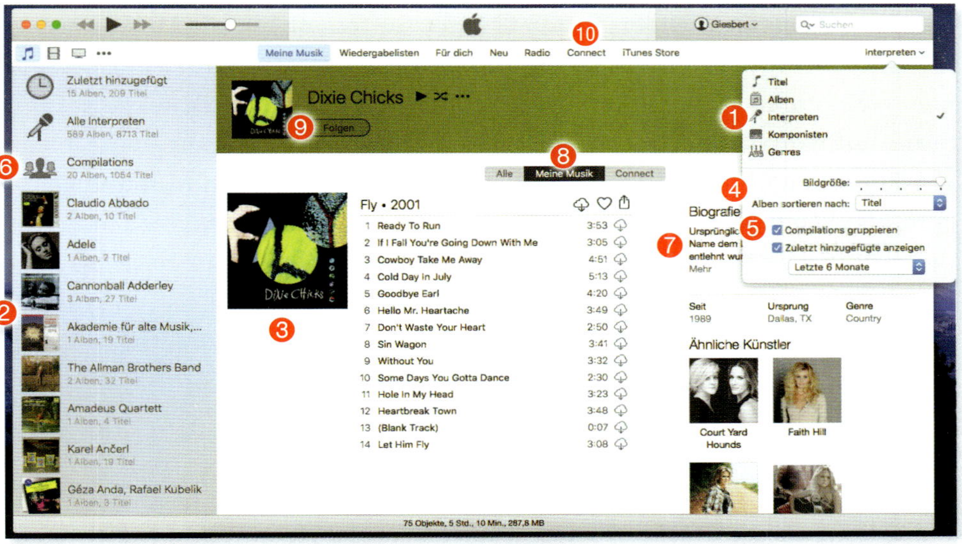

Ihre Musik können Sie auch nach den Interpreten sortieren lassen.

Bei der Darstellung nach Interpreten können Sie über eine Seitenleiste gezielt auf die Alben eines bestimmten Interpreten zugreifen. Wenn Sie über die Darstellungsoptionen zu *Interpreten* ❶ wechseln, ändert sich die Darstellung in iTunes komplett. Links wird eine Seitenleiste mit den alphabetisch sortierten Namen der Interpreten eingeblendet ❷, rechts sehen Sie alle Alben ❸, die Sie vom aktuell gewählten Interpreten in der Mediathek haben. Wie die Alben dargestellt werden sollen, legen Sie in den Darstellungsoptionen fest. Hier können Sie die Größe des Coverbildes und die Sortierung bestimmen ❹.

Mit *Zuletzt hinzugefügten* Alben und die *Compilations* (also Alben, auf denen Stücke verschiedener Interpreten versammelt werden) haben Sie die Möglichkeit, diese zu einem Eintrag zu gruppieren ❺. Sind die beiden Punkte aktiviert, erscheinen in der Seitenleiste entsprechende Einträge ❻. Schalten Sie den Punkt *Compilations gruppieren* aus, werden die Songs unter dem Namen des Interpreten angezeigt. Wenn Sie bei einer Compilation einen *Album-Interpreten* eingetragen haben, erscheint das entsprechende Album allerdings nicht unter den Compilations, sondern unter dem Namen des Album-Interpreten. (Mit den verschiedenen Metadaten, auf die iTunes hier zurückgreift, beschäftigen wir uns in Kapitel 6.)

Zu praktisch allen Interpreten erscheinen automatisch zusätzliche Informationen wie ein biografischer Abriss und Verweise auf verwandte Künstler ❼. Im Unterschied zur Anzeige ähnlicher Alben in der Alben-Darstellung lässt sich diese Einblendung nicht ausschalten.

Über die entsprechenden Tasten ❽ legen Sie fest, ob nur die Musik angezeigt werden soll, die Sie zu Ihrer Musiksammlung hinzugefügt haben (*Meine Musik*), oder ob sämtliche Titel – also auch die entsprechende Musik aus dem iTunes Store, auf den Sie über Ihr Apple Music-Abo zugreifen können – eingeblendet werden sollen (*Alle*). Über *Connect* blenden Sie die aktuellen Mitteilungen des gewählten Interpreten in Apples Musik-Netzwerk ein. Möchten Sie in Zukunft diese Nachrichten im schnellen Zugriff haben, klicken Sie auf *Folgen* ❾. Aktuelle Meldungen zu und vom aktuellen Interpreten erscheinen dann im Register *Connect* ❿. Mit *Apple Music* und dem Netzwerk *Connect* beschäftigen wir uns ausführlich in Kapitel 15.

Darstellung nach Komponisten

Bei der Umstellung der Darstellungsoptionen auf *Komponisten* ❶ sehen Sie eine ähnliche Darstellung wie bei *Interpreten*. In der Seitenleiste werden die Komponisten alphabetisch aufgeführt ❷, und im Hauptfenster sehen Sie die einzelnen Alben des aktuell gewählten Komponisten ❸. Hier erfahren Sie auch, wie viele Alben und Titel Sie von einem Komponisten haben, wie lange es dauern würde, alle Alben abzuspielen, und aus welchen Jahren die Aufnahmen stammen ❹ (vorausgesetzt, Sie haben diese Angaben in den Metadaten der Alben eingetragen).

In den Darstellungsoptionen können Sie die Größe des Albumcovers und die Sortierreihenfolge ❺ festlegen. Eine Gruppierung nach Compilations oder nach den zuletzt hinzugefügten Alben gibt es bei dieser Darstellung nicht.

Die Darstellung nach Komponisten gibt Ihnen schnellen Zugriff auf alle Werke eines Komponisten in Ihrer Mediathek – vorausgesetzt, Sie haben ihn in den Metadaten korrekt eingetragen.

Darstellung nach Genres

Die Darstellung nach *Genres* ❶ fasst verschiedene Alben verschiedener Interpreten und Künstler nach den Stilrichtungen zusammen, die Sie den Alben in den Metadaten zugeordnet haben. Wie bei der Darstellung nach Interpreten und Komponisten werden auch hier die verschiedenen Einträge in einer Seitenleiste angezeigt.

Dabei greift iTunes bei einer Reihe von Genres – etwa bei *Pop*, *Rock* oder *Soul* – auf eigene Symbolbilder ❷ zu, die Sie nicht ändern können (jedenfalls nicht ohne massive Eingriffe in die Programmdateien von iTunes). Bei selteneren Genres oder solchen, die Sie selbst definiert haben, zieht iTunes ein Cover aus dem entsprechenden Genre heran ❸. Fehlt ein Cover und steht auch kein Symbolbild zur Verfügung, erscheint als Platzhalter ein graues Notensymbol ❹.

Im Hauptfenster von iTunes sehen Sie alle Alben aller Interpreten des aktuell gewählten Genres ❺, zusammen mit den Angaben zur Anzahl der Alben und Titel, der Gesamtdauer und den Jahreszahlen ❻.

Darstellung nach Genres

Die Darstellung nach Genres bietet über eine Seitenleiste schnellen Zugriff auf alle Alben und Interpreten einer bestimmten Stil- oder Musikrichtung.

Über die Darstellungsoptionen können Sie die Größe der Albumcover und die Sortierreihenfolge ❼ festlegen. Wie bei der Darstellung nach Komponisten gibt es auch hier keine Zusammenfassung nach Compilations oder der zuletzt hinzugefügten Alben.

Die Titeldarstellung

Während die bisher vorgestellten Darstellungen vor allem zum raschen und unkomplizierten Zugriff auf bestimmte Alben, Interpreten, Komponisten oder Genres dienen, ist die Titeldarstellung vor allem dann nicht nur hilfreich, sondern praktisch unverzichtbar, wenn es um die Verwaltung umfangreicher Musikbestände geht. In dieser Ansicht wird Ihnen Ihre Musik so präsentiert, wie der Finder (OS X) bzw. der Explorer (Windows) üblicherweise Dateien anzeigt: als Liste mit diversen Spaltenköpfen.

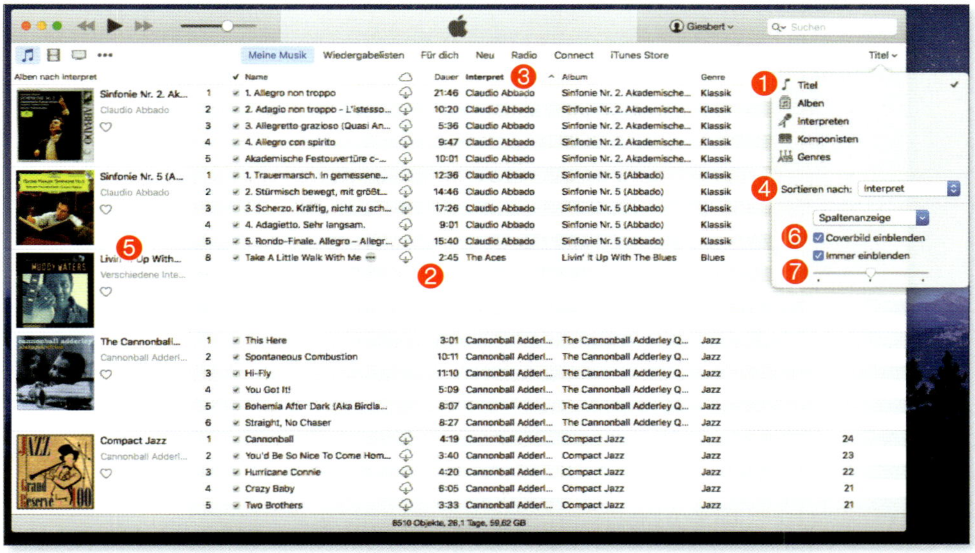

Die Titeldarstellung zeigt Ihnen Ihre Musik so, wie der Finder (OS X) bzw. der Explorer (Windows) Dateien darstellt.

Wechseln Sie zur Titeldarstellung ❶, ändert sich entsprechend das Erscheinungsbild von iTunes vollständig. Statt der optisch ansprechenden Darstellung mit Covern und Farben sehen Sie nun eine etwas dröge anmutende Liste ❷.

Diese Liste lässt sich nach praktisch beliebigen Kriterien sortieren. Dazu klicken Sie – wie im Finder oder im Explorer – entweder auf den entsprechenden Spaltenkopf ❸ oder wählen das gewünschte Sortierkriterium aus den Darstellungsoptionen aus ❹.

Üblicherweise blendet iTunes als erste Spalte links das Cover eines Albums mit Titel und Interpret ein ❺ – allerdings nur, wenn ein Album mehr als eine

Handvoll Songs enthält, das Coverbild also nicht höher als die Liste der Titel ist. Das Cover lässt sich in den Darstellungsoptionen gezielt ein- und ausblenden ❻. Möchten Sie, dass iTunes immer ein Cover anzeigt, ganz gleich, wie viele Songs ein Album enthält, aktivieren Sie die entsprechende Option *Immer einblenden*. Die Größe des Covers legen Sie über den Schieberegler ❼ fest.

Die Schriftgröße der Listendarstellung lässt sich in den *Einstellungen* von iTunes anpassen. Hier wechseln Sie zur Registerkarte *Allgemein* und legen unter *Größe der Liste* die gewünschte Darstellung fest.

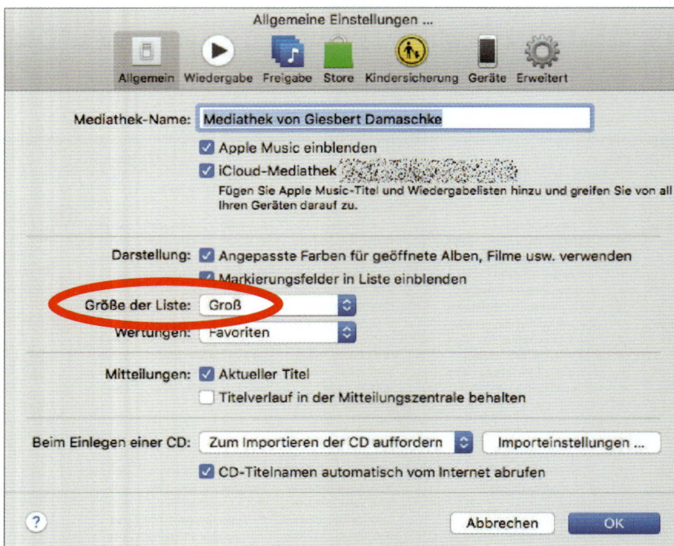

Wie groß die Schrift bei der Titelliste sein soll, legen Sie in den „Einstellungen" von iTunes fest.

Welche Spalten in der Liste angezeigt werden sollen, legen Sie in den Darstellungsoptionen unter *Spaltenanzeige* ❽ fest. Alternativ dazu können Sie auch mit der rechten Maustaste auf die Spaltenköpfe klicken und die gewünschten Spalten auswählen ❾. Die Auswahl ist immens und bietet knapp 40 Einträge. Bei der Auswahl finden Sie nicht nur die üblichen Metadaten wie *Album*, *Genre*, *Interpret* oder *Name*, sondern auch technische Daten einer Musikdatei (wie *Abtastrate* oder *Dauer*) und Verwaltungsdaten (wie *Geändert*, *Hinzugefügt* oder *Zuletzt übersprungen*), die iTunes automatisch anlegt. Auch hier sehen Sie erneut, dass iTunes nicht einfach nur eine Jukebox, sondern eine ausgewachsene Datenbank ist.

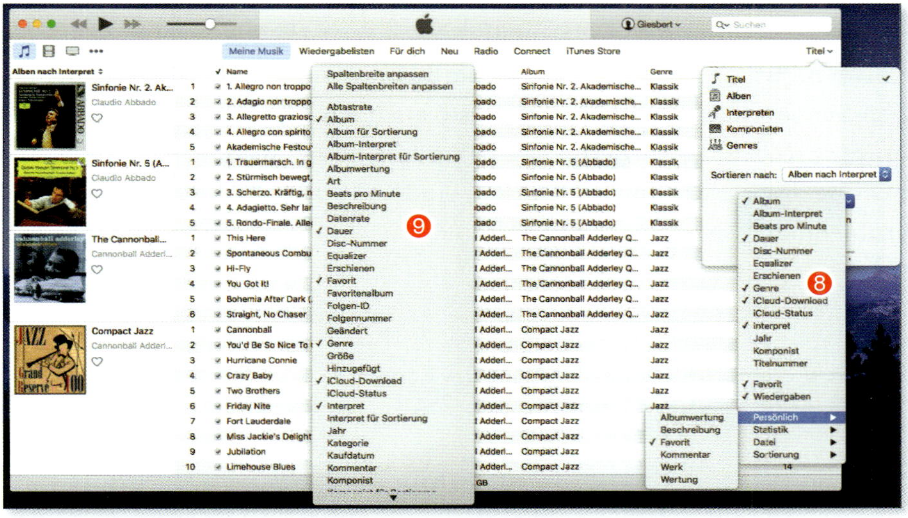

Die Auswahl der anzuzeigenden Spalten ist in den Darstellungsoptionen etwas übersichtlicher als bei einem Rechtsklick in den Spaltenkopf.

Beim Rechtsklick auf einen Spaltenkopf wird Ihnen diese umfangreiche Liste alphabetisch und ein wenig überwältigend präsentiert. Übersichtlicher sind hier die Darstellungsoptionen, die die Masse an Einträgen gruppieren.

Wie vom Finder oder Explorer her gewohnt, können Sie die Breite und die Reihenfolge der Spalten anpassen:

- *Breite anpassen:* Ziehen Sie den rechten Spaltenrand auf die gewünschte Breite.
- *Reihenfolge anpassen:* Ziehen Sie den Kopf einer Spalte an die gewünschte Position.

Auf den ersten Blick lässt sich die Titelliste nur nach einem Kriterium sortieren, also etwa alle Alben nach Interpreten oder alle Titel nach Jahren – eine Kombination von Alben nach Interpret und innerhalb der Interpreten dann eine Sortierung nach Jahren scheint nicht möglich zu sein. Doch der Schein trügt.

Auch in der Titeldarstellung lassen sich Alben nach Interpreten, Titel oder Interpreten/Jahren sortieren.

Die Coverspalte wird standardmäßig mit *Alben nach Interpret* beschriftet (und die Liste natürlich entsprechend sortiert). Klicken Sie auf diesen Spaltenkopf, haben Sie nun die Möglichkeit, die Liste auch nach *Alben nach Titel* oder *Alben nach Interpret/Jahr* zu sortieren ❿. Außerdem haben Sie hier rasch Zugriff auf die Größe des Covers und die Option, ein Cover bei Alben mit wenigen Songs auszublenden.

Der Spaltenbrowser

Standardmäßig zeigt Ihnen die Titeldarstellung eine Liste sämtlicher Songs Ihrer Mediathek. Das ist bis etwa 100 Songs (also rund zehn CDs) noch hinreichend übersichtlich, doch sobald Sie mehr Musik importiert haben, wird es schon ein wenig hakliger. Möchten Sie dann über die Titelliste rasch auf alle Alben eines Interpreten oder alle Musik in einem Genre zugreifen, müssen Sie unter Umständen übermäßig viel scrollen und klicken.

Hier bietet iTunes eine weitere Hilfestellung: den Spaltenbrowser. Er wird über *Darstellung –> Spaltenbrowser –> Spaltenbrowser einblenden* (OS X) bzw. *Anzeige –> Spaltenbrowser –> Spaltenanzeige einblenden* (Windows) aktiviert.

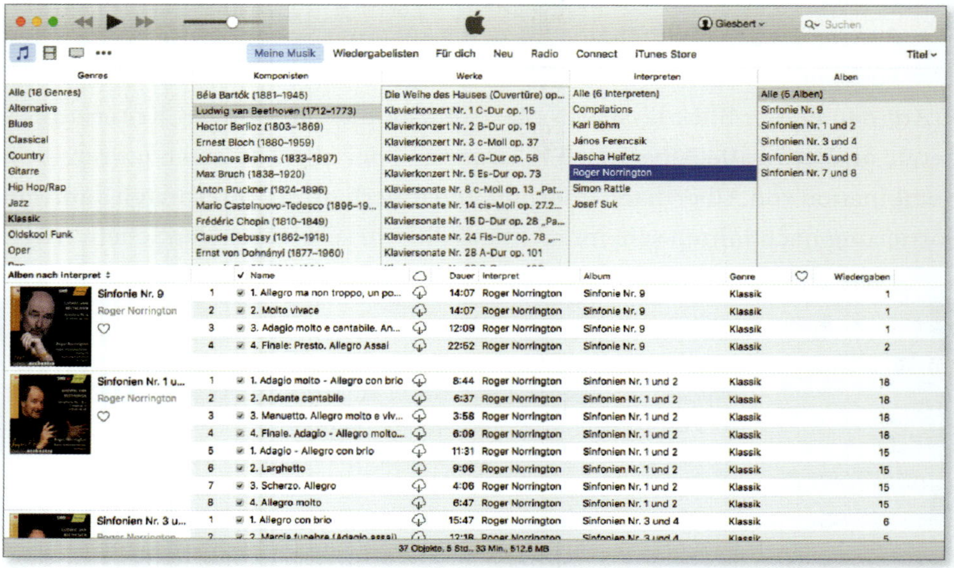

Über den Spaltenbrowser lässt sich die Titelliste schnell und komfortabel filtern.

Dabei werden oberhalb der Titelliste weitere Kategorien angezeigt, über die Sie die Titelliste blitzschnell filtern können. Standardmäßig zeigt der Spaltenbrowser drei Kategorien: *Genres*, *Interpreten* und *Alben*. Möchten Sie etwa alle Alben eines bestimmten Künstlers in der Titelliste angezeigt bekommen, wählen Sie unter *Genres* den Eintrag *Alle* und unter *Interpreten* den gewünschten Namen. Sie sehen nun in der Spalte *Alben* sämtliche Alben des Künstlers, die Sie in Ihrer Mediathek gespeichert haben, und in der Titelliste sämtliche Titel aller Alben. Mit einem Klick auf ein bestimmtes Album können Sie die Ansicht weiter eingrenzen.

Neben den drei Standardkategorien bietet der Spaltenbrowser zusätzlich die Einträge *Komponisten* und *Werke*. Welche Spalten angezeigt werden sollen, legen Sie entweder unter *Darstellung –> Spaltenbrowser* (OS X) bzw. *Anzeige –> Spaltenbrowser* (Windows) fest. Alternativ dazu können Sie auch mit der rechten Maustaste auf eine Kategorie im Spaltenbrowser klicken und hier die gewünschten Spalten wählen. Die Reihenfolge der Spalten im Spaltenbrowser lässt sich nicht ändern und ist fest vorgegeben: *Genres*, *Komponisten*, *Werke*, *Interpreten*, *Alben*.

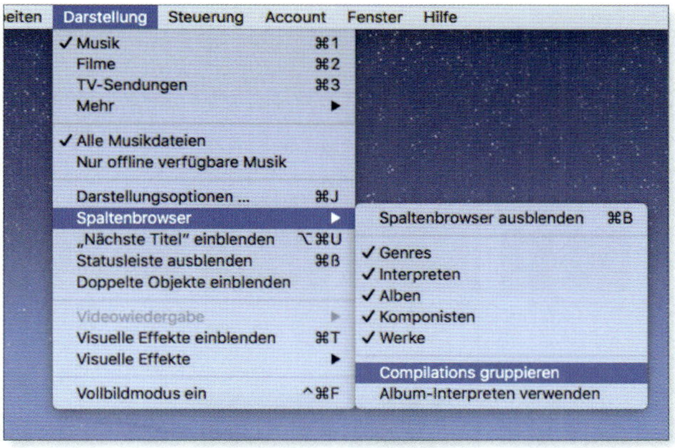

Möchten Sie im Spaltenbrowser wirklich sämtliche Interpreten sehen, schalten Sie „Compilations gruppieren" und „Album-Interpreten verwenden" aus.

Der Spaltenbrowser bietet noch zwei weitere Möglichkeiten, die Darstellung der Interpreten etwas anders zu gestalten:

- *Compilations:* Standardmäßig werden Compilations gruppiert. Sie sehen dann in der Spalte *Interpreten* den Eintrag *Compilations*.
- *Album-Interpreten:* Bei Alben mit verschiedenen Interpreten können Sie in den Metadaten einen *Album-Interpreten* festlegen, unter dessen Namen ein Album einsortiert wird (mehr dazu in Kapitel 6). Standardmäßig greift iTunes bei der Sortierung der Alben auf diesen Eintrag zurück.

Möchten Sie im Spaltenbrowser aber wirklich alle Interpreten angezeigt bekommen, dann rufen Sie *Darstellung –> Spaltenbrowser* (OS X) bzw. *Anzeige –> Spaltenbrowser* auf und schalten dort die beiden Optionen *Compilations gruppieren* und *Album-Interpreten verwenden* aus. Diese beiden Optionen sind auch nach einem Rechtsklick auf einen beliebigen Spaltenkopf im Spaltenbrowser verfügbar.

Die Musikvideos

Manche CDs enthalten nicht nur Songs, sondern auch Videos. Diese Musikvideos scheint iTunes beharrlich zu ignorieren – sie tauchen nicht unter Musik auf, und auch bei den Filmen oder TV-Serien suchen Sie sie vergeblich. Doch keine Sorge, auch diese Inhalte sind natürlich vorhanden, Apple hat sie nur etwas unglücklich versteckt.

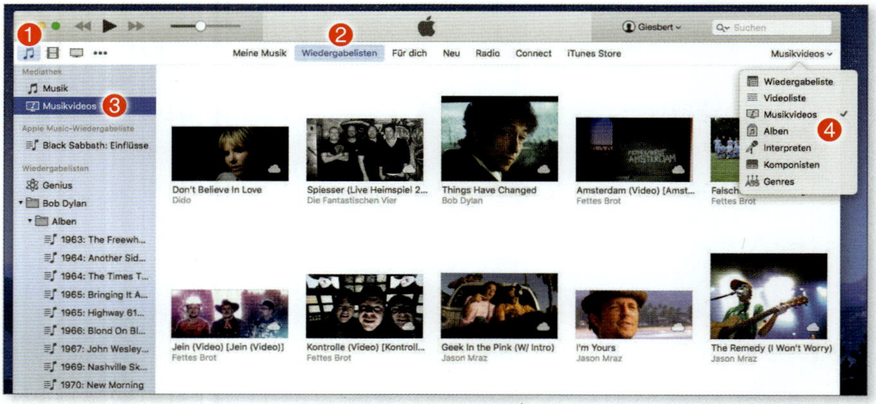

Die Musikvideos hat Apple in den „Wiedergabelisten" untergebracht.

Klicken Sie im *Musik*-Bereich ❶ auf *Wiedergabelisten* ❷, erscheint eine Seitenleiste mit den beiden Abschnitten *Mediathek* und *Wiedergabelisten* (OS X, Windows: *Listen*). Unter *Mediathek* können Sie zwischen *Musik* und *Musikvideos* wählen ❸. Die Darstellung der Musikvideos lässt sich wie gewohnt über die Darstellungsoptionen einstellen ❹.

Mit dem Einsatz von Wiedergabelisten und ihren Möglichkeiten beschäftigen wir uns in Kapitel 5.

Kapitel 4 Wiedergabe

Die Wiedergabe von Musik ist im Grunde denkbar simpel: Sie klicken den gewünschten Titel oder das gewünschte Album doppelt an, und los geht's. Falls Sie die Wiedergabe nicht unterbrechen oder stoppen, läuft sie so lange, bis das Ende des Albums, einer Wiedergabeliste oder des aktuell angezeigten Bereichs erreicht ist. Aber iTunes bietet Ihnen noch sehr viel mehr Möglichkeiten, um Ihre Musik ganz nach Ihren Wünschen wiederzugeben und zu steuern.

Wiedergabe starten

Nachdem Sie sich mit den verschiedenen Darstellungsoptionen vertraut gemacht haben, ist es für Sie nun ein Leichtes, den gewünschten Titel oder das gewünschte Album wiederzugeben. Sie können zum einen über eine beliebige Darstellung mit der Wiedergabe beginnen oder die *Nächste Titel*-Liste benutzen.

Werfen wir zuerst einen Blick auf die Wiedergabe über eine der Darstellungen.

- *Alben:* Wenn Sie ein Album doppelt anklicken, beginnt iTunes mit der Wiedergabe. Alternativ dazu können Sie das Album mit einem einfachen Mausklick öffnen und auf die Play-Schaltfläche klicken. Es werden der Reihe nach alle Titel gespielt. Die Wiedergabe endet automatisch, sobald der letzte Titel beendet wurde. Soll die Wiedergabe erst ab einem bestimmten Titel beginnen, klicken Sie ihn doppelt an.

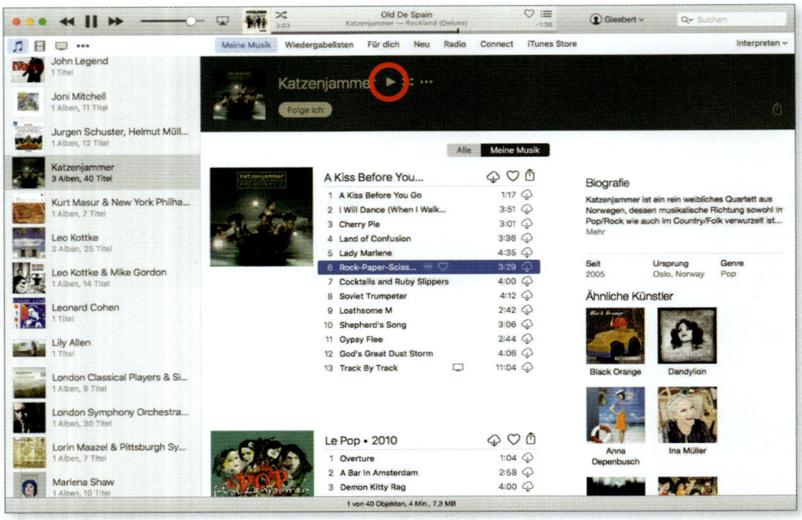

- *Interpreten, Komponisten, Genres:* Das Vorgehen bei den drei Darstellungen „Interpreten", „Komponisten" und „Genres" ist praktisch gleich und wird hier am Beispiel der „Interpreten" gezeigt. Wählen Sie in der Seitenleiste den gewünschten Interpreten aus. Um sämtliche Alben des Interpreten wiederzugeben, doppelklicken Sie auf die *Play*-Schaltfläche neben seinem Namen. Soll die Wiedergabe bei einem bestimmten Album beginnen, doppelklicken Sie auf das entsprechende Cover oder den ersten Titel des Albums. Mit einem Doppelklick auf einen bestimmten Titel beginnt die Wiedergabe an dieser Stelle. Die Wiedergabe endet dann, wenn der letzte Titel im letzten Album gespielt wurde; die Wiedergabe erfolgt also über Albengrenzen hinweg.

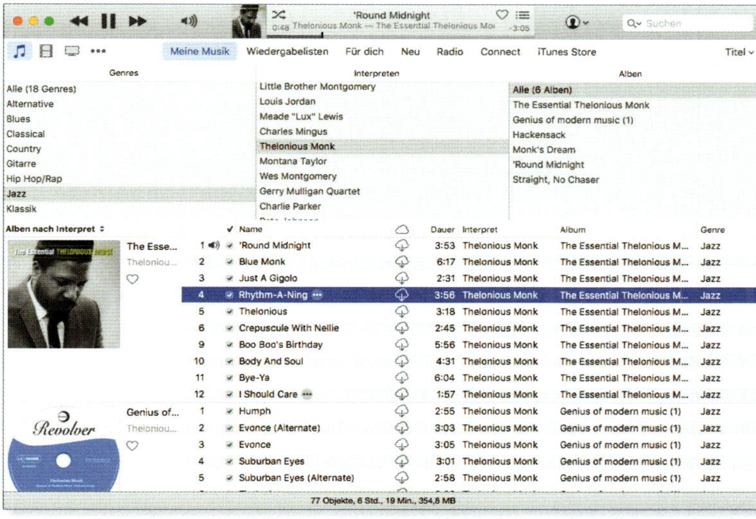

- *Titel:* Um ein Album wiederzugeben, klicken Sie es in der Coverspalte doppelt an, einen bestimmten Titel starten Sie ebenfalls mit einem Doppelklick. Nun beginnt iTunes mit der Wiedergabe – und hört erst dann auf, wenn der letzte Titel der aktuell gezeigten Titelliste gespielt wurde, unter Umständen also erst, wenn iTunes sich einmal durch Ihre komplette Musiksammlung bewegt hat. Wenn Sie über den Spaltenbrowser die Titelliste beschränkt haben, können Sie auch in der Titeldarstellung die Wiedergabe gezielt auf Alben, Interpreten oder Genres begrenzen.

Während der Wiedergabe können Sie zu einem anderen Programm wechseln und etwa im Internet stöbern oder einen Brief schreiben. Sie können auch mit iTunes andere Aufgaben erledigen, also zum Beispiel Ihre Musik in Wiedergabelisten organisieren, die Metadaten der Titel bearbeiten, im iTunes Store stöbern, Apps für das iPhone herunterladen, Ihre abonnierten Podcasts laden, Ihr iPhone oder iPad synchronisieren und ähnliches mehr. Von all dem lässt sich iTunes bei der Wiedergabe der Musik nicht stören.

Die „Nächste Titel"-Liste

Bislang sind Sie bei der Wiedergabe Ihrer Musik noch von der gewählten Darstellung abhängig. Sie können etwa die Alben eines Interpreten wiedergeben oder alle Titel in einem Genre. Dabei gibt iTunes die Richtung und Reihenfolge der Titel vor.

Aber was ist, wenn Sie Interpreten, Genres und Alben bunt mischen möchten? Wenn Sie also zum Beispiel zuerst ein Album von Bob Dylan, dann eines der Dixie Chicks, im Anschluss ein Album von Adele hören möchten und mittendrin immer mal wieder Lust auf einen ganz anderen Song oder ein anderes Album haben? Dann kommen Sie mit den bisher vorgestellten Möglichkeiten nicht weiter, und es schlägt die Stunde der *Nächste Titel*-Liste.

Die „Nächste Titel"-Liste gibt Ihnen völlige Kontrolle über das, was Sie wann in welcher Reihenfolge hören möchten.

Über die *Nächste Titel*-Liste können Sie die Musikwiedergabe ganz nach eigenem Geschmack bestimmen. Anstatt einen Titel oder ein Album direkt mit Doppelklick oder mit einem Klick auf die Play-Taste zu starten, zeigen Sie mit der Maus darauf. In fast allen Fällen erscheint nun in allen Ansichten die *Mehr*-Taste ❶, also die Taste mit den drei Punkten. (In der Albendarstellung müssen Sie ein Album öffnen, bevor Sie die Taste sehen.)

Hier finden Sie den Eintrag *Auf „Nächste Titel"-Liste* ❷. Mit einem Klick darauf fügen Sie das aktuelle Album oder den aktuellen Titel der Liste hinzu. (Sie erkennen das an einer kleinen Animation über der Listentaste in der Aktivitätsanzeige.) Wenn Sie möchten, können Sie so auch die komplette Musik eines bestimmten Interpreten, Komponisten oder eines Genres in die Liste aufnehmen – die *Mehr*-Taste ist in iTunes praktisch allgegenwärtig.

Sobald Sie so mindestens einen Titel auf die Liste gesetzt haben, bietet das *Mehr*-Menü einen weiteren Eintrag: *Nächster Titel* ❸. Klicken Sie darauf, wird der entsprechende Titel (oder das Album, Genre etc.) an den Anfang der *Nächste Titel*-Liste gesetzt.

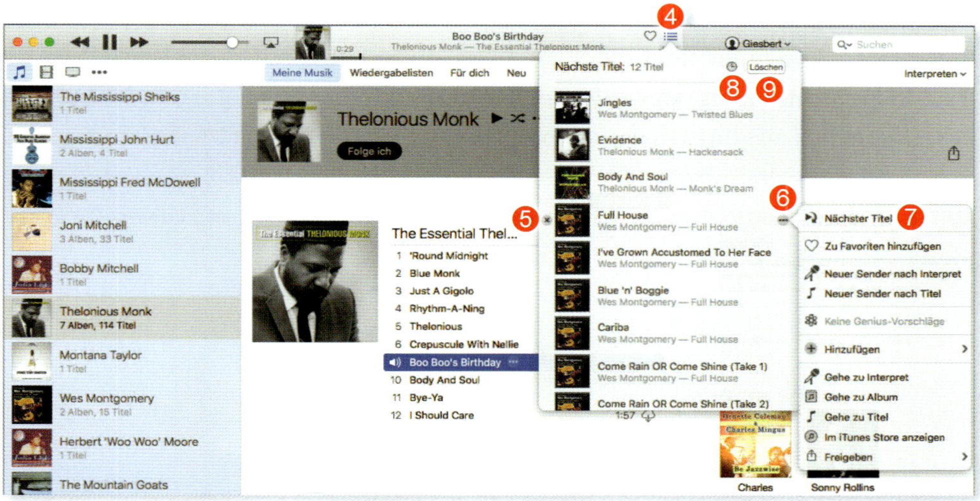

Über die Aktivitätsanzeige haben Sie jederzeit Zugriff auf die „Nächste Titel"-Liste.

Um die Titel in der Reihenfolge abzuspielen, wie sie auf der Liste stehen, klicken Sie in der Aktivitätsanzeige auf das *Listensymbol* ❹ und anschließend doppelt auf den ersten Eintrag der Liste.

Während der Wiedergabe lässt sich die Liste jederzeit verändern. Sie können über die *Mehr*-Taste weiterhin Songs, Alben, Werke etc. hinzufügen, bestimmte Titel löschen oder die Abspielreihenfolge ändern.

Dazu öffnen Sie zuerst mit einem Klick auf das *Listensymbol* ❹ in der Aktivitätsanzeige die Liste und haben nun folgende Möglichkeiten:

- *Reihenfolge ändern:* Ziehen Sie einen Titel mit der Maus an die gewünschte Position. Sie können auch – wie vom Finder (OS X) bzw. Explorer (Windows) gewohnt – mehrere Einträge markieren und gemeinsam verschieben.

- *Titel entfernen:* Zeigen Sie auf einen Titel und klicken Sie anschließend auf das kleine *x* ❺, das links neben dem Eintrag angezeigt wird. Möchten Sie mehrere Titel entfernen, markieren Sie sie und drücken anschließend die *Backspace*- (OS X) bzw. *Entf.*-Taste (Windows).
- *Titel als nächsten abspielen:* Um einen beliebigen Titel aus der Liste als nächsten abzuspielen, können Sie auch einfach auf ihn zeigen. Es erscheint auch hier die *Mehr*-Taste ❻ (die drei Punkte). Mit einem Klick darauf öffnen Sie das entsprechende Menü, das auch hier den Eintrag *Nächster Titel* ❼ bietet.

Die *Nächste Titel*-Liste bietet nicht nur das, was ihr Name verspricht, sondern auch einen Überblick der Titel, die Sie bereits wiedergegeben haben. Dazu klicken Sie auf das *Uhrensymbol* ❽ und sehen nun die Liste *Zuletzt Gespieltes*. Auch diese Titel können Sie über die *Mehr*-Taste am jeweiligen Eintrag in die *Nächste Titel*-Liste aufnehmen oder mit einem Doppelklick erneut starten. Mit einem erneuten Klick auf das Uhrensymbol kehren Sie zur *Nächste Titel*-Liste zurück.

Möchten Sie die *Nächste Titel*-Liste komplett löschen, klicken Sie auf *Löschen* ❾. Sobald der aktuell wiedergegebene Titel beendet ist, stoppt iTunes die komplette Wiedergabe.

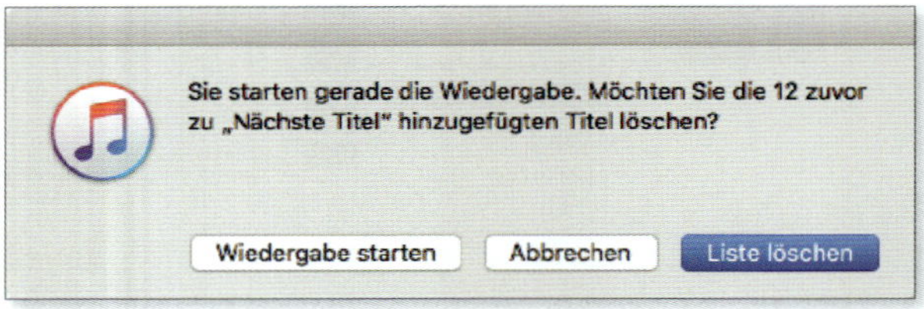

Starten Sie außerhalb der „Nächste Titel"-Liste eine Wiedergabe, fragt iTunes nach, was genau Sie tun möchten.

Wenn Sie während der Wiedergabe in iTunes einen Titel doppelt anklicken, um ihn abzuspielen, gerät iTunes etwas durcheinander und weiß nun nicht genau, was Sie vorhaben: Möchten Sie die Liste mit den aktuell wiederzugebenden Titeln löschen, oder möchten Sie just jetzt diesen einen Song hören? Also fragt iTunes nach, ob zuerst die aktuelle Liste gelöscht oder ob die Wiedergabe gestartet werden soll. Beginnen Sie die Wiedergabe, wird die Wiedergabe des aktuellen Titels von der *Nächste Titel*-Liste abgebrochen, der doppelt angeklickte Titel wiedergegeben und anschließend mit dem nächsten Titel auf der Liste weitergemacht. Das funktioniert natürlich auch mit kompletten Alben oder sämtlichen Songs eines Interpreten oder Genres.

Dauerhafte Liste

Die „Nächste Titel"-Liste wird von iTunes intern gespeichert. Beenden Sie das Programm und starten Sie es erneut, stehen sowohl die „Nächste Titel"-Liste als auch die Liste der zuletzt gespielten Titel wieder zur Verfügung.

Wiedergabe steuern

Die Wiedergabe Ihrer Musik steuern Sie über die vom CD- oder DVD-Player vertrauten Tasten ❶. Sie können einen Titel zurück- bzw. vorspringen, die Wiedergabe starten, pausieren/fortsetzen und die Lautstärke regeln. Über einen Klick in die Fortschrittsanzeige ❷ – das ist der schmale, graue Rand – im Aktivitätsfenster springen Sie in einem Titel schnell an eine bestimmte Stelle. Die Zeitangaben links und rechts zeigen Ihnen, wie viel Zeit bereits vergangen ist und wie lang der aktuelle Titel noch dauert. Klicken Sie auf die Restdauer ❸ ändert sich die Anzeige in die Gesamtdauer des Titels, ein erneuter Klick zeigt Ihnen wieder die Restdauer.

Die Wiedergabe wird in iTunes über die vertrauten Tasten und Regler gesteuert.

Lautstärke

Der Lautstärke-Regler in iTunes ist unabhängig von der systemweiten Einstellung zur Lautstärke. Sie können also die generelle Lautstärke Ihres Computers drosseln und die Lautstärke in iTunes deutlich höher drehen. Dann dröhnen die üblichen Systemtöne nicht durchs Zimmer, aber Musik wird trotzdem gut hörbar abgespielt.

Falls Sie iTunes in den Hintergrund geschoben haben und sich mit anderen Dingen beschäftigen, können Sie die Wiedergabe normalerweise über die entsprechenden Tasten auf der Tastatur kontrollieren. Allerdings kann es hier vorkommen, dass iTunes sich dabei mit anderen Programmen verheddert, die ebenfalls auf diese Tasten reagieren.

Was Sie allerdings vergeblich suchen werden, ist eine Stopp-Taste – die gibt es in iTunes schlicht nicht. Die Wiedergabe wird erst dann beendet, wenn iTunes den letzten Titel in der *Nächste Titel*-Liste oder in der aktuell gewählten Darstellung erreicht hat – oder genauer gesagt: wenn der letzte Titel in der Darstellung erreicht wird, die beim Starten der Musik aktiv war. Sie können also in der Albendarstellung die Wiedergabe starten und anschließend in die Titelliste wechseln – für die Wiedergabe ist nach wie vor die Albendarstellung gültig. Damit Sie jederzeit im Blick haben, welcher Titel aktuell wiedergegeben wird, zeigt die Aktivitätsanzeige die entsprechenden Informationen.

Soll iTunes die Wiedergabe vorzeitig beenden, wählen Sie *Steuerung –> Stopp* oder drücken *cmd* + . (OS X) bzw. *Strg* + . (Windows).

Titel aktivieren bzw. deaktivieren

Üblicherweise spielt iTunes sämtliche Titel einer Liste oder eines Albums der Reihe nach ab. Sie können allerdings bestimmte Titel von der Wiedergabe ausnehmen, indem Sie sie deaktivieren. Dabei verbleibt ein Titel in der Mediathek, wird aber von iTunes erst dann wieder berücksichtigt, wenn Sie ihn erneut aktivieren.

Es gibt verschiedene Möglichkeiten, einen Titel zu (de)aktivieren. Am einfachsten geht es wohl in der Titeldarstellung. Hier sehen Sie vor jedem Titel ein Markierungsfeld mit einem Häkchen. Jeder so markierte Titel gilt als aktiviert und wird zum Beispiel bei der Wiedergabe berücksichtigt. Soll ein bestimmter Titel nicht wiedergegeben werden, entfernen Sie den Haken mit einem Mausklick. Möchten Sie sämtliche Titel (de)aktivieren, halten Sie beim Mausklick die *cmd*- (OS X) bzw. *Strg*-Taste (Windows) gedrückt.

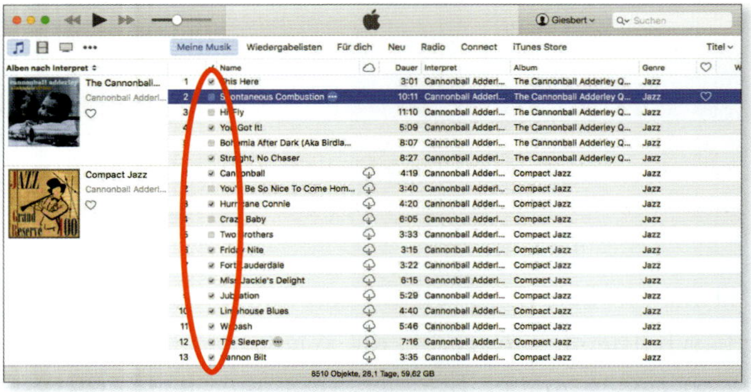

Über das „Listenmarkierungsfeld" in der Titeldarstellung bestimmen Sie, welche Titel iTunes bei der Wiedergabe berücksichtigen soll.

> **!**
>
> **Listenmarkierungsfeld**
>
> Das Feld mit dem Häkchen heißt „Listenmarkierungsfeld" und lässt sich in den iTunes-Einstellungen ein- bzw. ausblenden. Wechseln Sie dazu auf die Registerkarte **Allgemein** und setzen bzw. löschen Sie das Häkchen bei **Markierungsfelder in Liste einblenden**. Es ist besonders im Zusammenhang mit Wiedergabelisten wichtig sowie bei der Auswahl der Inhalte, die Sie auf ein iOS-Gerät kopieren möchten.

Das Markierungsfeld wird lediglich in der Titeldarstellung angezeigt. Doch das heißt nicht, dass Sie einen oder mehrere Titel nur in dieser Darstellung (de)-aktivieren können: Klicken Sie in den anderen Darstellungen einen Titel mit der rechten Maustaste an und wählen Sie im Kontextmenü den Eintrag *Auswahl deaktivieren* bzw. *Auswahl aktivieren*.

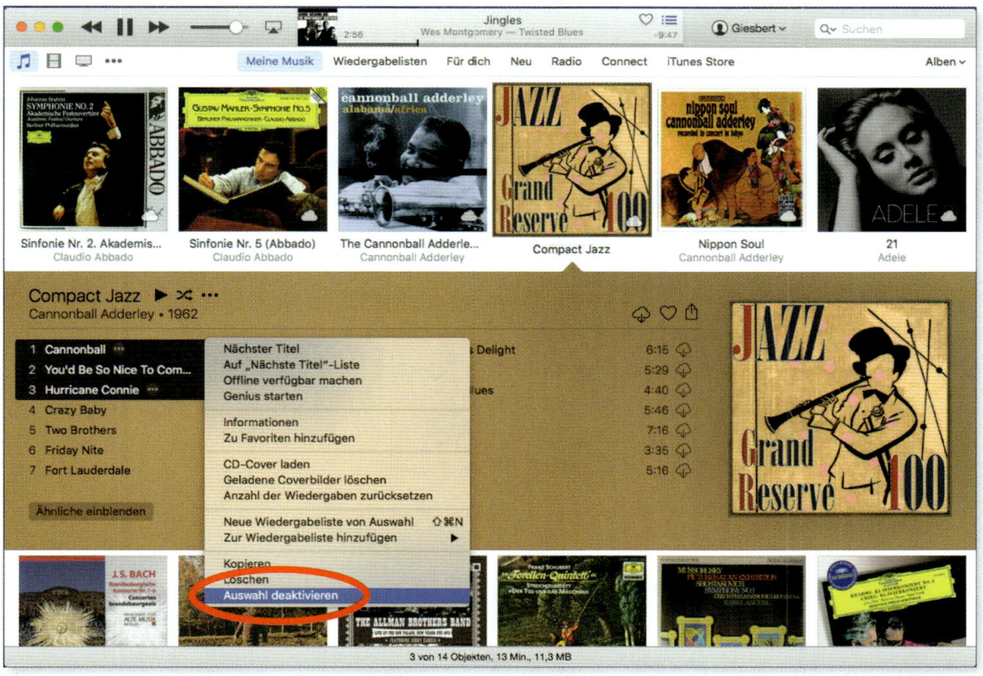

Auch in der Albenansicht lassen sich Titel gezielt (de)aktivieren. Allerdings zeigt Ihnen iTunes hier nicht an, welche Titel aktiv sind und welche nicht.

Leider gibt es in dieser Darstellung keine Möglichkeit zu entscheiden, ob ein Titel aktiv ist oder nicht. Vermutlich handelt es sich hier um einen Bug in iTunes 12, der mit einem Update behoben werden wird. Denn in früheren Versionen wurden deaktivierte Titel in der Albenansicht grau markiert.

Steuerung über die Aktivitätsanzeige

Während der Musikwiedergabe können Sie problemlos die Darstellungsoptionen in iTunes ändern oder in anderen Bereichen von iTunes stöbern. Sobald Sie allerdings die Darstellung verlassen, von der aus Sie die Wiedergabe gestartet haben, verlieren Sie natürlich die aktuelle Titelliste aus dem Blick und scheinen auch keine Möglichkeit mehr zu haben, einen bestimmten Titel des aktuellen Albums anzusteuern.

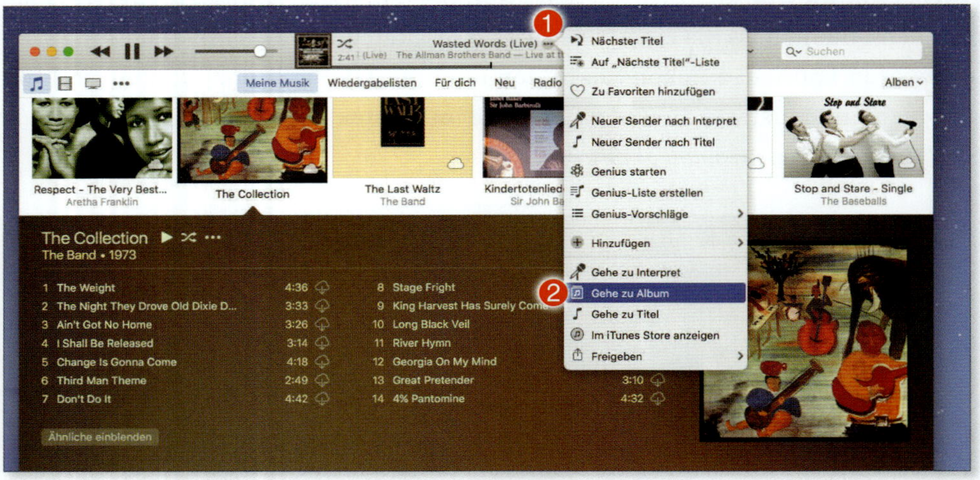

Über die Aktivitätsanzeige können Sie jederzeit zum aktuell wiedergegebenen Interpreten, Album oder Titel springen – ganz gleich, wo Sie sich in iTunes gerade befinden. In diesem Beispiel wird etwa der Inhalt des Albums „The Collection" von The Band angezeigt, wiedergegeben wird aber ein Song der Allman Brothers Band. Über die „Mehr"-Taste in der Aktivitätsanzeige ist es problemlos möglich, etwa zum aktuell wiedergegebenen Album zu wechseln.

Doch keine Sorge, das täuscht. Dazu gibt es schließlich die Aktivitätsanzeige. Zeigen Sie hier auf den aktuellen Titelnamen, erscheint die vertraute *Mehr*-Anzeige ❶. Hier haben Sie die Möglichkeit, zum aktuellen Interpreten, Titel oder Album zu wechseln ❷.

> **!**
> **Schnell zum aktuellen Titel**
> Mit der Tastenkombination **cmd + L** (OS X) bzw. **Strg + L** (Windows) springt iTunes jederzeit sofort zum aktuell wiedergegebenen Titel.

Steuerung über das Programmsymbol

Sie können die Wiedergabe mit iTunes auch völlig ohne Programmfenster steuern, bietet doch das Programmsymbol im Dock (OS X) bzw. in der Taskleiste (Windows) Zugriff auf die wichtigsten Steuerelemente.

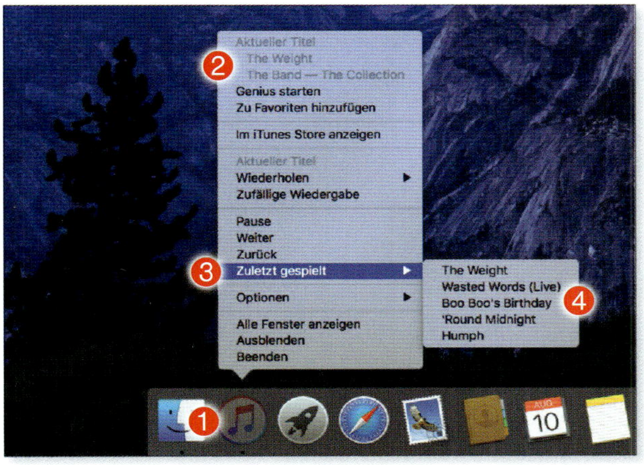

Über das iTunes-Symbol im Dock lässt sich die Wiedergabe ebenfalls steuern.

Klicken Sie auf dem Mac das Programmsymbol ❶ im Dock mit der rechten Maustaste an, wird ein Kontextmenü eingeblendet. Hier sehen Sie zum einen, welcher Titel aktuell wiedergegeben wird ❷. Zum anderen können Sie die Wiedergabe pausieren, in der aktuellen Wiedergabe vor- und zurückblättern ❸ oder einen der zuletzt gespielten Titel per Mausklick erneut wiedergeben ❹.

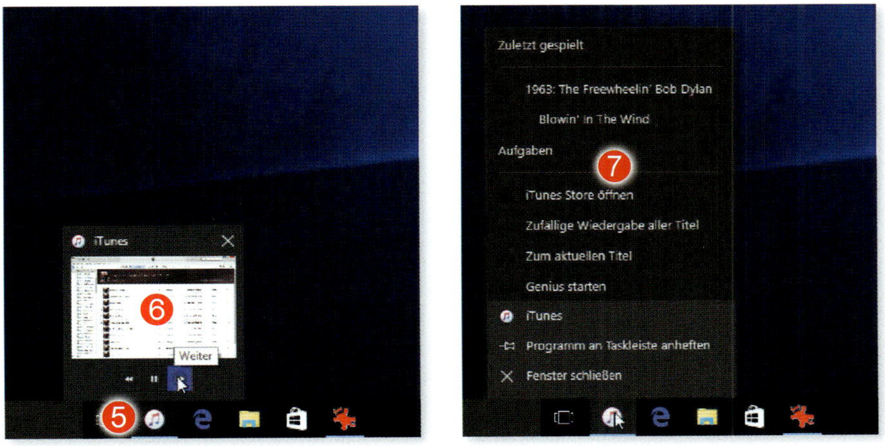

Unter Windows bietet das iTunes-Symbol andere Möglichkeiten als unter OS X.

Unter Windows ist diese Funktionalität auf zwei verschiedene Kontextmenüs verteilt. Zeigen Sie auf das iTunes-Symbol ❺ in der Taskleiste, sehen Sie eine verkleinerte Darstellung ❻ des aktuellen iTunes-Fensters. Darunter werden die Tasten zum Vor- und Zurückblättern und zum Pausieren der Wiedergabe angezeigt.

Klicken Sie das Symbol dagegen mit der rechten Maustaste an, zeigt iTunes Ihnen auch unter Windows weitere Möglichkeiten ❼ und eine Liste der zuletzt gespielten Titel. Ein Klick auf einen Titel genügt, um ihn erneut abzuspielen. Hier haben Sie außerdem die Möglichkeit, über *Zum aktuellen Titel* das iTunes-Fenster zu öffnen und direkt zum aktuell wiedergegebenen Bereich zu wechseln.

Unter OS X werden dazu mitunter mehrere Mausklicks benötigt, da Sie hier zuerst mit einem Klick auf das Programmsymbol das iTunes-Fenster öffnen und unter Umständen über die *Mehr*-Taste in der Aktivitätsanzeige zur gewünschten Darstellung wechseln müssen.

Rufen Sie über das Programmsymbol einen zuletzt gespielten Titel auf, wechselt iTunes auch in den entsprechenden Bereich, also etwa zum Album des Titels oder in die entsprechende Wiedergabeliste.

!

Steuerung via Widget (nur OS X)

Unter OS X bietet iTunes noch eine weitere Möglichkeit, die Wiedergabe zu steuern, nämlich mit einem Widget in der Mitteilungszentrale. Das müssen Sie allerdings zuerst aktivieren. Öffnen Sie dazu die Zentrale mit einem Klick auf das Listensymbol rechts außen in der Menüleiste, wählen Sie **Heute** und klicken Sie unten auf **Bearbeiten**. Klicken Sie in der rechten **Objekte**-Spalte auf den iTunes-Eintrag und bestätigen Sie Ihre Einstellung mit **Fertig**. In Zukunft bietet Ihnen die Mitteilungszentrale nun schnellen Zugriff auf die wichtigsten Steuerungsfunktionen von iTunes.

Der MiniPlayer

Wenn Sie mit iTunes am Computer Musik hören, dann müssen Sie nicht immer das Programmfenster in voller Größe geöffnet halten. Hier genügt es, wenn Sie in iTunes den *MiniPlayer* aktivieren. Dabei schrumpft iTunes zu einem winzigen Fenster zusammen, das alle wichtigen Steuerfunktionen und Informationen bietet, ohne viel Platz auf dem Bildschirm zu verbrauchen.

Den „MiniPlayer" rufen Sie am schnellsten mit einem Klick in das Cover der Aktivitätsanzeige auf.

So klein der MiniPlayer auch ist – so viele Möglichkeiten bietet er Ihnen. Zeigen Sie auf den Player, werden die vertrauten Tasten zur Steuerung der Wiedergabe und der Lautstärke angezeigt ❶. Über die Fortschrittsanzeige können Sie im aktuellen Titel vor- und zurückspulen. Nach einem Klick auf das *Listensymbol* ❷ zeigt iTunes Ihnen die *Nächste Titel*-Liste, über die *Lupe* ❸ können Sie Ihre komplette Mediathek durchsuchen. Auch im MiniPlayer gibt es das *Mehr*-Menü ❹ (also die drei Punkte) mit seinen verschiedenen Möglichkeiten. Um vom MiniPlayer wieder zum vollständigen Fenster zu wechseln, schließen Sie den MiniPlayer mit einem Klick auf das kleine *x* ❺.

Im MiniPlayer schrumpft iTunes zu einem Plattencover zusammen. Auf die wichtigsten Funktionen müssen Sie dennoch nicht verzichten.

In seiner Grundform zeigt der MiniPlayer das Cover des aktuell wiedergegebenen Albums. Das ist zwar kleiner als das komplette iTunes-Fenster, lässt sich aber noch weiter verkleinern. Dazu klicken Sie auf den Doppelpfeil links oben ❻ – der MiniPlayer schrumpft nun zu einer kleinen Leiste mit Coverminiatur und der Anzeige des aktuell wiedergegebenen Titels ❼. Zeigen Sie mit der Maus auf den verkleinerten MiniPlayer, werden die vertrauten Steuersymbole ❽ und die obligatorische *Mehr*-Taste ❾ eingeblendet. Die Taste für die *Nächste Titel*-Liste ist natürlich ebenfalls vorhanden ❿. Um zur Standardansicht des MiniPlayers zurückzukehren, klicken Sie auf den kleinen Doppelpfeil, oder – einfacher – aufs Cover ⓫.

Auch die Schrumpfversion des MiniPlayers bietet zahlreiche Möglichkeiten zur Steuerung der Wiedergabe.

Möchten Sie nicht, dass der MiniPlayer von anderen Fenstern verdeckt wird, können Sie iTunes anweisen, ihn ständig im Vordergrund zu halten. Wechseln Sie dazu in den *Einstellungen* von iTunes auf die Registerkarte *Erweitert* und aktivieren Sie dort *MiniPlayer immer im Vordergrund halten*.

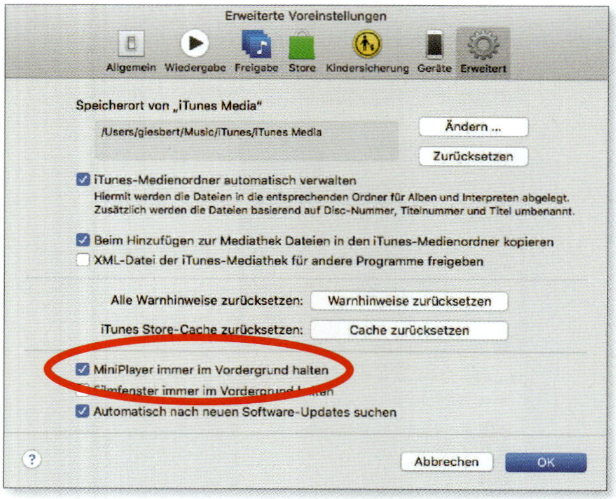

Wenn Sie möchten, können Sie den MiniPlayer so einstellen, dass er von keinem anderen Fenster auf dem Schreibtisch verdeckt wird.

Nur einen Ausschnitt wiedergeben

Normalerweise möchte man einen Titel komplett wiedergeben. Doch das ist nicht immer so. Manchmal sind zu Beginn oder am Ende eines Titels lange Pausen vorhanden, bei Live-Mitschnitten gibt es mitunter auch eher störendes Geplauder und Publikumsgeräusche. Es kommt auch vor, dass mehrere Songs zu einem Titel zusammenkopiert wurden und Sie nur einen Song aus diesem Medley hören möchten.

Sie können festlegen, ab wann und bis wohin iTunes einen einzelnen Titel wiedergeben soll.

Hier bietet iTunes Ihnen die Möglichkeit, den Start- und Endpunkt der Wiedergabe eines Titels festzulegen. Dazu markieren Sie den entsprechenden Titel und rufen mit *cmd + I* (OS X) bzw. *Strg + I* (Windows) die Informationen des Titels auf. Auf der Registerkarte *Optionen* können Sie nun unter *Start* und *Stopp* genau festlegen, an welcher Stelle iTunes mit der Wiedergabe des Titels beginnen und wo es sie beenden soll. Diese Option ist auch dann wichtig, wenn Sie mit iTunes Klingeltöne für Ihr iPhone und iPad erzeugen möchten (mehr dazu in Kapitel 6).

Möchten Sie die Begrenzung wieder aufheben, deaktivieren Sie *Start* und *Stopp*. iTunes trägt nun automatisch wieder die komplette Länge des Titels ein.

> **!**
> **Vorsicht!**
> Merken Sie sich gut, bei welchem Titel Sie den Start- und Stopp-Zeitpunkt verändert haben! Denn wenn Sie es sich später anders überlegen und Ihren Eingriff revidieren möchten, gibt es keine Möglichkeit, in iTunes danach zu suchen. Sie müssen dann schon wissen, welche Titel nicht vollständig wiedergegeben werden.

Zufällige Wiedergabe

Normalerweise beginnt iTunes mit der Wiedergabe des Titels, den Sie ausgewählt haben, und spielt anschließend alle Titel im aktuellen Bereich – also etwa eines Albums oder eines Interpreten – stur der Reihe nach ab.

Das ist normalerweise so gewünscht, aber manchmal möchte man sich überraschen lassen und die Titel in zufälliger Reihenfolge hören. Hier haben Sie die Möglichkeit, die zufällige Wiedergabe nach *Titeln*, *Alben* oder *Werken* zu aktivieren. Welche Variante iTunes benutzen soll, legen Sie unter *Steuerung –> Zufällige Wiedergabe* ❶ fest.

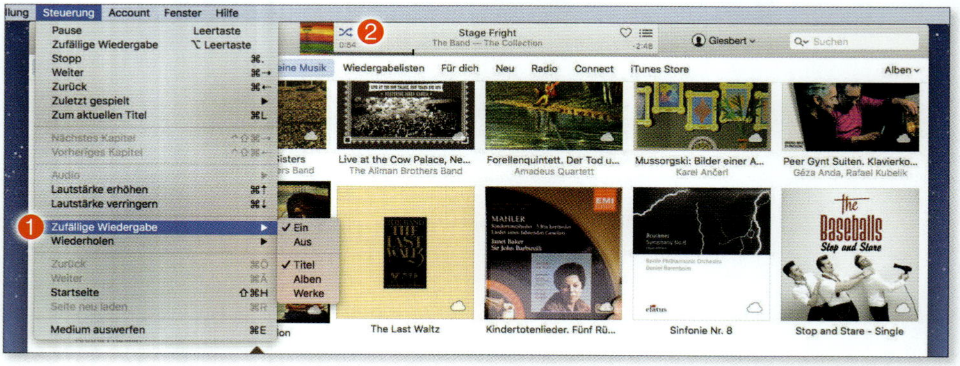

- *Titel:* Die Wiedergabe beginnt mit einem beliebigen Titel und wird mit beliebigen Titeln fortgeführt. Dabei nimmt iTunes keine Rücksicht auf Alben oder Werke, die aus mehreren zusammengehörenden Titeln bestehen.
- *Alben:* Zu Beginn wird ein Album zufällig gewählt, anschließend werden alle Titel des Albums in der vorgegebenen Reihenfolge gespielt. Danach wählt iTunes ein weiteres zufälliges Album.
- *Werke:* Bei der zufälligen Wiedergabe werden Werke nicht auseinandergerissen, sondern intakt gelassen. Es wird also zuerst ein Werk ausgewählt, und erst wenn alle Titel des Werks gespielt wurden, geht es mit einem zufällig gewählten Werk weiter. Diese Einstellung eignet sich besonders für die zufällige Wiedergabe klassischer Musik, da hier ein Werk – etwa eine Sinfonie – aus einzelnen Sätzen besteht, die für iTunes einzelne Titel sind.

Die Zufallsauswahl aktivieren Sie entweder über *Steuerung –> Zufällige Wiedergabe –> Ein* oder über einen Klick auf die gekreuzten Pfeile in der Aktivitätsanzeige ❷.

Dabei bezieht sich iTunes immer auf den aktuell wiederzugebenden Bereich. Lassen Sie sich etwa alle Alben eines Interpreten anzeigen, greift iTunes bei der Auswahl auch nur auf die Alben dieses Interpreten zu. Haben Sie über *Titel* die komplette Titelliste aufgerufen, nutzt iTunes die komplette Mediathek. Entsprechend bezieht sich iTunes in der Albendarstellung nur auf das aktuell geöffnete Album. Die Option *Zufällige Wiedergabe –> Nach Alben* ist in diesem Fall also wirkungslos: Es wird das aktuelle Album wiedergegeben. Anschließend steht iTunes kein weiteres Album für die Zufallsauswahl zur Verfügung, und die Wiedergabe wird beendet.

Wiederholungen

Manche Titel, Werke oder Alben gefallen einem so sehr, dass man gar nicht genug davon bekommen kann und sie am liebsten in einer Endlosschleife hören möchte. Kein Problem, auch diesen Wunsch kann iTunes natürlich erfüllen.

Dabei kann iTunes entweder einen Titel immer wieder abspielen oder einen kompletten Bereich, also etwa ein Album, ein komplettes Genre oder eine Wiedergabeliste.

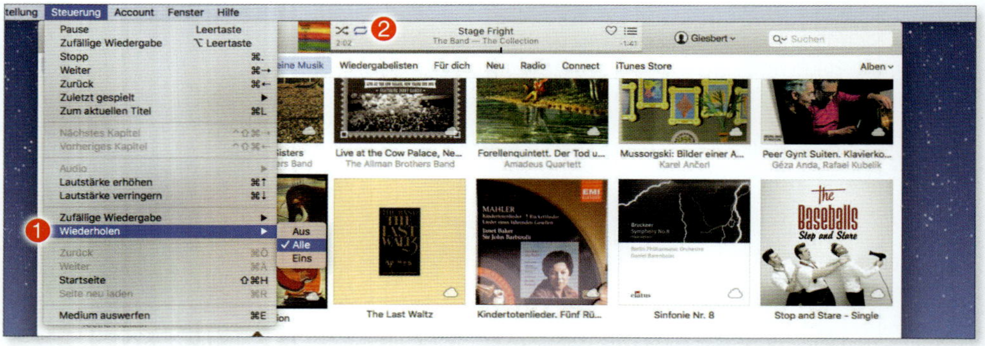

Wenn Sie möchten, können Sie sich Ihre Musik in einer Endlosschleife anhören.

Um iTunes in den Schleifenmodus zu versetzen, wählen Sie *Steuerung –> Wiederholen* ❶ und legen hier fest, ob Sie den kompletten Bereich (*Alle*) oder nur den aktuellen Titel (*Eins*) in einer Endlosschleife hören möchten.

Sobald Sie die Wiederholung über das *Steuerung*-Menü aktiviert haben, erscheint in der Aktivitätsanzeige ein neues Symbol ❷, über das Sie die Wiederholung regeln können, ohne das Menü aufrufen zu müssen. Klicken Sie dieses Symbol an, wechselt es zwischen den folgenden drei möglichen Zuständen:

- *Blau:* Ist das Symbol blau, ist die Wiedergabe für die komplette aktuelle Wiedergabe aktiviert.
- *Blau mit 1:* Eine kleine 1 am blauen Symbol zeigt an, dass die Wiederholung für den aktuellen Titel aktiviert wird. Wenn Sie in diesem Modus über die Steuerungstasten von iTunes zum nächsten Titel wechseln, beginnt der aktuelle Titel von vorn.
- *Grau:* Wechselt die Symbolfarbe auf Grau, ist die Wiederholung ausgeschaltet. Sobald der nächste Titel startet, verschwindet das Symbol wieder.

iTunes als CD-Player

Mitunter möchte man eine CD zwar hören, aber nicht unbedingt sofort in die Mediathek übernehmen. Kein Problem – natürlich können Sie iTunes auch wie einen ganz normalen CD-Player benutzen.

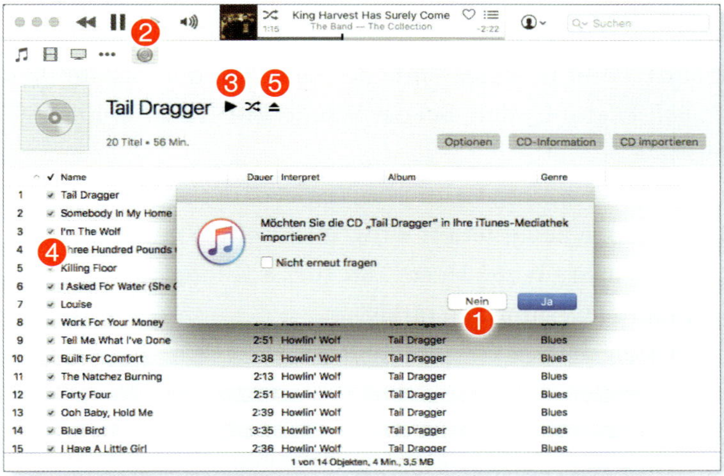

Sie können iTunes auch wie einen normalen CD-Player benutzen und Ihre CDs abspielen, ohne sie gleich in die Mediathek importieren zu müssen.

Legen Sie eine Musik-CD ein, fragt iTunes standardmäßig nach, ob es die CD importieren soll. Klicken Sie hier auf *Nein* ❶. Falls iTunes nicht nachfragt, wechseln Sie mit einem Klick auf das *CD-Symbol* ❷ zur Anzeige der CD. Die Wiedergabe der kompletten CD starten Sie mit einem Klick auf die *Play*-Taste ❸. Es werden alle Titel wiedergegeben, die mit einem Häkchen ❹ markiert sind. Möchten Sie einzelne Titel von der Wiedergabe ausschließen, entfernen Sie das Häkchen vor dem Titel. Halten Sie beim Klick die *cmd*- (OS X) bzw. *Strg*-Taste (Windows) gedrückt, können Sie sämtliche Titel auf einmal ab- bzw. anwählen. Einen einzelnen Titel starten Sie wie gewohnt durch einen Doppelklick darauf. Nach der Wiedergabe werfen Sie die CD mit einem Klick auf die *Auswurftaste* aus ❺.

Equalizer, Klangverbesserung, Lautstärke anpassen

Wie ein Musikstück klingt, hängt ganz entscheidend von den Lautsprechern ab, über die es wiedergegeben wird. Damit Sie den Klang für Ihre Anlage oder Ihren Kopfhörer optimieren können, bietet iTunes Ihnen die Möglichkeit, selbst Hand anzulegen. Dazu dient in erster Linie der *Equalizer*, den Sie auf dem Mac über *Fenster –> Equalizer* einblenden. Bei der Windows-Version wählen Sie *Anzeige –> Equalizer anzeigen*.

Der Equalizer besitzt eine Reihe von Reglern, mit denen die Lautstärke einzelner Frequenzbereiche gesteuert wird. (Die Zahlen geben die Frequenzen in Hertz an, 32 steht also für „32 Hertz“, 8K für „8 Kilohertz“.) Der Regler *Vorverstärker* bestimmt die Gesamtlautstärke.

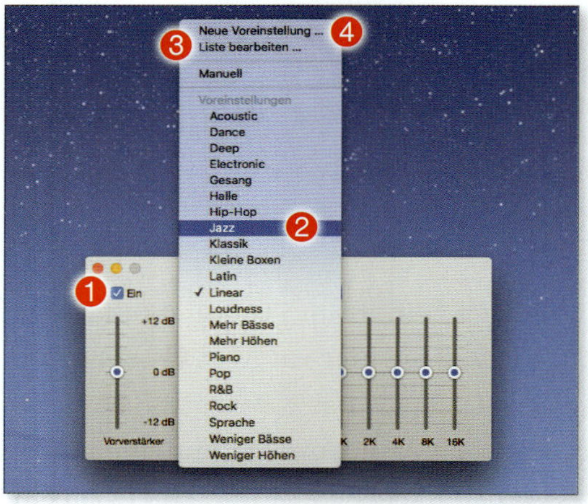

Über den Equalizer können Sie gezielt bestimmte Frequenzbereiche lauter oder leiser einstellen und so den gesamten Klangeindruck verändern.

Der sinnvolle Einsatz des Equalizers verlangt einige Erfahrung. Spielen Sie einfach ein wenig damit herum. Starten Sie die Wiedergabe, schalten Sie den Equalizer ein ❶ und wechseln Sie von der Standardeinstellung *Linear* – bei der überhaupt keine Veränderungen vorgenommen werden – auf andere Einstellungen, wie etwa *Mehr Bässe*, *Rock*, *Sprache*, *Klassik* oder *Jazz* ❷. Bei jeder Änderung müssen Sie kurz abwarten, bis iTunes die Einstellungen verarbeitet und umgesetzt hat.

Die Liste der Einstellungen können Sie bearbeiten. Klicken Sie dazu auf die Taste zur Auswahl der Einstellungen und wählen Sie *Liste bearbeiten* ❸. Hier können Sie die Einstellungen nun *Umbenennen* oder auch *Löschen* ❹.

Die Liste der Voreinstellungen ist von Haus aus sehr lang, lässt sich aber problemlos Ihren Wünschen anpassen.

Möchten Sie Ihre eigenen Einstellungen speichern, wählen Sie im Dropdown-Menü den Punkt *Neue Voreinstellung* ❹ und geben der Einstellung einen Namen.

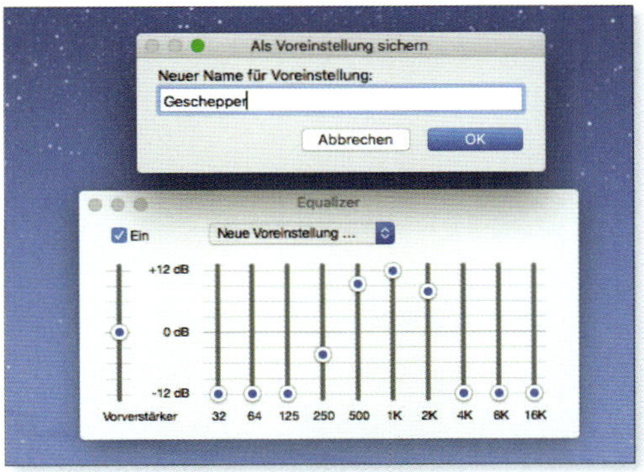

Neben den Voreinstellungen können Sie auch eigene Equalizer-Einstellungen speichern.

Mit dem Equalizer lassen sich einige interessante Effekte für eigene Musik-, Podcast- oder Hörspielprojekte erzeugen. Soll die Wiedergabe etwa so klingen, als käme sie über eine analoge Telefonverbindung oder aus einem alten Transistorradio, dann begrenzen Sie das Frequenzspektrum auf den mittleren Bereich, indem Sie die Regler für tiefe und hohe Frequenzen nach unten ziehen.

Daneben finden Sie in den *Einstellungen* von iTunes auf der Registerkarte *Wiedergabe* die Optionen *Klangverbesserung* und *Lautstärke anpassen*. Die *Klangverbesserung* manipuliert die Tiefen und Höhen, um den Stereo-Effekt zu verbessern.

Die Anpassung der Lautstärke sorgt dafür, dass bei der Wiedergabe alle Titel mit der gleichen durchschnittlichen Lautstärke wiedergeben werden, es also keine extrem lauten bzw. extrem leisen Stücke gibt.

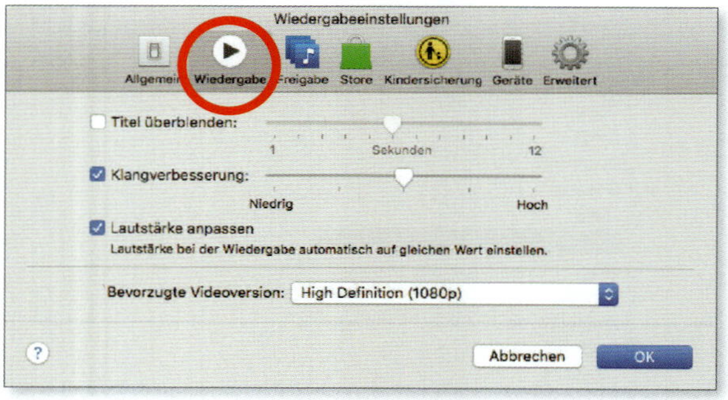

Über zwei zentrale Einstellungen lässt sich die Wiedergabe von iTunes an die jeweiligen Gegebenheiten anpassen.

Experimentieren Sie mit dem Equalizer und den verschiedenen Einstellungen einfach mal ein wenig herum. Es gibt hier kein „Richtig“ oder „Falsch“, sondern nur Ihren individuellen Klangeindruck. Es spricht auch nichts dagegen, sämtliche klangverbessernden Maßnahmen ganz einfach zu ignorieren und sich auf die Abmischungen der Studios bzw. Künstler zu verlassen.

Visuelle Effekte

Mit iTunes können Sie Musik nicht nur hören, sondern auch sehen. Na ja, fast. Die visuellen Effekte bestehen aus farbigen Animationen, die Sie mit oder ohne Musik anzeigen können – sinnvoll werden sie allerdings erst, wenn Musik läuft. Denn dann passen sich die Animationen der Musik an und verändern sich nach Rhythmus und Dynamik eines Stücks.

Apple liefert iTunes mit zwei Modulen zur Visualisierung, zwischen denen Sie über das Menü *Darstellung –> Visuelle Effekte* (OS X) bzw. *Anzeige –> Visuelle Effekte* (Windows) wählen. Standardmäßig ist *iTunes Visualizer* aktiviert, über *iTunes Classic Visualizer* wechseln Sie zum Visualizer früherer iTunes-Versionen. (Hier wird zu Beginn ein etwas störendes Apple-Logo eingeblendet, das aber nach ein paar Sekunden ausgeblendet wird.) Sie schalten die visuellen Effekte am schnellsten über *cmd + T* (OS X) bzw. *Strg + T* (Windows) ein und mit *Esc* wieder aus. Alternativ dazu können Sie natürlich auch den entsprechenden Eintrag unter *Darstellung* (OS X) bzw. *Anzeige* (Windows) wählen.

Die Visualisierung ist besonders eindrucksvoll, wenn Sie das iTunes-Fenster auf volle Bildschirmgröße maximieren. Auf dem Mac wird auch im Vollbildmodus die Kopfleiste von iTunes angezeigt, so dass Sie auch bei aktivierten visuellen Effekten Zugriff auf die wichtigsten Steuerungselemente haben.

Die visuellen Effekte füllen während der Musikwiedergabe den Bildschirm mit rhythmischen Mustern.

Drücken Sie während der visuellen Effekt die *?*-Taste, wird eine Liste mit Tastenkürzeln eingeblendet ❶, über die Sie die Aktionen des Visualizers steuern können. So können Sie etwa mit *F* die Bewegung einfrieren und wieder aktivieren, mit *L* die freischwebende Kamera fixieren/lösen oder mit *I* die Titelinformationen ❷ links unten einblenden (die nach ca. 20 Sekunden wieder ausgeblendet werden). Über *P* und *M* verändern Sie die Farbpalette und den Modus (also die Art und Weise, wie der Visualizer Musik in Animation umsetzt).

Am einfachsten ist es allerdings, wenn Sie die visuellen Effekte aktivieren und den Rest iTunes überlassen; das Programm sorgt schon für hinreichende Abwechslung.

AirPlay

Standardmäßig benutzt iTunes für die Wiedergabe die Lautsprecher Ihres Computers. Haben Sie externe Lautsprecher oder einen Kopfhörer angeschlossen, werden die internen Lautsprecher des Computers ignoriert (und so, wie die üblichen PC-Lautsprecher klingen, ist das auch gut so).

Aber damit ist natürlich noch lange nicht Schluss, schließlich gibt es *AirPlay*. AirPlay ist eine spezielle Technologie von Apple, mit der Musik- und auch Video-Daten via WLAN von iTunes an verschiedene Endgeräte gestreamt werden.

So können Sie etwa die Lautsprecher in Ihrem Wohnzimmer drahtlos über den Computer im Arbeitszimmer ansteuern. Dazu müssen die Lautsprecher allerdings entweder AirPlay unterstützen (entsprechende Geräte finden Sie im Fachhandel) oder aber mit Apples WLAN-Router *AirPort* verbunden sein. Möglich ist auch die Ansteuerung eines *Apple TV*, das die Musik dann entweder an die Stereoanlage oder den Fernseher durchreicht.

Dank „AirPlay" kann iTunes Musik (und andere Inhalte) im heimischen WLAN an andere Endgeräte streamen.

Sobald iTunes im WLAN AirPlay-fähige Geräte entdeckt, erscheint in der Kopfzeile das AirPlay-Symbol. Klicken Sie das Symbol an, um das Endgerät auszuwählen, das iTunes ansteuern soll. Falls Sie mehrere Lautsprecher bzw. unterschiedliche AirPlay-Geräte benutzen möchten (damit etwa Ihre Partygäste in jedem Raum Musik hören können), klicken Sie auf *Mehrere* und aktivieren die gewünschten Geräte mit je einem Mausklick.

Sie können die Lautstärke generell für alle aktivierten Geräte regeln oder für jedes Gerät individuell festlegen.

Kapitel 5 Wiedergabelisten

Im Grunde verwaltet iTunes sämtliche Inhalte in verschiedenen Listen – sei es die Liste aller Titel auf einem Album, die Liste aller Titel eines Interpreten oder die Liste aller Titel eines Genres. Bei der Wiedergabe macht iTunes nichts anderes, als die jeweilige Liste der Reihe nach abzuarbeiten, also alle Titel auf dieser Liste in der Reihenfolge wiederzugeben, in der iTunes sie vorfindet. Mit *Wiedergabelisten* haben Sie nun die Möglichkeit, selbst zu bestimmen, welche Titel in welcher Reihenfolge wiedergegeben werden sollen. Das klingt einigermaßen unspektakulär, doch erst mit dem Einsatz von Wiedergabelisten entfaltet iTunes sein volles Potenzial. Grund genug, diesem Thema ein eigenes Kapitel zu widmen.

Listenreiches iTunes

Bevor wir uns mit der Frage beschäftigen, welche Arten von Wiedergabelisten iTunes bietet und wie Sie sie am besten für Ihre Zwecke einsetzen, kümmern wir uns kurz um die Frage, was eine Wiedergabeliste eigentlich ist.

Die Antwort ist einfach, hat es aber in sich: Eine Wiedergabeliste ist eine Liste mit Titeln, die iTunes in der Reihenfolge abspielen soll, in der sie in der Liste stehen.

Anders als bei den verschiedenen Darstellungsoptionen – *Alben*, *Titel*, *Interpreten*, *Komponisten*, *Genres* – sind die Einträge in einer solchen Liste nur Verweise auf die entsprechenden Dateien in der Mediathek. Das heißt, dass Sie in einer Liste Einträge beliebig hinzufügen und löschen können, ohne dass diese Aktionen Auswirkungen auf die Dateien oder die Dateistruktur der Mediathek hätten. Löschen Sie in einer der Standarddarstellungen einen Eintrag, dann löschen Sie auch die entsprechende Datei. Bei einer Wiedergabeliste löschen Sie lediglich einen Verweis auf die Datei – nicht die Datei selbst.

Außerdem können Sie die Reihenfolge der Titel selbst festlegen, während sie in der Standarddarstellung von iTunes in Abhängigkeit von den Metadaten der Titel vorgenommen wird.

Und Sie können einen Titel nicht nur in beliebig vielen Wiedergabelisten eintragen, sondern auch einen Titel beliebig oft in einer Wiedergabeliste anführen, ohne die Datei selbst kopieren zu müssen.

Wiedergabelisten geben Ihnen also völlige Freiheit darüber, welche Musik Sie wie oft in welcher Reihenfolge und in welchen Zusammenhängen hören möchten. Sie können nach Herzenslust Wiedergabelisten anlegen, manipulieren und auch wieder löschen, ohne befürchten zu müssen, durch eine unbedachte Aktion Inhalte aus Ihrer Mediathek zu verlieren. Zudem sind Wiedergabelisten die Basis für Musik- und Daten-CDs/DVDs, die Sie mit iTunes brennen.

Dabei kennt iTunes verschiedene Arten von Listen, von denen Sie eine bereits kennengelernt haben:

- *Nächste Titel:* Mit dieser Liste haben wir uns bereits in Kapitel 4 ausführlich beschäftigt. In dieser Liste zeigt iTunes an, welche Songs als nächstes abgespielt werden. Diese Liste lässt sich problemlos jederzeit bearbeiten.
- *Standardlisten:* Diese Wiedergabelisten erstellen und verwalten Sie selbst.
- *Intelligente Wiedergabelisten:* Diese Listen werden von iTunes nach Ihren Vorgaben automatisch erstellt und automatisch aktualisiert. Hier können – oder besser gesagt – hier müssen Sie nicht eingreifen, sondern iTunes nur sagen, wie die Liste aussehen soll. Alles andere übernimmt iTunes.
- *Genius:* Dabei handelt es sich um eine Funktion von iTunes, mit der Sie, basierend auf einem Ausgangssong, eine Wiedergabeliste mit zusammenpassenden Titeln erstellen. Genius muss vor dem ersten Einsatz zuerst aktiviert werden.
- *Genius-Mixe:* Die Genius-Mixe sind Mischungen von Songs aus einem bestimmten Genre, die iTunes selbst zusammenstellt und die Ihre Mediathek gewissermaßen in einen Radiosender verwandeln.

Die Seitenleiste

Die Wiedergabelisten werden in einer Seitenleiste angezeigt, die Sie mit einem Klick auf *Wiedergabelisten* ❶ einblenden. Diese Seitenleiste ist (mindestens) zweigeteilt.

- *Mediathek* ❷: Im oberen Bereich *Mediathek* haben Sie Zugriff auf Ihre Musik, die Sie wie gewohnt nach *Titel*, *Alben*, *Interpreten*, *Komponisten* und *Genres* darstellen können.

- *Geräte* ❸: Falls Sie ein iPhone, ein iPad oder ein iPod touch angeschlossen haben, werden diese in der Rubrik *Geräte* aufgeführt.
- *Apple Music-Wiedergabeliste* ❹: Falls Sie *Apple Music* abonniert und eine dort verfügbare Wiedergabeliste Ihrer Mediathek hinzugefügt haben, werden diese Listen in einem eigenen Abschnitt in der Seitenleiste aufgeführt.
- *Wiedergabelisten* ❺: In diesem Bereich werden Ihre Wiedergabeliste und Wiedergabelisten-Ordner versammelt. Von Haus aus finden Sie hier bereits einige Listen mit einem Zahnradsymbol ❻. Dabei handelt es sich um Beispiele für intelligente Wiedergabelisten, mit denen wir uns weiter unten in diesem Kapitel beschäftigen.

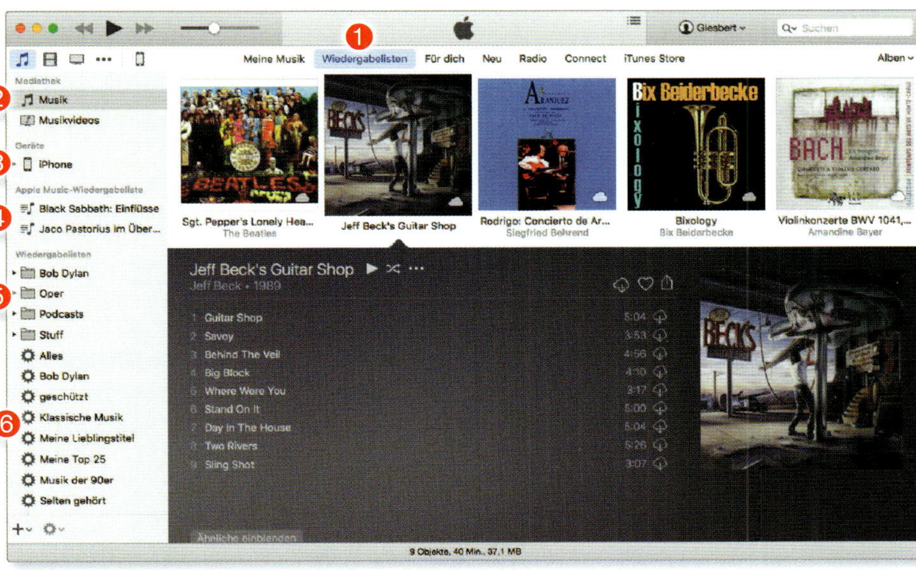

Die Seitenleiste mit den Wiedergabelisten (und anderen Bereichen) müssen Sie explizit einblenden.

Eine neue Wiedergabeliste anlegen

Um eine Standard-Wiedergabeliste anzulegen, gibt es zahlreiche Möglichkeiten. Welche Sie davon bevorzugen, hängt von Ihren persönlichen Präferenzen ab. Ich erläutere das Verfahren am Beispiel der Titeldarstellung, da Sie hier auch bei umfangreichen Mediatheken am schnellsten die Alben und Titel finden, die Sie in eine Liste aufnehmen möchten.

Markieren Sie in der Titeldarstellung die Titel, die Sie in Ihre Wiedergabeliste aufnehmen möchten ❶. Wählen Sie nun im Menü *Ablage* (OS X) bzw. *Datei* (Windows) den Punkt *Neu –> Neue Wiedergabeliste aus Auswahl* ❷. Alternativ dazu können Sie auch mit der rechten Maustaste in die Markierung klicken und *Neue Wiedergabeliste von Auswahl* ❸ wählen.

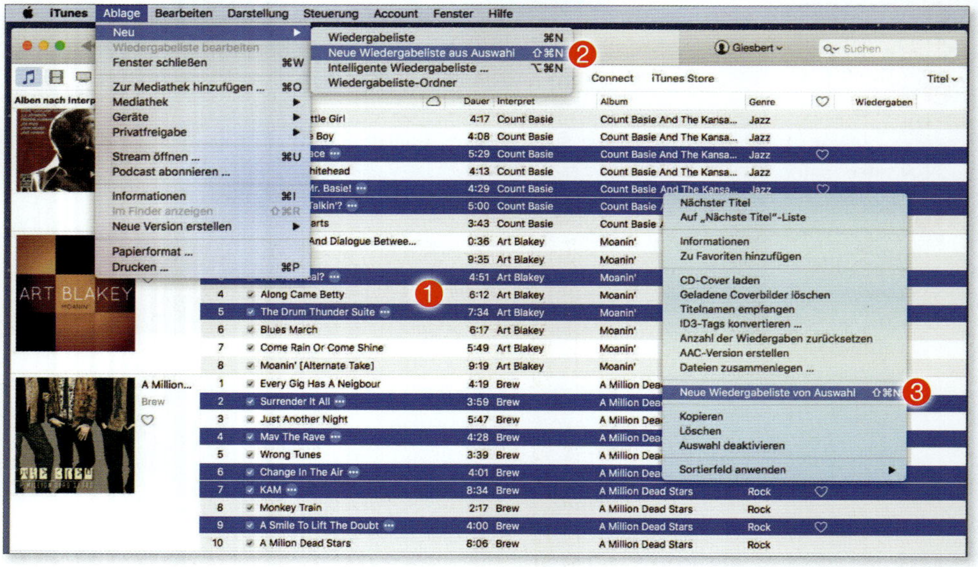

Eine Wiedergabeliste ist schnell angelegt.

Nun wechselt iTunes zu *Wiedergabelisten* Ⓐ und trägt die neue Liste in die Seitenleiste ein Ⓑ. Dabei versucht iTunes automatisch einen Namen festzulegen oder nennt die Liste einfach nur „Wiedergabeliste". Der Name wird gleichzeitig zu einem Eingabefeld Ⓒ, über das Sie der Liste einen eigenen Namen geben können.

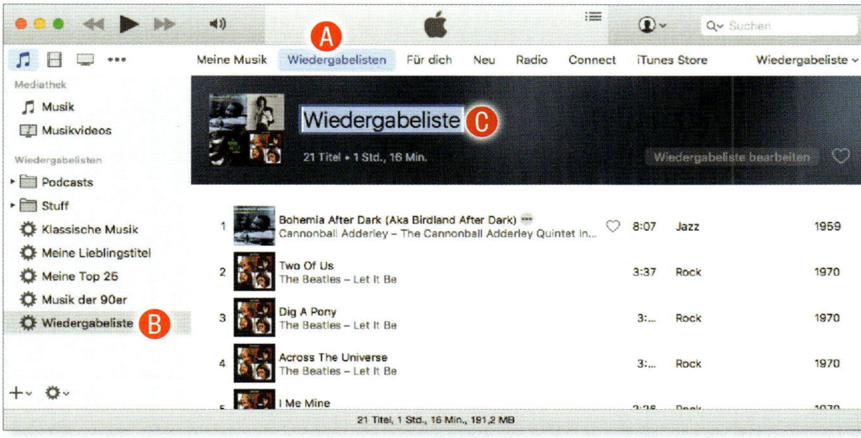

Wiedergabelisten können Sie beliebig benennen. Die Reihenfolge in der Seitenleiste wird allerdings von iTunes vorgenommen und kann von Ihnen nicht beeinflusst werden.

Schließlich können Sie die gewünschten Titel oder Alben mit Drag & Drop in einer Wiedergabeliste ablegen. Dazu markieren Sie die gewünschten Einträge und ziehen sie nach links. Falls die Seitenleiste aktuell eingeblendet ist, legen Sie die Titel hier einfach ab. Sollten die Wiedergabelisten nicht eingeblendet sein, werden sie bei der Bewegung nach links vorübergehend angezeigt und Sie können die markierten Einträge hier als Wiedergabeliste ablegen.

Alben oder markierte Titel lassen sich auch einfach mit Drag & Drop als Wiedergabeliste in der Seitenleiste ablegen. Falls die Seitenleiste nicht aktiviert ist, wird sie bei einer Bewegung nach links vorübergehend angezeigt.

Das funktioniert natürlich nicht nur mit Titeln oder Alben, sondern auch in den Darstellungen *Interpreten*, *Genres* und *Komponisten*. Um etwa eine Wiedergabeliste mit sämtlichen Alben eines Interpreten anzulegen, wechseln Sie zur *Interpreten*-Darstellung, ziehen den Namen des Interpreten an den linken Rand und legen ihn in der Übersicht aller Wiedergabelisten ab.

Alternativ dazu können Sie auch das *Mehr*-Menü – also die drei Punkte – nutzen, das in iTunes allgegenwärtig ist. Hier wählen Sie *Hinzufügen –> Neue Wiedergabeliste*.

Schließlich können Sie zuerst auch eine leere Liste anlegen, die Sie später mit Titeln befüllen. Wählen Sie dazu am einfachsten *Ablage* (OS X) bzw. *Datei* (Windows) und dort *Neu –> Wiedergabeliste*.

Haben Sie die Seitenleiste mit den Wiedergabelisten eingeblendet, können Sie auch auf das *Pluszeichen* links unten klicken und dort *Neue Wiedergabeliste* wählen.

Wiedergabelisten bearbeiten

Wiedergabelisten sind ausgesprochen flexibel und lassen sich jederzeit bearbeiten und ändern. Das betrifft sowohl die Reihenfolge der verschiedenen Einträge als auch die Zusammensetzung einer Liste. Dazu wechseln Sie zuerst zu den *Wiedergabelisten* ❶ und wählen anschließend die gewünschte Liste in der Seitenleiste aus ❷.

Reihenfolge festlegen

Als Symbol für eine Liste setzt iTunes ein Mosaik aus den Coverbildern der verschiedenen Alben in einer Liste zusammen ❸. Standardmäßig zeigt iTunes eine Wiedergabeliste in der Darstellung *Wiedergabeliste*, die Sie aber über die Darstellungsoptionen ❹ rechts außen ändern und etwa zur *Titel*-Darstellung wechseln können. In jeder Ansicht lässt sich die Reihenfolge entweder nach einem bestimmten Kriterium oder manuell bestimmen. Wählen Sie dazu in den Darstellungsoptionen unter *Sortieren nach* die gewünschte Ordnung ❺.

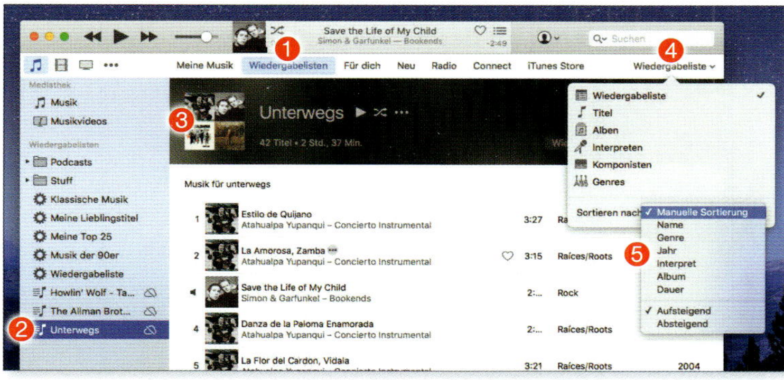

Die Reihenfolge der Titel in einer Wiedergabeliste können Sie entweder manuell festlegen, oder Sie sortieren die Liste nach einem Kriterium wie „Alben“ oder „Interpreten“.

In der *Titel*-Darstellung können Sie die Liste auch wie gewohnt mit einem Klick auf den entsprechenden Spaltenkopf sortieren. Bei *Manuelle Sortierung* legen Sie die Reihenfolge mit Drag & Drop fest. Dabei merkt sich iTunes eine manuell festgelegte Reihenfolge. Ordnen Sie die Titel also manuell an, wechseln dann zur Sortierung nach *Interpreten* und kehren dann zu *Manuelle Sortierung* zurück, wird die zuvor von Ihnen festgelegte Reihenfolge wieder hergestellt.

Titel hinzufügen

Es gibt verschiedene Möglichkeiten, die Zusammensetzung einer Wiedergabeliste zu ändern.

Wiedergabelisten lassen sich jederzeit bearbeiten.

Wenn Sie aktuell eine Wiedergabeliste ausgewählt haben, klicken Sie auf *Wiedergabeliste bearbeiten*. Die Liste wird nun rechts als Seitenleiste eingeblendet. Hier können Sie der Liste eine Beschreibung geben ❶. Über die Darstellungsoptionen ❷ legen Sie fest, wie iTunes Ihnen Ihre Musik anzeigen soll. Die gewünschten Titel lassen sich nun einfach mit Drag & Drop in die Wiedergabeliste übernehmen ❸. Dabei können Sie einzelne Titel, aber auch komplette Alben in die Liste einfügen, indem Sie das Cover des entsprechenden Albums in die Seitenleiste ziehen und an der gewünschten Position ablegen. Mit einem Klick auf *Fertig* ❹ beenden Sie die Bearbeitung der Liste.

Neue Titel oder Alben lassen sich einfach mit Drag & Drop einer Wiedergabeliste hinzufügen.

Natürlich können Sie auch dann Titel oder Alben einer Wiedergabeliste hinzufügen, wenn Sie sich die Wiedergabelisten aktuell nicht anzeigen lassen. Dazu klicken Sie auf die allgegenwärtige *Mehr*-Taste ❺ (die drei Punkte) und wählen *Hinzufügen* ❻. Nun blendet iTunes alle vorhandenen Wiedergabelisten ein ❼. Hier wählen Sie nun die gewünschte Liste oder legen über *Neue Wiedergabeliste* eine neue Liste an.

Über die allgegenwärtige „Mehr"-Taste lassen sich einzelne Titel, aber auch komplette Alben oder alle Titel eines Interpreten, Komponisten oder Genres einer Wiedergabeliste hinzufügen.

Es gibt noch eine dritte Variante, um einer Wiedergabeliste weitere Titel hinzuzufügen. Wenn Sie die Seitenleiste mit der Wiedergabeliste eingeblendet haben, können Sie jederzeit beliebige Titel oder Alben auf einen Listeneintrag ziehen, um die gewählten Stücke der Liste hinzuzufügen.

Titel löschen

Da in einer Wiedergabeliste lediglich Verweise auf Musikdateien, nicht aber die Dateien selbst gespeichert werden, können Sie jederzeit einen Titel löschen, ohne Gefahr zu laufen, die entsprechende Datei zu verlieren. Wählen Sie dazu die gewünschte Wiedergabeliste aus, markieren Sie den oder die zu löschenden Titel und drücken Sie die *Backspace*- (OS X) bzw. die *Entf*-Taste (Windows).

Listen ordnen und organisieren

Je intensiver Sie mit Wiedergabelisten arbeiten, desto unübersichtlicher wird die Darstellung dieser Listen. Die Reihenfolge der Listen können Sie zwar nicht verändern – die werden von iTunes automatisch alphabetisch sortiert –, aber iTunes bietet dennoch verschiedene Möglichkeiten, für Ordnung zu sorgen. Lassen Sie sich dazu zuerst die Seitenleiste mit den Wiedergabelisten anzeigen.

- *Listen löschen:* Nicht mehr benötigte Listen löschen Sie genau so, wie Sie einzelne Einträge in einer Liste löschen: Sie klicken sie an und drücken die *Backspace*- (OS X) bzw. *Entf*-Taste (Windows). Nach einer Sicherheitsabfrage wird die Liste entfernt. Da Listen nur Verweise auf Titel sind, verlieren Sie dadurch keine Musik aus Ihrer Mediathek.

! Vor dem Löschen einer Wiedergabeliste fragt iTunes noch einmal nach, ob Sie die Liste wirklich löschen möchten. Dabei bietet der Dialog Ihnen die Option **Nicht erneut fragen**. Diese Option sollten Sie tunlichst nicht aktivieren – denn andernfalls löscht iTunes beim nächsten Mal ohne Rückfrage eine Wiedergabeliste. Da es nur sehr begrenzte Möglichkeiten gibt, ein Backup der Listen anzulegen, kann es dann schnell passieren, dass Sie eine Liste versehentlich löschen und keine Möglichkeit haben, dieses Malheur zu bereinigen. Falls Sie die Option versehentlich aktiviert haben, können Sie diesen Schritt immerhin rückgängig machen. Wechseln Sie dazu in den **Einstellungen** von iTunes zur Registerkarte **Erweitert** und klicken Sie hier auf **Warnhinweise zurücksetzen**. Falls Sie ein versehentliches Löschen sofort bemerken, können Sie diesen Schritt wie gewohnt mit **cmd + Z** (OS X) bzw. **Strg + Z** (Windows) rückgängig machen.

- *Listen zusammenlegen:* Listen lassen sich ganz einfach mit der Maus zusammenfassen. Ziehen Sie eine Liste auf eine andere, werden alle Titel der einen Liste zur anderen hinzugefügt. Beide Listen bleiben dabei erhalten. Die nicht mehr benötigte Liste können Sie nun löschen.
- *Listen umbenennen:* Wenn Sie eine Liste später einmal umbenennen möchten, wählen Sie sie mit einem Mausklick an. Klicken Sie nun auf den Listennamen – entweder in der Seitenleiste oder im iTunes-Fenster –, wird der Name zu einem Eingabefeld und die Liste kann umbenannt werden.
- *Listen duplizieren:* Jede Liste lässt sich problemlos duplizieren und als Basis für eine ähnliche Liste benutzen. Klicken Sie die Liste mit der rechten Maustaste an und wählen Sie *Duplizieren*. Alternativ dazu können Sie die Liste auch markieren und im Zahnradmenü ❶ unten *Duplizieren* wählen.
- *Ordner:* Sollen Listen in Ordnern organisiert werden, klicken Sie unten auf das Pluszeichen und wählen *Neuer Wiedergabeliste-Ordner* ❷. Sie können nun Ihre Listen in den Ordner ziehen, indem Sie sie auf dem Ordnereintrag ablegen ❸. Auch hier ordnet iTunes die Listen automatisch alphabetisch an. Ordner lassen sich auch verschachteln, also Ordner in Ordnern erzeugen. Für Klassik-Liebhaber ist dies mitunter der einzige Weg, klassische Musik in iTunes sinnvoll zu organisieren.

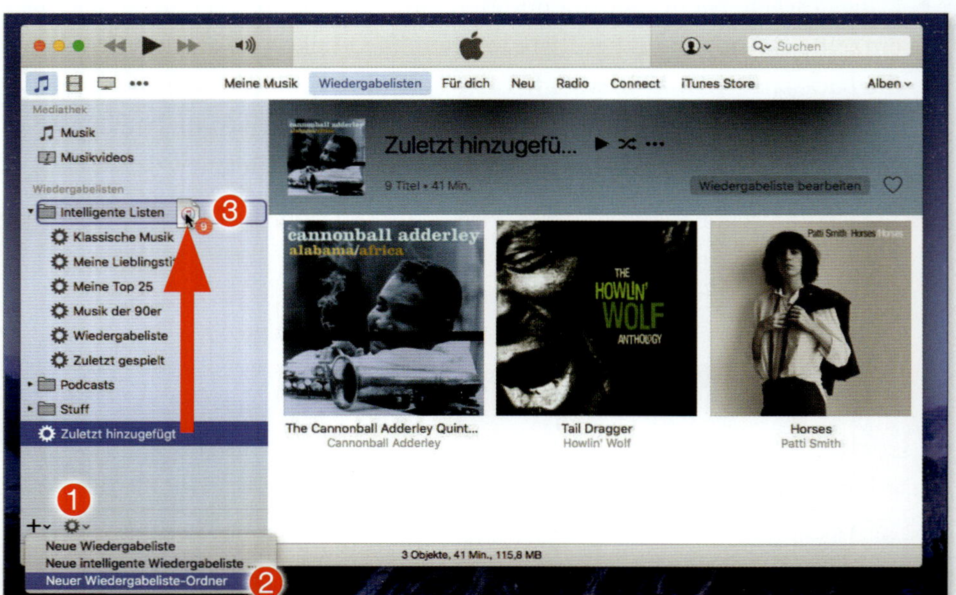

Wiedergabelisten lassen sich auch in Ordnern zusammenfassen.

Intelligente Wiedergabelisten

Die Wiedergabelisten sind schon eine feine Sache – aber das ist noch nicht alles. Mit „Intelligenten Wiedergabelisten" können Sie Listen auch in Abhängigkeit von bestimmten Kriterien definieren und von iTunes automatisch erzeugen lassen. Dabei legen Sie einmal die gewünschten Kriterien fest (etwa: „Alle Titel aus dem Genre *Blues*, die ich noch nicht oder erst ein Mal gehört habe"), und in Zukunft kümmert sich iTunes darum, dass diese Liste immer auf dem aktuellen Stand ist. Fügen Sie später einen Titel zu Ihrer Mediathek hinzu, der die Kriterien einer intelligenten Wiedergabeliste erfüllt, taucht dieser Titel automatisch in der Liste auf, ohne dass Sie sich darum kümmern müssten.

Das bedeutet allerdings auch, dass Sie bei einer intelligenten Wiedergabeliste von Haus aus keine Songs manuell hinzufügen oder löschen können; das regelt iTunes anhand der von Ihnen definierten Kriterien. Es ist allerdings möglich, die Reihenfolge der Einträge zu ändern.

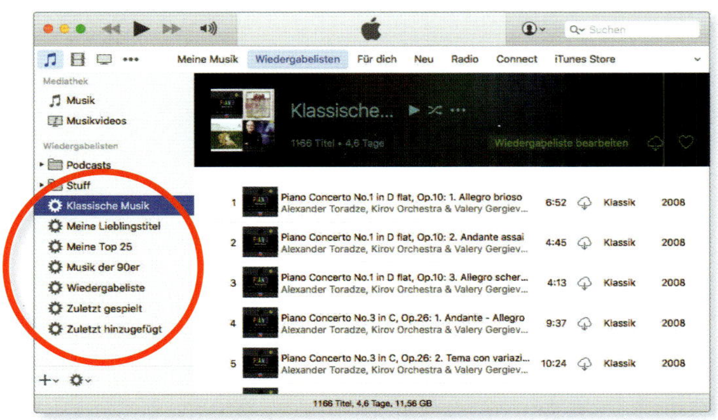

Intelligente Wiedergabelisten markiert iTunes mit einem Zahnrad.

Intelligente Listen erkennen Sie an dem Zahnrad-Symbol. Von Haus aus bietet iTunes verschiedene Listen dieser Art, die Ihnen zeigen sollen, was damit möglich ist: *Klassische Musik*, *Meine Lieblingstitel*, *Meine Top 25*, *Musik der 90er*, *Zuletzt gespielt* und *Zuletzt hinzugefügt*. Diese Listen präsentieren Ihnen automatisch die Songs, die Sie gut bewertet haben, sehr oft hören, aus den Jahren 1990 bis 1999 stammen oder die kürzlich gespielt oder importiert wurden. Eine Sonderstellung nimmt *Klassische Musik* ein, die Ihnen die Möglichkeiten demonstriert, Kriterien einer intelligenten Liste zu gruppieren.

Intelligente Listen anlegen und bearbeiten

Eine intelligente Wiedergabeliste legen Sie im Menü *Ablage* (OS X) bzw. *Datei* (Windows) über *Neu –> Intelligente Wiedergabeliste* an. Falls Sie die Seitenleiste mit den Wiedergabelisten eingeblendet haben, können Sie auch auf das Pluszeichen unten links in der Seitenleiste klicken und den entsprechenden Punkt auswählen.

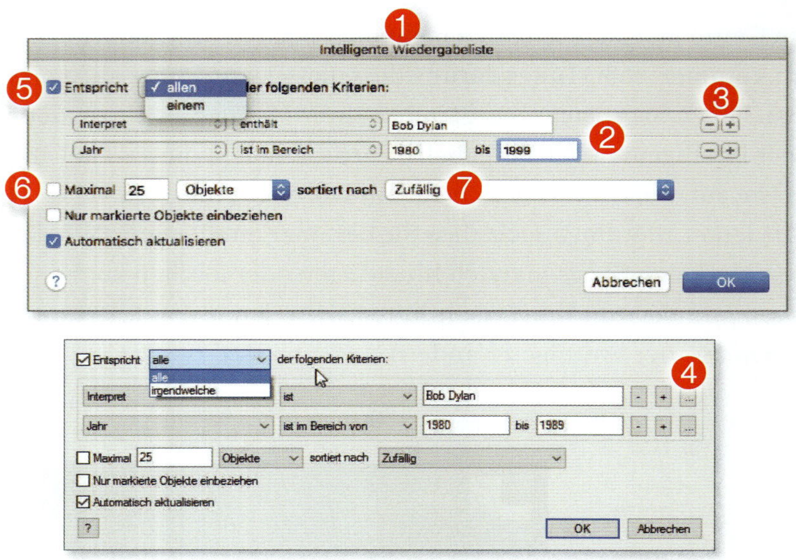

Welche Kriterien ein Titel erfüllen muss, um in einer intelligenten Wiedergabeliste aufgeführt zu werden, legen Sie in einem Dialog fest. Hier gibt es zwischen OS X (oben) und Windows (unten) einige kleine Unterschiede.

Es öffnet sich ein Dialog, in dem Sie die Kriterien definieren ❶, die ein Eintrag in der Mediathek erfüllen muss, um in dieser Wiedergabeliste aufzutauchen. Jedes Kriterium wird in einer eigenen Zeile definiert, wobei sich mehrere Kriterien kombinieren lassen ❷. Um ein weiteres Kriterium hinzuzufügen, klicken Sie auf das *Pluszeichen*, entsprechend löschen Sie eine Zeile durch einen Klick auf das *Minuszeichen* ❸. Unter Windows können Sie mit einem Klick auf die ...-Taste ❹ verschiedene Kriterien zu einem Punkt gruppieren. Auf dem Mac halten Sie dazu die *alt*-Taste gedrückt. Die Plustaste wird nun zu einer ...-Taste. Sobald Sie mehrere Kriterien definiert haben, können Sie wählen, ob alle erfüllt sein müssen, damit der Filter greift, oder ob es auch genügt, wenn nur eines der angeführten Kriterien ❺ zutrifft.

Standardmäßig fügt iTunes sämtliche Titel einer intelligenten Liste hinzu, die zu den definierten Kriterien passen. Möchten Sie die Liste beschränken, aktivieren Sie die Option *Maximal* ❻ und haben nun die Möglichkeit, die Liste auf eine bestimmte Zahl von Einträgen, eine bestimmte Dauer (z. B. 60 Minuten) oder Größe (z. B. 10 MB) zu beschränken. Diese Funktion ist recht nützlich, wenn Sie die Liste auf eine CD oder DVD brennen möchten. Über die Option *sortiert nach* ❼ legen Sie das Sortierkriterium der Liste fest.

Die Kriterien für eine intelligente Wiedergabeliste lassen sich jederzeit anpassen.

Um die Kriterien nachträglich zu ändern, wählen Sie die Wiedergabeliste in der Seitenleiste aus und klicken oben rechts auf *Wiedergabeliste bearbeiten* ❽. Einen entsprechenden Menüpunkt finden Sie auch nach einem Rechtsklick auf die Liste im Kontextmenü ❾ oder nach einem Klick auf die Zahnradtaste ❿. Es werden nun die aktuell definierten Kriterien eingeblendet, die Sie nach Wunsch anpassen und ändern können.

!

Gut gepflegte Metadaten sind unerlässlich

Eine intelligente Wiedergabeliste bietet Ihnen die Möglichkeit, Ihre Musikbestände nach zahlreichen Kriterien zu filtern. Von **Abtastrate** über **Interpret** bis **Zuletzt übersprungen** bietet iTunes Ihnen rund 40 verschiedene Kriterien. Einige davon wie etwa **Albumcover**, **Markiert**, **Wiedergaben** oder **Zeit** werden von iTunes automatisch verwaltet, die meisten müssen Sie allerdings selbst eintragen. Hier gilt die Faustregel: Je sorgfältiger Sie die Metadaten Ihrer Songs pflegen, desto effizienter können Sie mit einer intelligenten Wiedergabeliste genau die Titel aus Ihrer Mediathek herausfischen, die Sie suchen. Wenn Sie etwa alle Songs eines Genres aus einem bestimmten Jahr oder einem bestimmten Zeitraum herausfiltern möchten, dann funktioniert das natürlich nur, wenn Sie in den Metadaten die Genres und die Jahreszahlen korrekt eingetragen haben. Mit der Pflege der Metadaten beschäftigen wir uns in Kapitel 6.

Kriterien definieren

Intelligente Listen sind sehr mächtig, aber auch nicht immer ganz trivial. An einigen einfachen Beispielen soll erläutert werden, wie die Definition einer intelligenten Liste funktioniert und worauf Sie dabei achten müssen.

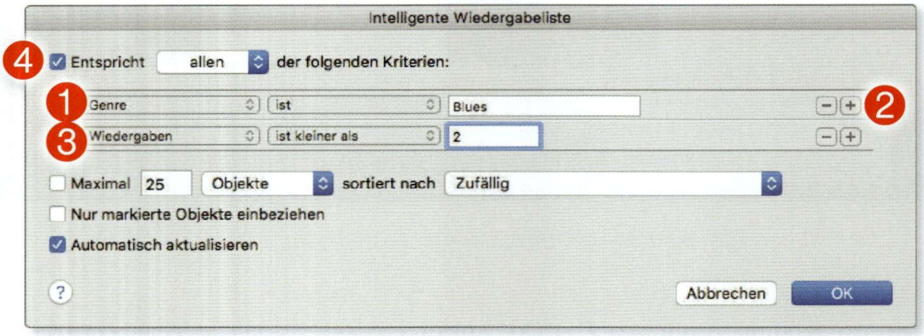

Nehmen wir als erstes Beispiel die eingangs erwähnte Liste mit dem Kriterium „Alle Titel aus dem Genre Blues, die ich noch nicht oder erst ein Mal gehört habe". Hier wird zuerst das Kriterium „Genre ist Blues" ❶ definiert. Mit einem Klick auf die Plustaste ❷ wird als zweites Kriterium „Wiedergaben ist kleiner als 2" ❸ hinzugefügt. Da beide Kriterien erfüllt sein müssen, wird die Option „Entspricht allen der folgenden Kriterien" ❹ gewählt.

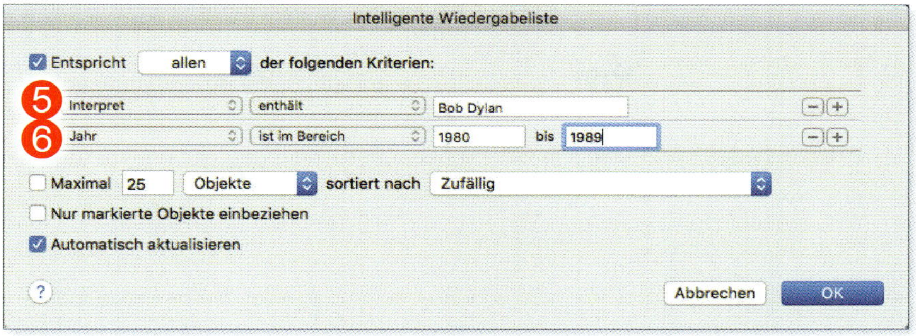

Bob Dylans Werk ist ausgesprochen umfangreich. Da bietet es sich an, die Alben über intelligente Listen zu organisieren. Möchten Sie zum Beispiel alle Alben von Bob Dylan aus den 80er-Jahren auf einen Klick parat haben, dann geht das folgendermaßen: Als erstes Kriterium wird „Interpret enthält Bob Dylan" ❺ definiert. Wichtig ist hier, dass statt „Interpret ist …" „Interpret enthält …" gewählt wird. Denn nur so werden nicht nur alle Titel herausgefiltert, bei denen der Interpret „Bob Dylan" heißt, sondern auch diejenigen, die Dylan zusammen mit anderen, etwa „Bob Dylan & The Band", aufgenommen hat. Als zweites Kriterium wird nun nur noch „Jahr ist im Bereich 1980 bis 1989" ❻ festgelegt.

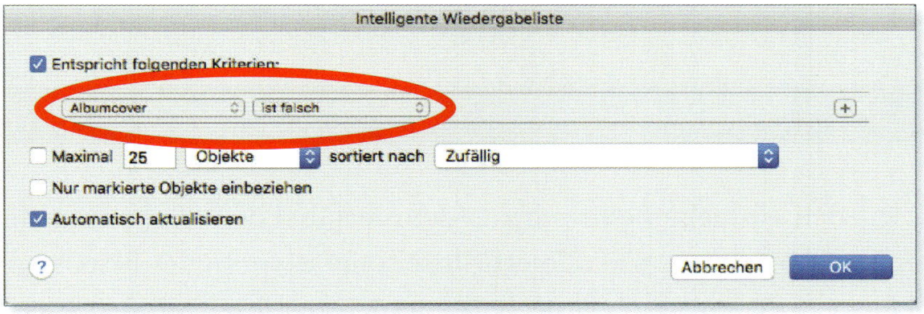

Das Musikangebot im iTunes Store ist riesig – aber alles findet sich dort auch nicht. Das führt dazu, dass die Cover-Suche im iTunes Store manchmal ohne Ergebnis und das entsprechende Album also ohne Cover bleibt. In diesem Fall müssen Sie das Cover manuell hinzufügen (wie das geht, erfahren Sie in Kapitel 6). Damit Sie alle Alben ohne Cover auf einen Mausklick beisammen haben, bietet es sich an, eine entsprechende intelligente Wiedergabeliste zu erzeugen. Das ist in diesem Fall sehr einfach, Sie benötigen nur eine Bedingung: „Albumcover ist falsch".

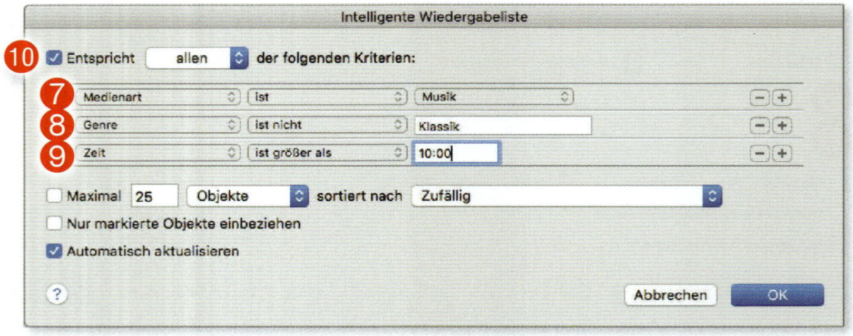

Ein typischer Song ist um die fünf Minuten lang. Es gibt aber, besonders bei Live-Aufnahmen, auch deutlich längere Titel. Möchten Sie einmal alle Songs, die länger als zehn Minuten sind, im direkten Zugriff haben, definieren Sie rasch eine intelligente Liste. Damit wirklich nur Musik gefunden wird (und nicht etwa auch Musikvideos, Podcasts oder gar ein Film), ist die erste Bedingung „Medienart ist Musik" 7*. Klassische Musik schließen Sie mit „Genre ist nicht Klassik"* 8 *aus. Bei der Abfrage der Länge eines Titels unterscheiden sich die OS X- und die Windows-Version von iTunes. Unter OS X lautet das Kriterium „Zeit ist größer als 10:00"* 9*, bei Windows führt „Dauer ist größer als 10:00" zum Ziel. Da ein Titel alle genannten Kriterien erfüllen muss, um in dieser Liste zu landen, wird die Auswahl entsprechend gesetzt* 10.

Kriterien gruppieren

Bislang wurden einfache Bedingungen definiert, bei denen von verschiedenen Kriterien mal nur einige, mal alle erfüllt sein mussten. In der Praxis reicht das vielfach aus, es gibt aber auch Fälle, bei denen Sie mit dieser einfachen Verknüpfung nicht weiterkommen.

Nehmen wir zum Beispiel an, Sie möchten alle Jazz- und Blues-Titel sammeln, die Sie noch nicht gehört haben. Mit den bisherigen Methoden kommen Sie da nicht weiter. Die Kriterien sind zwar schnell definiert – „Genre ist Jazz", „Genre ist Blues" und „Wiedergaben ist 0" –, doch wie sollen diese Kriterien zusammengefasst werden?

Wenn Sie „Entspricht allen der folgenden Kriterien" wählen, dann bleibt die Liste leer, da kein Titel sowohl zum Genre „Jazz" als auch zum Genre „Blues" gehören kann. Entscheiden Sie sich dagegen für „Entspricht einem der folgenden Kriterien" (OS X) bzw. „Entspricht irgendwelche[n] der folgenden Kriterien" (Windows), dann landen in der Liste nicht nur sämtliche Titel aus den Genres „Blues" und „Jazz", unabhängig davon, wie lang sie sind, es finden sich hier auch alle Titel aus anderen Genres, die länger als zehn Minuten sind.

Hier müssen Sie die Kriterien gruppieren, wobei „Genre ist Blues“ und „Genre ist Jazz“ mit einer „Oder“-Verknüpfung zu einem Kriterium zusammengefasst werden.

Das erste Kriterium muss also „Wiedergaben ist 0“ lauten, das zweite „Genre ist Blues oder Jazz“.

Um Kriterien zu gruppieren, halten Sie auf dem Mac die *alt*-Taste gedrückt. Aus dem Pluszeichen wird dann eine Taste mit drei Punkten ❶. Unter Windows steht von Haus aus eine Taste mit drei Punkten bereit. Zuerst definieren Sie „Wiedergabe ist 0“ ❷. Anschließend fügen Sie ein gruppiertes Kriterium ein, bei dem „Beliebige“ ❸ (OS X, Windows: „irgendwelche“) der gruppierten Anforderungen erfüllt sein müssen. Hier definieren Sie „Genre ist Jazz“ und „Genre ist Blues“ ❹. Da beide Anforderungen – „Wiedergabe ist 0“ und „Genre ist Jazz“ oder „Genre ist Blues“ – erfüllt sein müssen, legen Sie zudem „Entspricht allen der folgenden Kriterien“ ❺ fest.

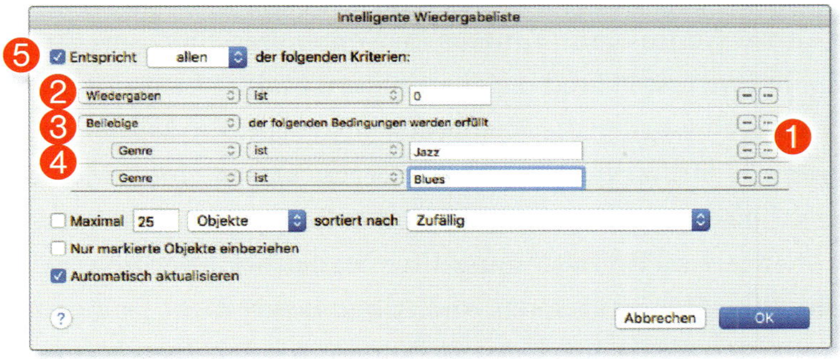

Um Kriterien zu gruppieren, halten Sie auf dem Mac die „alt“-Taste gedrückt. Aus der Plustaste wird dann eine mit drei Punkten. Unter Windows steht diese Taste direkt zur Verfügung.

Ein weiteres Beispiel für den Einsatz von Gruppierungen bietet die intelligente Wiedergabeliste „Musik der 90er“, die iTunes von Haus aus mitbringt. Hier wird durch „Jahr ist im Bereich 1990 bis 1999“ der Zeitraum festgelegt. Anschließend werden die beiden Bedingungen „Medienart ist Musik“ und „Medienart ist Musikvideo“ zusammengefasst, wobei durch „Beliebige der folgenden Bedingungen werden erfüllt“ festgelegt wird, dass in dieser Liste sowohl Musik als auch Musikvideos auftauchen.

Das leistet Genius

Bei *Genius* handelt es sich um eine spezielle Funktion von iTunes, die auf Basis eines bestimmten Titels automatisch eine Liste mit zueinanderpassender Musik zusammenstellt. So erhalten Sie mit einem Mausklick eine in sich stimmige Zusammenstellung von Musik aus Ihrer Mediathek und stoßen bei sehr großen Mediatheken so oftmals auch auf Titel, an die Sie vielleicht längere Zeit nicht mehr gedacht haben. Außerdem zeigt iTunes Ihnen passende Titel aus dem iTunes Store an, die Sie noch nicht in Ihrer Mediathek haben.

Genius analysiert Ihren kompletten Medienbestand und schickt diese Informationen anonymisiert an Apple, wo sie dem Genius-Datenpool hinzugefügt werden. Auf der Analyse dieses Datenpools basieren die Empfehlungen und Zusammenstellungen der Genius-Funktion.

Apple führte Genius mit iTunes 8 im September 2008 ein. Ein Jahr später nannte Apple zum ersten (und bislang einzigen Mal) Zahlen zum Datenpool von Genius. Seinerzeit wurden die Mediatheken von rund 30 Millionen Anwendern mit insgesamt 54 Milliarden Songs ausgewertet. Das ist eine schier unglaubliche Datenmenge, die inzwischen wohl noch deutlich angewachsen ist.

Damit Genius funktioniert, muss Ihre Mediathek allerdings einigermaßen gefüllt sein. Eine Handvoll Songs und Alben liefert nicht genügend Hinweise, sondern geht im statistischen Rauschen unter. Als Faustregel kann gelten, dass Sie ab etwa 25 bis 30 verschiedenen Alben mit Genius gute Ergebnisse erzielen. Anders gesagt: Je umfangreicher Ihre Musiksammlung ist, desto erfolgreicher, abwechslungsreicher und treffsicherer ist Genius.

!

Spioniert Apple Sie aus?

Jetzt kann einem natürlich ein wenig mulmig werden. Möchte man wirklich sein Nutzungsverhalten von iTunes analysieren und das Ergebnis via Internet in die weite Welt schicken lassen? Natürlich nicht. Doch das muss man auch gar nicht. Apple versichert, dass bei Genius keine individuellen Daten erhoben oder gar weitergegeben werden. Es geht, so Apple, ausschließlich um statistische, anonymisierte Angaben, damit das System automatisierte Listen zusammenpassender Songs erstellen kann. Bleibt nur die Frage, ob Sie Apple vertrauen oder nicht. Wenn Sie der Versicherung von Apple nicht glauben, lassen Sie Genius einfach deaktiviert. Sie verpassen dann zwar ein wirklich cooles Feature von iTunes, aber das Programm bleibt natürlich voll einsatzfähig.

Genius aktivieren und einsetzen

Bevor Sie Genius nutzen können, müssen Sie diese Funktion zuerst aktivieren. Dazu wählen Sie *Store –> Genius aktivieren*. Es wird eine Informationsseite zu Genius angezeigt, auf der Sie die Taste *Genius aktivieren* anklicken.

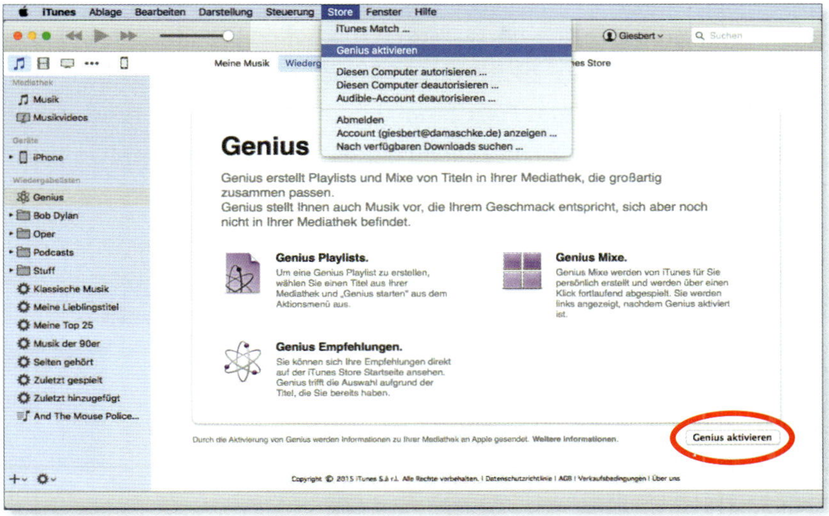

Wenn Sie keine Lust haben, sich selbst um die Musikzusammenstellung zu kümmern, können Sie das „Genius“ von iTunes überlassen.

Nun nimmt iTunes Kontakt zum iTunes Store auf, wo Sie sich mit Ihrem Apple-Account anmelden müssen. Bei der Aktivierung stellt Genius die statistischen Daten Ihrer Mediathek zusammen und schickt sie an Apple. Wenn Ihre Mediathek sehr umfangreich ist, kann das schon mal einige Zeit dauern. Sobald Genius damit fertig ist, können Sie sich überraschen lassen.

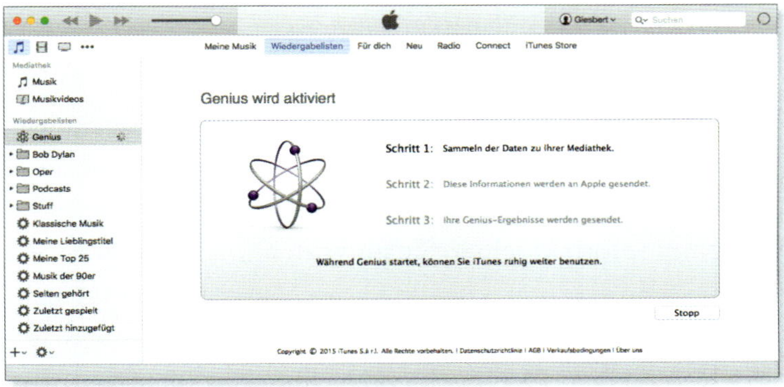

Bei umfangreichen Mediatheken kann die Aktivierung von Genius einige Zeit dauern.

Um Genius blitzschnell auszuprobieren, drücken Sie die *alt-* (OS X) bzw. *Strg-*Taste (Windows). Aus dem Steuersymbol für die Musikwiedergabe oben links wird nun das Genius-Zeichen ❶. Klicken Sie darauf, wählt Genius einen beliebigen Titel aus Ihrer Mediathek und beginnt mit der Wiedergabe von Titeln aus Ihrer Mediathek, die gut zusammenpassen. Solange die von Genius gesteuerte Wiedergabe läuft, bleibt das Genius-Symbol in der Menüleiste stehen. Um die Liste mit einem anderen Song neu zu starten, klicken Sie das Symbol erneut an. Über die *Nächste Titel*-Taste ❷ können Sie sich anzeigen lassen, welche Titel Genius zusammengestellt hat. Hier lässt sich die Liste – basierend auf dem bisherigen Start-Song – auch *Erneut zufällig wiedergeben* ❸. Um den Genius-Modus zu beenden, klicken Sie *Löschen* ❹.

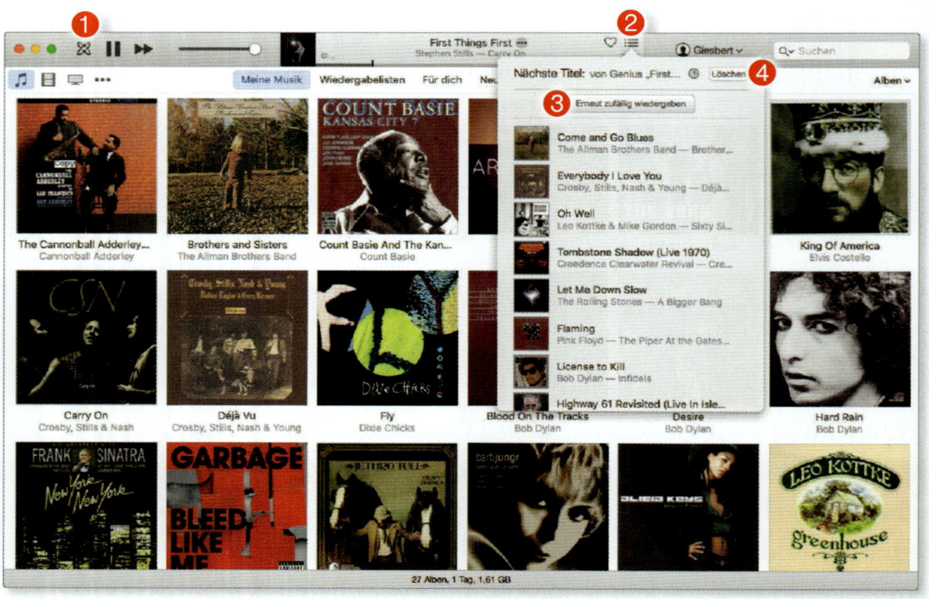

Die Genius-Wiedergabe arbeitet erst dann zufriedenstellend, wenn Sie etwa 25 bis 30 Alben in Ihrer Mediathek haben.

Natürlich können Sie den Starttitel der Genius-Wiedergabe auch selbst festlegen. Zeigen Sie dazu auf den entsprechenden Titel und klicken Sie auf das *Mehr*-Symbol (die drei Punkte) Ⓐ. Hier wählen Sie *Genius starten* Ⓑ. Die Musikwiedergabe beginnt sofort. Möchten Sie im Vorfeld wissen, welche Musik Genius als zusammenpassend erachtet, klicken Sie im *Mehr*-Menü auf *Genius-Vorschläge* Ⓒ. Nun wird eine Liste der von Genius gewählten Titel gezeigt Ⓓ. Bei jedem Titel wird ein Pluszeichen Ⓔ eingeblendet, über das Sie den entsprechenden Titel auf die *Nächste Titel*-Liste befördern können.

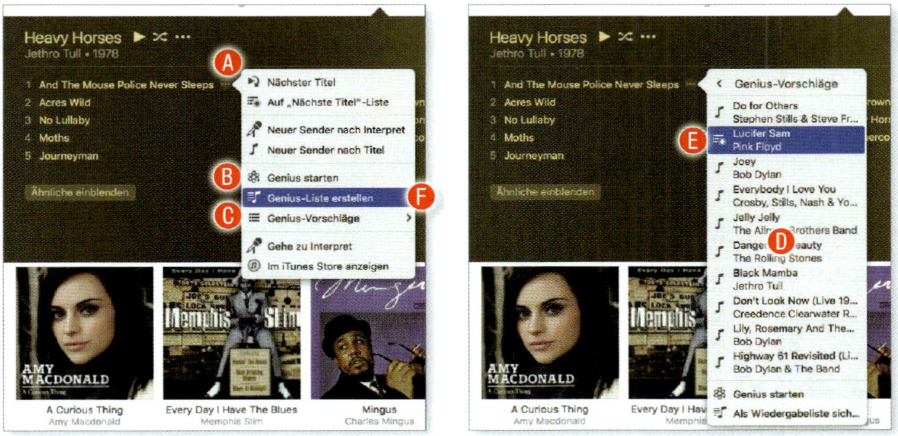

Genius kann mit jedem beliebigen Song oder Album aus Ihrer Mediathek starten.

Möchten Sie eine Genius-Zusammenstellung als Wiedergabeliste speichern, wählen Sie im *Mehr*-Menü den Eintrag *Genius-Liste erstellen* F. Die Liste wird nun angezeigt und kann von Ihnen bearbeitet werden. Wenn Ihnen die Zusammenstellung nicht zusagt, klicken Sie auf *Aktualisieren* G. Wie viele Titel die Liste enthalten soll, legen Sie mit einem Klick auf die *Pfeiltaste* H neben der Titelanzahl fest.

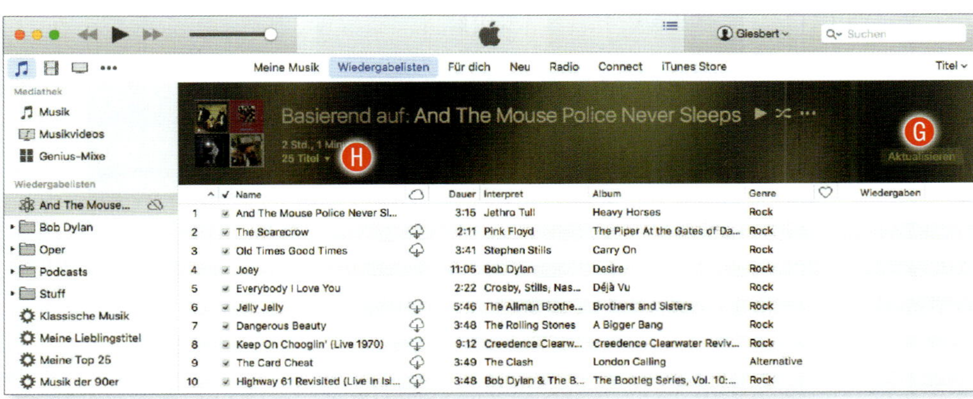

Die von Genius zusammengestellten Titel lassen sich auch als Wiedergabeliste speichern.

Die Genius-Datenbank auf Ihrem Computer wird mit jedem Start von iTunes aktualisiert. Wenn Sie dem Programm nach umfangreichen Importen ein wenig unter die Arme greifen wollen, wählen Sie *Account –> Genius aktualisieren*.

Die Genius-Mixe

Eine Sonderform der Genius-Listen sind die Genius-Mixe, mit der iTunes zu einer Art Spartenradio wird. Je nach verfügbarer Musik in Ihrer Mediathek erzeugt Genius dabei einen Genre-Mix (Klassik, Blues, Rock, Folk ...), dessen Zusammenstellung von Ihnen ebensowenig beeinflusst werden kann wie die Reihenfolge der gespielten Songs. Wie beim Radio können Sie lediglich einen Sender wählen – hier also einen bestimmten Mix – und überlassen den Rest iTunes, das Sie mit zusammenpassender Musik eines Genres versorgt. Die Genius-Mixe eignen sich also gut für Hintergrundmusik, um deren Zusammenstellung Sie sich nicht kümmern müssen.

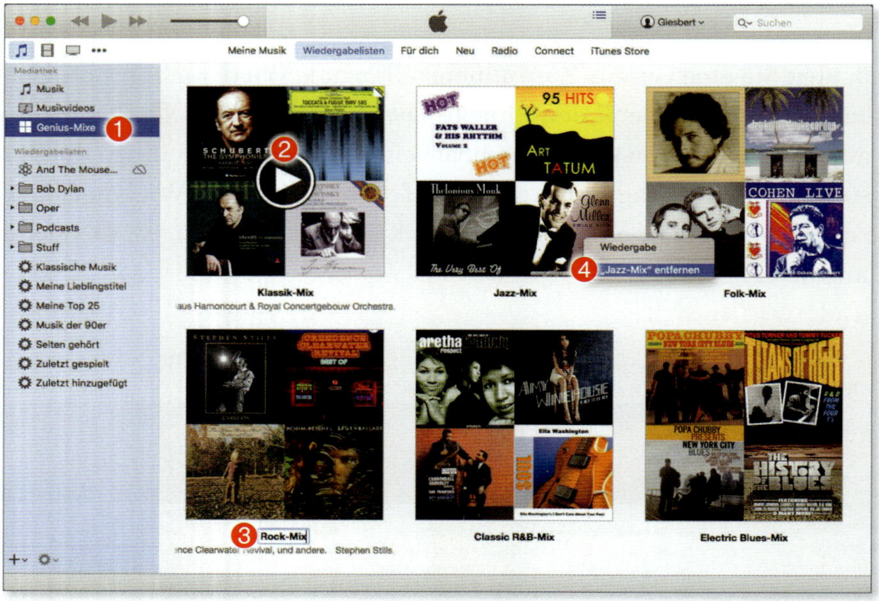

Mit den Genius-Mixen wird iTunes zu einem Spartenradio, das nur Ihre Musik spielt.

Um einen Mix abzuspielen, lassen Sie sich zuerst die Seitenleiste mit den Wiedergabelisten anzeigen und wählen *Genius-Mixe* ❶. Zeigen Sie auf einen Mix, erscheint das vertraute Abspielsymbol ❷, über das Sie die Wiedergabe starten bzw. pausieren. Während der Wiedergabe zeigt der Mix immer das Cover des aktuellen Albums. Der Genius-Mix läuft und läuft und läuft – bis Sie ihn abschalten.

Um den Namen eines Mix zu ändern, klicken Sie einmal in seinen Namen, der daraufhin zu einem Eingabefeld wird ❸. Einen Mix löschen Sie, indem Sie ihn mit der rechten Maustaste anklicken und *Mix entfernen* ❹ wählen. Um die gelöschten Mixe wieder anzuzeigen, klicken Sie in den Wiedergabelisten mit der rechten Maustaste auf *Genius-Mixe* und wählen hier *Alle Mixe wiederherstellen*.

> **!**
> **Die Masse macht's**
> Wenn Ihre iTunes-Mediathek nicht allzu umfangreich ist, kann es sein, dass die Genius-Mixe mangels Masse nicht zur Verfügung stehen. Sobald Sie mehr Musik importiert haben, werden auch die Mixe angezeigt.

Genius aktualisieren

Wenn Sie neue Alben in Ihre Mediathek importieren, Musik abspielen oder bewerten, dann verändert sich Ihr Nutzungsprofil von iTunes und die Genius-Daten werden entsprechend aktualisiert. Das passiert normalerweise automatisch im Hintergrund. Manchmal aber legt Genius einfach eine Pause ein und scheint die Arbeit einzustellen. In diesem Fall können Sie die Aktualisierung auch manuell anstoßen. Wählen Sie dazu *Store –> Genius aktualisieren* ❶. Rechts außen erscheint daraufhin das Aktivitätssymbol ❷. Klicken Sie darauf, sehen Sie, womit iTunes aktuell beschäftigt ist und wie lange der Vorgang wohl noch ungefähr dauern wird.

Manchmal muss man Genius ein wenig unter die Arme greifen und den Datenbestand manuell aktualisieren.

Genius ausschalten

Falls Ihnen Genius nicht zusagt, ist es kein Problem, diese Funktion jederzeit auszuschalten. Falls Sie es sich später erneut anders überlegen, lässt sich Genius auch wieder einschalten. Um Genius auszuschalten, wählen Sie *Store –> Genius deaktivieren*. Es erscheint eine Sicherheitsabfrage, die Sie mit einem Klick auf *Genius deaktivieren* bestätigen. Anschließend werden alle von Genius gesammelten Daten aus iTunes gelöscht.

Listen exportieren und importieren

Weil Sie viel Zeit und Mühe in den Aufbau einer Wiedergabeliste gesteckt haben, sollten Sie Ihre Arbeit vor versehentlichem Löschen schützen. Dafür bietet iTunes eine – leider nur rudimentäre – Exportfunktion, mit der sich die Struktur einer Liste als Textdatei speichern lässt. Falls Sie eine Wiedergabeliste versehentlich löschen, können Sie die Textdatei importieren und alles ist wieder so wie vor dem Malheur. Voraussetzung ist dabei natürlich, dass die Songs weiterhin in Ihrer Mediathek vorhanden sind, denn die Textdatei enthält nur Angaben zu den Songs – nicht die Songs selbst.

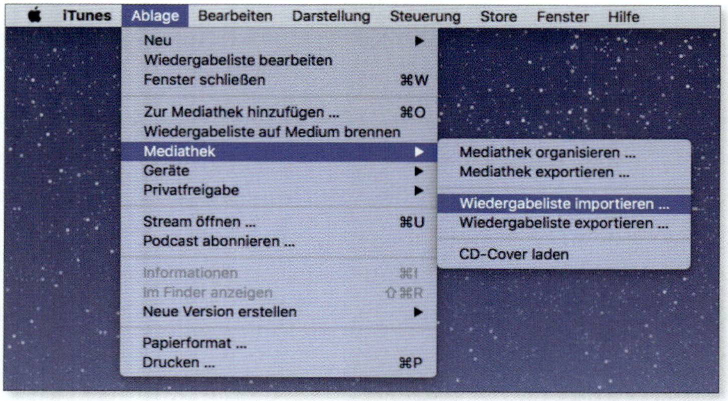

Die Import- und Exportfunktionen für Wiedergabelisten sind leider nur begrenzt praxistauglich.

Um eine Liste zu exportieren, lassen Sie sich zuerst die Wiedergabelisten anzeigen und markieren die gewünschte Liste. Anschließend wählen Sie *Ablage* (OS X) bzw. *Datei* (Windows) und dort *Mediathek –> Wiedergabeliste exportieren*. Nun wählen Sie wie gewohnt einen Namen und den Speicherort und legen die Liste als Textdatei auf der Festplatte ab.

Beim Export von intelligenten Wiedergabelisten wird nur der Ist-Zustand exportiert, also nur eine Liste mit den aktuellen Titeln der Liste – die Bedingungen werden nicht gesichert.

Um eine Wiedergabeliste zu importieren, wählen Sie im Menü *Ablage* (OS X) bzw. *Datei* (Windows) den Eintrag *Mediathek –> Wiedergabeliste importieren*. Falls ein Eintrag auf der Liste nicht mehr in der Mediathek gefunden werden konnte, erscheint ein entsprechender Hinweis und der Titel wird aus der Wiedergabeliste gelöscht.

Leider sind die Export- und Importfähigkeiten von iTunes in Sachen Wiedergabelisten sehr begrenzt. Es ist nicht möglich, mehrere Listen zu markieren und auf einen Rutsch zu sichern, und es ist ebenfalls nicht möglich, Wiedergabelisten-Ordner zu sichern.

Umso wichtiger ist es hier also, beim Umgang mit Wiedergabelisten Vorsicht walten zu lassen. Das einzige, was Sie letztlich vor einem versehentlichen Löschen einer Liste schützt, ist Ihre eigene Umsicht.

Musik auf CD/DVD brennen

Sie können jederzeit Ihre Musik auf eine Audio- oder MP3-CD brennen, um so Ihre Musik zum Beispiel auch über die Stereoanlage bei Freunden oder den CD-Player im Auto zu hören.

Dazu legen Sie zuerst eine Wiedergabeliste mit den gewünschten Titeln an. Damit Sie den Umfang einer Liste im Blick behalten und vor dem Brennen abschätzen können, ob eine Liste komplett auf eine CD passt, empfiehlt es sich, die Statusleiste einzublenden und den Umfang der Liste zu kontrollieren. Möchten Sie eine Audio-CD brennen, sollten Sie nicht mehr als etwa 70 Minuten Musik zusammenstellen, bei einer MP3-CD sollten es nicht mehr als gut 600 MB sein.

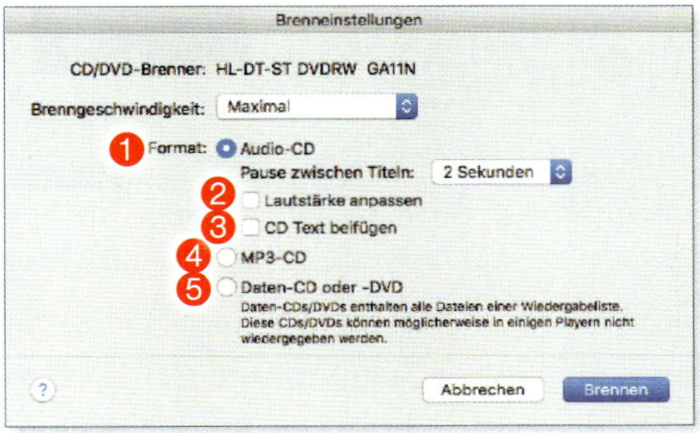

Wiedergabelisten lassen sich als Musik- oder Daten-CD/DVD brennen.

Legen Sie nun einen leeren CD- oder DVD-Rohling ein, markieren Sie die Wiedergabeliste und wählen Sie *Ablage –> Wiedergabeliste auf Medium brennen* (OS X) bzw. *Datei –> Wiedergabeliste auf Medium brennen* (Windows). Alternativ dazu können Sie eine Wiedergabeliste in der Seitenleiste auch mit der rechten Maustaste anklicken und den Punkt *Wiedergabeliste auf Medium brennen* wählen.

Sie haben nun verschiedene Möglichkeiten:

1. *Musik-CD brennen:* Möchten Sie eine normale Audio-CD brennen, die Sie in jedem CD-Spieler abspielen können, wählen Sie *Audio-CD* ❶. Falls die Liste zu umfangreich für eine CD ist, erscheint ein entsprechender Hinweis. Sie können in diesem Fall die Liste verkleinern oder mehrere CDs brennen. Andernfalls beginnt iTunes mit dem Brennen der Musik-CD. Damit alle Stücke auf der CD in der gleichen Lautstärke abgespielt werden, aktivieren Sie hier den Punkt *Lautstärke anpassen* ❷. Die Option *CD Text beifügen* ❸ ist nur dann relevant, wenn Sie einen CD-Player benutzen, der in einem Display Informationen zu einem Titel oder Album anzeigt.
2. *MP3-CD:* Mit der Option *MP3-CD* ❹ werden die Songs der Liste als MP3-Dateien auf die CD gebrannt. Falls Ihre Daten als AAC vorliegen, werden sie vor dem Brennen entsprechend konvertiert. Solche CDs können von vielen CD-Playern abgespielt werden.
3. *Daten-CD oder -DVD* ❺*:* Mit dieser Option brennen Sie den kompletten Inhalt der Wiedergabeliste im vorliegenden Format auf den Datenträger. Dieses Format kann allerdings nur von einigen wenigen Playern problemlos verarbeitet werden. Zumindest aber lässt sich mit dieser Option eine Wiedergabeliste sämtlicher Songs auf einem externen Datenträger sichern.

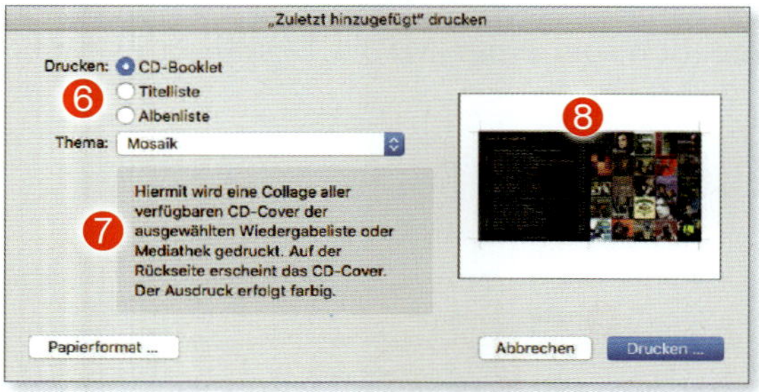

Natürlich können Sie mit iTunes auch schmucke CD-Cover drucken.

Um ein Albumcover für die frisch gebrannte CD/DVD zu drucken, markieren Sie die Wiedergabeliste und wählen *Ablage –> Drucken* (OS X) bzw. *Datei –> Drucken* (Windows). Hier haben Sie nun verschiedene Gestaltungsmöglichkeiten ❻, wobei Ihnen iTunes bei jedem ausgewählten Punkt eine kurze Erläuterung ❼ und eine Vorschau zeigt ❽. Das Albumcover wird mit Schnittmarken ausgedruckt, so dass Sie einen DIN-A4-Ausdruck problemlos auf das CD-Format zuschneiden können.

Kapitel 6 Verwaltung

Anfangs ist es mit iTunes ganz einfach: Man füttert das Programm mit einer Handvoll CDs, und schon kann man am Computer jederzeit seine Lieblingsmusik hören. Doch je mehr Musik Sie mit iTunes verwalten, desto unübersichtlicher wird das Ganze. Da dauert dann die Suche nach einem Lieblingsstück plötzlich länger als gedacht, und in der Titelliste findet man sich bald gar nicht mehr zurecht. Hier hilft nur eins: die sorgfältige Pflege der Metadaten. Außerdem erfahren Sie in diesem Kapitel, wie Sie Musik aus iTunes exportieren, Dateien konvertieren und Klingeltöne für iPhone & Co produzieren.

Die Metadaten und Datei-Informationen

Die Datei-Informationen, in denen iTunes nicht nur die Metadaten eines Titels, sondern auch diverse andere Informationen speichert, bilden das zentrale Herzstück der Mediathek. Auf die hier hinterlegten Daten greift iTunes zurück, wenn es darum geht, Inhalte in der Mediathek zu finden oder anzuzeigen. Je sorgfältiger und besser diese Daten gepflegt werden, desto besser und reibungsloser funktioniert iTunes. Ohne gute Metadaten sind intelligente Wiedergabelisten nicht sinnvoll einsetzbar, und ohne diese Daten sind praktisch alle Darstellungen in iTunes nur mangelhaftes Stückwerk.

Zu den Metadaten gehören etwa Informationen wie Titelnamen, Interpreten, Genres und dergleichen mehr. Je sorgfältiger und genauer Sie diese Daten pflegen, desto übersichtlicher wird die Mediathek und desto schneller finden Sie genau den Eintrag, den Sie gesucht haben.

Die Pflege der Metadaten kann eine lästige und mühselige Aufgabe sein. Das gilt besonders dann, wenn Sie sie längere Zeit vernachlässigt haben oder große Datenmengen mit fehlenden oder fehlerhaften Einträgen importieren. Doch glauben Sie mir: Die Mühe lohnt sich. Gute Metadaten sind das A & O eines gut funktionierenden iTunes.

In vielen Fällen kann Ihnen iTunes dank Gracenote die Arbeit abnehmen oder zumindest sehr erleichtern, aber mitunter sollten Sie doch selbst ein wenig Hand anlegen, um etwa Schreibweisen von Namen zu normalisieren. Erst dann läuft alles so rund, wie Sie es von einem Programm wie iTunes erwarten dürfen.

Die Datei-Informationen anzeigen

Am einfachsten geht der Zugriff auf die Datei-Informationen in der Titeldarstellung von der Hand. Er funktioniert aber prinzipiell in jeder Darstellung. Um sich die Daten für einen Titel anzeigen zu lassen, markieren Sie den gewünschten Titel und drücken *cmd + I* (OS X) bzw. *Strg + I* (Windows). In der Anzeige lässt sich (fast) jeder Eintrag problemlos ändern.

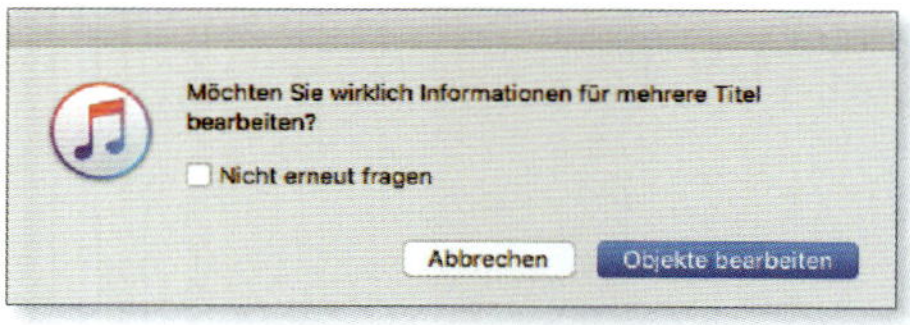

Wenn Sie mehrere Titel oder ein Album markiert haben, fragt iTunes sicherheitshalber nach, ob Sie wirklich alles auf einmal bearbeiten möchten.

Möchten Sie die Daten für mehrere Einträge ändern, um etwa die Schreibweise eines Album- oder Interpretennamens zu normieren oder verstreute Titel einem Album zuzuweisen, markieren Sie die entsprechenden Einträge und drücken ebenfalls *cmd + I* (OS X) bzw. *Strg + I* (Windows). In diesem Fall fragt iTunes Sie sicherheitshalber, ob Sie „wirklich Informationen für mehrere Titel bearbeiten“ möchten. Kontrollieren Sie vorsichtshalber noch einmal Ihre Markierung und bestätigen Sie anschließend mit *Objekte bearbeiten*.

Solange die Datei-Informationen angezeigt werden, ist das restliche iTunes-Fenster gesperrt. Erst wenn Sie das Fenster mit *Abbrechen* oder *OK* schließen, wird iTunes wieder freigegeben.

Die Datei-Informationen sind auf verschiedene Registerkarten verteilt, die wir uns im folgenden einmal genauer ansehen.

Details

Die beiden Registerkarten, die Sie am häufigsten benötigen, um für die gewünschte Ordnung in Ihrer Mediathek zu sorgen, sind *Details* ❶ (für die wichtigsten Metadaten) und *Sortierung* ❷, auf der Sie festlegen, wie ein bestimmter Eintrag sortiert werden soll.

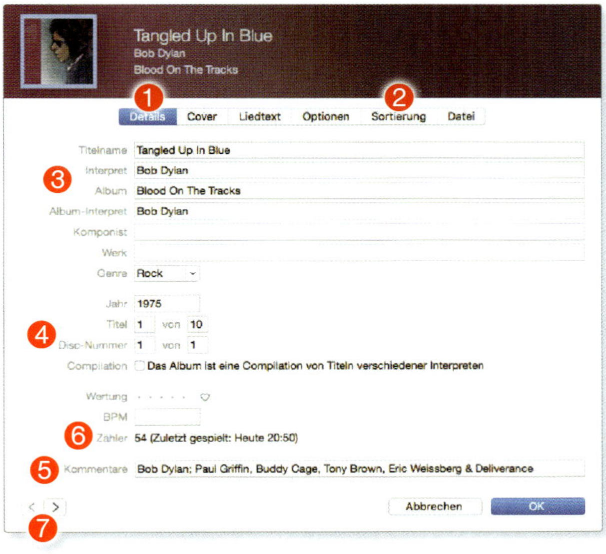

Die „Details" eines Titels enthalten die wichtigsten Informationen, die iTunes zur Verwaltung der Inhalte benötigt.

Auf der Registerkarte *Details* finden Sie die Metadaten wie *Titelname, Interpret, Album, Album-Interpret* oder *Komponist* ❸. Die Reihenfolge, in der iTunes die Titel einer CD sortiert, hängt davon ab, welche Werte in den Feldern *CD-Nummer* und *Titel* ❹ stehen. Wenn einmal bei einem Album die Reihenfolge komplett durcheinandergeraten ist, sollten Sie zuerst diese Wert überprüfen. Im Feld *Kommentare* ❺ können Sie bis zu 255 Zeichen Text hinterlegen. Das ist nicht üppig, reicht aber etwa, um die Besetzung eines Albums zu notieren. Leider werden die hier eingetragenen Informationen von der Suchfunktion in iTunes ignoriert, es ist also nicht möglich, einen Titel über dieses Feld mit einem Stichwort zu versehen.

Fast sämtliche Felder können Sie bearbeiten, indem Sie hineinklicken. Einzige Ausnahme ist der *Zähler* ❻, der angibt, wie oft Sie einen Titel wiedergegeben und wann Sie ihn zuletzt gehört haben. Über die Pfeile links unten ❼ blättern

Sie zum vorherigen bzw. nächsten Titel einer Liste und lassen sich dessen Datei-Informationen anzeigen.

Interpret und Album-Interpret

Der Inhalt des Feldes *Album-Interpret* ❽ ist in vielen Fällen mit dem des Feldes *Interpret* ❾ identisch – aber nicht immer. Wichtig wird dieses Feld dann, wenn Sie ein Album mit verschiedenen Interpreten besitzen, das aber unter dem Namen nur eines bestimmten Interpreten auftauchen soll. Das klingt jetzt vielleicht etwas seltsam, daher rasch ein Beispiel.

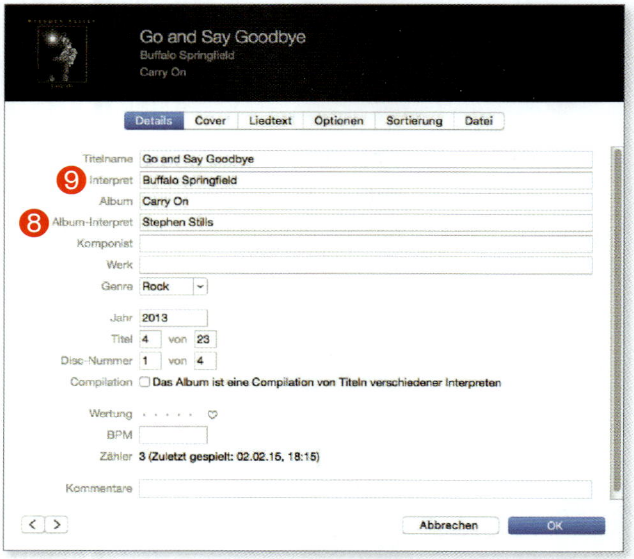

Der Album-Interpret hat für iTunes bei der Sortierung Vorrang vor Angaben im Feld „Interpret".

Das Album „Carry On" von 2013 besteht aus vier CDs und bietet einen chronologischen Querschnitt durch das Werk von Stephen Stills. Stills ist nicht nur als Solo-Künstler aktiv, sondern war auch Mitglied in Bands wie „Buffalo Springfield" und Formationen wie „Crosby, Stills, Nash & Young". Das Album enthält eine Reihe von Titeln, bei denen Stills der alleinige Interpret ist, aber auch einige, bei denen er als Teil einer Band oder zusammen mit Partnern spielt. In diesem Fall steht im Feld *Interpret* etwa „Buffalo Springfield", „Crosby, Stills, Nash & Young" oder „Stephen Stills & Steve Fromholz".

Wenn iTunes nun eine Darstellung nach Interpreten sortiert, dann werden die verschiedenen Titel des Albums unter den jeweiligen Interpreten aufgeführt

– und der Zusammenhang des Albums geht verloren. Um das zu verhindern, ist bei allen Titel als *Album-Interpret* „Steven Stills" eingetragen.

Bei der Sortierung nach Interpreten gibt iTunes einem Eintrag im Feld *Album-Interpret* üblicherweise Vorrang vor einem Eintrag im Feld *Interpret*. Falls Sie allerdings gezielt nach den Interpreten einzelner Titel sortieren möchten, dann wechseln Sie zur Titeldarstellung und lassen sich hier sowohl die Spalten *Interpret* als auch *Album-Interpret* anzeigen. So können Sie die Titelliste nun je nach Wunsch anzeigen lassen.

Ist der Spaltenbrowser aktiv, können Sie unter *Darstellung –> Spaltenbrowser* (OS X) bzw. *Anzeige –> Spaltenbrowser* (Windows) festlegen, ob Sie *Album-Interpreten verwenden* möchten oder nicht.

Compilations

Einen Sonderfall für die Sortierung stellen auch die Compilations dar. Dabei handelt es sich um Alben mit Titeln verschiedener Interpreten, die allerdings keinem übergeordneten Album-Interpreten zugeordnet werden können, sondern in der Regel Sammlungen zu einem bestimmten Thema sind, wie etwa „History of Blues", „New Country Collection" oder „Rhythm & Blues Classics". Damit diese Alben trotz unterschiedlicher Interpreten ⓾ zusammengehalten werden, aktivieren Sie den Punkt *Das Album ist eine Compilation von Titeln verschiedener Interpreten* ⓫.

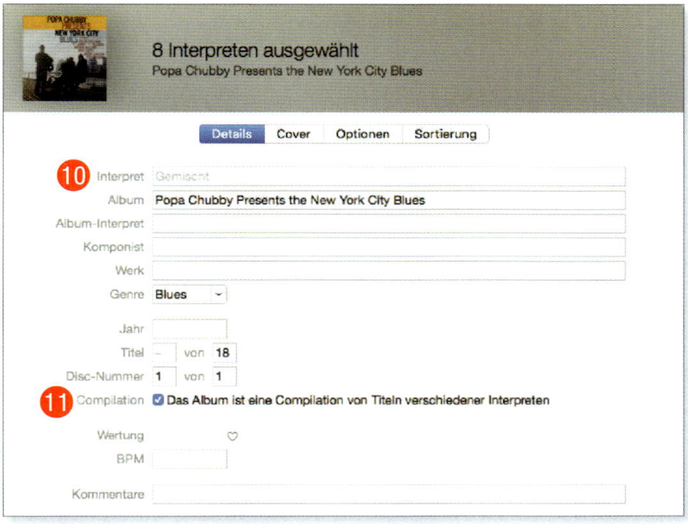

Alben, auf denen mehrere Interpreten versammelt sind, können Sie als „Compilation" zusammenfassen.

Damit Compilations zusammengefasst dargestellt werden, müssen Sie im Spaltenbrowser unter *Darstellung –> Spaltenbrowser* (OS X) bzw. *Anzeige –> Spaltenbrowser* (Windows) die Option *Compilations gruppieren* aktivieren. Bei der Darstellung nach Interpreten aktivieren Sie in den Darstellungsoptionen ebenfalls den Punkt *Compilations gruppieren*.

In der nach Interpreten sortierten Albendarstellung werden Compilations ganz ans Ende der Darstellung gesetzt.

Genre

Das Feld *Genre* ⓬ bietet Ihnen von *Alternative* bis *World* eine sehr umfangreiche Auswahl an möglichen Gerne-Zuordnungen, die Sie mit einem Klick auf die Pfeile aufrufen können.

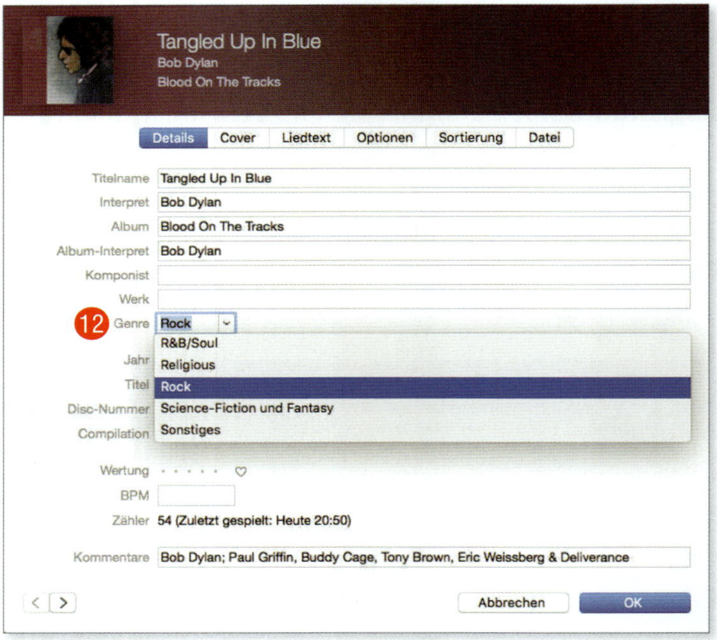

Die Genre-Liste kann von Ihnen zwar um eigene Begriffe erweitert werden, aber es ist nicht möglich, sie zu kürzen.

Doch vielleicht möchten Sie ja eine ganz eigene Genre-Kategorie benutzen. Kein Problem: Um die Auswahlliste um eigene Einträge zu erweitern, klicken Sie einfach auf den aktuellen Eintrag im Feld *Genre*. Der aktuelle Eintrag kann nun mit einer eigenen Bezeichnung überschrieben werden.

Die von iTunes vorgegebene Auswahlliste – die in der Praxis oft viel zu umfangreich ist – lässt sich leider nicht ohne größere und damit potenziell gefährliche Eingriffe in iTunes selbst verändern.

Wertung

Sie können jedem Titel und jedem Album eine persönliche Wertung von null bis fünf Sterne geben. Zudem ist es möglich, einen Song als persönlichen Favoriten zu markieren. Welche Art der Bewertung Sie benutzen möchten – *Sterne*, *Favoriten*, *Sterne &Favoriten* –, legen Sie in den Einstellungen von iTunes auf der Registerkarte *Allgemein* fest.

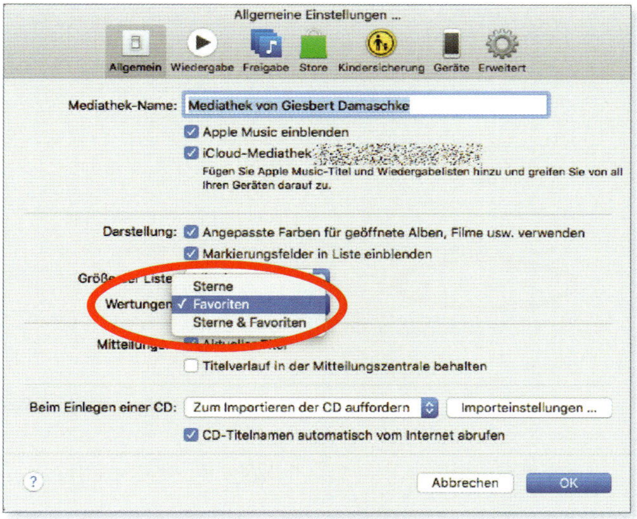

Sie können Titel und Alben mit „Sternen", „Favoriten" oder auch mit beidem bewerten.

Diese Bewertung lässt sich als Ordnungskriterium in der Titeldarstellung einsetzen oder als Kriterium in einer intelligenten Wiedergabeliste nutzen.

> **!**
>
> **Herzensangelegenheit**
>
> Die Markierung eines Titels als „Favorit" hilft Ihnen nicht nur dabei, rasch Ihre absoluten Lieblingssongs aus Ihrer Mediathek zu fischen. Diese Markierung wird auch für die Vorschläge bei Apple Music herangezogen.

In den Datei-Informationen zeigen Sie dazu auf das Feld *Wertung* und klicken die gewünschte Anzahl an Sternen an. Möchten Sie eine Wertung löschen, klicken Sie links neben den ersten Stern innerhalb des Eingabefelds. Es ist auch möglich, mit gedrückter Maustaste über das Feld zu wischen und die Sternbewertungen wie mit einem Schieberegler von null auf fünf und wieder auf null zu setzen.

Dieses Wertungsfeld taucht in praktisch jeder Darstellung von iTunes auf und kann jederzeit und überall bearbeitet werden. In der Titeldarstellung müssen Sie für die Bewertung eines Titels unter Umständen zuerst die Spalte *Wertung* einblenden. Sie finden das Feld auch im Menü *Ablage* (OS X) bzw. *Datei* (Windows).

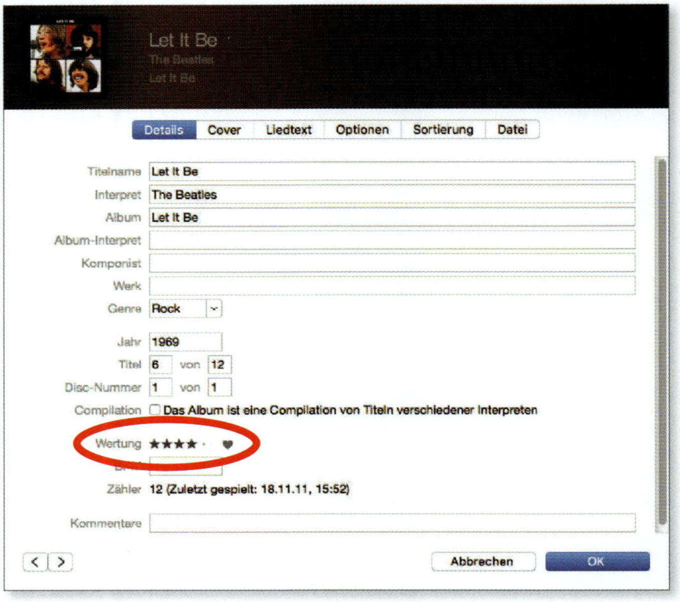

Das Wertungsfeld ist in iTunes fast allgegenwärtig.

Die Sortierung

Auf der Registerkarte *Details* legen Sie alle relevanten Daten zu einem Titel oder Album fest. Auf diese Einträge greift iTunes zurück, wenn Sie etwa eine Darstellung nach Namen oder Titeln sortieren lassen. Wie diese Sortierung im Detail aussieht, steuern Sie über die Registerkarte *Sortierung* ❶. Hier geben Sie an, wie iTunes die Einträge in den Feldern *Name*, *Album*, *Album-Interpret*, *Interpret* und *Komponist* sortieren soll – denn das ist mitunter gar nicht so einfach.

Standardmäßig erkennt iTunes lediglich führende Artikel ❷ und sortiert Interpreten wie „The Beatles" oder Titel wie „A Chair in the Sky" unter „B" bzw. „C" ein. In allen anderen Fällen müssen Sie iTunes allerdings auf die Sprünge helfen. Andernfalls sortiert iTunes etwa „Joni Mitchell" nicht unter „M", sondern unter „J" ein. Um das zu ändern, klicken Sie in das entsprechende *Sortieren als*-Feld und tragen hier ein, wie der Name sortiert werden soll – in diesem Beispiel als „Mitchell Joni" ❸.

Wann immer iTunes ein Album oder einen Titel scheinbar völlig unsinnig einsortiert, sollten Sie also die Einträge auf dieser Registerkarte überprüfen.

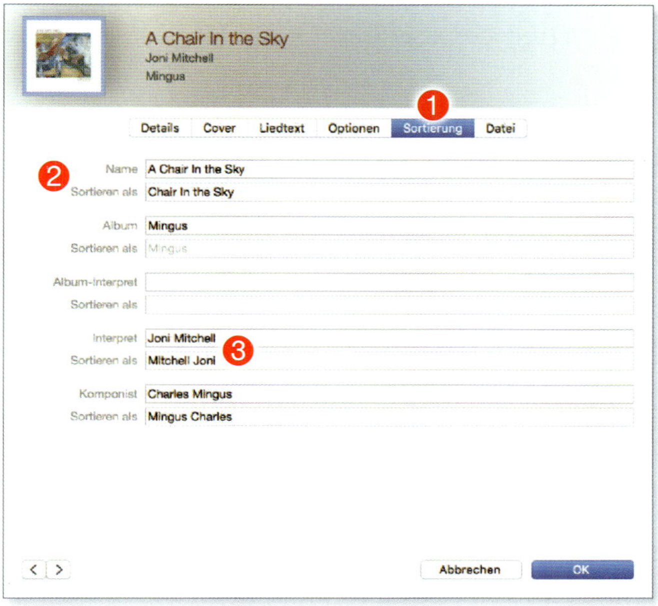

Bei der korrekten Sortierung müssen Sie iTunes immer wieder unter die Arme greifen.

Cover

Albumcover können von iTunes auf zwei verschiedene Arten verwaltet werden: als fester Bestandteil der entsprechenden Datei oder als eigene Bilddatei, auf die iTunes bei der Anzeige eines Covers zurückgreift. (Diese Cover speichert iTunes im Ordner *Album Artwork.*)

Wird ein Albumcover als Bestandteil der Datei gespeichert, wächst natürlich der Umfang der Datei und damit der Speicherplatzbedarf an. Allerdings hält sich der Platzbedarf im Rahmen: Ein CD-Cover ist in der Regel nur ein paar 100 Kilobyte groß. Wenn etwa bei einem Album mit zehn Titeln das Cover in jeder Datei enthalten ist, benötigen Sie dazu rund 2 bis 3 Megabyte mehr Speicherplatz auf der Festplatte. Verwaltet iTunes die Cover ausschließlich im Verzeichnis *Album Artwork*, liegen sie jeweils nur einmal vor und benötigen daher auch nur ein paar 100 Kilobyte. Allerdings stellt der zusätzliche Platzbedarf bei der Speicherung der Cover in der Musikdatei bei heutigen Speichergrößen von Festplatten wohl kaum ein Problem dar.

Solange Sie Ihre Musik nur in iTunes verwalten oder auf iOS-Geräten wie einem iPhone oder iPad wiedergeben, ist diese Unterscheidung nicht weiter wichtig. Hier sorgt iTunes in aller Regel dafür, dass das korrekte Cover angezeigt wird.

Ein wenig problematisch kann es werden, wenn Sie eine Datei aus iTunes auf einen USB-Stick speichern, um sie auf einem anderen Computer oder in einem anderen Programm abzuspielen. Dann wird das Cover nur gezeigt, wenn es Bestandteil der Datei ist.

Es gibt zwei Möglichkeiten, einem Album ein Cover zu verpassen. Zum einen können Sie ein Cover aus dem iTunes Store laden – vorausgesetzt, das Album ist im iTunes Store vorhanden und iTunes erkennt das Album bzw. einen Titel korrekt. Zum anderen können Sie es in den Datei-Informationen manuell jedem Titel oder Album hinzufügen.

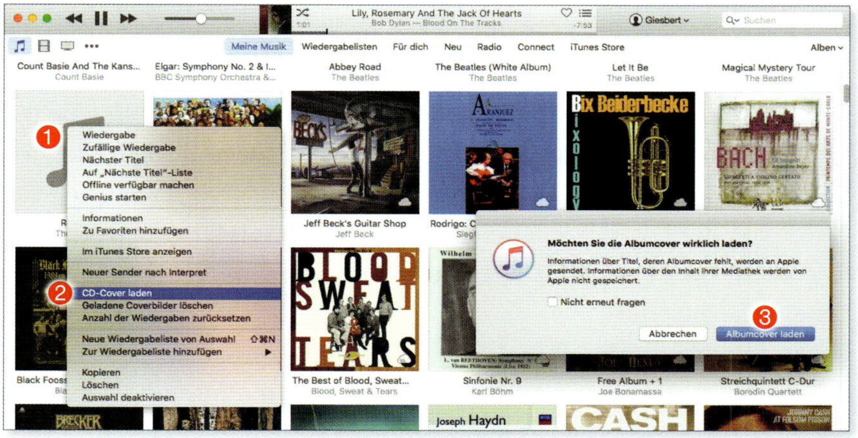

Sie können zu (fast) jedem Album oder Titel das passende Cover aus dem iTunes Store laden.

- *Cover von Apple laden:* Um ein Cover beim Import einer CD automatisch zu laden, aktivieren Sie (wie in Kapitel 2 erläutert wurde) in den *Einstellungen* von iTunes auf der Registerkarte *Store* den entsprechenden Punkt. Sie können auch jederzeit ein Cover nachträglich laden. Wenn ein Cover fehlt, zeigt iTunes nur eine graue Fläche mit zwei Noten an ❶. Klicken Sie die Fläche mit der rechten Maustaste an und wählen Sie *CD-Cover laden* ❷. Falls Sie aktuell nicht mit Ihrer Apple-ID angemeldet sind, werden Sie nun aufgefordert, dies nachzuholen. Anschließend wird das Cover geladen. Da beim Laden des Covers einige (technische) Informationen zum aktuell gewählten Titel/Album an Apple geschickt werden, fragt iTunes zuvor nach, ob Sie damit einverstanden sind. Klicken Sie hier auf *Albumcover laden* ❸. Das Cover wird nicht als Bestandteil der Datei(en) gespeichert, sondern nur in *Album Artwork* hinterlegt.

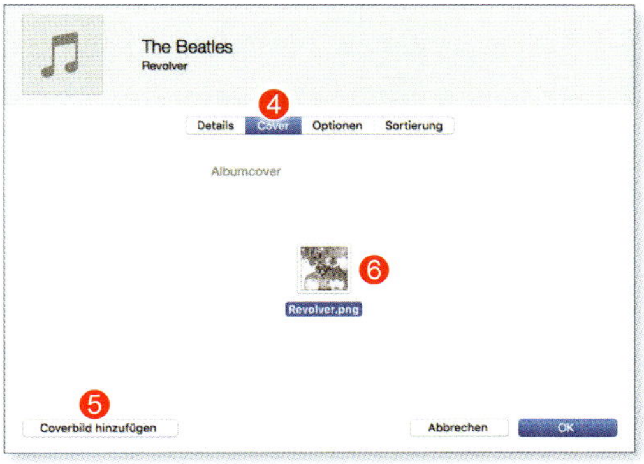

Ein Cover lässt sich auch von der Festplatte zu einem Titel oder Album hinzufügen.

- *Cover manuell hinzufügen:* Falls ein Cover nicht im iTunes Store zur Verfügung steht oder Ihnen die Qualität des Covers nicht genügt, können Sie jederzeit ein Cover auch manuell hinzufügen. Dazu rufen Sie die Datei-Informationen eines Albums oder eines Titels auf und wechseln zum Register *Cover* ❹. Hier können Sie nun über *Coverbild hinzufügen* ❺ ein Cover von der Festplatte laden oder es einfach mit Drag & Drop auf die Registerkarte ziehen ❻. Das Cover wird in diesem Fall in den jeweiligen Dateien gespeichert.
- *Cover exportieren:* Manchmal hat ein Titel eines Albums ein Cover, aber es fehlt bei den anderen Titeln. Kein Problem: In diesem Fall exportieren Sie das Cover und fügen es den anderen Titeln manuell hinzu. Um ein Cover zu exportieren, ziehen Sie es aus dem Register *Cover* der Datei-Informationen einfach auf den Desktop (Windows) bzw. Schreibtisch (OS X).
- *Cover löschen:* Möchten Sie ein Cover löschen, rufen Sie die Datei-Informationen auf, wechseln zum Register *Cover*, markieren das Cover und drücken die *Backspace*- (OS X) bzw. *Entf*-Taste (Windows). Doch Vorsicht! Das Cover wird ohne Rückfrage gelöscht.

Liedtext

Die Registerkarte *Liedtext* ist praktisch selbsterklärend: Hier können Sie die Texte eines Songs speichern. Der hier eingegebene Text wird als Bestandteil der Datei gespeichert. Wenn Sie die Datei also aus der Mediathek exportieren und auf einem anderen Gerät wiedergeben, bleibt der Liedtext erhalten.

Unter iTunes selbst ist der Liedtext relativ sinnlos – Sie sehen ihn nur, wenn Sie die Datei-Informationen öffnen, suchen können Sie nach ihm auch nicht.

Das ändert sich allerdings, wenn Sie Ihre Musik auf einem iOS-Gerät (iPhone, iPad, iPod touch) wiedergeben. Denn in diesem Fall können Sie sich den Liedtext während der Wiedergabe eines Songs anzeigen lassen. Dazu tippen Sie einfach auf das Cover des aktuellen Songs. Der Liedtext wird nun über das Cover geblendet.

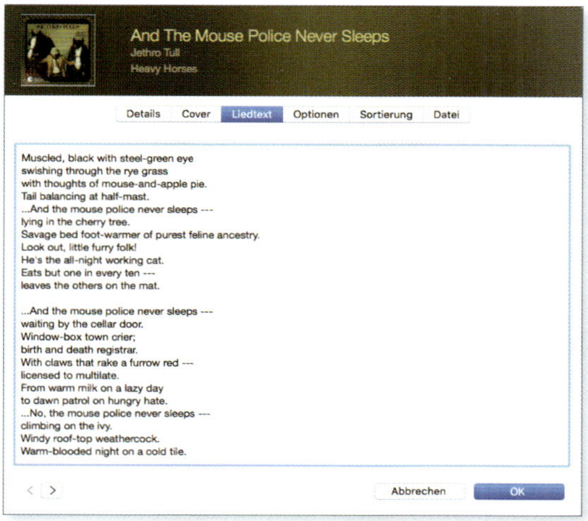

Auf der Registerkarte „Liedtext" können Sie Text zu Songs hinterlegen. Die Texte werden als Bestandteil der Datei gespeichert.

Optionen

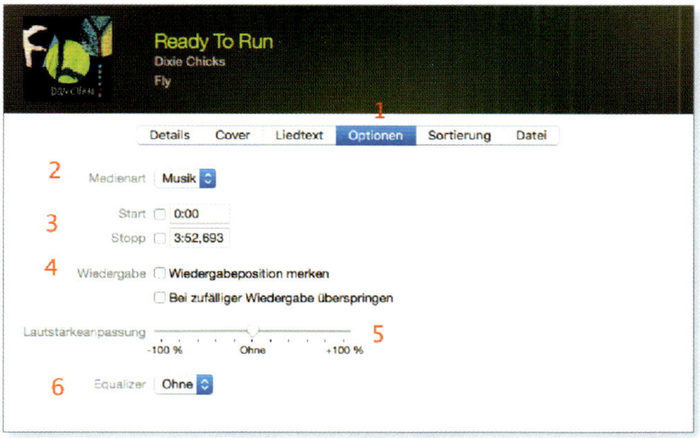

Das Register *Optionen* ❶ der Datei-Informationen wird selten benötigt, bietet aber eine Reihe von interessanten Möglichkeiten:

- *Medienart* ❷: Jeder Inhalt in iTunes hat eine bestimmte Medienart, die angibt, in welcher Rubrik iTunes ein Stück einordnet: *Musik*, *Podcast*, *iTunes U*, *Hörbuch* und *Sprachmemo*. Normalerweise müssen Sie hier nichts ändern. Hilfreich ist diese Option allerdings, wenn Sie etwa ein MP3-Hörbuch importiert haben. MP3-Dateien sortiert iTunes nämlich standardmäßig unter „Musik“ ein. Soll das Hörbuch stattdessen als „Hörbuch“ verwalten werden, legen Sie hier die entsprechende Medienart fest.

- *Start/Stopp* ❸: Hier legen Sie fest, von wo bis wo iTunes den Titel wiedergeben soll. So lassen sich etwa störende Geräusche zu Beginn oder am Ende eines Titels ausblenden. Wichtig wird diese Option auch dann, wenn Sie aus einem Titel einen Klingelton für Ihr iOS-Gerät ausschneiden möchten. (Mehr dazu folgt weiter unten in diesem Kapitel.)
- *Wiedergabe* ❹: Diese Option ist besonders für Hörbücher wichtig. Markieren Sie *Wiedergabeposition merken*, fährt iTunes mit der Wiedergabe des Titels an der Position fort, an der sie unterbrochen wurde. Interessant ist auch *Bei zufälliger Wiedergabe überspringen.* Hiermit wird ein Titel von der zufälligen Wiedergabe ausgeschlossen. Möchten Sie etwa, dass klassische Musik generell nicht zufällig wiedergegeben wird, markieren Sie die gesamte Klassik in Ihrer Mediathek und aktivieren in den Datei-Informationen diese Option.
- *Lautstärkeanpassung* ❺: Manche Songs oder Podcasts sind leiser oder lauter aufgenommen worden als andere Musikstücke in Ihrer Sammlung. Hier können Sie die individuelle Lautstärke eines Songs gezielt festlegen.
- *Equalizer* ❻: Die Equalizer-Einstellungen in den *Einstellungen* von iTunes (s. Kapitel 4) gelten generell für alle Titel, die Sie mit iTunes wiedergeben. Doch das muss nicht sein: Hier können Sie individuelle Einstellungen für einen oder mehrere Titel bzw. für ein komplettes Album angeben.

Datei

Auf der letzten Registerkarte, *Datei*, können Sie keine Änderungen vornehmen. Hier erhalten Sie allerlei technische Informationen zur konkreten Datei, wie etwa den Dateityp (*Art*), die *Dauer* eines Songs, die *Größe* der Datei, das Datum der letzten Änderung , den genauen Pfad zum Speicherort und ähnliches mehr.

Bei Titeln, die Sie im iTunes Store gekauft haben, erfahren Sie hier auch, wann das war und mit welchem Account eine Datei geladen wurde.

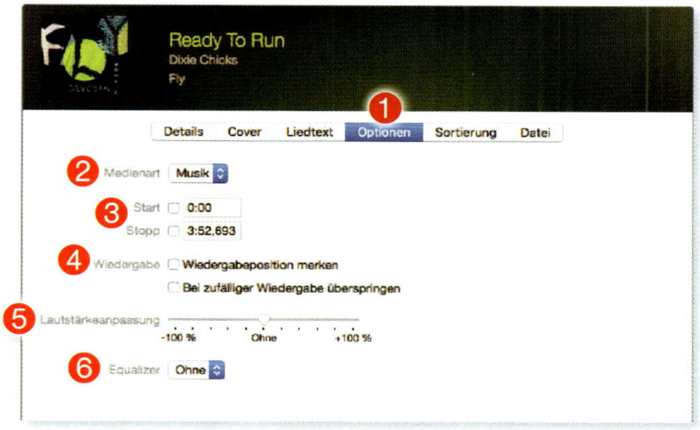

Auf der Registerkarte „Datei" finden Sie die technischen Daten zu einem Titel.

Musik löschen

So einfach Sie Musik in iTunes importieren können, so zickig reagiert das Programm bisweilen, wenn Sie Musik vollständig aus der Mediathek und von Ihrer Festplatte entfernen möchten. Der Löschvorgang selbst ist zwar recht simpel, aber es passiert leicht, dass Sie etwa ein Album zwar aus der Anzeige in iTunes entfernen, die Dateien aber weiterhin in den Tiefen der Mediathek erhalten bleiben und Speicherplatz belegen. Auch scheint es nicht möglich zu sein, Dateien aus einer Wiedergabeliste physikalisch aus iTunes zu entfernen. Das ist besonders lästig, denn so besteht – scheinbar – keine Möglichkeit, eine Wiedergabeliste mit den zu löschenden Dateien anzulegen und diese dann gewissermaßen auf einen Rutsch zu entfernen. Doch keine Sorge: as täuscht.

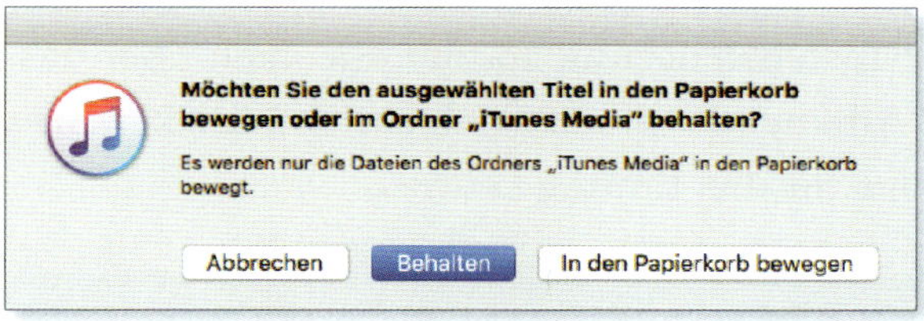

Damit iTunes eine Datei endgültig löscht, müssen Sie sie explizit in den Papierkorb befördern.

Dateien aus iTunes entfernen

Um Dateien zu löschen, markieren Sie die Dateien, drücken die *Backspace*-Taste (OS X und Windows) und beantworten die Sicherheitsabfrage mit *Titel löschen*. Je nach Windows-Computer kann es sein, dass Sie statt *Backspace* die *Entf*-Taste drücken müssen. Nun erscheint eine weitere Abfrage. Denn standardmäßig löscht iTunes die Titel nur aus der Mediathek – also aus der Datei *iTunes Library.itl* –, belässt die Dateien aber auf der Festplatte. So ist es später möglich, versehentlich gelöschte Titel der Mediathek wieder hinzuzufügen. Möchten Sie die Titel aber tatsächlich physikalisch von der Festplatte entfernen, müssen Sie nun noch einmal explizit *In den Papierkorb bewegen* (OS X) bzw. *In den Papierkorb* (Windows) anklicken.

Titel und Alben lassen sich auch über das „Mehr"-Menü löschen.

Alternativ zur Tastensteuerung können Sie auch über das *Mehr*-Menü (die drei Punkte) ein Album oder einen Titel löschen. Klicken Sie dazu auf die drei Punkte und wählen Sie den Eintrag *Löschen*.

Dateien in Wiedergabelisten aus iTunes entfernen

Löschen Sie über die Tastatur einen Eintrag in einer Wiedergabeliste, wird nur der Listeneintrag entfernt – der Titel bleibt weiterhin in der Mediathek, und die entsprechende Datei belegt weiterhin Platz auf der Festplatte.

Haben Sie nun eine Wiedergabeliste mit Titeln erstellt, die Sie tatsächlich physisch löschen möchten, gibt es einen kleinen Trick. Drücken Sie *alt + Backspace* (OS X) bzw. *Shift + Backspace* oder *Shift + Entf* (Windows): Es erscheinen die vertrauten Nachfragen. Nach Beantwortung der Sicherheitsabfrage können Sie die markierten Einträge aus der Mediathek löschen und in den Papierkorb befördern.

Auch hier hilft das *Mehr*-Menü weiter. Klicken Sie auf die drei Punkte und wählen Sie anschließend den Menüeintrag *Löschen*, wird die entsprechende Datei bzw. das entsprechende Album ebenfalls nicht nur aus der Wiedergabeliste entfernt, sondern aus der Mediathek gelöscht.

Musik exportieren

Möchten Sie Musik aus iTunes exportieren, um sie etwa auf einen USB-Stick zu kopieren, dann ist dies eine sehr einfache Angelegenheit: Ziehen Sie die gewünschten Dateien einfach mit der Maus auf den Desktop (Windows) oder Schreibtisch (OS X) bzw. auf den Ordner, in dem Sie die Musik speichern möchten.

Wenn Sie lieber mit dem Finder (OS X) bzw. dem Explorer (Windows) arbeiten, können Sie den Export auch ganz ohne iTunes erledigen – schließlich handelt es sich hier um einen simplen Kopiervorgang. Dazu öffnen Sie den Ordner *iTunes Media –> Music* und sehen nun Ihre komplette Musiksammlung, wobei die Ordnernamen standardmäßig den Namen des Interpreten bzw. des Album-Interpreten tragen. Hier können Sie wie gewohnt die gewünschten Ordner oder Dateien in ein anderes Verzeichnis oder auf einen anderen Datenträger kopieren.

> **!** Nur kopieren, nicht verändern!
>
> Achten Sie beim Zugriff auf den „Music"-Ordner darauf, dass Sie hier wirklich nur kopieren und keine Dateien umbenennen oder gar löschen. Andernfalls wird iTunes die entsprechenden Titel und Alben beim nächsten Start nicht mehr finden.

Musik konvertieren

Beim Export behalten die Dateien ihr Format bei. Mitunter möchte man sie aber in einem bestimmten Format vorliegen haben. Falls Sie Ihre Musik etwa standardmäßig als AAC-Datei verwalten, sie aber als MP3 auf einen USB-Stick kopieren möchten, damit Sie sie problemlos mit dem MP3-Player auf der Party Ihres Freundes wiedergeben können, dann müssen Sie die Dateien zuvor konvertieren. Die Konvertierung entspricht bei iTunes gewissermaßen einem Re-Import der Dateien. Dabei wird die in iTunes bereits vorhandene Datei mit den aktuellen Importeinstellungen erneut der Mediathek hinzugefügt.

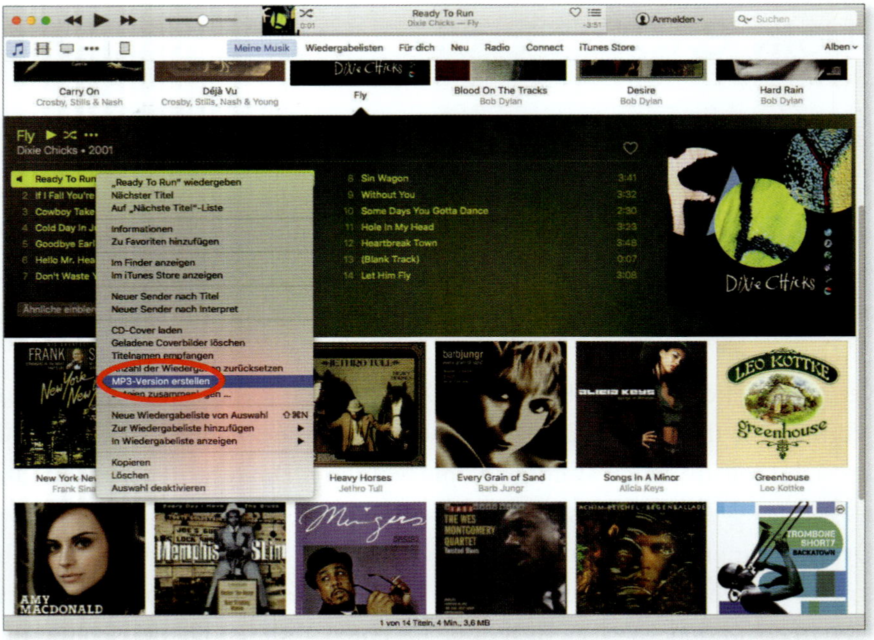

Beim Konvertieren wird der gewählte Titel gewissermaßen mit den aktuellen Importeinstellungen erneut importiert.

Legen Sie also, wie in Kapitel 2 erläutert, in den *Einstellungen* von iTunes auf der Registerkarte *Allgemein* die gewünschten *Importeinstellungen* fest (etwa: MP3). Markieren Sie nun die Datei(en), die Sie konvertieren möchten, klicken Sie sie mit der rechten Maustaste an und wählen Sie *MP3-Version erstellen*.

Nun liest iTunes die markierten Dateien ein und importiert sie erneut in die Mediathek – diesmal mit dem neu festgelegten Importformat.

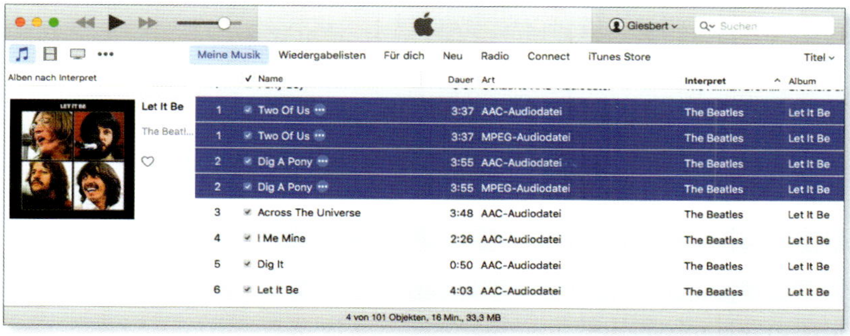

Nach der Konvertierung liegen die Dateien doppelt vor – einmal im Ausgangsformat (hier AAC), einmal in dem Format, in das sie konvertiert wurden (hier: MPEG, also MP3).

Anschließend liegen die Dateien doppelt vor – einmal im Ausgangsformat (also hier im Beispiel als AAC) und einmal in dem Format, in das sie konvertiert wurden (also MP3). Um nur die gewünschten Dateien angezeigt zu bekommen, empfiehlt es sich, eine intelligente Wiedergabeliste anzulegen. Falls Sie die Standardliste *Zuletzt hinzugefügt* nicht gelöscht haben, finden Sie die neuen Dateien hier.

Die konvertierten Titel können Sie schnell über eine intelligente Wiedergabeliste aus Ihrer Mediathek herausfiltern.

Andernfalls legen Sie eine solche Liste einfach selbst an (Bedingung: „Hinzugefügt innerhalb der letzten 1 Tage“). Sie können natürlich auch eine Liste anlegen, die das Dateiformat abfragt. Bei MP3-Dateien lautet die Bedingung „Art ist MPEG-Audiodatei“, bei AAC „Art enthält AAC-Audiodatei“. Möchten Sie Podcasts oder Hörbücher herausfiltern, fügen Sie als zusätzliche Bedingung „Medienart ist Musik“ hinzu. Hier finden Sie die konvertierten Dateien dann blitzschnell und können sie mit Drag & Drop an den gewünschten Speicherort kopieren und anschließend aus iTunes löschen. (Sie brauchen sie nach dem Konvertieren und dem Export ja nicht mehr.)

Ausschnitt konvertieren: Klingeltöne für iPhone und iPad

Beim Konvertieren wird üblicherweise der komplette Song konvertiert. Das ist normalerweise auch so gewünscht, aber es gibt Ausnahmen: etwa dann, wenn man aus einem Radiomitschnitt nur einen Song ausschneiden oder aus einem Song 30 Sekunden als Klingelton für das iPhone extrahieren möchte. Auch das ist mit iTunes möglich. Der Trick besteht darin, in den *Optionen* der Datei-Informationen über *Start* und *Stopp* den gewünschten Ausschnitt festzulegen. Wird ein Song nun konvertiert, enthält die neue Datei nur den gewünschten Ausschnitt.

Das Verfahren soll am Beispiel eines Klingeltons für das iPhone demonstriert werden. Zuerst müssen Sie den möglichst exakten Start- und Endzeitpunkt des gewünschten Ausschnitts bestimmen. Dazu hören Sie sich den Song in iTunes an und achten genau auf die Zeitanzeige.

Für einen Klingelton markieren Sie zuerst den gewünschten Ausschnitt aus einem Titel.

In unserem Beispiel soll der Start bei 1:40 und das Ende bei 2:00 liegen. Nun öffnen Sie die Datei-Informationen, wechseln auf das Register *Optionen* und tragen bei *Start* 1:40 und bei *Stopp* 2:00 ein. Mit einem Klick auf *OK* werden die neuen Werte übernommen. Zur Kontrolle, ob auch der gewünschte Ausschnitt markiert wurde, können Sie sich den Song noch einmal kurz in iTunes anhören.

Da ein iTunes-Klingelton eine AAC-Datei ist, müssen Sie in den Einstellungen von iTunes im Register *Allgemein* bei den *Importeinstellungen* „AAC“ wählen (s. dazu auch Kapitel 2). Anschließend wird der Song konvertiert, wobei iTunes ausschließlich den markierten Ausschnitt übernimmt.

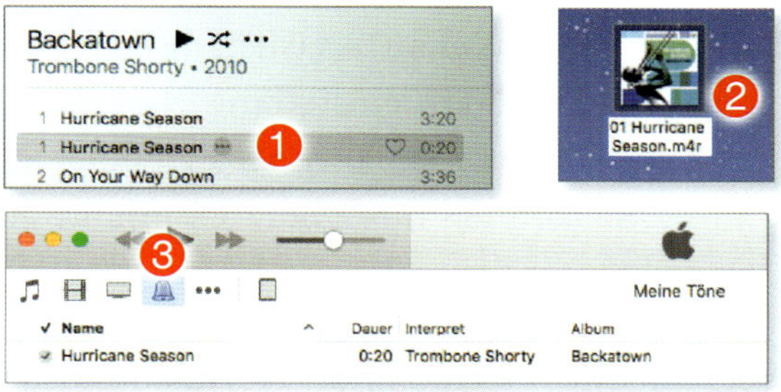

Die Erzeugung eines Klingeltons mit iTunes besteht zwar aus mehreren Arbeitsschritten, ist aber sehr einfach.

Die neu erzeugte Datei wird nun direkt unterhalb des Ausgangstitels angezeigt ❶. Diese Datei ziehen Sie kurzerhand auf den Desktop und ändern die Dateiendung von „m4a“ auf „m4r“ ❷. Anschließend löschen Sie die konvertierte Datei in iTunes ❶ (dieser Schritt ist wichtig, da ansonsten der nun folgende Import nicht funktioniert). Importieren Sie nun die umbenannte Datei erneut in iTunes. Hier wird sie jetzt als Klingelton erkannt und in der entsprechenden Kategorie aufgeführt ❸, von wo aus sie sich problemlos als neuer Klingelton auf das iPhone oder iPad kopieren lässt.

Anschließend müssen Sie in der Ausgangsdatei die Häkchen bei *Start* und *Stopp* entfernen, damit der Titel in iTunes wieder in voller Länge abgespielt wird.

Der Speicherort der Dateien

Alle Dateien, die iTunes verwaltet, liegen irgendwo auf Ihrer Festplatte oder auf angeschlossenen Laufwerken. Wo genau das ist, hängt davon ab, wie Sie Dateien in iTunes importieren. Bei der Standardeinstellung von iTunes landen alle Dateien im Verzeichnis *iTunes –> iTunes Media*. Ihre Musik finden Sie also unter *iTunes –> iTunes Media –> Music*. Sie können Ihre digitalen Inhalte auch außerhalb der Mediathek speichern. In diesem Fall notiert sich iTunes lediglich einen Verweis auf die Datei und kopiert sie nicht in sein Medienverzeichnis.

Möchten Sie direkt auf eine Datei zugreifen (etwa um sie rasch mit Copy & Paste zu kopieren), können Sie sich von iTunes den genauen Speicherort einer Datei zeigen lassen. Klicken Sie dazu den gewünschten Eintrag mit der rechten Maustaste an und wählen Sie *Im Finder anzeigen* (OS X) bzw. *In Windows Explorer zeigen* (Windows). Auf dem Mac können Sie alternativ auch das Tastenkürzel *cmd + Shift + R* drücken, unter Windows funktioniert *Strg + Shift + R*.

Wie Sie den Speicherort der Dateien bzw. der Mediathek verändern und verstreute Dateien zu einer Mediathek zusammenführen, erfahren Sie in Kapitel 14.

!

Nur kopieren, nichts verändern!

Der direkte Zugriff auf die Dateien, die in iTunes verwaltet werden, ist zwar der mitunter schnellste Weg, um rasch ein paar Alben von iTunes auf einen USB-Stick zu kopieren, birgt aber einige Tücken. Ich kann es gar nicht oft genug wiederholen: Wenn Sie hier eine Datei löschen, verschieben oder umbenennen, kann es zu Problemen mit der Datenverwaltung von iTunes kommen. Achten Sie also darauf, dass Sie hier wirklich nur kopieren und nichts verändern.

Duplikate suchen

Je umfangreicher Ihre Mediathek wird, desto höher ist die Wahrscheinlichkeit, dass sich im Laufe der Zeit so mancher Song doppelt in Ihren Datenbeständen findet und unnütz Speicherplatz belegt. Hier empfiehlt es sich, von Zeit zu Zeit iTunes einmal nach Dopplungen suchen zu lassen.

Dazu stellt iTunes im Menü *Darstellung* (OS X) bzw. *Anzeige* (Windows) den Befehl *Doppelte Objekte einblenden* ❶ bereit. Doch Vorsicht! Dieser Befehl macht nicht so ganz das, was Sie vielleicht erwarten. Denn hier vergleicht iTunes nur die groben Eckdaten eines Songs – etwa den Titel und den Namen des Interpreten – und findet so auch jede Menge nur scheinbare Dopplungen. Haben Sie etwa einen Song sowohl in der Album- als auch in der Live-Version in Ihrer Mediathek, weist iTunes diese unterschiedlichen Versionen kurzerhand als vermeintliche Dublette aus. Auch der Dateityp wird beim Vergleich ignoriert: Eine AAC- und eine MP3-Version eines Songs sind für iTunes ebenfalls eine Dublette.

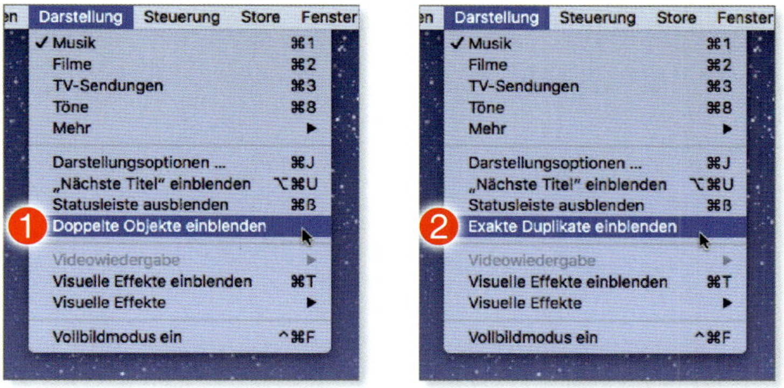

Auf Wunsch kann iTunes auch nach doppelten Objekten suchen. Es ist dabei aber nicht immer allzu treffsicher.

Deutlich genauer (wenn auch nicht perfekt) arbeitet das Programm, wenn Sie auf dem Mac beim Aufruf des Menüpunkts die *alt*-Taste gedrückt halten (unter Windows *Shift*). Dann wird der Menübefehl zu *Exakte Duplikate einblenden* ❷.

Bevor Sie einen unter Umständen nur vermeintlich doppelten Eintrag löschen, sollten Sie die Datei-Informationen der Einträge vergleichen, um auch wirklich sicher zu sein, dass Sie eine echte Dublette löschen.

Die Anzeige der doppelten Einträge verlassen Sie, indem Sie oben rechts auf *Fertig* klicken.

Kapitel 7 iTunes Store

In diesem Kapitel lernen Sie den iTunes Store kennen und erfahren, wie Sie genau das eine Album oder den einen Titel finden, die Sie schon so lange suchen. Dabei unterstützt iTunes Sie mit (mal mehr, mal weniger) passenden Empfehlungen. Dank iTunes in der Cloud – das unabhängig von Apples iCloud funktioniert – können Sie auf Ihren Geräten einmal gekaufte Inhalte jederzeit wiedergeben, ohne sie explizit laden zu müssen. Das gilt allerdings nicht für bestimmte Hörbücher, die ein Sonderfall sind.

Die Inhalte im iTunes Store

Mit dem iTunes Store betreibt Apple ein riesiges digitales Kaufhaus. Hier finden Sie rund 43 Millionen Songs, 85.000 Filme und 300.000 Folgen von TV-Serien (Stand: Anfang 2015). Hinzu kommen rund 250.000 Podcasts, gut 2,5 Millionen E-Books, mehr als eine Million Apps für iOS-Geräte (iPhone, iPad und iPod touch) und zahlreiche Hörbücher, die vom Hörbuch-Vertrieb „Audible“ über den iTunes Store verkauft werden. Schließlich stehen mit *iTunes U* rund 500.000 Vorlesungen und Kurse von Universitäten und anderen Bildungseinrichtungen bereit.

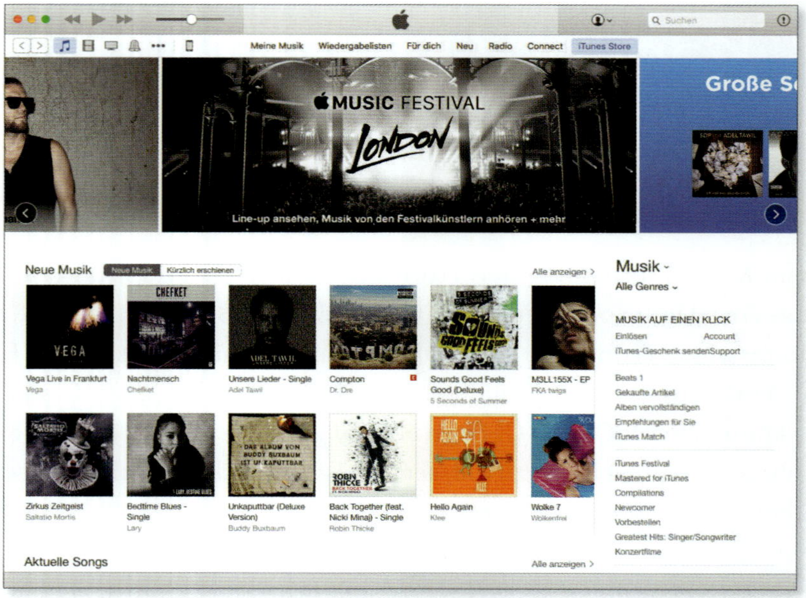

Apples iTunes Store ist ein riesiges Kaufhaus voller Musik, Filme, TV-Serien und Podcasts.

Ein (leidiges) Thema bei digitalen Inhalten stellt der Kopierschutz dar, der über DRM-Maßnahmen (DRM = Digital Rights Management) implementiert wird. Ob Inhalte aus dem iTunes Store DRM-geschützt sind, hängt davon ab, was Sie im Store kaufen:

- *Musik:* Seit Ende 2009 wird Musik als DRM-freie AAC-Datei mit 256 kBit/s ausgeliefert (also als Datei ohne Kopierschutz in sehr guter Qualität). Diese Dateien können Sie nicht nur in iTunes abspielen, sondern mit jeder Software und jedem Player, der AAC-Dateien wiedergeben kann (und das kann praktisch jede Soft- und Hardware). Zudem lassen sie sich beliebig konvertieren oder auf CD/DVD brennen.
- *Filme, TV-Serien:* Während sich bei digitaler Musik der Wegfall des Kopierschutzes auf breiter Front durchgesetzt hat, bestehen die Film- und Fernsehstudios noch auf einem harten Kopierschutz. Konsequenz: Filme, die Sie im iTunes Store gekauft haben, können Sie nur mit iTunes, Apple-TV und iOS-Geräten und nur mit der Apple-ID wiedergeben, mit der Sie sie gekauft haben. Filme und Serien liegen im MP4-Format (H.264) in verschiedenen Auflösungen vor.
- *Hörbücher:* Die Hörbücher im iTunes Store stammen überwiegend vom Anbieter Audible, der seine Hörbücher ebenfalls mit einem DRM-Schutz versieht. Auch diese Dateien sind an den Account gebunden, mit dem sie bei Apple gekauft wurden. Diese Hörbücher können Sie nicht noch

einmal kostenlos aus dem Store laden – wenn Sie also ein Hörbuch versehentlich gelöscht haben, dann gilt: weg ist weg. Machen Sie von Hörbüchern also immer eine Sicherheitskopie!

> **!**
>
> **Hörbücher im iTunes Store**
>
> Bei Hörbüchern geht es im iTunes Store leider ein wenig durcheinander. Für iTunes (und den iTunes Store) sind Hörbücher Dateien mit der Endung **.m4b**. Nur diese Dateien werden automatisch als „Hörbuch" klassifiziert. Diese Hörbücher finden sich in der entsprechenden Rubrik **Hörbücher** des iTunes Store und sind kopiergeschützt. Daneben gibt es im iTunes Store aber auch Hörbücher im Format **.m4a**. Diese Dateien werden von iTunes bzw. dem iTunes Store in der Rubrik **Musik -> Gesprochene Inhalte** aufgeführt – in diesem Fall sind die Hörbücher nicht kopiergeschützt. Mit diesem Thema beschäftigen wir uns in Kapitel 10 ausführlicher.

- *E-Books:* Zum iTunes Store gehört auch ein umfangreiches Angebot an elektronischen Büchern im ePub- und teilweise im PDF-Format. Bei Windows werden E-Books als Teil des iTunes Stores im Bereich *Bücher* angezeigt und auch in iTunes geladen. Unter OS X gibt es im iTunes Store zwar ebenfalls eine Rubrik *Bücher*, aber sobald Sie hier ein Buch mit iTunes laden, wird der Ladevorgang an die App *iBooks* durchgereicht. Dort steht Ihnen ebenfalls der Zugriff auf das Buchangebot im iTunes Store zur Verfügung. Dieser spezielle Teil des iTunes Stores heißt hier *iBooks Store*. E-Books können – je nach Entscheidung des jeweiligen Verlags oder Anbieters – als kopiergeschützte, aber auch als kopierschutzfreie Datei vorliegen. Bücher mit Kopierschutz können nur mit der App *iBooks* auf einem Mac oder einem iOS-Gerät geöffnet werden, Bücher ohne Kopierschutz lassen sich in jedem Programm öffnen, das mit ePub-Dateien zurechtkommt. Leider wird im Store nicht vermerkt, ob ein Buch mit oder ohne Kopierschutz angeboten wird.
- *Podcasts, iTunes U:* Das Podcast- und iTunes-U-Angebot im iTunes Store ist prinzipiell kostenlos und ohne Kopierschutz. Audio-Podcasts werden als MP3-Datei ausgeliefert, Videos liegen im MP4-Format (H.264) vor.
- *Apps:* Programme für iPhone & Co sind prinzipiell DRM-geschützt und können nur dann installiert werden, wenn man sich zuvor im iTunes Store und auf seinem iOS-Gerät mit seiner Apple-ID angemeldet hat. Mit Apps, die Sie mit Ihrer Apple-ID geladen haben, können auch nur Sie etwas anfangen. Eine Ausnahme bildet die Familienfreigabe, mit der wir uns in Kapitel 13 beschäftigen.

Den Computer autorisieren bzw. deautorisieren

Wenn Sie im iTunes Store ausschließlich kopierschutzfreie Inhalte wie Musik, Musikvideos oder Podcasts kaufen bzw. laden möchten, dann können Sie diesen Abschnitt überspringen. Sobald Sie aber einen Film oder eine App für Ihr iPhone oder iPad geladen haben, kommen Sie nicht darum herum, Ihren Computer für den Zugriff auf diese Dateien zu autorisieren.

Für jeden Download – ganz gleich ob kostenlos oder kostenpflichtig, ob mit oder ohne Kopierschutz – müssen Sie sich im iTunes Store mit Ihrer Apple-ID anmelden. Jede heruntergeladene Datei enthält anschließend in den Datei-Informationen die Apple-ID, mit der sie geladen wurde. Eine Ausnahme bilden hier lediglich Podcasts und iTunes U. Diese Inhalte können Sie aus dem Store laden, ohne sich mit Ihrer Apple-ID ausweisen zu müssen.

Bevor Sie kopiergeschützte Inhalte aus dem iTunes Store auf Ihrem Computer wiedergeben können, müssen Sie ihn autorisieren.

Bei der Wiedergabe einer DRM-freien Datei – also einer Datei ohne Kopierschutz – spielt die Verknüpfung von Apple-ID und Datei keine Rolle. Das sieht bei DRM-geschützten Dateien allerdings ganz anders aus: Denn hier überprüft iTunes zuerst, ob die in der Datei vermerkte Apple-ID auf dem Computer, auf dem die Datei wiedergegeben werden soll, autorisiert ist. Falls dies der Fall ist, wird die Datei geöffnet, falls nicht, verlangt iTunes zuvor die Autorisierung des Computers. Das können Sie in dem Dialog erledigen, den iTunes in diesem Fall anzeigt, oder Sie rufen *Store –> Diesen Computer autorisieren* auf und geben Ihre Apple-ID samt Passwort ein. Sie können bis zu fünf Geräte gleichzeitig autorisieren.

Bevor Sie sich von Ihrem Computer trennen und ihn verkaufen oder in den Keller stellen, sollten Sie daran denken, ihn zu deaktivieren. Wählen Sie dazu *Store –> Diesen Computer deautorisieren.*

In den Accountinformationen können Sie zudem alle Autorisierungen mit einem Mausklick widerrufen – allerdings nur einmal alle 12 Monate (mehr dazu folgt weiter unten in diesem Kapitel).

Im Store stöbern und suchen

Sie wechseln in den iTunes Store, indem Sie in der Menüleiste auf den Punkt *iTunes Store* ❶ klicken. Dieser Punkt ist bei allen Darstellungen und in allen Bereichen von iTunes vorhanden und bringt Sie sofort in die richtige Abteilung des Stores. Natürlich können Sie im Store auch die Abteilung wechseln, also vom Musik-Angebot zu den Filmen oder Podcasts wechseln. Am schnellsten geht dies, wenn Sie über die Menüleiste von iTunes in den entsprechenden Bereich wechseln ❷. Dabei bleibt der Menüpunkt *iTunes Store* aktiv.

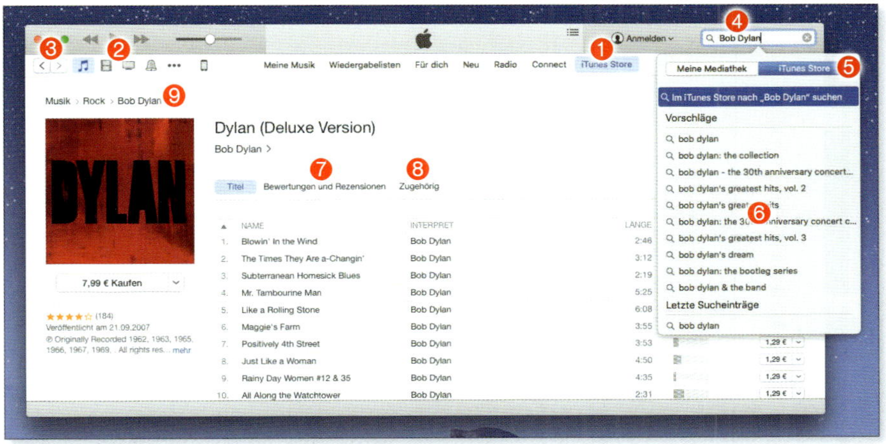

Über die Pfeiltasten oben links ❸ können Sie im Verlauf vor- und zurückblättern, also zu den Seiten wechseln, die Sie kurz zuvor besucht haben.

Jede Abteilung ist ähnlich aufgebaut. Im oberen Bereich werden die neuesten bzw. interessantesten Angebote präsentiert. Darunter finden Sie weitere neue und nach Meinung der Store-Mitarbeiter besonders beachtenswerte Angebote.

In der rechten Spalte können Sie in die verschiedenen Kategorien bzw. Genres einer Abteilung wechseln. Außerdem sehen Sie hier die Listen der beliebtesten und am häufigsten geladenen Inhalte.

Suchen Sie nach einem bestimmten Inhalt, benutzen Sie dazu das Suchfeld von iTunes ❹. Achten Sie darauf, dass die Suche tatsächlich auf iTunes Store ❺ gestellt ist, das sich nun ausschließlich auf den Store bezieht. Geben Sie hier ein Stichwort ein (in diesem Beispiel „Bob Dylan“). Sie sehen nun verschiedene *Vorschläge* ❻. Ist das Gesuchte dabei, klicken Sie den entsprechenden Eintrag an, andernfalls drücken Sie Eingabetaste und lassen den kompletten Store nach dem Suchbegriff durchforsten. Sie sehen nun, nach Kategorien sortiert, die verschiedenen Treffer aus allen Abteilungen. Über das Menü auf der rechten Seite können Sie Ihre Suche auf eine bestimmte Kategorie begrenzen, etwa auf *Alben*.

Die Details zu einem Angebot erhalten Sie, wenn Sie das entsprechende Cover anklicken. Hier bekommen Sie nun, je nach Angebot, mehr oder weniger umfangreiche Informationen. Über *Bewertungen und Rezensionen* ❼ erfahren Sie, was andere Kunden dazu gesagt haben, und mit einem Klick auf *Zugehörig* ❽ werden weitere, ähnliche Angebote vom gleichen Autor, Interpreten oder Anbieter gezeigt. Im oberen Bereich sehen Sie zudem eine Navigationsleiste wie etwa *Musik –> Rock –> Bob Dylan* ❾. Jedes Stichwort ist hier ein Link. Ein Klick auf *Rock* bringt Sie also automatisch in die entsprechende Unterkategorie von *Musik*.

Die Store- und Genius-Empfehlungen

Bei jedem Album aus Ihrer Mediathek, das Sie sich in der Albumdarstellung anzeigen lassen, sehen Sie neben den Informationen zum Album und der Titelliste auch den Link *Ähnliche einblenden*. Klicken Sie darauf, werden neben der Titelliste drei weitere Spalten eingeblendet, die Links zum iTunes Store bieten: die *Toptitel* ❶, *Topalben* ❷ und *Ähnliche Titel* ❸ (die drei Spalten werden nur dann korrekt angezeigt, wenn das iTunes-Fenster breit genug ist und genügend Platz bietet).

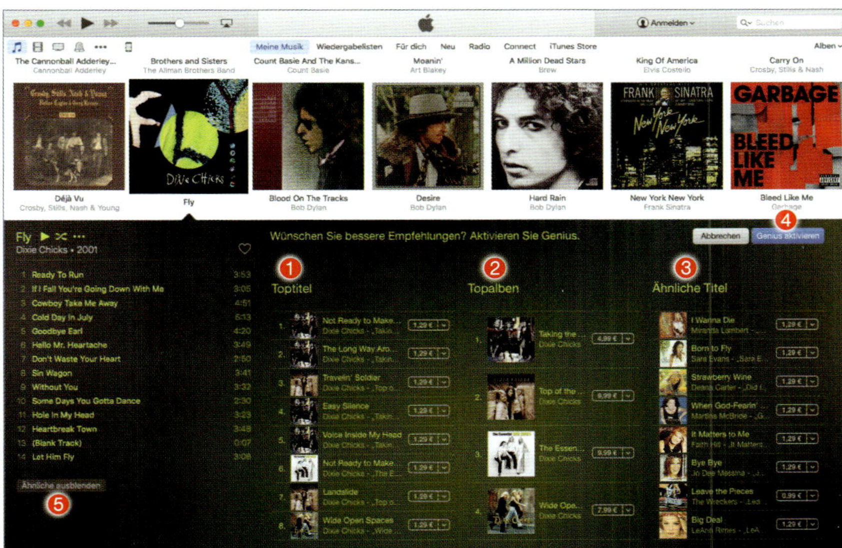

Empfehlungen aus dem iTunes Store sind immer nur ein paar Mausklicks entfernt.

Bei den Empfehlungen greift iTunes auch – falls aktiviert ❹ – auf die Genius-Daten zurück und kann Ihnen so Titel anderer Künstler empfehlen, die zu Ihrem Musikgeschmack passen könnten, sich aber noch nicht in Ihrer Musiksammlung befinden. Das funktioniert mal mehr, mal weniger gut – Wunder sollten Sie hier nicht erwarten, und es kann durchaus passieren, dass auch bei aktivierter Genius-Funktion die Empfehlungen nicht über den aktuellen Interpreten hinausgehen. Aber einen Versuch ist es allemal wert.

Um wieder zur normalen Album-Darstellung zu gelangen, klicken Sie auf *Ähnliche ausblenden* ❺.

Im Store einkaufen

Um im Store einkaufen zu können, müssen Sie mit Ihrer Apple-ID angemeldet sein. Falls dies der Fall ist, sehen Sie in der Menüleiste Ihre Apple-ID. Andernfalls finden Sie dort die Taste *Anmelden*. Klicken Sie die Taste an und geben Sie Ihre Apple-ID und Ihr Passwort ein.

Eine Sicherheitsabfrage schützt Sie vor einem unbedachten Fehlkauf. Diese Abfrage sollten Sie lieber nicht ausschalten.

Der Kauf im iTunes Store ist Sache weniger Mausklicks: Sie klicken auf den Preis eines Angebots und bestätigen mit einem Klick auf *Kaufen* die Sicherheitsabfrage – fertig.

!

Sicherheitsabfrage wiederherstellen

Falls Sie die Sicherheitsabfrage vor dem Kauf eines Artikels im iTunes Store ausgeschaltet haben, lässt sie sich problemlos wiederherstellen. Dazu wechseln Sie in den **Einstellungen** von iTunes zum Register **Erweitert** und klicken dort auf **Warnhinweise zurücksetzen**.

Der Download des gekauften Artikels beginnt sofort, und die heruntergeladenen Inhalte werden automatisch Ihrer Mediathek hinzugefügt. Mit welchem Download iTunes aktuell beschäftigt ist und wie viele Downloads noch ausstehen, erfahren Sie mit einem Klick auf das Aktivitätssymbol rechts ❶.

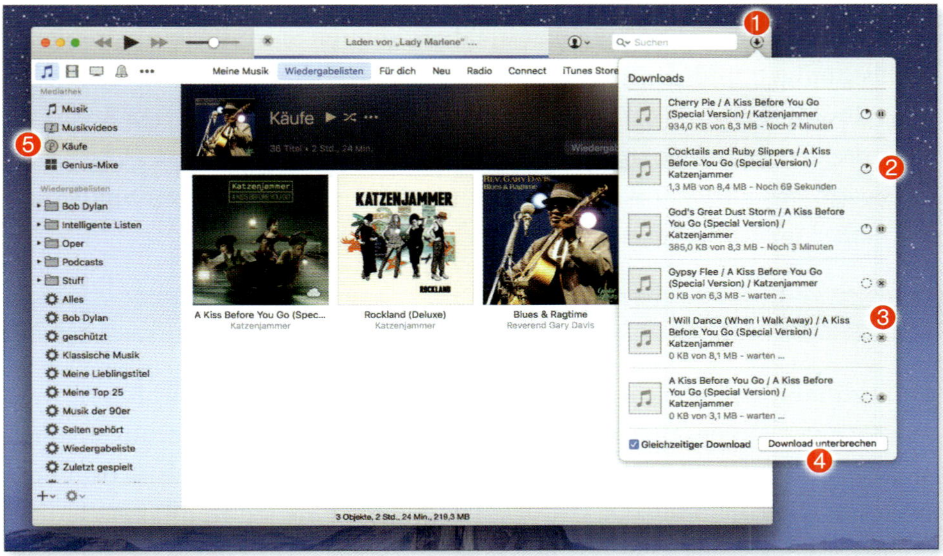

Sie haben jederzeit die volle Kontrolle über die aktuellen Downloads aus dem iTunes Store.

Falls Ihre Internetverbindung ein wenig unzuverlässig oder ein Download doch umfangreicher als erwartet ist, können Sie im *Downloads*-Fenster einen Download auch gezielt pausieren ❷ oder, falls gewünscht, durch einen Klick auf das *x* abbrechen ❸. Es ist auch möglich, alle Downloads auf einen Streich zu unterbrechen ❹. Diese Downloads können Sie später jederzeit nachholen bzw. fortsetzen.

Alle Einkäufe werden automatisch in einer eigenen Wiedergabeliste *Käufe* ❺ verwaltet, die iTunes ausnahmsweise im Bereich *Mediathek* einsortiert. Wenn Sie jederzeit wissen möchten, was Sie alles im iTunes Store gekauft haben, sollten Sie diese Liste nicht löschen.

> **!**
>
> **„Käufe" als intelligente Wiedergabeliste**
>
> Falls Sie die Liste versehentlich gelöscht haben, dann können Sie sie zwar in der Originalform – also mit dem speziellen Symbol und im Bereich „Mediathek" – nicht wiederherstellen, aber es gibt eine Lösung: Legen Sie eine intelligente Wiedergabeliste mit der Bedingung **Käufe ist wahr** an.

Natürlich müssen Sie nicht die Katze im Sack kaufen, sondern können sich vor dem Kauf schon einmal einen ersten Eindruck verschaffen. Dazu bietet der Store für jeden Titel 90 Sekunden lange Hörproben (bei sehr kurzen Stücken sind dies nur 30 Sekunden), bei Filmen und TV-Serien können Sie sich häufig (aber nicht immer) einen Trailer oder Ausschnitt ansehen. Wenn Sie von einem

Album bereits einzelne Songs gekauft haben, können Sie das Album problemlos vervollständigen und den im Vergleich zum Einzelkauf meist sehr viel günstigeren Albumpreis nutzen. Dazu wird der Preis der bereits gekauften Songs vom Albumpreis abgezogen. Ähnliches gilt für Staffeln einer TV-Serie. Dazu wechseln Sie zu *Musik* bzw. *TV-Sendungen* und wählen in der rechten Spalte *Alben* bzw. *Staffeln vervollständigen*.

Die Passwortabfrage

Standardmäßig müssen Sie jeden Download aus dem iTunes Store mit Ihrem Passwort autorisieren. Das ist einerseits eine sehr sinnvolle Sicherungsmaßnahme, andererseits ist eine sehr häufige Abfrage auch lästig – und bei kostenlosen Inhalten eher überflüssig. Da trifft es sich gut, dass Sie die Häufigkeit der Passwortabfrage einstellen können.

Rufen Sie dazu die *Einstellungen* von iTunes auf und wechseln Sie dort zur Registerkarte *Store*. Hier können Sie unter *Käufe* festlegen, ob und wenn ja, in welchen Intervallen iTunes nach dem Passwort fragen soll. Für *Kostenlose Downloads* lässt sich die Abfrage ausschalten.

Die Änderungen dieser Einstellung müssen Sie ebenfalls durch Eingabe Ihres Passworts bestätigen.

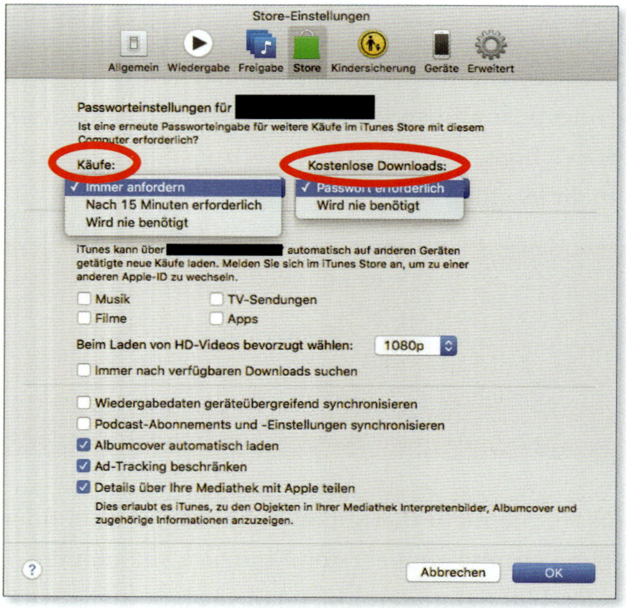

Wann und wie oft iTunes bei Downloads aus dem iTunes Store nach Ihrem Passwort fragt, legen Sie in den „Einstellungen" fest.

Geschenkgutscheine

Im Handel finden Sie Geschenkgutscheine mit verschiedenen Beträgen, zum Beispiel 20, 25 oder 50 Euro. Auf diesen Gutscheinen befindet sich ein Code, mit dem sich der Beschenkte im iTunes Store den Betrag des Gutscheins auf sein Konto im iTunes Store gutschreiben lassen kann. Anschließend werden alle Käufe im Store zuerst von diesem Guthaben beglichen, bevor wieder die gewählte Bezahlmethode genutzt wird.

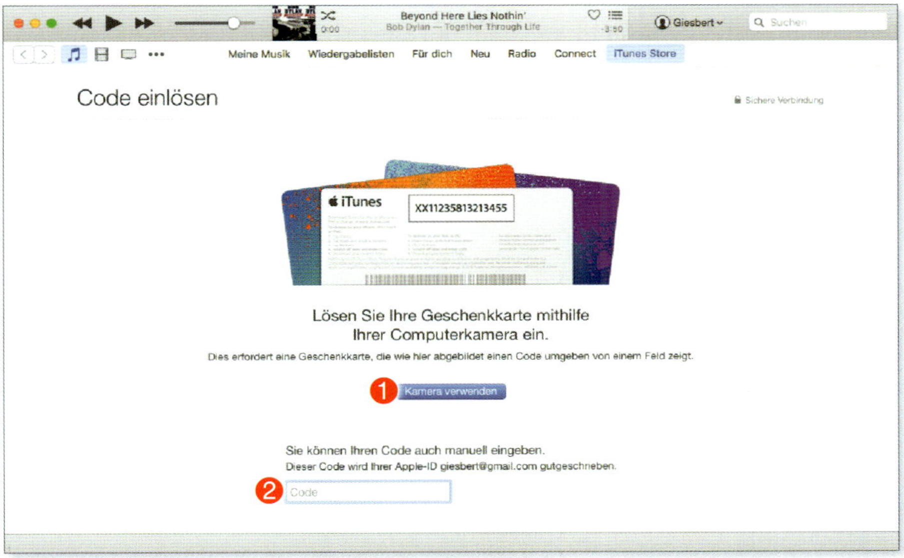

Der Code der Geschenkkarte kann an einem Mac auch einfach mit der internen Kamera des Macs erfasst werden.

Um den Code einzugeben, klicken Sie oben links auf Ihren Account und wählen *Einlösen*. Nach der Eingabe Ihres Passworts erscheint eine Seite zur Eingabe des Codes. Arbeiten Sie an einem Mac, können Sie den Code entweder über die integrierte Kamera einlesen ❶ oder manuell eingeben ❷. Unter Windows lässt sich der Code nicht automatisch erfassen und muss manuell eingetippt werden. Der aktuelle Kontostand erscheint anschließend rechts neben Ihrem Account.

> **!**
>
> **Vorsicht!**
>
> Der Code steht auf einem Klebestreifen und ist durch eine undurchsichtige Schicht verdeckt. Diese Schicht müssen Sie abrubbeln, um den Code lesen zu können. Dabei sollten Sie Vorsicht walten lassen – andernfalls besteht die Gefahr, den Klebestreifen mit dem Code zu zerstören.

Rückgaberecht

Wenn Sie im Internet reale Gegenstände – ganz gleich ob Bücher, Kleidung, Elektrogeräte oder DVDs – kaufen, haben Sie generell ein 14-tägiges Rückgaberecht. Das gilt allerdings nicht für digitale Güter wie Software, digitale Musik oder Filme.

Der Grund liegt auf der Hand: Eine Datei kann nicht zurückgegeben werden. Der Verkäufer kann nie sicher sein, dass der Käufer die scheinbar zurückgegebene Datei nicht einfach behält, auf CD brennt oder auf andere Weise kopiert. Ein generelles Rückgaberecht, bei dem der Verkäufer auf Treu und Glauben den Kaufpreis erstatten müsste, würde Betrügereien aller Art Tür und Tor öffnen und das Verhältnis von Verkäufer zu Käufer sehr zuungunsten des Verkäufers beeinflussen.

Dennoch räumt Apple Ihnen beim Kauf digitaler Güter aus dem iTunes Store ein 14-tägiges Rückgaberecht ein. Schließlich kann es passieren, dass eine App Ihren Erwartungen nicht entspricht oder fehlerhaft ist, eine Musikdatei sich partout nicht abspielen lässt oder Sie versehentlich die englische Version eines Films gekauft haben, den Sie eigentlich auf deutsch haben wollten.

Rufen Sie dazu die Seite *reportaproblem.apple.com* auf und melden Sie sich dort mit Ihren Accountdaten an. Klicken Sie bei dem Artikel, den Sie zurückgeben möchten, auf *Problem melden*. Hier haben Sie nun die Möglichkeit, den Kauf des Artikels zu stornieren. Nach einer Überprüfung im iTunes Store wird Ihnen der Kaufpreis gutgeschrieben.

Das Ganze kann natürlich nur funktionieren, wenn das Rückgaberecht nicht missbraucht wird. Wer sehr oft Artikel kauft und innerhalb von 14 Tagen wieder zurückgibt, der bekommt vor dem nächsten Download einen Dialog gezeigt, in dem er faktisch auf das Rückgaberecht verzichtet.

Neben diesem Rückgaberecht bietet Apple auch die Möglichkeit, Probleme bei Artikeln zu melden, die Sie in den letzten 90 Tagen gekauft haben. Das ist vor allem für die kopiergeschützten Inhalten im Store relevant. Wenn Sie zum Beispiel ein Hörbuch von Audible aus dem Store geladen und es später versehentlich gelöscht haben, dann haben Sie keine Möglichkeit, dieses Hörbuch erneut zu laden. Hier kann es sich lohnen, sich an den Apple Support zu wenden. Oft zeigt sich Apple hier kulant und bietet Ihnen die Möglichkeit, den verlorenen Artikel doch noch einmal zu laden.

Die Einkaufsstatistik

Die Einkaufsstatistik zeigt Ihnen nicht nur detailliert, was Sie im iTunes Store bislang alles gekauft haben, sondern bietet Ihnen auch die Möglichkeit, ein Problem mit einem Einkauf zu melden. So könnenSie, eine technische Panne oder einen Fehleinkauf melden bzw. einen versehentlich gekauften Titel zurückgeben.

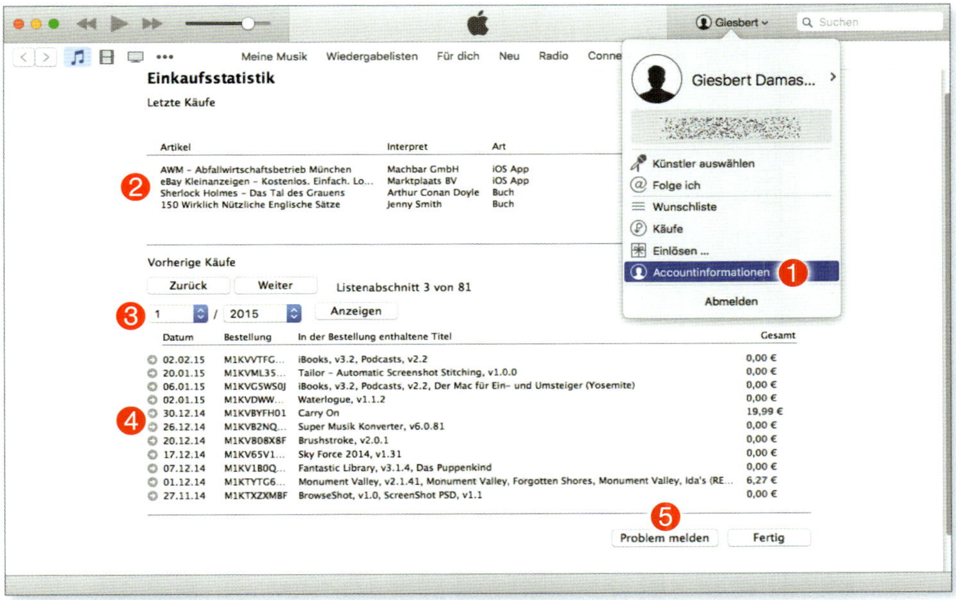

Die Einkaufsstatistik dokumentiert sämtliche Käufe und Downloads aus dem iTunes Store.

Um einen Blick auf Ihre Einkaufsstatistik zu werfen, klicken Sie im iTunes Store oben rechts auf Ihren Account und wählen *Accountinformationen* ❶. Nach der Eingabe Ihres Kennworts sehen Sie Ihre Account-Daten. Klicken Sie nun im Abschnitt *Einkaufsstatistik* auf *Alle anzeigen*.

Oben sehen Sie Ihre letzten Einkäufe ❷, darunter die *Vorherigen Käufe*. Über das Dropdown-Menü ❸ stellen Sie Monat und Jahr des Zeitraums ein, für den Sie einen Blick auf Ihre Einkäufe werfen möchten. Mit einem Klick auf den Pfeil links neben einem Eintrag ❹ wird der entsprechende Einkauf detailliert aufgelistet.

Über die Einkaufsstatistik können Sie auch ein Problem mit gekauften bzw. geladenen Inhalten melden ❺. Der Prozess ist über iTunes allerdings ein wenig umständlich, einfacher geht es über die Webseite *reportaproblem.apple.com*.

Die Wunschliste

Anders als Sie es vielleicht von anderen Warenhäusern im Internet gewohnt sind, bietet der iTunes Store leider keinen Warenkorb, in dem Sie Ihre Einkäufe zuerst sammeln, noch einmal sichten und dann mit einem Mausklick alles auf einmal kaufen. Stattdessen müssen Sie jeden Song, jedes Album, jede TV-Serie – kurz: jeden Artikel – einzeln einkaufen. Das ist ein wenig lästig, aber es gibt einen kleinen Trost: die Wunschliste.

Dabei handelt es sich um einen digitalen Merkzettel, auf dem Sie interessante Angebote aus dem Store notieren und zu einem späteren Zeitpunkt entscheiden können, ob Sie einen Artikel tatsächlich kaufen möchten. Sie müssen dann zwar noch immer jeden Artikel einzeln kaufen, aber die Wunschliste bietet Ihnen immerhin ein wenig mehr Planungsmöglichkeiten als der normale Einkauf im iTunes Store.

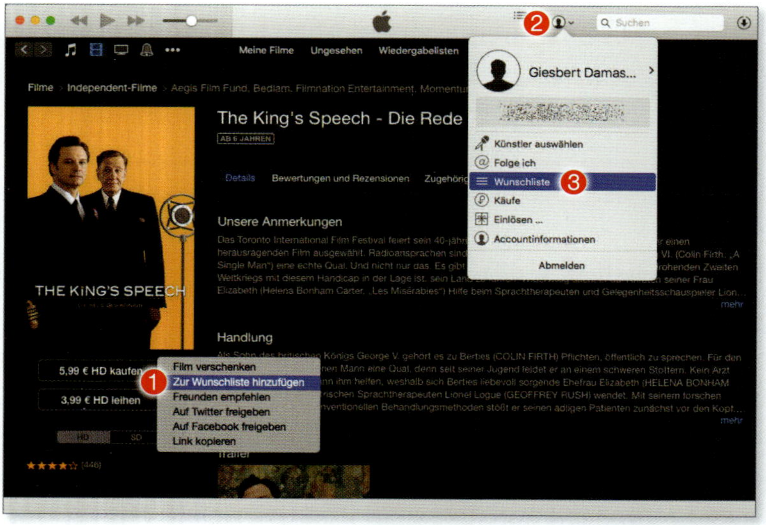

Die Wunschliste ist ein wenig irreführend benannt – es handelt sich nur um einen digitalen Merkzettel, nicht um eine Liste, die Sie an Freunde oder Bekannte weiterreichen können.

Um einen Artikel auf die Wunschliste zu setzen, klicken Sie auf den kleinen Pfeil neben dem Preisschild und wählen *Zur Wunschliste hinzufügen* ❶.

Möchten Sie zu einem späteren Zeitpunkt die auf Ihrer Wunschliste notierten Artikel sichten, klicken Sie in der Menüleiste auf Ihren Account ❷ und wählen dort *Wunschliste* ❸.

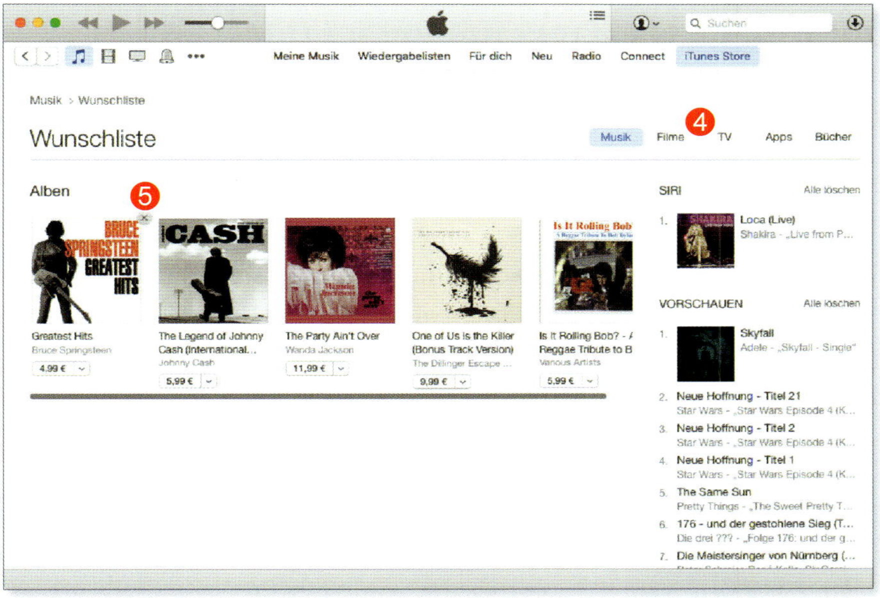

Die Wunschliste lässt sich jederzeit einsehen und bearbeiten.

Die Wunschliste ist nach den verschiedenen Kategorien der Artikel sortiert, also etwa Alben, Titel (bei einzelnen Songs), Apps, Hörbücher und so weiter. Jede Kategorie lässt sich über das Auswahlmenü rechts ❹ nach verschiedenen Kriterien sortieren.

Haben Sie es sich anders überlegt und möchten Sie einen Artikel wieder löschen, zeigen Sie mit der Maus auf den entsprechenden Eintrag. Bei Cover-Abbildungen erscheint am Cover oben links ein kleines *x* ❺. Mit einem Klick darauf wird der Eintrag von der Wunschliste entfernt. Bei Songs taucht dieses *x* am rechten Rand auf.

Freunde informieren und beschenken

Sie können im Store nicht nur für sich einkaufen, sondern auch Freunde und Bekannte auf interessante Angebote hinweisen oder sie ihnen auch schenken. Dazu werden die verschiedenen Optionen benutzt, die Ihnen das Menü anbietet, das Sie über einen Klick auf den Pfeil rechts neben dem Preisschild aufrufen.

Die Inhalte im iTunes Store lassen sich auch verschenken.

- *Album verschenken:* Sie können jeden Artikel im Store verschenken. Dazu wählen Sie den entsprechenden Eintrag im Menü. Es öffnet sich nun ein Formular, in das Sie die E-Mail-Adresse des Beschenkten eintragen und eine kleine Nachricht zum Geschenk schreiben können. Es ist auch möglich, ein Datum einzutragen, an dem das Geschenk verschickt werden soll. So kommen Geburtstagsgeschenke nicht zu früh an.
- *Freunden empfehlen:* Es öffnet sich ein Mail-Formular, in das Sie die E-Mail-Adressen Ihrer Bekannten eintragen, die Sie über einen bestimmten Artikel im Store informieren möchten.
- *Auf Twitter/Facebook freigeben:* Falls Sie einen Account bei Facebook oder Twitter haben, können Sie über die Einträge *Auf Facebook freigeben* bzw. *Auf Twitter freigeben* eine Statusmeldung mit einem Link zum entsprechenden Artikel schreiben.

- *Link kopieren:* Wenn Sie auf Ihrer Webseite oder in einem sozialen Netzwerk, das iTunes nicht von Haus aus unterstützt – etwa Google+ oder LinkedIn –, auf einen Artikel im iTunes Store hinweisen möchten, dann benötigen Sie einen entsprechenden Link. Wählen Sie dazu *Link kopieren*. Nun können Sie den Link in ein beliebiges Dokument einfügen.

iTunes in der Cloud

Normalerweise liegen Musik, Filme und TV-Sendungen als Datei auf Ihrer Festplatte. Doch das muss nicht so sein. Haben Sie diese Inhalte im iTunes Store gekauft, können Sie sie jederzeit wiedergeben, ohne sie explizit als Datei zur Hand haben zu müssen.

Bei iTunes in der Cloud werden die gekauften Inhalte, die nicht als Datei in Ihrer Mediathek vorliegen, mit einem Wolkensymbol markiert ❶. Starten Sie die Wiedergabe ❷, werden die Daten via Internet von Apples Servern an iTunes auf Ihrem Computer oder Ihr iOS-Gerät geschickt und dort abgespielt, ohne dass die Daten dauerhaft auf Ihrer Festplatte gespeichert werden. So können Sie nicht nur Speicherplatz sparen, sondern auch von einem anderen Computer mit iTunes auf Ihre gekauften Inhalte zugreifen. Falls Sie möchten, können Sie die Musik natürlich auch dauerhaft herunterladen. Klicken Sie dazu das *Wolkensymbol* an. Alternativ dazu können Sie auch im *Mehr*-Menü – den drei Punkten – den Eintrag *Offline verfügbar machen* wählen. Dabei können Sie komplette Alben oder auch nur einzelne Titel ❸ laden.

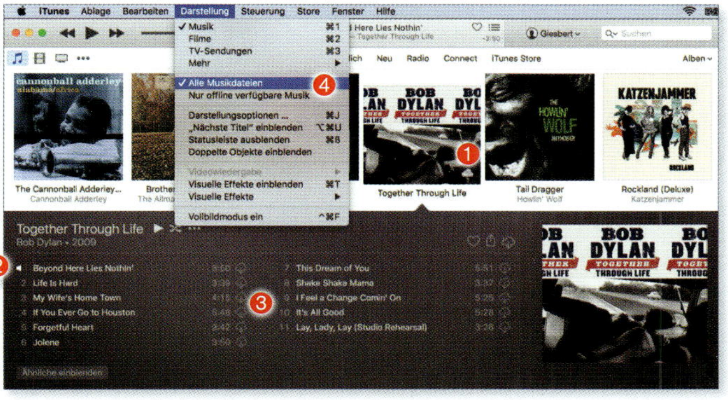

Inhalte, die Sie einmal aus dem iTunes Store geladen haben, können Sie jederzeit kostenlos erneut laden. Dies gilt allerdings nicht für Hörbücher.

Einzige Voraussetzung: Der jeweilige Computer muss für die Wiedergabe mit Ihrer Apple-ID aktiviert sein – eine Anmeldung bei Apples kostenlosem iCloud-Dienst ist nicht erforderlich. Wenn Sie also etwa am Computer eines Bekannten Ihre Musik hören möchten, aktivieren Sie dieses Gerät vorübergehend und deaktivieren es, wenn Sie es nicht mehr benötigen.

Standardmäßig ist iTunes in der Cloud aktiviert, und die entsprechenden Titel werden in den jeweiligen Bereichen von iTunes angezeigt. Wenn Sie Inhalte aus der Datenwolke ausblenden möchten, wählen Sie *Darstellung* (OS X) bzw. *Anzeige* (Windows) und dort *Nur offline verfügbare {Inhalte}* ❹ (wobei „{Inhalte}" für *Musik*, *Filme* oder *TV-Sendungen* steht). Um die Inhalte wieder einzublenden, wählen Sie entsprechend *Alle {Inhalte}*.

iTunes Match

Mit iTunes Match wird die Idee von iTunes in der Cloud auf Ihre komplette Musik erweitert, also auch auf die Musik, die Sie nicht im iTunes Store gekauft, sondern etwa von CD gerippt oder aus einer anderen Quelle geladen haben. Dazu analysiert iTunes zuerst Ihren kompletten Musikbestand und vergleicht ihn mit den Songs und Alben, die im iTunes Store vorhanden sind. Da das Angebot im Store schier unüberschaubar groß ist, besteht eine sehr hohe Wahrscheinlichkeit, dass auch die Musik, die Sie nicht im Store gekauft haben, im Store vorhanden ist. Angenehmer Nebeneffekt: Alle Songs stehen als AAC-Datei mit 256 kBit/s ohne DRM bereit, selbst dann, wenn Sie die Titel von einer CD mit einer schlechteren Auflösung gerippt haben.

Findet iTunes keine Übereinstimmung – etwa, weil Sie ein seltenes Live-Album oder private Mitschnitte von Konzerten in Ihrer Sammlung haben –, werden diese Dateien auf die Server von Apple geladen. Dafür steht Ihnen Platz für rund 25.000 Songs zur Verfügung.

Nach Abschluss dieser Analyse – die sich durchaus über mehrere Stunden oder gar Tage (!) hinziehen kann – ist Ihr kompletter Musikbestand via Internet erreichbar. Sie können nun mit jedem Gerät, das Sie für iTunes aktiviert haben, auf Ihre Musik zugreifen. Dabei erlaubt Apple die Nutzung von iTunes Match auf bis zu zehn Geräten. So haben Sie etwa mit Ihrem iPhone unterwegs immer

Ihre gesamte Musik dabei, ohne dass auf dem iPhone selbst auch nur ein einziger Song gespeichert sein muss.

Im Unterschied zu iTunes in der Cloud ist iTunes Match allerdings nicht kostenlos. Es fallen pro Jahr rund 25 Euro Nutzungsgebühr an. Sie aktivieren iTunes Match über *Store –> iTunes Match*.

Um iTunes Match auch auf Ihrem iOS-Gerät (iPhone, iPad, iPod touch) zu nutzen, wählen Sie dort *Einstellungen –> iTunes & App Store* und aktivieren den Schalter *iTunes Match*.

Mit dem kostenpflichtigen iTunes Match steht Ihnen Ihre gesamte Musik – ganz gleich ob bei Apple gekauft oder von CD gerippt – auf allen Geräten zur Verfügung.

Gekaufte Inhalte erneut laden und Einkäufe ausblenden

Wie bereits erwähnt wurde, lassen sich einmal im Store gekaufte Artikel jederzeit über iTunes in der Cloud erneut kostenlos laden. (Eine Ausnahme bilden die Hörbücher, die Sie nach einem versehentlichen Löschen erneut kaufen müssen – es ist also wichtig, von diesen Dateien nach dem Kauf/Download sofort eine Sicherungskopie zu machen.)

Allerdings ist die Anzeige innerhalb der verschiedenen Bereiche – *Musik*, *Filme*, *TV-Serien* – ein wenig unübersichtlich, da hier geladene und als Datei vorhandene Titel mit den nichtgeladenen vermischt werden. Es ist hier also nicht möglich, auf einen Blick alle nichtgeladenen Inhalte zu erkennen. Doch keine Sorge, auch hier bietet iTunes Hilfe.

Gekaufte Inhalte anzeigen und erneut laden

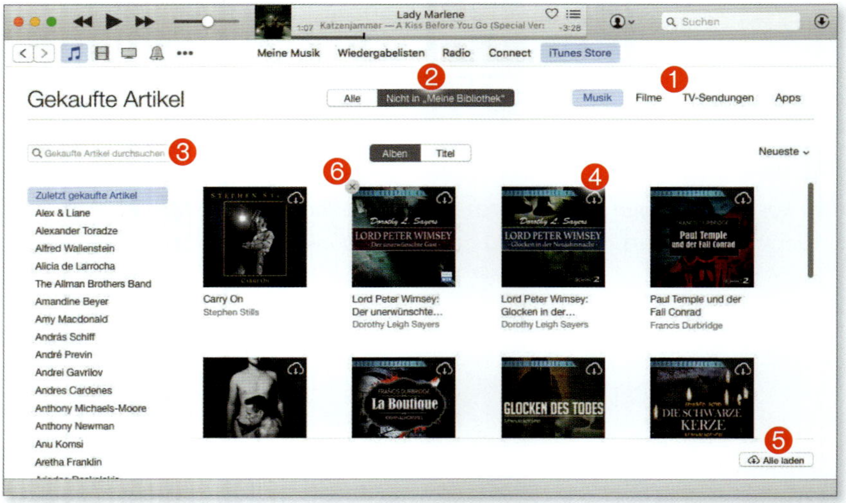

Die Übersicht über alle Einkäufe bietet Ihnen den schnellen Zugriff für einen erneuten Download bestimmter Artikel.

Um gekaufte Inhalte, die sich aktuell nicht auf Ihrem Computer befinden, erneut zu laden, wechseln Sie zum iTunes Store und klicken dort rechts auf *Gekaufte Artikel*. Sie sehen nun eine Übersicht über alle Inhalte, die Sie im iTunes Store gekauft haben (mit der erwähnten Ausnahme der Hörbücher). Wählen Sie rechts die gewünschte Kategorie ❶ und lassen Sie sich nur die Einkäufe anzeigen, die aktuell *Nicht in „Meine Bibliothek“* ❷ vorhanden sind. Über das Suchfeld ❸ können Sie gezielt nach bestimmten Einkäufen suchen. Mit einem Klick auf das Wolkensymbol ❹ laden Sie den entsprechenden Artikel, und mit *Alle laden* ❺ werden alle angezeigten Artikel Ihrer Mediathek hinzugefügt.

Artikel aus- und einblenden

Um Artikel aus der Anzeige auszublenden, zeigen Sie auf den entsprechenden Eintrag und klicken auf das kleine *x* ❻, das beim Eintrag eingeblendet wird. Ein so gelöschter Eintrag wird auch dann nicht mehr angezeigt, wenn Sie sich in Ihrer Mediathek alle Cloud-Inhalte einblenden lassen. Möchten Sie die Ausblendung rückgängig machen, klicken Sie auf Ihren Account, wählen *Accountinformationen* ❼ und melden sich an. Im Abschnitt *iTunes in der Cloud* klicken Sie bei *Ausgeblendete gekaufte Artikel* auf *Verwalten* ❽. Hier wählen Sie den gewünschten Artikel und klicken auf *Einblenden*.

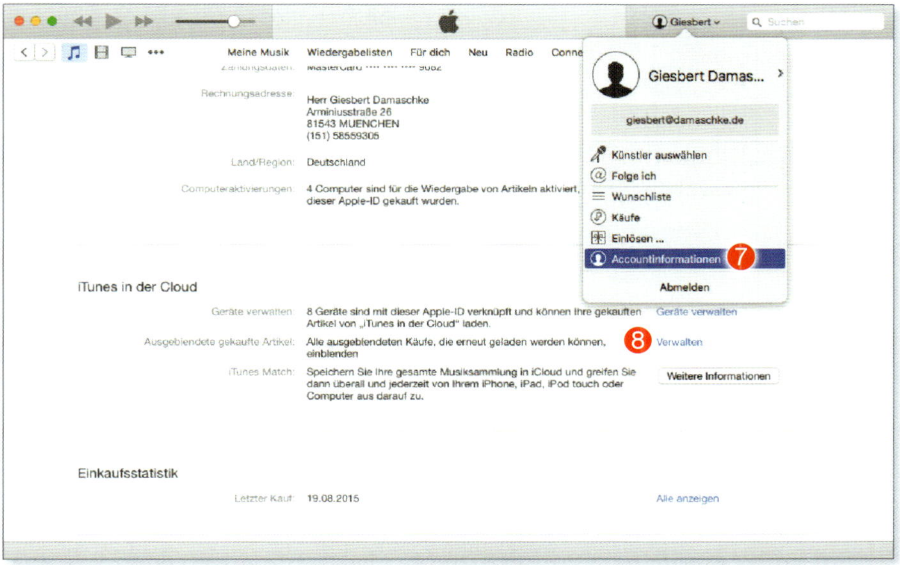

Ausgeblendete Einkäufe lassen sich über die „Accountinformationen“ natürlich auch wieder einblenden.

Automatische Downloads

Wenn Sie unterwegs auf einem iOS-Gerät (iPhone, iPad, iPod touch) einen Artikel aus dem iTunes Store geladen haben, dann können Sie iTunes anweisen, diesen Artikel beim nächsten Start von iTunes automatisch auch auf Ihrem Computer zu laden. Das funktioniert auch in der Gegenrichtung: Artikel, die Sie im iTunes Store mit Ihrem Computer kaufen, lassen sich automatisch auch auf einem iOS-Gerät laden.

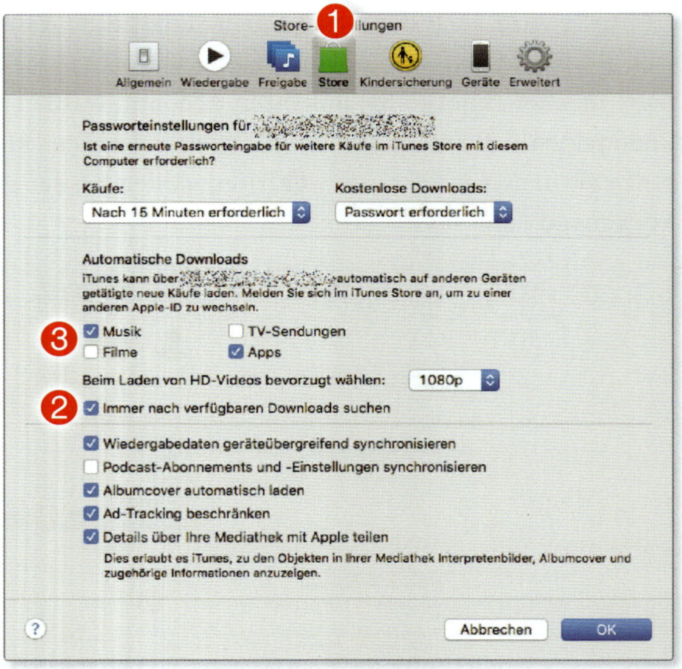

Inhalte, die Sie mit Ihrem Account auf anderen Geräten geladen haben, können Sie automatisch Ihrer lokalen Mediathek hinzufügen lassen.

Außerdem ist es möglich, vorbestellte Artikel automatisch zu laden, so dass Sie nicht daran denken müssen, Inhalte, die Sie bereits bestellt und bezahlt haben, auch noch explizit zu laden. Das ist etwa bei TV-Serien sehr bequem, die Sie mit einem Staffelpass gekauft haben. In diesem Fall landen die neuesten Folgen der Serie nach ihrem Erscheinen sofort auf Ihrem Computer bzw. iOS-Gerät.

- *Auf dem Computer:* In iTunes auf Ihrem Computer wechseln Sie dazu in den *Einstellungen* auf das Register *Store* ❶. Hier aktivieren Sie *Immer nach verfügbaren Downloads suchen* ❷ und legen fest, welche Inhalte iTunes automatisch laden soll ❸.

- *iPhone & Co:* Auf Ihrem iOS-Gerät wechseln Sie zu *Einstellungen –> iTunes & App Store* und aktivieren dort unter *Automatische Downloads* die gewünschten Optionen. Standardmäßig wird ein iOS-Gerät nur im WLAN automatisch aktiv. Möchten Sie auch via Mobilfunk Artikel automatisch laden, aktivieren Sie zudem *Mobile Daten verwenden*.

Die Accountinformationen

Bei der Anmeldung einer Apple-ID geben Sie unter anderem Ihre Rechnungsadresse oder Ihre Zahlungsinformationen ein. Dergleichen kann sich im Laufe der Zeit natürlich ändern. Ziehen Sie beispielsweise um oder wechseln Sie Ihr Geldinstitut, müssen Sie diese Daten aktualisieren.

Diese und andere Einstellungen nehmen Sie in den Accountinformationen vor. Dazu klicken Sie im iTunes Store auf Ihren Account, wählen *Accountinformationen* und melden sich mit Ihren Zugangsdaten an.

Im Abschnitt *Apple-ID – Übersicht* können Sie nun Ihre Daten aktualisieren bzw. bearbeiten. Neben den üblichen Angaben wie Anschrift und Zahlungsdaten ist es hier auch möglich, alle für den iTunes Store aktivierten Computer auf einmal zu deaktivieren. Das werden Sie etwa benötigen, wenn Sie vergessen haben, einen alten Computer, auf den Sie keinen Zugriff mehr haben, zu deaktivieren und Sie nun einen neuen Computer nicht mehr anmelden können, da Sie die maximale Zahl von fünf aktivierten Computer erreicht haben. Klicken Sie dazu auf *Alle deaktivieren*.

Ähnliches gilt für die Nutzung von *iTunes in der Cloud*, das Sie auf maximal zehn Geräten nutzen können. Nach einem Klick auf *Geräte verwalten* sehen Sie alle Geräte, die aktuell für iTunes in der Cloud aktiviert sind. Mit einem Klick auf *Entfernen* widerrufen Sie für ein bestimmtes Gerät diese Aktivierung.

!

Nur einmal im Jahr

Die Deaktivierung aller Geräte auf einen Streich erlaubt Apple nur einmal alle 12 Monate. Sie sollten also immer zuerst versuchen, ein Gerät gezielt zu deaktivieren und die Möglichkeit, alle Geräte mit einem Mausklick von Ihrem Account zu trennen, nur in Notfällen einsetzen. Die gezielte Deaktivierung erledigen Sie in iTunes über **Store –> Diesen Computer deautorisieren**. Falls Sie Probleme mit der Deaktivierung der Geräte haben, wenden Sie sich an den Apple-Support.

Kapitel 8 Filme / TV-Sendungen

Bislang haben wir uns fast ausschließlich auf Musik konzentriert. Aber iTunes kann natürlich auch zahlreiche andere digitale Inhalte wiedergeben und verwalten, vor allem Filme und TV-Serien. Dabei können Sie nicht nur Inhalte aus dem iTunes Store kaufen und laden, sondern auch eigene Filme in iTunes importieren.

Videos in iTunes

Auch wenn Musik die große Stärke von iTunes ist (nicht umsonst zeigt das Programmsymbol zwei Noten), heißt das nicht, dass iTunes nur mit Musik umgehen könnte. Sie können auch Filme und TV-Sendungen – kurz gesagt Videos – mit iTunes verwalten, am Computer betrachten, via Apple-TV an einen Fernseher übertragen oder auf ein iOS-Gerät (iPhone, iPad, iPod touch) kopieren.

Dabei gibt es verschiedene Wege, wie Videos nach iTunes kommen:

- *Kaufen:* Sie kaufen und laden im iTunes Store Filme und TV-Serien. Wie bei Musik wird die Datei komplett geladen, Ihrer Mediathek einverleibt und kann jederzeit wiedergegeben werden.
- *Leihen:* Sie können Filme und TV-Serien auch leihen. Das ist deutlich günstiger als ein Kauf, allerdings stehen Ihnen die Videos dann nur für eine begrenzte Zeit zur Verfügung. Sie haben 30 Tage Zeit, das Video wiederzugeben. Sobald Sie die Wiedergabe gestartet haben, bleibt die Datei 48 Stunden lang gültig. Anschließend wird sie automatisch gelöscht. Die Datei kann immer nur an einem Ort vorhanden sein. Kopieren Sie ein geliehenes Video auf ein iPhone oder iPad, wird es in iTunes auf Ihrem Computer gelöscht.
- *Eigene Filme:* Filme, die Sie bereits als Datei vorliegen haben – etwa Ihre Urlaubsvideos oder Ihre TV-Mitschnitte über einen digitalen Videorekorder –, können Sie in iTunes importieren. Mit Filmen und Serien, die Sie auf DVD besitzen, kann iTunes allerdings nichts anfangen, da das Programm aus urheberrechtlichen Gründen keine DVDs importiert.

Die Video-Qualität im iTunes Store

Filme und TV-Serien stehen im iTunes Store in der Regel in zwei Versionen bereit: zum einen als SD, also in der Standard-TV-Auflösung, zum anderen in HD. HD umfasst dabei zwei verschiedene Auflösungen: 720p oder Full-HD mit 1080p. Welche HD-Version iTunes standardmäßig lädt, legen Sie in den *Einstellungen* im Register *Store* beim Punkt *Beim Laden von HD-Videos bevorzugt wählen:* fest.

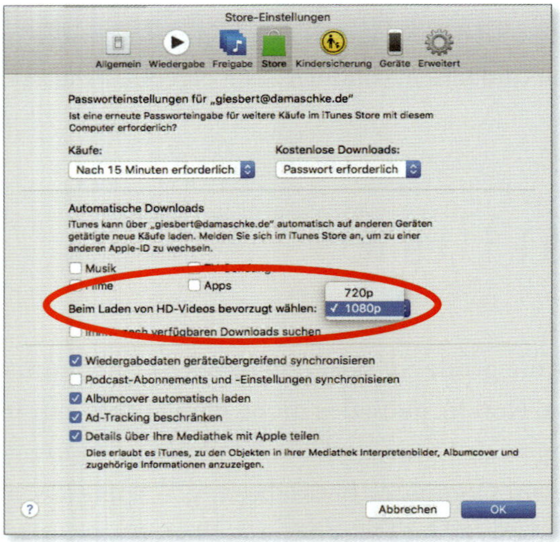

Welche HD-Version iTunes beim Download wählen soll, legen Sie in den „Einstellungen" fest.

Videos importieren

Videodateien, die im Format MOV, M4V oder MP4 vorliegen, kann iTunes problemlos importieren und wiedergeben. Mit dem populären DivX- oder MKV-Formaten kann iTunes von Haus aus allerdings nichts anfangen. Dateien, die iTunes nicht direkt verarbeiten kann, müssen zuvor mit den passenden Tools konvertiert werden.

Der Import von Videos unterscheidet sich nicht vom Import von Musikdateien. Sie können die Videos einfach in das iTunes-Fenster ziehen und dort ablegen oder über das *Ablage*- (OS X) bzw. *Datei*-Menü (Windows) importieren. Sollen mehrere Videodateien auf einen Schlag importiert werden, können Sie sie in das Verzeichnis *iTunes-Media –> Automatisch zu iTunes hinzufügen* kopieren. In diesem Fall importiert iTunes die Dateien automatisch, sobald das Programm gestartet ist.

Videos verwalten

Die Verwaltung von Videos ähnelt der Verwaltung von Musik, hat aber einige Besonderheiten. Von Haus aus gruppiert iTunes das Videomaterial in *Filme* und *TV-Serien*, wobei beide Kategorien die Unterpunkte *Meine Filme* (bzw. *Meine TV-Sendungen*), *Ungesehen*, *Wiedergabelisten* und den obligatorischen Punkt *iTunes Store* bieten.

Videos, die Sie als Datei in iTunes importieren, werden automatisch unter *Filme* in die neu angelegte Gruppe *Eigene Filme* einsortiert (was Sie aber in den Datei-Informationen ändern können). Sowohl *Filme* als auch *TV-Sendungen* können über die Darstellungsoptionen auf verschiedene Weise dargestellt und sortiert werden.

„Filme" und „TV-Sendungen" bieten das von „Musik" vertraute Menü mit verschiedenen Darstellungsoptionen.

- *Filme/TV-Sendungen* ❶: Es werden die Cover der Filme bzw. der TV-Sendungen gezeigt. Klicken Sie ein Cover an, blendet iTunes weitere Informationen zum Film ein. Bei TV-Sendungen werden die Titel nach Staffeln sortiert. Die Informationen zu den Filmen stammen von den Anbietern der Filme und können von Ihnen nicht verändert werden.
- *Filmliste/Folgenliste* ❷: Die Titel werden in der von der Musik gewohnten Listendarstellung präsentiert. Welche Spaltenköpfe gezeigt werden, legen Sie nach einem Rechtsklick auf einen beliebigen Spaltenkopf fest. Über den Menüpunkt *Darstellung* (OS X) bzw. *Anzeige* (Windows) können Sie auch hier den Spaltenbrowser einblenden. Hier merkt man allerdings sehr deutlich, dass iTunes ursprünglich ein Programm zur Verwaltung

und Wiedergabe von Musik war: Regisseure werden als *Interpreten* geführt.

- *Liste der TV-Sendungen* ❸: Hier werden die einzelnen Sendungen in einer Seitenspalte aufgeführt. Wählen Sie eine Serie aus, zeigt iTunes Ihnen nicht nur die nach Staffeln sortierten Folgen, sondern auch Informationen zu einer einzelnen Folge. Wie bei den Filmen stammen die Informationen auch hier vom Anbieter und können nicht bearbeitet werden.
- *Genres* ❹: Mit dieser Option blenden Sie sowohl bei *Filmen* als auch bei *TV-Sendungen* eine Seitenleiste mit den verschiedenen Genres ein. Wählen Sie ein Genre aus, werden alle Filme bzw. TV-Sendungen dieses Genres aufgeführt.

Datei-Informationen anpassen

Wie bei der Musik hängt auch bei Filmen und TV-Sendungen die Sortierung und Gruppierung von Titeln davon ab, was in den Metadaten der jeweiligen Datei steht. Diese Daten können Sie in den Datei-Informationen anpassen, die Sie wie gewohnt über *cmd + I* (OS X) bzw. *Strg + I* (Windows) aufrufen.

Bis zur Version 11 benutzte iTunes zur Verwaltung der Metadaten von Filmen und TV-Serien den gleichen Dialog wie bei der Verwaltung von Musik, wobei die Informationen zu TV-Sendungen auf einer eher halbherzig eingeflickten Registerkarte *Video* eingetragen wurden.

Doch mit iTunes 12 hat Apple den Dialog den Anforderungen von Filmen und TV-Sendungen angepasst. Bei Filmen sehen Sie nun im Register *Details* ein Feld für *Regisseur*, bei TV-Sendungen Felder für *Sendung*, *Staffel* und *Folge*.

Videos, die Sie aus dem iTunes Store laden, werden von iTunes automatisch in den Kategorien *Filme* bzw. *TV-Sendungen* einsortiert. Videos, die Sie manuell hinzufügen, landen unter *Eigene Filme*. Das können Sie natürlich ändern und so die importierten Dateien unter *Filme* oder *TV-Sendungen* einordnen.

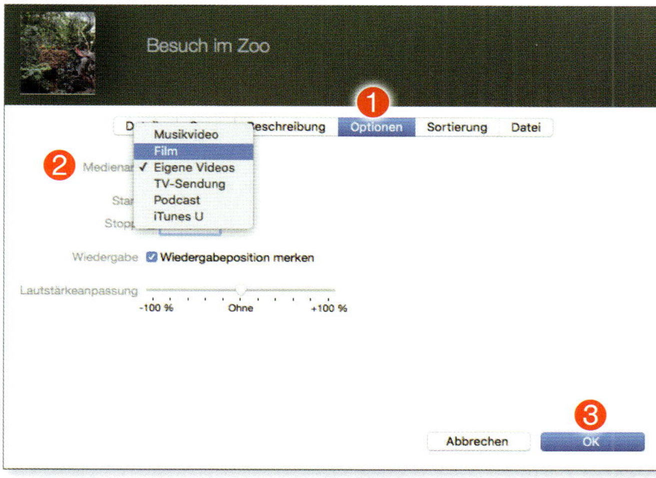

Von Ihnen importierte Filme werden standardmäßig als „Eigene Videos" geführt. Das lässt sich natürlich ändern.

Dazu wechseln Sie in den Datei-Informationen zum Register *Optionen* ❶. Unter *Medienart* ❷ wählen Sie die gewünschte Kategorie aus und bestätigen mit einem Klick auf *OK*.

Neue Filme und TV-Sendungen, die Sie noch nicht gesehen haben, werden automatisch im Register *Ungesehen* aufgeführt (das gilt nicht für Videos, die als *Eigene Videos* aufgeführt werden).

Möchten Sie den Status eines Films oder einer TV-Sendung von „gesehen" auf „ungesehen" (oder umgekehrt) ändern, so scheint dies auf den ersten Blick nicht möglich zu sein. Doch das täuscht: Klicken Sie einen Titel mit der rechten Maustaste an, können Sie ihn *Als ungesehen* ❹ bzw. *Als gesehen markieren* ❺. Ungesehene Filme oder TV-Sendungen werden mit einem blauen Punkt markiert ❻.

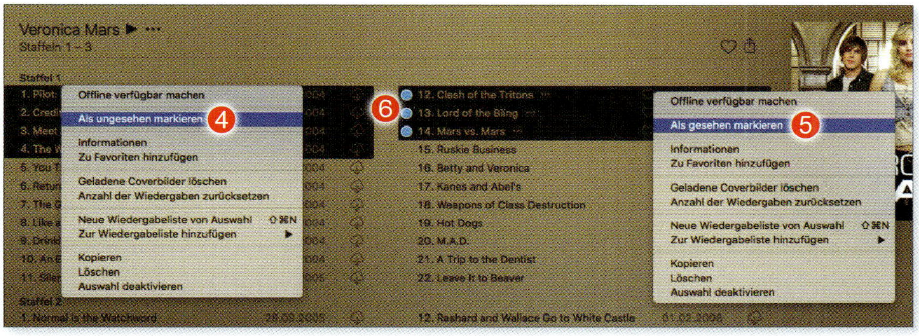

Um den „Gesehen/Ungesehen"-Status zu ändern, klicken Sie einen Titel mit der rechten Maustaste an.

Bei von Ihnen importierten Videos wählt iTunes üblicherweise das erste Bild als Titelbild aus, das in der Übersicht anstelle des Covers angezeigt wird (weil eigene Videos in der Regel ja kein Cover besitzen). Das können Sie natürlich ändern:

- *Titelbild ändern:* Möchten Sie eine andere Momentaufnahme als Titelbild benutzen, suchen Sie die entsprechende Stelle im Video, klicken mit der rechten Maustaste ins Bild und wählen *Titelbild festlegen*.
- *Cover:* Im Register *Cover* der Datei-Informationen können Sie, wie von Musik gewohnt, auch ein eigenes Coverbild einfügen. Damit die Cover bei der Darstellung in iTunes nicht unschön aus dem Rahmen fallen, sollten Sie bei Filmen Bilder im Verhältnis 1:1,5 und bei TV-Sendungen quadratische Bilder benutzen. Apple setzt bei Filmen üblicherweise Cover im Format 667 × 1000 Pixel ein. Bei TV-Sendungen ist das Format 736 × 736 Pixel.

!

Musikvideos

Musikvideos, die Sie aus dem iTunes Store geladen haben, tauchen weder unter **Film** noch unter **TV-Sendung** auf, sondern werden im Bereich **Musik** verwaltet. Die Videos hat Apple allerdings gut versteckt – Sie finden sie in der Seitenleiste der **Wiedergabelisten**. Es ist nicht möglich, die Medienart von Musikvideos zu ändern, um sie etwa als **Film** einzusortieren.

Videos auf ein externes Laufwerk auslagern

Filmdateien sind in der Regel sehr umfangreich und belegen, je nach Länge und Auflösung des Films, rund 2 bis 4 Gigabyte pro Film, mitunter aber auch deutlich mehr. Da iTunes standardmäßig alle Inhalte in das Verzeichnis *iTunes Media* kopiert, kann es daher schon bei einer Handvoll Filmen passieren, dass es auf der Festplatte eng wird.

Um das Medienverzeichnis und die Festplatte von Dateien zu entlasten, die in der Regel nicht so oft aufgerufen werden wie Musik, können Sie die Filmdateien auf eine externe Festplatte auslagern, die nur bei Bedarf aktiviert wird.

Hier scheint iTunes allerdings nur eine Entweder-Oder-Lösung zu bieten: Entweder kopieren Sie Ihre gesamten Inhalte in das Verzeichnis *iTunes Media* oder iTunes speichert generell nur Verweise zu den Dateien, die irgendwo auf Ihrer Festplatte bzw. auf einem externen Laufwerk liegen. Doch das täuscht. Denn iTunes ist durchaus in der Lage, Musik, Hörbücher und Podcasts wie gewohnt nach *iTunes Media* zu kopieren und gleichzeitig Filme nur als Verweis zu verwalten.

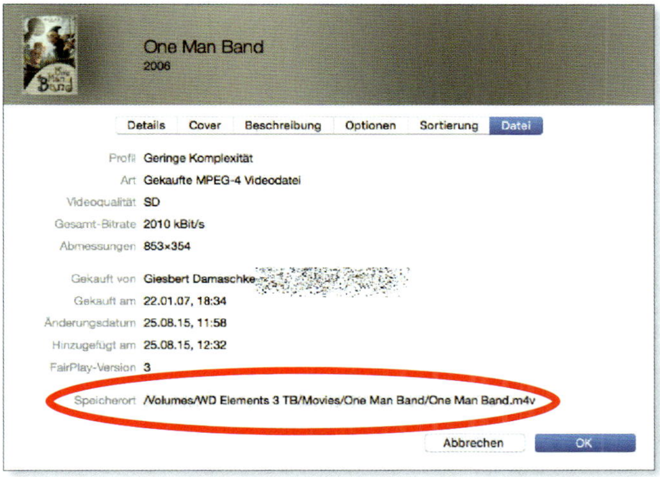

Importieren Sie einen Film über Drag & Drop mit gedrückter „alt"-Taste, merkt sich iTunes nur den Speicherort der Datei und importiert sie nicht in die Mediathek.

Dazu müssen Sie Ihre Filmdateien allerdings mit Drag & Drop in iTunes importieren (bei einem Import über das iTunes-Menü funktioniert dieser Trick nicht). Halten Sie bei diesem Import die *alt*-Taste gedrückt, wird nur ein Verweis auf den Film abgelegt, nicht aber die Filmdatei selbst in das Medienverzeichnis kopiert.

Filme, die Sie im iTunes Store kaufen, werden prinzipiell in iTunes Media gespeichert. Um auch diese Filme auf einem externen Laufwerk abzulegen, müssen Sie sie zuerst aus iTunes exportieren (was wie bei Musik am einfachsten mit Drag & Drop geht). Dann schieben Sie sie an den gewünschten Speicherort und löschen sie anschließend in iTunes. Als letzten Schritt fügen Sie die Filme manuell mit gedrückter *alt*-Taste über Drag & Drop der Mediathek als Verweis erneut hinzu.

Natürlich dürfen Sie die ausgelagerten Filme anschließend nicht mehr verschieben oder gar löschen – andernfalls findet iTunes die Dateien nicht mehr wieder.

Videos wiedergeben

Die Wiedergabe von Filmen oder TV-Sendungen ist denkbar einfach: Sie klicken den gewünschten Titel doppelt an. Standardmäßig wird ein Video im iTunes-Fenster wiedergegeben. Möchten Sie einen Film in einem eigenen Fenster sehen, starten Sie die Wiedergabe und klicken anschließend mit der rechten Maustaste in das iTunes-Fenster. Hier können Sie nun den Punkt *Video in separatem Fenster wiedergeben* ❶ auswählen. Über dieses Menü lässt sich ein Film auch bildschirmfüllend im *Vollbildmodus wiedergeben*. Den Vollbildmodus können Sie auch über die Pfeiltaste rechts unten ❷ ein- bzw. ausschalten. Damit das Filmfenster nicht von anderen Fenstern überlagert wird, aktivieren Sie in den *Einstellungen* von iTunes auf der Registerkarte *Erweitert* die Option *Filmfenster immer im Vordergrund halten*.

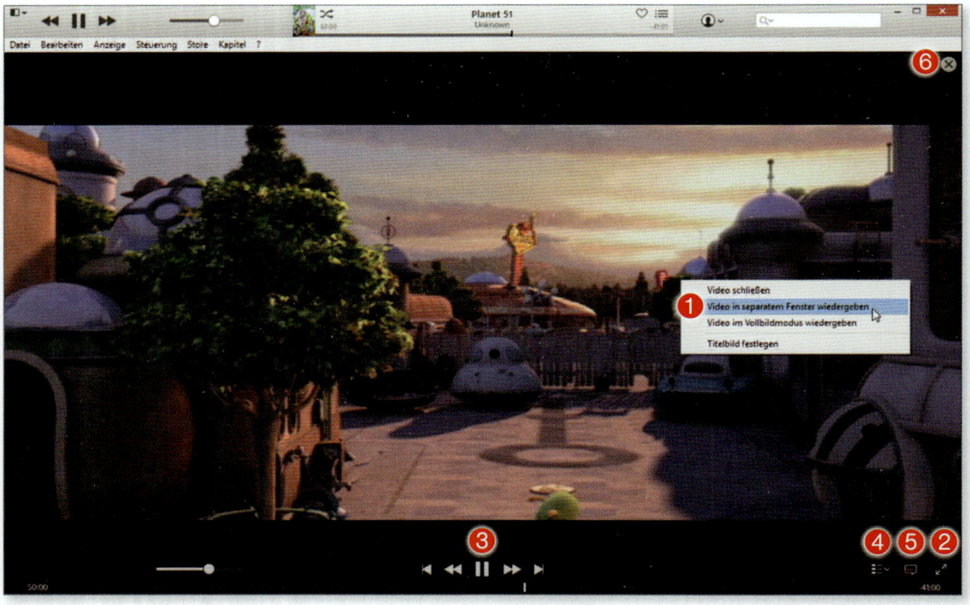

Videos lassen sich im iTunes Fenster, in einem eigene Fenster oder im Vollbildmodus wiedergeben.

Die hier gewählte Einstellung wird von iTunes bei der nächsten Wiedergabe übernommen. Möchten Sie einen Film wieder im iTunes-Fenster sehen, klicken Sie mit der rechten Maustaste in das Filmfenster und wählen *Video im iTunes-Fenster wiedergeben*.

Sobald Sie mit der Maus in das Filmfenster zeigen, wird unten die vertraute Steuerleiste ❸ eingeblendet, über die Sie die Lautstärke und die Position im Film wählen können. Falls der Film über Kapitel und verschiedene Tonspuren verfügt, blenden Sie über das Listensymbol ❹ die Kapitelübersicht und über die Sprechblase ❺ die Sprachoptionen ein. Um einen Film zu schließen, zeigen Sie in das Fenster und klicken auf das kleine *x*, das bei OS X oben links, bei Windows oben rechts ❻ angezeigt wird. Bei der Wiedergabe in einem eigenen Fenster schließen Sie dieses kurzerhand.

Kapitel 9 Internetradio

Mit iTunes können Sie nicht nur Musik und Filme wiedergeben, sondern auch Radio hören. Dazu greift iTunes auf das Angebot der Radiostationen zu, die ihr Programm nicht nur „on air" ausstrahlen, sondern auch im Internet als Stream anbieten. Zudem bietet Apple mit *Radio* den Sender *Beats 1*, der zusammen mit Apple Music eingeführt wurde. Beats 1 wird in Kapitel 15 vorgestellt.

Internetradio starten

Weltweit bieten Tausende privater und öffentlicher Rundfunkanstalten ihr Programm als Stream im Internet an. Bei einem Stream werden die Daten vom Empfänger direkt verarbeitet und nicht gespeichert. Für das Internetradio heißt das: Das Radioprogramm wird von iTunes direkt abgespielt, ohne dass Dateien auf Ihrem Computer gespeichert werden. Wie beim normalen Radio auch ist die Wiedergabe kostenlos, wird aber gelegentlich durch Werbeeinblendungen unterbrochen.

Das „Internetradio" wird standardmäßig nicht in der Menüleiste angezeigt.

Zum *Internetradio* ❶ wechseln Sie, indem Sie den entsprechenden Punkt in der Menüleiste von iTunes auswählen. Standardmäßig wird der Punkt nicht angezeigt, lässt sich aber mit einem Klick auf die *Mehr*-Taste ❷ (die drei Punkte) einblenden.

> **!**
> **Keine Apple-ID erforderlich**
> Sie können das Internetradio von iTunes auch dann nutzen, wenn Sie nicht mit Ihrer Apple-ID angemeldet sind.

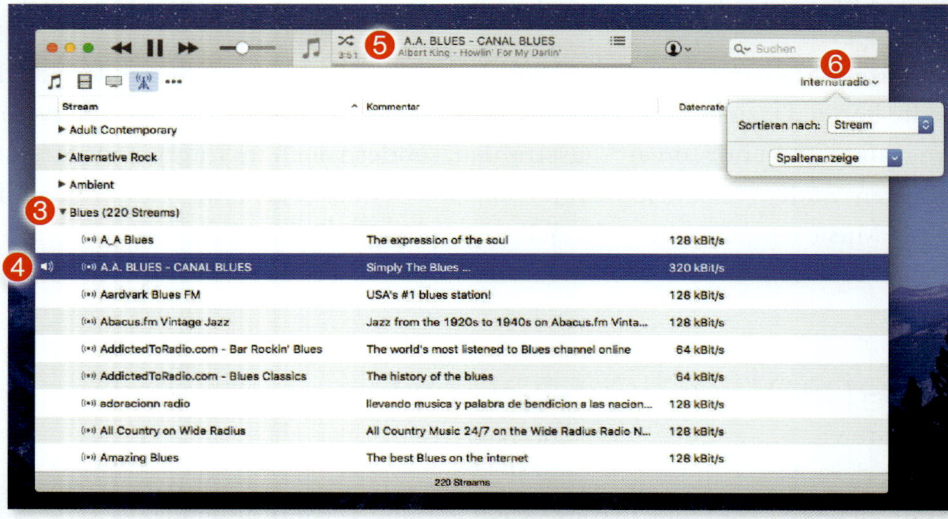

Der Einsatz von iTunes als Weltempfänger ist denkbar einfach: Sie klicken den gewünschten Stream eines Senders doppelt an – fertig. Dazu müssen Sie noch nicht einmal mit Ihrer Apple-ID angemeldet sein.

Das Radioangebot ist von *Adult Contemporary* und *Alternative Rock* über *Comedy* und *Golden Oldies* bis zu *Sports Radio* und *'90s Hits* in gut 25 Kategorien eingeteilt, die als einfache Liste aufgeführt werden. Jede Kategorie umfasst im Schnitt mehrere hundert Stationen. Insgesamt haben Sie Zugriff auf gut 12.000 Sender (das Angebot wird von Apple kontinuierlich aktualisiert, weshalb eine exakte Angabe nicht möglich ist).

Zu Beginn ist jede Kategorie geschlossen. Sie öffnen die entsprechende Senderliste mit einem Klick auf das kleine Dreieck ❸ oder mit einem Doppelklick auf eine Kategorie.

Wenn Sie eine Kategorie öffnen, liest iTunes die aktuelle Senderliste ein, was unter Umständen einen kleinen Moment dauern kann. Sobald die Senderliste aktualisiert wurde, starten Sie einen Stream mit einem Doppelklick ❹.

Damit wird iTunes zu einem Radio und verhält sich auch so. Sie können zwar die Wiedergabe unterbrechen, aber wie beim Radio üblich haben Sie keinen Einfluss auf das Programm und können weder vor- noch zurückspringen. Welcher Sender aktuell läuft, sehen Sie in der Aktivitätsanzeige ❺. Dort wird auch vermerkt, wie lange ein Sender bereits eingeschaltet ist. Falls ein Sender den Namen des aktuellen Titels mitliefert – was nicht immer der Fall ist –, zeigt iTunes ihn ebenfalls an. Die Wiedergabe läuft so lange, bis Sie sie explizit beenden oder andere Medien (Musik, Filme, TV-Sendungen) wiedergeben.

Über die Darstellungsoptionen ❻ können Sie bestimmen, welche Spalten angezeigt und wie die Streams sortiert werden sollen. Die Liste lässt sich nach Namen der Sender, den Kommentaren oder der Datenrate ordnen.

Streams suchen und organisieren

Bei über 12.000 Streams bzw. Sendern ist es natürlich nicht ganz einfach, einen bestimmten Sender zu finden. Da helfen auch die Kategorien nicht so richtig weiter, denn auch hier ist das Angebot in der Regel viel zu umfangreich.

Nur gut, dass auch das riesige Radioangebot durchsucht werden kann. Dazu geben Sie das gewünschte Stichwort oben rechts in das Suchfeld ❶ ein, und iTunes filtert nur noch die Streams heraus, die zu Ihrem Suchbegriff passen ❷. Dabei werden die Namen der Streams und die Kommentare durchsucht.

Dabei sucht iTunes immer nur in der aktuell geöffneten Kategorie. Möchten Sie also eine vollständige Suche durchführen, müssen Sie zuvor alle Kategorien öffnen.

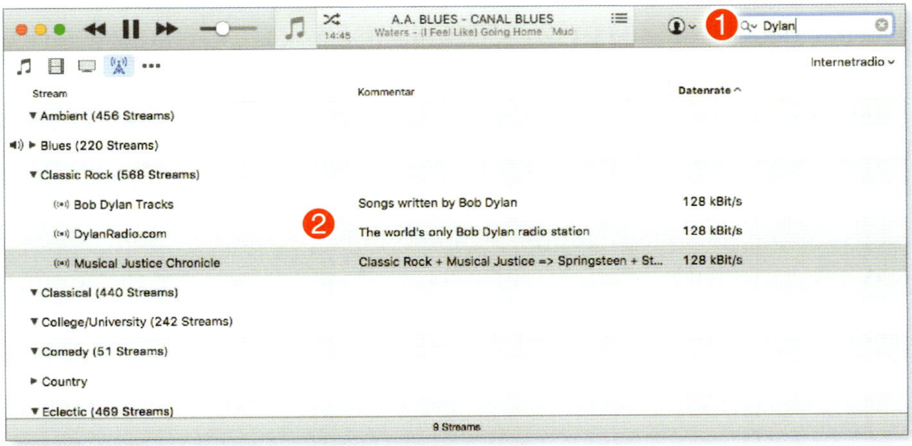

Bei über 12.000 verfügbaren Streams ist die Suche beim gezielten Zugriff auf bestimmte Sender eine große Hilfe.

!

Alle Kategorien öffnen bzw. schließen

Möchten Sie sämtliche Kategorien aktualisieren oder eine Suche über alle Kategorien laufen lassen, müssen Sie nicht mühselig jeden Stream einzeln auf- und wieder zuklappen – das geht auch schneller. Halten Sie die **cmd**- (OS X) bzw. die **Alt Gr**-Taste (Windows) gedrückt und klicken Sie bei einer beliebigen Kategorie auf das kleine Dreieck. Es werden sämtliche Kategorien geöffnet und aktualisiert; eine Suche wird nun über alle Kategorien durchgeführt. Sie schließen alle Kategorien, indem Sie erneut bei gedrückter **cmd**- bzw. **Alt Gr**-Taste auf ein Dreieck bei einer beliebigen Kategorie klicken.

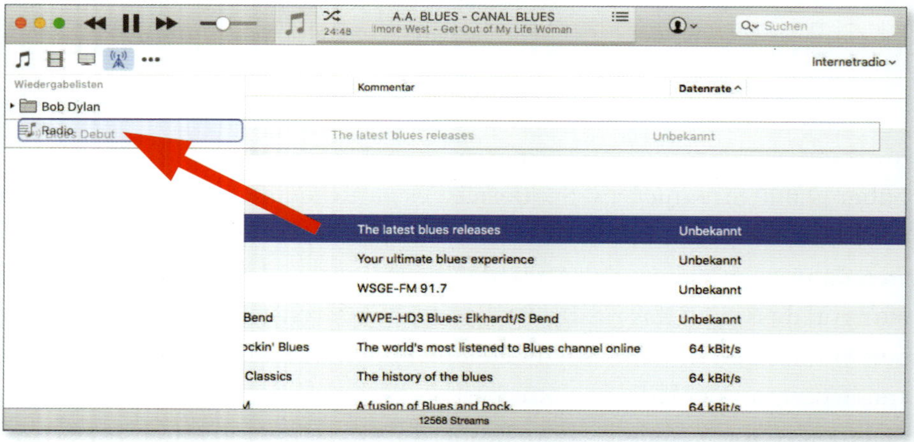

Sie können jeden Radiostream problemlos in einer Wiedergabeliste ablegen.

Die Liste der Sender ist fest vorgegeben und kann von Ihnen nicht angepasst werden. Es ist also nicht möglich, Sender auszublenden, die Sie nicht interessieren, oder Favoriten zu markieren. Das macht den schnellen Zugriff auf einen bestimmten Sender natürlich etwas schwierig.

Doch es gibt einen kleinen Trick: Sie können einen Stream als Titel einer Wiedergabeliste anlegen. Dazu legen Sie zuerst im *Musik*-Bereich eine Wiedergabeliste an, etwa „Radio“. Im Bereich *Internetradio* ziehen Sie den gewünschten Sender wie von der Musik gewohnt an den linken Rand. Die Seitenleiste mit den Wiedergabelisten wird eingeblendet, und Sie können den Stream in der Wiedergabeliste ablegen.

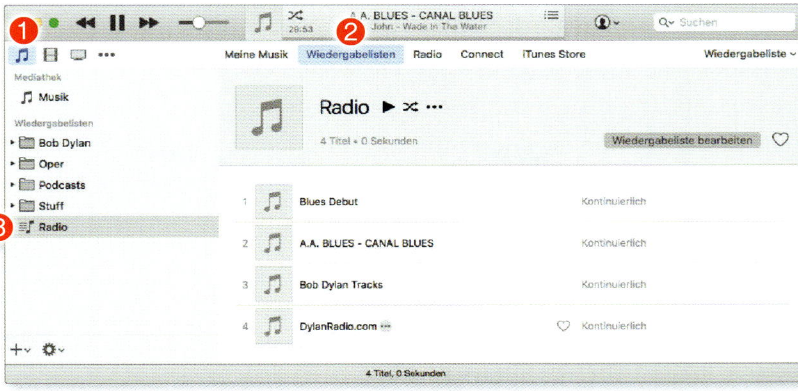

Sobald Sie Ihre Lieblingssender in einer Wiedergabeliste abgelegt haben, haben Sie jederzeit schnellen Zugriff darauf.

Möchten Sie nun Ihren Lieblingssender starten, lassen Sie sich im *Musik*-Bereich ❶ die *Wiedergabelisten* ❷ anzeigen, klicken die *Radio*-Liste ❸ an und starten den gewünschten Sender mit einem Doppelklick.

Sobald ein Sender in einer Wiedergabeliste abgelegt ist, können Sie wie gewohnt mit *cmd + I* (OS X) bzw. *Strg + I* (Windows) die Datei-Informationen aufrufen und zum Beispiel den Titel eines Senders Ihren Wünschen anpassen. (Es ist leider nicht möglich, einem Stream ein Cover zuzuweisen.)

Streams hinzufügen

So umfangreich das Radioangebot in iTunes auch ist – es kann nicht alles bieten, was es in Sachen Internetradio gibt. Zum Beispiel fehlen fast sämtliche deutschsprachigen Radiostationen. Die (wenigen) deutschen Sender finden Sie in der Kategorie *International / World*.

Doch keine Sorge, Sie sind beim Internetradio nicht auf die Sender beschränkt, die iTunes Ihnen von Haus aus anbietet, sondern können jeden Sender hören, der sein Programm via Internet als MP3-Stream ausstrahlt (was fast alle Radiosender tun). Sie müssen lediglich die Internetadresse im *Ablage-* (OS X) bzw. *Datei*-Menü (Windows) unter *Stream öffnen* eintragen.

Die Internetadresse eines MP3-Streams erfahren Sie auf den Webseiten der Sender. Die Adressen liegen fast immer als M3U-Datei vor, die nach einem Klick auf den entsprechenden Link häufig von iTunes geöffnet und automatisch als neuer Radiosender eingetragen wird. Falls dies nicht der Fall ist, kopieren Sie die Adresse und fügen sie mit *Stream öffnen* ein.

Wie Sie dabei genau vorgehen müssen, hängt vom jeweiligen Sender ab. Das Verfahren ist aber immer sehr ähnlich und soll am Beispiel von WDR 5 gezeigt werden.

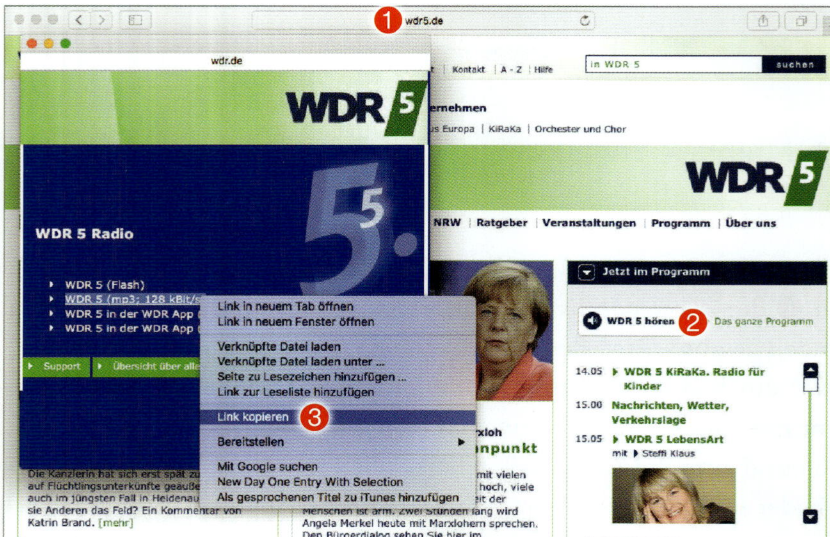

Viele Radiosender senden auch im Internet und können via iTunes wiedergegeben werden.

1. Rufen Sie im Webbrowser die Webseite des Senders auf, in diesem Beispiel also *www.wdr5.de* ❶.
2. Suchen Sie auf der Seite nach einem Link zum aktuellen Radiostream. Häufig wird dieser Link durch einen Lautsprecher symbolisiert, heißt „Jetzt hören“ oder ähnlich. Beim Beispiel WDR 5 heißt der Link *WDR 5 hören* ❷.
3. Nach einem Klick auf diesen Link öffnet sich ein kleines Fenster, in dem Sie die gewünschte Übertragungstechnik auswählen können. Klicken Sie hier mit der rechten Maustaste auf *WDR 5 (mp3/128 kBit/s)* und kopieren Sie den Link in die Zwischenablage ❸.
4. Wechseln Sie nun zu iTunes, rufen Sie *Ablage –> Stream öffnen* (OS X) ❹ bzw. *Datei –> Stream öffnen* (Windows) auf und fügen Sie den Link ein ❺.

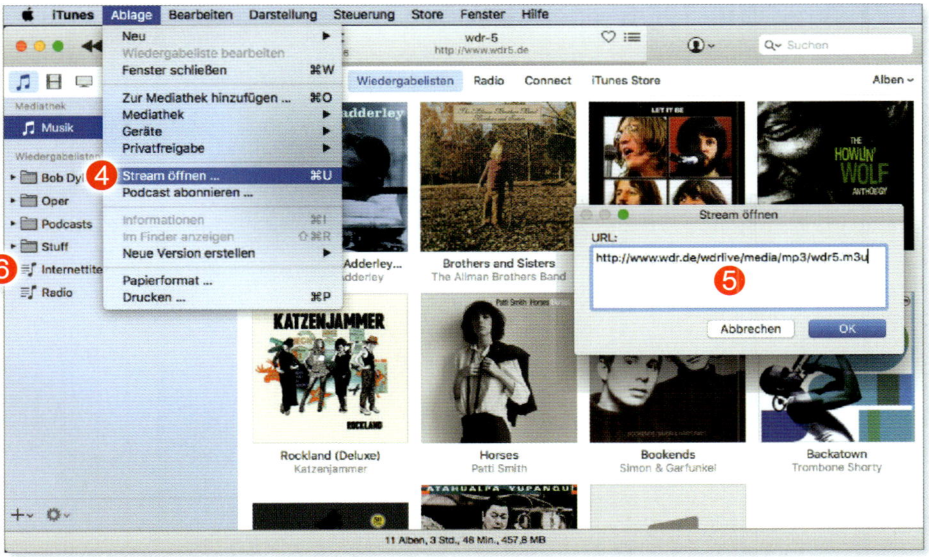

Streams aus dem Internet werden von iTunes automatisch in einer eigenen Wiedergabeliste verwaltet.

Ein manuell hinzugefügter Stream wird von iTunes sofort gestartet und automatisch in eine Wiedergabeliste *Internettitel* ❻ aufgenommen, wo Sie ihn wie jeden anderen Eintrag in der Mediathek bearbeiten, also etwa umbenennen oder in eine andere Wiedergabeliste eintragen können. Rufen Sie dazu mit *cmd +I* (OS X) bzw. *Strg + I* (Windows) die Datei-Informationen auf.

Kapitel 10 Hörbücher

Hörbücher erfreuen sich wachsender Beliebtheit, und natürlich kann iTunes auch mit ihnen umgehen. Mit Hörbüchern ist es in iTunes im Grunde so wie mit Musik: Sie können die Hörbücher entweder im iTunes Store kaufen oder von CD bzw. als Datei importieren. Das Vorgehen unterscheidet sich keinen Deut vom Umgang mit Musik, allerdings gibt es bei den Hörbüchern Unterschiede zwischen OS X und Windows und einige Besonderheiten.

!

Hörbücher und Hörspiele

Wie bei iTunes sind auch in diesem Kapitel mit „Hörbuch" auch Hörspiele gemeint. Hörbücher im engeren Sinn (also von einem Sprecher vorgelesene Texte) unterscheiden sich zwar für unsere Ohren deutlich von Hörspielen (Dramatisierung von Texten mit mehreren Sprechern und Geräuschkulisse), technisch sind sie allerdings identisch.

Hörbücher

Bei Hörbüchern geht es im iTunes Store leider ein wenig durcheinander zu. Das ist zum einen den Unterschieden zwischen OS X und Windows geschuldet, liegt zum anderen aber auch daran, dass es im iTunes Store zwei verschiedene Typen von Hörbüchern gibt.

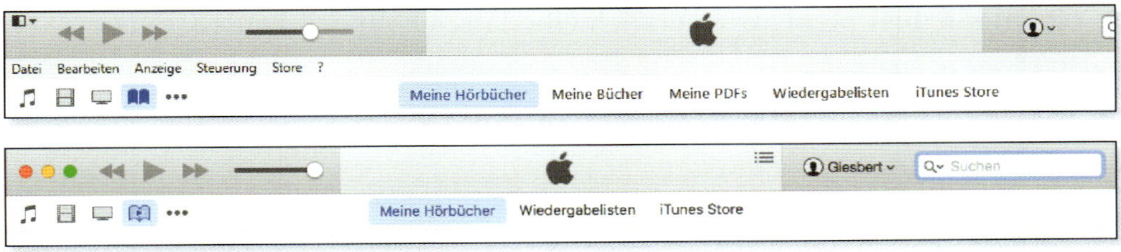

Unter Windows (oben) werden Hörbücher, E-Books und PDF-Dateien zusammen im Bereich „Bücher" verwaltet. Bei OS X (unten) finden sich hier nur noch die Hörbücher. Um E-Books und PDF-Dateien kümmert sich die App „iBooks".

- *Windows:* Unter Windows umfasst der Bereich *Bücher* in iTunes sowohl E-Books (im Format ePub und PDF) als auch Hörbücher. Wenn Sie in iTunes also zu *Bücher* und dort in den iTunes Store wechseln, müssen Sie zusätzlich noch den *Hörbuch*-Bereich wählen, um nicht versehentlich ein E-Book anstelle eines Hörbuchs zu laden.
- *OS X:* Auf dem Mac werden E-Books mit der eigenen App *iBooks* verwaltet. Die App bietet Zugang zum iBooks Store, kann ePub- und PDF-Dateien importieren und auch anzeigen. Konsequenterweise bringt Sie iTunes auf dem Mac beim Klick auf *iTunes Store* sofort in die Hörbuch-Abteilung.

Neben diesem Unterschied der iTunes-Versionen gibt es im *Hörbuch*-Bereich des iTunes Store noch einen wichtigen Unterschied in Abhängigkeit vom Anbieter eines Hörbuchs.

- *Audible:* Audible gehört zu Amazon und ist einer der weltweit größten Anbieter von Hörbüchern, der seine Produkte über sein eigenes Internetkaufhaus, aber auch über Apples iTunes Store verkauft. Wenn Sie im iTunes Store im Bereich *Hörbücher* sind, stoßen Sie fast immer auf Hörbücher von Audible. Die haben allerdings eine Besonderheit: Sie sind kopiergeschützt und können nach einem versehentlichen Löschen nicht noch einmal geladen werden, sondern müssen erneut gekauft werden.
- *Andere Anbieter:* Neben Audible gibt es natürlich auch zahlreiche andere Anbieter, die Hörbücher und Hörspiele im iTunes Store verkaufen. Diese Titel werden im iTunes Store zwar ebenfalls im Bereich *Hörbücher* angeboten, wenn Sie einen solchen Titel allerdings auswählen, wechselt iTunes in den Bereich *Musik –> Gesprochene Inhalte*. Diese Titel sind – wie alle Musiktitel im iTunes Store – ohne Kopierschutz und können über iTunes in der Cloud jederzeit erneut kostenlos geladen werden. Allerdings werden Sie von iTunes unter *Musik* geführt und müssen von Ihnen nachträglich als Hörbuch klassifiziert werden, damit iTunes sie unter *Hörbücher* (OS X) bzw. *Bücher* (Windows) einsortiert.

Damit Sie hier nicht versehentlich eine falsche Version kaufen, müssen Sie also etwas aufpassen.

Ein kopiergeschütztes Hörbuch von Audible erkennen Sie an verschiedenen Merkmalen. Es befindet sich im „Hörbücher"-Bereich ❶, der Titel wird explizit als „Hörbuch" ❷ ausgewiesen, es gibt keine Hörprobe, sondern nur eine 30-sekündige „Vorschau" ❸, und in den Informationen zum Titel finden Sie den Hinweis „Präsentiert von Audible.de" ❹. Ein solches Hörbuch kann nicht noch einmal geladen werden.

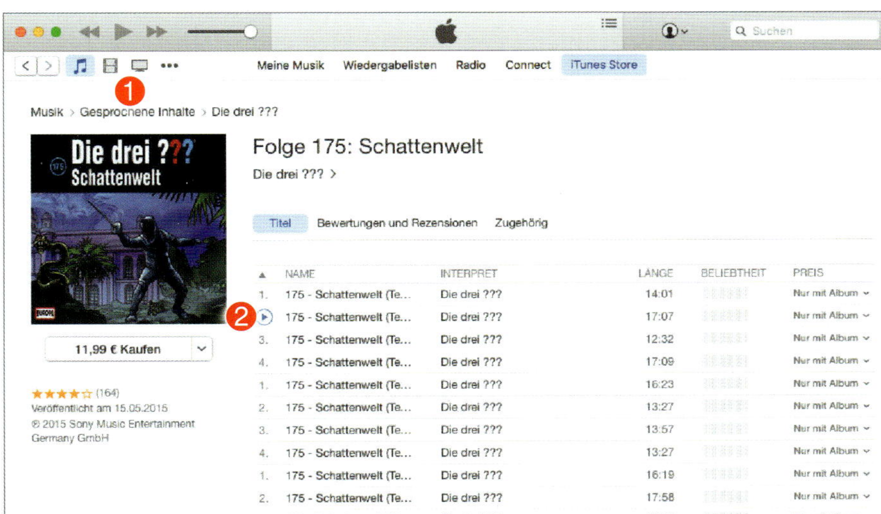

Hörbücher ohne Kopierschutz werden im iTunes Store zwar im Bereich „Hörbücher" angezeigt, doch sobald Sie sich die Informationen zu einem Titel anzeigen lassen, wechselt iTunes in den Bereich „Musik –> Gesprochene Inhalte" ❶. Bei diesen Titeln können Sie in der Regel zu jedem Kapitel eine 90-sekündige Hörprobe abspielen ❷. Diese Hörbücher werden von iTunes wie Musik behandelt. Das heißt für Sie: Sollten Sie diesen Titel versehentlich löschen, können Sie ihn jederzeit erneut aus dem Store laden.

Hörbücher laden und importieren

Der Kauf bzw. der Download von Hörbüchern unterscheidet sich im Grunde nicht vom Kauf von Musik. Sie stöbern im iTunes Store nach dem gewünschten Hörbuch, hören in die *Vorschau* (Audible) bzw. in die *Hörprobe* (andere Anbieter) hinein, und wenn Ihnen gefällt, was Sie da hören, kaufen Sie das Hörbuch mit einem Klick auf den Preis.

!

Kein erneutes Laden möglich!

Es sei noch einmal darauf hingewiesen, dass Sie Hörbücher nur dann erneut laden können, wenn sie aus dem Bereich „Musik –> Gesprochene Inhalte" stammen. Für Hörbücher von Audible gilt dies ausdrücklich nicht! Falls Sie also ein solches Hörbuch versehentlich aus iTunes gelöscht haben, dann gilt: weg ist weg. Es empfiehlt sich daher dringend, eine Sicherheitskopie aller gekauften Hörbücher anzulegen.

Hörbücher von Audible werden automatisch in den Bereich *Hörbücher* einsortiert, Hörbücher anderer Anbieter gehören für iTunes zur *Musik.*

Neben dem iTunes Store gibt es natürlich noch zahlreiche andere Quellen für Hörbücher. So bringen viele Anbieter ihre Hörbücher nicht nur über Audible oder den iTunes Store auf den Markt, sondern auch als Audio- oder MP3-CD oder als Datei-Download von der Verlagswebsite.

Diese Hörbücher importieren Sie genau so wie Musik nach iTunes. Normale Audio-CDs mit Hörbüchern werden über die gewohnten Importfunktionen der Mediathek hinzugefügt. Hörbücher, die als Datei(en) oder als MP3-CD vorliegen, lassen sich über *Ablage –> Zur Mediathek hinzufügen* (OS X) bzw. mit *Datei –> Datei zur Mediathek* oder *Ordner zur Mediathek hinzufügen* (Windows) der Mediathek einverleiben.

Bei vielen einzelnen Audiodateien kann der Import etwas schneller gehen, wenn Sie die Dateien in den Ordner *iTunes –> iTunes Media –> Automatisch zu iTunes hinzufügen* kopieren und iTunes starten.

Importierte und „Gesprochene Inhalte" als Hörbuch einsortieren

Hörbücher, die im iTunes Store explizit als *Hörbuch* ausgewiesen sind, werden von iTunes auch im Bereich *Hörbücher* (OS X) bzw. *Bücher* (Windows) verwaltet. Für alle anderen Hörbücher gilt dies allerdings nicht. Titel, die Sie im iTunes Store aus dem Bereich *Musik –> Gesprochene Inhalte* laden, von einer Audio-CD importieren oder als MP3-Datei der Mediathek hinzugefügt haben, werden von iTunes als *Musik* behandelt und im entsprechenden Bereich aufgeführt.

Um das zu ändern, markieren Sie die entsprechenden Dateien und rufen mit *cmd + I* (OS X) bzw. *Strg + I* (Windows) die Datei-Informationen auf. Falls Sie mehrere Titel markiert haben, zeigt iTunes eine Sicherheitsabfrage, die Sie mit *Objekte bearbeiten* bejahen. Auf der Registerkarte *Optionen* ❶ ändern Sie nun die Medienart von *Musik* auf *Hörbuch* ❷.

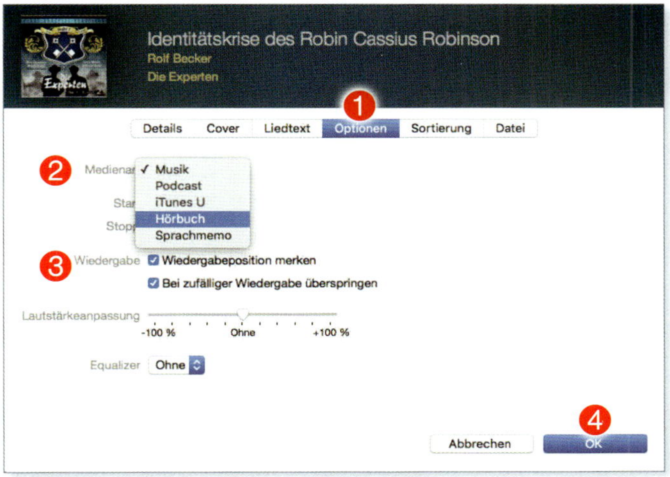

Hörbücher, die Sie im iTunes Store aus dem Bereich „Musik –> Gesprochene Inhalte" geladen, von einer CD oder als Datei importiert haben, müssen nachträglich zum „Hörbuch" erklärt werden, damit iTunes sie korrekt einsortiert.

Unter *Wiedergabe* ❸ aktivieren Sie die beiden Optionen *Wiedergabeposition merken* und *Bei zufälliger Wiedergabe überspringen*. So stellen Sie sicher, dass Sie nach einer Unterbrechung der Wiedergabe an der Stelle weiterhören, an der Sie aufgehört haben, und dass Ihnen nicht unvermittelt ein Hörbuch bei der Zufallsauswahl in iTunes dazwischenrutscht. Sobald Sie die Medienart auf *Hörbuch* geändert haben, können Sie diese Option nur noch dann ändern, wenn Sie mehrere Titel markieren. Mit einem Klick auf *OK* ❹ speichern Sie Ihre Änderungen, und iTunes sortiert das Hörbuch nun im korrekten Bereich ein.

> **!**
>
> **Wenn sich die Medienart nicht ändern lässt**
>
> In seltenen Fällen kann es passieren, dass iTunes Ihnen bei aus dem iTunes Store geladenen Hörbüchern aus dem Bereich **Musik –> Gesprochene Inhalte** als Medienart lediglich **Musik** anbietet und Sie keine Möglichkeit haben, sie auf **Hörbuch** zu ändern. Hier hilft ein kleiner Trick: Legen Sie einen neuen Ordner auf dem Desktop (OS X) bzw. Schreibtisch (Windows) an und ziehen Sie das entsprechende Hörbuch von iTunes in diesen Ordner. Es werden nun alle Dateien kopiert. Anschließend löschen Sie das Hörbuch aus iTunes und legen es in den Papierkorb. Ändern Sie nun die Dateiendung der kopierten Dateien von „.m4a" in „.m4b" und importieren Sie das Hörbuch erneut in iTunes. Nun können Sie die Medienart wie gewünscht ändern (wobei iTunes die Dateien wieder von „.m4b" in „.m4a" umbenennt).

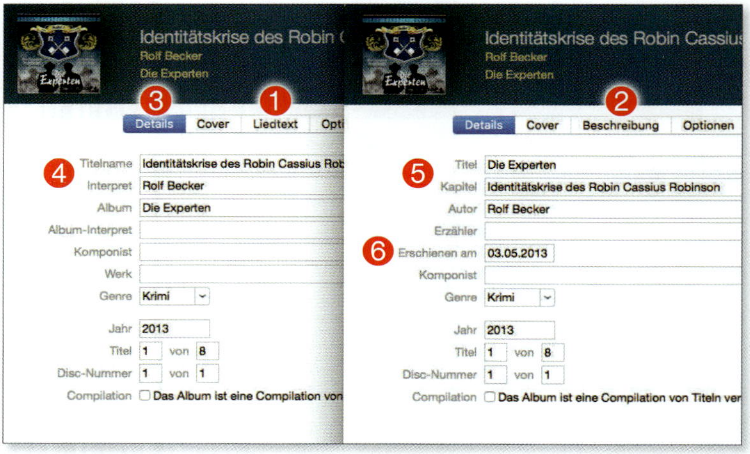

Bei Hörbüchern bieten die „Details" andere Einträge als bei Musik.

Sobald Sie die Medienart geändert haben, ändern sich auch die Datei-Informationen. So wird aus dem Register *Liedtext* ❶ das Register *Beschreibung* ❷, auf der Registerkarte *Details* ❸ werden aus *Titelname*, *Interpret* und *Album* ❹ *Titel*, *Kapitel* und *Autor* ❺. Neu hinzu kommen die Felder *Erzähler* und *Erschienen am* ❻. Es empfiehlt sich, diese Angaben zu überprüfen, da hier die Anbieter mitunter ein ziemliches Durcheinander anrichten, was eine saubere Sortierung und korrekte Anzeige in iTunes erschwert.

Die Darstellungsoptionen

Die Darstellung der Hörbücher ähnelt der von Musik oder Filmen. Sie wählen die gewünschte Darstellung über die Taste rechts außen ❶. Hier haben Sie drei Möglichkeiten mit jeweils unterschiedlichen Sortiereinstellungen ❷.

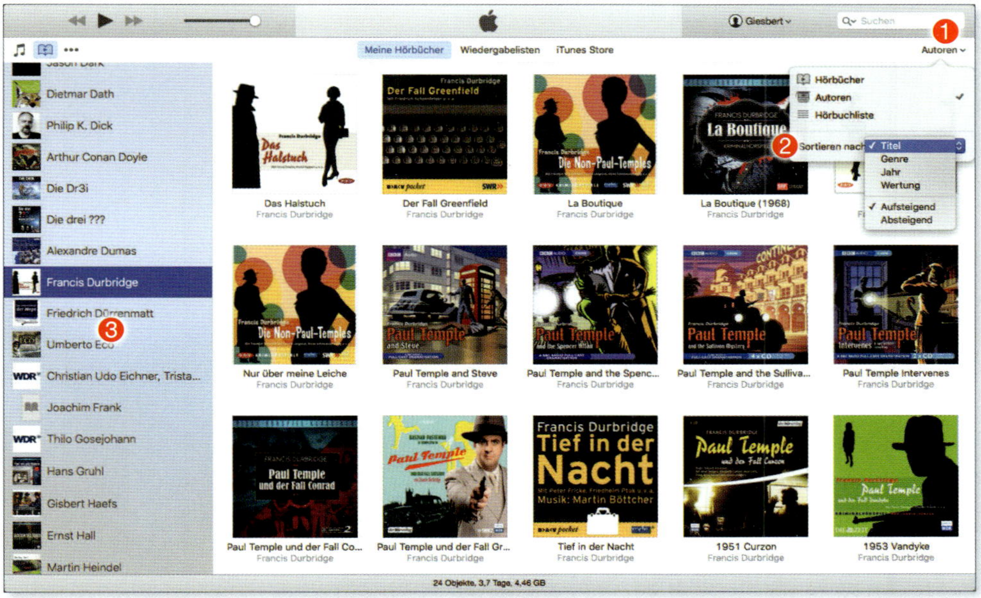

Hörbücher lassen sich auf ähnliche Weise darstellen und sortieren wie Musik.

- *Hörbücher:* Dies entspricht der Albendarstellung von Musik. Als Sortierkriterien können Sie *Titel*, *Autor*, *Genre*, *Jahr* und *Wertung* bestimmen. Sie können also etwa die Hörbücher nach ihrem *Genre* und innerhalb eines Genres nach *Autor* sortieren lassen.
- *Autoren:* Hier wird eine Seitenleiste mit den Autoren angezeigt ❸. Wenn Sie einen Eintrag anklicken, sehen Sie die Cover der Hörbücher dieses Autors. Diese Ansicht lässt sich nach *Titel*, *Genre*, *Jahr* oder *Wertung* sortieren.
- *Hörbuchliste:* In der Listendarstellung werden die Informationen zu einem Titel in verschiedenen Spalten angezeigt, nach denen Sie wie gewohnt sortieren und Spalten ein-/ausblenden können. Wie bei der Listendarstellung üblich, können Sie auch hier über *Darstellung –> Spaltenbrowser* (OS X) bzw. *Anzeige –> Spaltenbrowser* (Windows) den Spaltenbrowser

ein-/ausblenden und konfigurieren. Allerdings geht es hier ein wenig drunter und drüber, und die Bezeichnungen der Spalten sind ein Mischmasch aus den Anforderungen von Musik, Hörbüchern und TV-Serien. Es gibt zwar ein Feld *Autor* – aber der Titel eines Hörbuchs wird in der Spalte *Album* angezeigt, und die Kapitel erscheinen unter *Name*. Obendrein bietet der Spaltenbrowser die Kategorien *Sendungen* und *Staffeln*, was bei Hörbüchern nicht wirklich sinnvoll ist.

Kapitel 11 Podcasts/iTunes U

Podcasts sind Audio- und Videodateien, die Sie automatisch aus dem Internet laden und auf dem Computer in iTunes oder auf Ihrem iOS-Gerät wiedergeben können. Fast alle Rundfunksender stellen ihre Beiträge nach der Ausstrahlung als Podcast bereit, so dass Sie eine Sendung auch nachträglich hören können. Podcasts lassen sich einzeln laden, aber auch abonnieren, damit Sie keine neuen Folgen verpassen. Mit iTunes haben Sie Zugriff auf das weltweit wohl größte Podcast-Angebot.

Das sind Podcasts

Das Wort „Podcast" ist eine Zusammensetzung aus „iPod" und „Broadcast", also eine Art Rundfunk für den iPod – und zwar für jedermann. Man muss kein Rundfunk- oder Fernsehexperte oder Mitarbeiter eines Senders sein, um einen Podcast zu produzieren und im Internet bzw. im iTunes Store zu veröffentlichen. Ein Podcast ist im Grunde eine normale Audio- oder Video-, mitunter auch eine PDF-Datei, die Sie direkt im iTunes Store abspielen bzw. anzeigen lassen, aber auch auf Ihren Computer oder auf iPhone & Co herunterladen können.

Die Anbieter eines Podcasts produzieren in mehr oder weniger regelmäßigen Abständen eine Folge ihres Podcasts und stellen sie ins Internet. Über iTunes lassen sich diese Podcasts abonnieren, so dass alle neuen Folgen sofort in iTunes landen. Ältere Folgen sind meist über einen sehr langen Zeitraum verfügbar. Sie können also in einen Podcast einsteigen und zurückliegende Sendungen problemlos nachladen.

Im iTunes Store finden Sie eine kaum überschaubare Menge an Podcasts, die Sie jederzeit abrufen können. Alle Podcasts im Store sind kostenlos. Im Unterschied zu anderen Angeboten im iTunes Store ist für den Zugriff auf Podcasts keine Apple-ID und keine Anmeldung am iTunes Store erforderlich.

Podcasts gibt es zu praktisch jedem nur denkbaren Thema. Viele Rundfunk- und Fernsehanstalten veröffentlichen ihre Sendungen auch als Podcast. So ist es eta kein Problem, die „Tagesthemen", das „Heute-Journal" oder „Die Sendung mit der Maus" als Podcast zu laden. Ein besonders umfangreiches Angebot stellen die verschiedenen Radiosender bereit. Die große Masse der Podcasts stammt allerdings von Privatpersonen.

> **!**
> **Eigene Podcasts**
> Sie können auch eigene Podcasts im iTunes Store veröffentlichen. Welche technischen Voraussetzungen erfüllt sein müssen, damit Apple Ihre Podcasts in sein Angebot aufnimmt, erläutert Apple unter **www.apple.com/de/itunes/podcasts/**.

Podcasts laden und abonnieren

Die Podcasts-Abteilung im iTunes Store unterscheidet sich in ihrem Aufbau und ihrer Struktur nicht von den übrigen Abteilungen wie Musik oder Filme. Sie wechseln zur Podcasts-Abteilung, indem Sie sich in iTunes die Podcasts ❶ anzeigen lassen und anschließend *iTunes Store* ❷ wählen. Um auf das Podcast-Angebot zuzugreifen, müssen Sie nicht im Store angemeldet sein ❸.

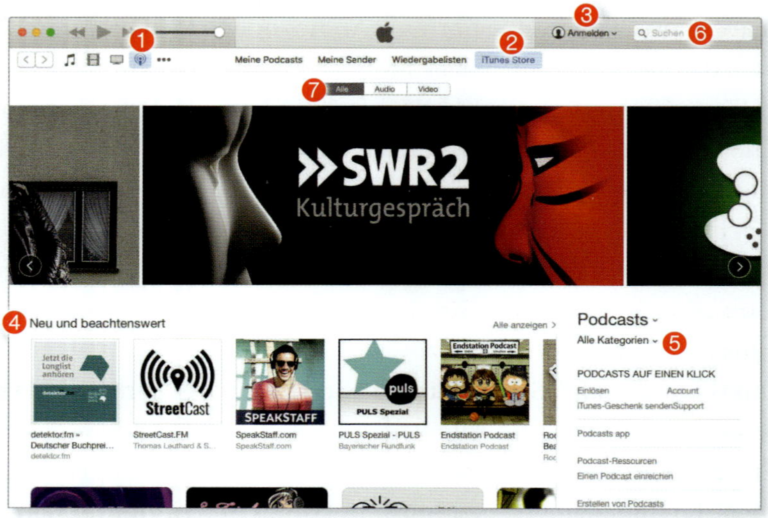

Die „Podcasts"-Abteilung von iTunes ist ähnlich aufgebaut wie „Musik" oder „Filme".

Auf der Startseite sehen Sie ausgewählte Podcasts, die die Store-Redaktion für *Neu und beachtenswert* ❹ hält. Rechts können Sie sich die verschiedenen Kategorien ❺ einblenden lassen, und über das Suchfeld ❻ von iTunes lässt sich das riesige Angebot gezielt durchstöbern. Über die Tasten *Alle*, *Audio* und *Video* ❼ lässt sich das Angebot ein wenig filtern.

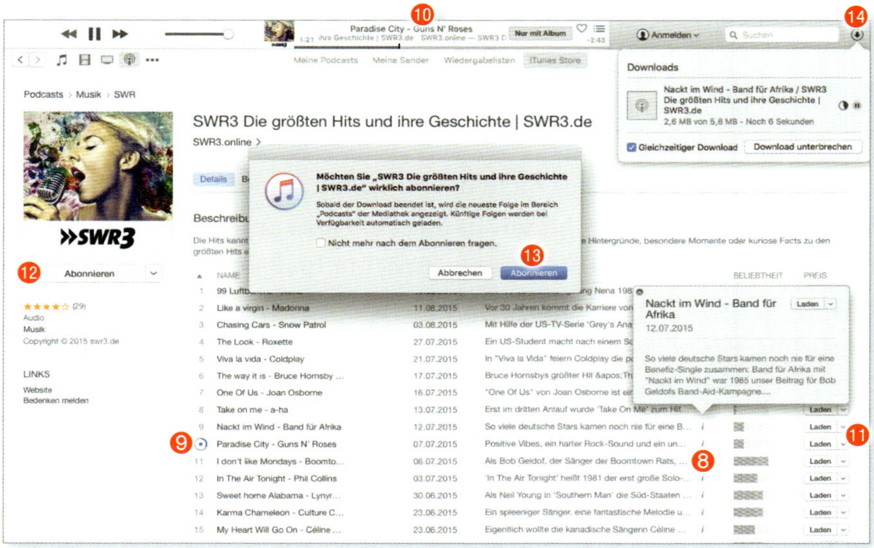

Podcasts können direkt wiedergegeben, einzeln geladen oder abonniert werden.

Haben Sie einen interessanten Podcast gefunden, klicken Sie ihn an: Sie sehen die Detailansicht, also Informationen zum Inhalt und Anbieter und alle verfügbaren Folgen. Sie haben nun verschiedene Möglichkeiten:

- *Informationen:* Mit einem Klick auf das *i* ❽ bei einer Folge blenden Sie Informationen zum Inhalt dieser Folge ein.
- *Direkt wiedergeben:* Um eine Folge wiederzugeben, zeigen Sie darauf. Es wird ein Play-Button eingeblendet ❾. Mit einem Klick darauf starten Sie die Wiedergabe ❿.
- *Folge laden:* Sie können jede Folge einzeln laden, ohne den Podcast zu abonnieren. Dazu klicken Sie auf *Laden* ⓫. Die Folge wird heruntergeladen und Ihrer Mediathek hinzugefügt.
- *Abonnieren:* Damit Sie in Zukunft keine Folge mehr verpassen, abonnieren Sie den Podcast mit einem Klick auf die entsprechende Taste ⓬. Nach einer Sicherheitsabfrage und einem Klick auf *Abonnieren* ⓭ wird der Podcast in Ihre Mediathek aufgenommen.

Leider bietet der iTunes Store keine Möglichkeit, sich vor dem Download über die Größe einer Folge zu informieren. Das ist bei den gängigen Audio-Podcasts kein großes Problem, denn bei ihnen ist eine Folge selten größer als 10 MByte. Doch Video-Podcasts können ganz erheblich umfangreicher sein und durchaus über 1 GByte groß sein. Hier hilft nur eins: ausprobieren. Das heißt, Sie müssen die entsprechende Folge laden und in den Download-Informationen (14) nachsehen, wie groß die Datei ist.

Podcasts automatisch synchronisieren

Oft möchte man einen Podcast nicht daheim am Computer, sondern unterwegs mit iPhone oder iPod touch hören. In diesem Fall kann iTunes Ihre Podcasts-Abonnements automatisch auf das gewünschte Endgerät kopieren. Im Unterschied zum normalen Abonnement oder Laden eines Podcasts funktioniert das allerdings nur, wenn Sie auf allen Geräten mit der gleichen Apple-ID angemeldet sind.

Damit die Podcasts, die Sie in iTunes auf Ihrem Computer abonniert haben, auch auf Ihrem iPhone oder iPod touch zur Verfügung stehen, aktivieren Sie in den Einstellungen von iTunes beim Register *Store* den Punkt *Podcasts-Abonnements und -Einstellungen synchronisieren*. Auf Ihrem iOS-Gerät öffnen Sie *Einstellungen* und wählen hier den Eintrag *Podcasts*. Dort aktivieren Sie den Punkt *Podcast synchronisieren*.

Das funktioniert allerdings nur, wenn Sie sowohl in iTunes auf Ihrem Computer als auch auf Ihrem iOS-Gerät bei *Einstellungen –> App und iTunes Store* mit der gleichen Apple-ID angemeldet sind.

Podcasts außerhalb des iTunes Stores

Apple ist zwar einer der größten und wichtigsten Anbieter von Podcasts, aber nicht der einzige. Möchten Sie einen Podcast abonnieren, der nicht im iTunes Store verfügbar ist, wählen Sie *Ablage –> Podcasts abonnieren* (OS X) bzw. *Datei –> Podcast abonnieren* (Windows) und geben die Adresse des Podcasts ein.

Podcasts wiedergeben und organisieren

Alle geladenen und abonnierten Podcasts landen in der Mediathek unter *Meine Podcasts* ❶. Standardmäßig ist die *Podcasts*-Darstellung ❷ aktiv, bei der die Podcasts in einer Seitenleiste und die einzelnen Folgen des ausgewählten Podcasts angezeigt werden. Wie diese Seitenleiste sortiert wird, können Sie in den Darstellungsoptionen ❷ bestimmen. Hier lassen sich die Podcasts auch in Listenform aufführen.

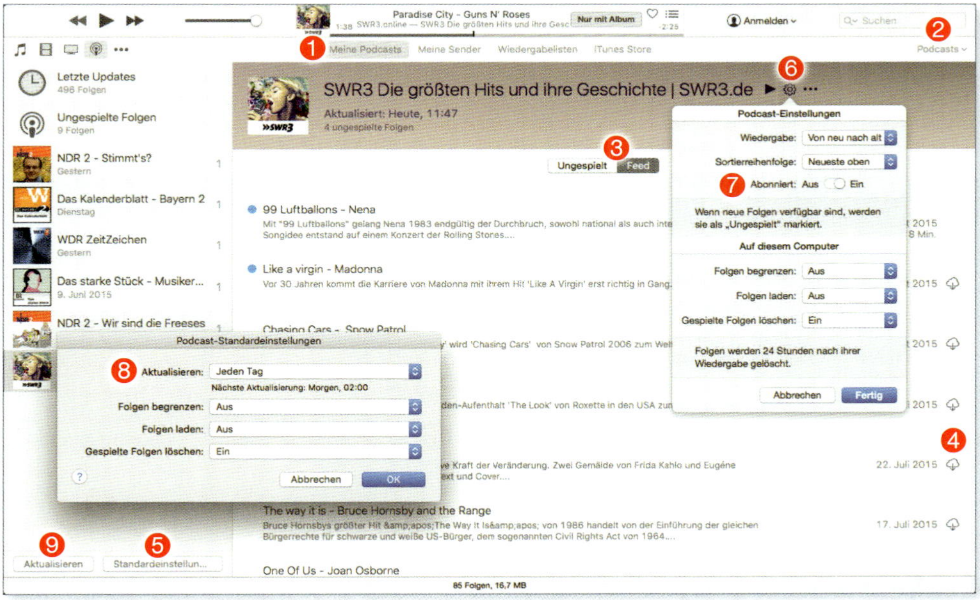

Die Einstellungen für Podcasts können zum einen standardmäßig für alle Podcasts, aber auch individuell für jeden Podcast einzeln festgelegt werden.

Bei den Folgen können Sie die Anzeige zwischen *Ungespielt* und *Feed* ❸ umschalten. Bei der Feed-Anzeige sehen Sie sämtliche Folgen eines Podcasts, die im iTunes Store verfügbar sind. Um eine Folge nachträglich zu laden, klicken Sie auf das Wolkensymbol ❹.

Die Wiedergabe eines Podcasts unterscheidet sich nicht von der Wiedergabe anderer Inhalte: Sie klicken die gewünschte Folge einfach doppelt an. Sobald eine Folge wiedergegeben wurde, geht es mit der nächsten weiter.

Wie iTunes die Folgen eines Podcasts anordnet und verwaltet, legen Sie in seinen *Einstellungen* fest. Dabei gelten die Standardeinstellungen ❺ für alle Podcasts. Mit einem Klick auf das Zahnrad ❻ können Sie die Einstellungen für einen bestimmten Podcast individuell anpassen. Hier können Sie über den Schalter *Abonniert* ❼ einen Podcast abonnieren, von dem Sie bislang nur einzelne Folgen geladen haben, oder das Abo eines Podcasts beenden.

In den Standardeinstellungen wird zudem festgelegt, wie oft iTunes einen Podcast aktualisieren soll ❽. Mit einem Klick auf *Aktualisieren* ❾ weisen Sie iTunes an, jetzt nach neuen Folgen zu suchen.

> **!**
>
> **Wiedergabestatus**
>
> Möchten Sie eine Folge als „ungespielt“ bzw. „gespielt“ markieren, klicken Sie auf die **Mehr**-Taste (die drei Punkte) bei der Folge und wählen „Als ungespielt“ bzw. „Als gespielt markieren“. Möchten Sie den Wiedergabestatus mehrerer Folgen auf einmal ändern, markieren Sie die Folgen, klicken sie mit der rechten Maustaste an und wählen die gewünschte Option.

Sender und Wiedergabelisten

Wie bei Musik können Sie auch bei Podcasts eigene Zusammenstellungen anlegen. Hier unterscheidet iTunes zwischen *Meine Sender* Ⓐ und *Wiedergabelisten* Ⓑ (OS X; Windows: *Listen*).

Die „Sender“ sind spezielle Wiedergabelisten für Podcasts.

Unter *Meine Sender* erstellen Sie spezielle Wiedergabelisten für Podcasts, die nach Ihren Vorgaben von iTunes aktualisiert werden. Als Beispiel gibt Apple iTunes den Sender *Die neuesten* Ⓒ mit auf den Weg. Hier werden die aktuellen Folgen aller Podcasts aufgeführt. Um die Einstellungen eines Senders nachträglich zu ändern, wählen Sie ihn in der Seitenleiste aus und klicken auf *Einstellungen* Ⓓ.

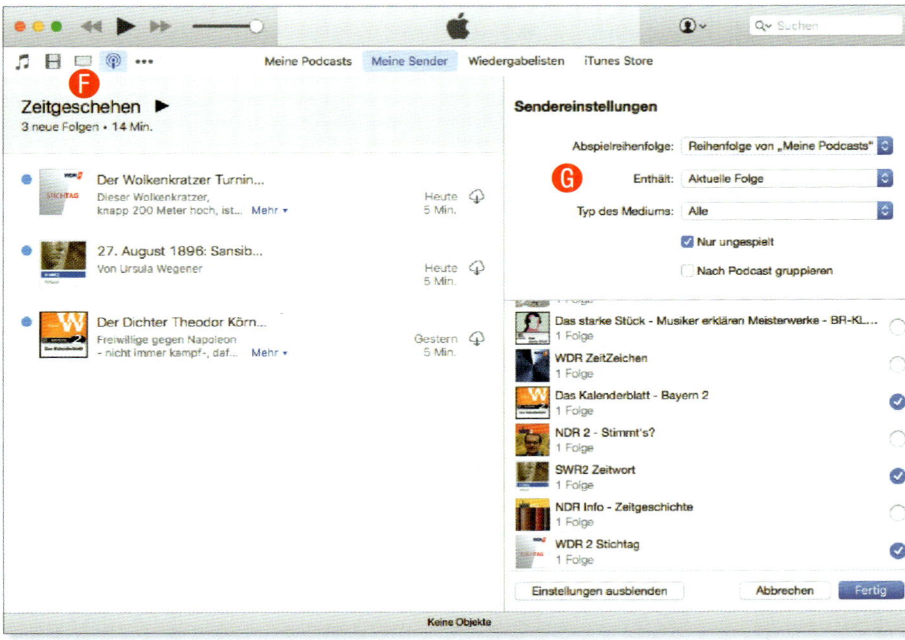

Mit den „Sendern" definieren Sie Wiedergabelisten für Podcasts, die von iTunes automatisch aktualisiert werden.

Um einen eigenen Sender einzurichten, tippen Sie auf *Neu* Ⓔ, geben dem Sender einen Namen Ⓕ und legen in den *Sendereinstellungen* Ⓖ fest, welche Podcasts und welche Folgen in welcher Reihenfolge aufgenommen werden sollen.

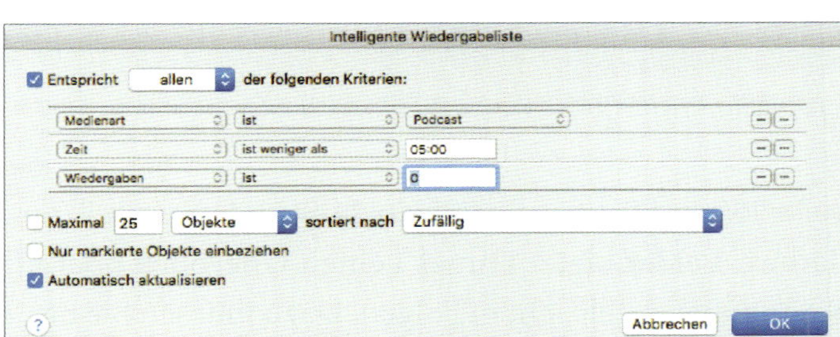

Neben den eigenen Sendern lassen sich Podcasts auch wie Musik in (intelligenten) Wiedergabelisten verwalten.

Allerdings sind die Möglichkeiten der Sendereinstellungen ein wenig begrenzt. Hier bieten die (intelligenten) Wiedergabelisten mehr Möglichkeiten. Möchten Sie etwa alle ungehörten Podcasts, die kürzer als fünf Minuten sind, in einer Liste sammeln, dann legen Sie eine intelligente Wiedergabeliste mit den Bedingungen „Medienart ist Podcasts", „Zeit ist weniger als 05:00" (OS X) bzw. „Dauer ist kleiner als 05:00" (Windows) und „Wiedergaben ist 0" an. Mit den Sendereinstellungen geht dies nicht.

Podcasts löschen

Die einzelnen Podcast-Dateien lassen sich wie jede andere Datei in iTunes manuell löschen – aber das sollten Sie nur in Ausnahmefällen selbst erledigen. Denn das Löschen gespielter Folgen übernimmt standardmäßig iTunes automatisch. Wenn Sie hier nun manuell löschen, gerät iTunes unter Umständen durcheinander und lädt längst gehörte und gelöschte Folgen beharrlich neu.

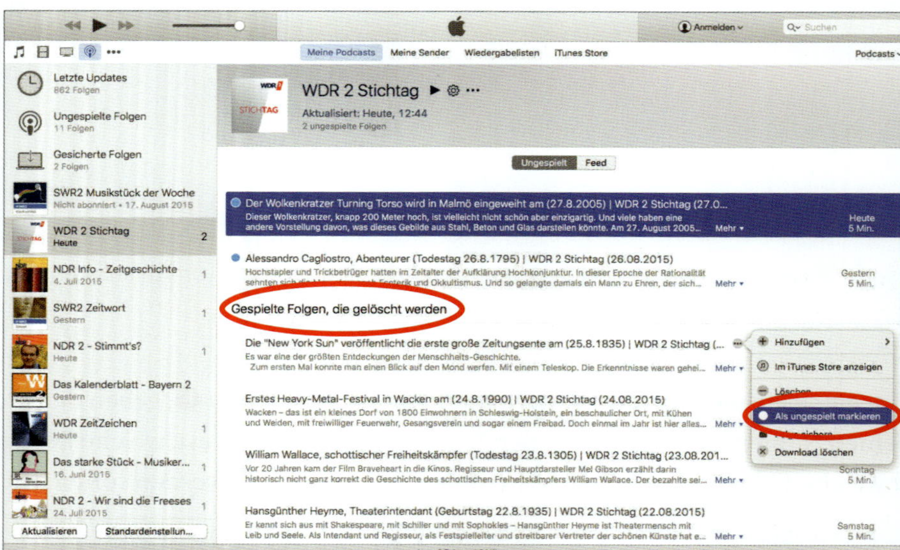

Standardmäßig löscht iTunes Podcast-Folgen, die Sie bereits gehört haben.

Üblicherweise löscht iTunes alle Folgen 24 Stunden nach ihrer Wiedergabe aus der Mediathek. Leider bietet iTunes keinen Überblick über alle gespielten und in Kürze automatisch gelöschten Folgen. Dazu müssen Sie bei jedem einzelnen Podcast zum Register *Ungespielt* wechseln. Hier sehen Sie die Folgen eines Podcasts, die Sie noch nicht wiedergegeben haben. Darunter finden Sie dann den Eintrag *Gespielte Folgen, die gelöscht werden*. Wenn hier eine Folge dabei ist, die Sie vielleicht doch noch nicht gehört haben, klicken Sie auf die *Mehr*-Taste (die drei Punkte) und wählen *Als ungespielt markieren*. Hier aufgelistete Folgen lassen sich auch dauerhaft speichern (dazu gleich mehr).

Das automatische Löschen wiedergegebener Podcast-Folgen können Sie in den „Standardeinstellungen" deaktivieren.

Misstrauen Sie den automatischen Aufräumarbeiten oder möchten Sie Ihre Podcasts häufig überhaupt nicht löschen, dann können Sie in den *Standardeinstellungen* der Podcasts die Option *Gespielte Folgen löschen: Aus* wählen. Diese Option steht Ihnen natürlich auch bei den individuellen Einstellungen bei jedem einzelnen Podcast zur Verfügung. Sie können also angehörte Folgen standardmäßig automatisch löschen lassen und bei ausgewählten Podcasts die automatische Löschung ausschalten.

Podcasts speichern

Von Haus aus sind Podcasts so flüchtig wie das Radio: Was Sie gehört haben, verschwindet sehr rasch wieder – schließlich löscht iTunes alle gehörten Folgen nach 24 Stunden aus der Mediathek. Das ist einerseits sehr sinnvoll, schließlich gibt es fast jeden Tag neue Podcast-Folgen, die bei dauerhafter Speicherung nur die Festplatte verstopfen.

Andererseits gibt es Podcasts, die so interessant sind, dass Sie sie vielleicht dauerhaft Ihrer Mediathek hinzufügen möchten. Hierzu gibt es zwei Möglichkeiten: Sie können eine Folge entweder dauerhaft als Podcast speichern oder einer Folge eine andere Medienart zuweisen.

Um eine Folge zu sichern, klicken Sie auf die *Mehr*-Taste (die drei Punkte) und wählen dort *Folge sichern* ❶. Die Folge wird heruntergeladen und in der Rubrik *Gesicherte Folgen* ❷ gespeichert. Um eine so gespeicherte Folge wieder als normalen Podcast einzusortieren, klicken Sie auf die *Mehr*-Taste und wählen *Folge aus „Gesichert“ entfernen*.

Manche Podcasts bieten komplette Hörspiele, Hörbücher oder auch Konzertmitschnitte. Diese Podcasts lassen sich sinnvollerweise in die entsprechenden Bereiche von iTunes übertragen und aus den Podcasts entfernen. Dazu lassen Sie sich mit *cmd + I* (OS X) bzw. *Strg + I* (Windows) die Datei-Informationen der Folge anzeigen und ändern auf der Registerkarte *Optionen* ❸ die *Medienart* von *Podcast* in *Hörbuch* oder *Musik* ❹. Dabei werden in den Metadaten üblicherweise der Podcast-Name als *Album* und der Anbieter des Podcasts als *Interpret* eingetragen – aber das können Sie ja problemlos Ihren Wünschen entsprechend anpassen.

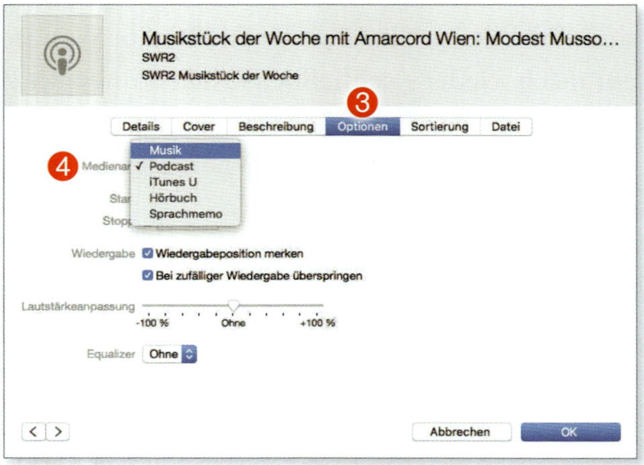

Ändern Sie die „Medienart“ einer Podcast-Datei, wird diese von iTunes in die gewünschte Rubrik übernommen. So können Sie etwa ein Konzert, das Sie als Podcast geladen haben, Ihrer Musiksammlung hinzufügen.

Probleme der Medienart

Bei der Änderung der Medienart einer Podcast-Datei kann es passieren, dass die Abo-Verwaltung der Podcasts aus dem Tritt gerät. Dann gilt die über die Änderung der Medienart verschobene Podcast-Datei für iTunes plötzlich als noch nicht geladen und wird unter Umständen erneut aus dem iTunes Store geholt. In diesem Fall markieren Sie die erneut geladene Datei einfach als **bereits gespielt** und überlassen es iTunes, diese Datei zu gegebener Zeit automatisch zu löschen.

iTunes U

Mit *iTunes U* bietet Apple ein sehr umfangreiches Bildungsangebot an. Hier werden Podcasts von Universitäten, Instituten und anderen Bildungseinrichtungen veröffentlicht. Viele iTunes-U-Angebote sind Video-Vorlesungen, denn so mancher Dozent hält seine Vorlesung nicht nur an der Universität, sondern veröffentlicht sie auch als Podcast bei iTunes U. Auch Gastvorträge zu bestimmten Anlässen werden oft bei iTunes U veröffentlicht. Wie die normalen Podcasts ist auch das gesamte Angebot von iTunes U kostenlos.

Der Bereich „iTunes U" bietet Video- und Audio-Podcasts verschiedener Bildungseinrichtungen.

Sie finden hier Kurse und Vorträge zu praktisch allen Themen, die an Universitäten und Instituten auf dem Lehrplan stehen. Dabei können die Dozenten alle Materialien benutzen, die sie auch im Unterricht einsetzen. Neben Audio- und Videodateien werden auch Präsentationen, Dokumente, PDFs, E-Books im ePub-Format, Apps auf dem iPhone/iPad und natürlich auch Links ins Internet unterstützt.

Viele Kurse, Vorlesungen oder Vorträge bleiben sehr lange bei iTunes U verfügbar, so dass Sie jederzeit auf das Angebot zugreifen können. Der größte Teil des Angebots ist auf Englisch, es sind aber auch zahlreiche deutsche Bildungseinrichtungen mit verschiedenen Podcasts bei iTunes U vertreten.

Der Aufbau der entsprechenden Rubrik im iTunes Store unterscheidet sich nicht von der Podcast-Rubrik. Wie bei Podcasts können Sie auch das iTunes-U-Angebot nutzen, ohne sich mit einer Apple-ID ausweisen oder im Store anmelden zu müssen. Für iOS-Geräte (iPhone, iPad, iPod touch) bietet Apple eine kostenlose App zum Zugriff auf iTunes U an.

Wie bei Podcasts gilt übrigens auch für iTunes U, dass Sie selbst aktiv werden und eigene Kurse anbieten können. Wie das funktioniert und welche Voraussetzungen erfüllt sein müssen, erfahren Sie unter *http://itunesu.itunes.apple.com*.

Kapitel 12 iOS

Für Benutzer eines iPhones, iPads oder iPod touch ist iTunes ein zentrales Programm. Zwingend notwendig ist iTunes für den Einsatz von iPhone & Co nicht – aber es erleichtert den Umgang mit iOS-Geräten doch erheblich. Mit iTunes kopieren Sie die Inhalte aus iTunes auf Ihr iPhone oder iPad und verwalten die Apps auf den Geräten. Obendrein bietet iOS so wie iTunes auf dem Computer den direkten Zugang zum iTunes Store. Sie können also z. B. direkt auf Ihrem iPad Inhalte aus dem iTunes Store kaufen und laden – und haben diese Inhalte dann automatisch auch in Ihrer Mediathek auf dem Computer verfügbar.

!

Buchtipp

Eine ausführliche Vorstellung von iPhone, iPad & Co würde den Rahmen dieses Buches sprengen. Für detaillierte Informationen empfehle ich Ihnen die entsprechenden Titel aus dem amac-buch Verlag: „Mein iPhone", „Mein iPad" und „Meine 350 besten iPhone & iPad Tipps".

Im Prinzip können Sie iPhone & Co zwar auch ohne iTunes einsetzen, aber dann schränken Sie die Möglichkeiten der Geräte – und damit Ihre – deutlich ein und nutzen nur einen Teil von dem, was sie Ihnen bieten können.

!

iOS = iPhone, iPad, iPod touch

iPhone, iPad und iPod touch arbeiten mit dem Betriebssystem iOS (das ein Derivat des Mac-Betriebssystems OS X ist). Das bedeutet in der Praxis, dass diese Geräte im Prinzip gleich bedient werden. Das gilt vor allem für das Zusammenspiel von iOS und iTunes. Wenn in diesem Kapitel also von iOS die Rede ist, sind immer iPhone, iPad und iPod touch gleichermaßen gemeint.

Apple hat unter iOS die Funktionalität von iTunes auf verschiedene Apps aufgeteilt. Inhalte werden mit den Apps *iBooks* (für Hörbücher und E-Books), *Musik*, *Videos* und *Podcasts* wiedergegeben, für den Einkauf in Apples digitalem Kaufhaus stehen *iTunes Store* und *App Store* bereit. Den iBooks Store erreichen Sie unter iOS über die App *iBooks*. Falls Sie auch *iTunes U* nutzen, bietet Apple dafür eine eigene (kostenlose) App an, die Sie zuvor aus dem App Store laden und installieren müssen.

Dabei lassen sich alle Inhalte problemlos zwischen allen Geräten tauschen und auf allen Geräten nutzen. Sie können etwa einen Podcast auf dem iPhone hören und mit iTunes auf dem Computer an der Stelle weiterhören, an der Sie auf dem iPhone die Wiedergabe pausiert haben.

Und nicht nur das: iTunes kümmert sich auch darum, dass Inhalte, mit denen iTunes auf dem Computer überhaupt nichts anfangen kann, ihren Weg auf Ihr iOS-Gerät finden, nämlich E-Books und Fotos.

E-Books werden auf dem Mac in der App iBooks gelesen und verwaltet, aber via iTunes auf Ihr iOS-Gerät kopiert. Unter Windows werden E-Books zwar in der Mediathek von iTunes verwaltet, aber iTunes ist nicht in der Lage, ein solches Buch zu öffnen. Das Programm dient in diesem Fall nur als Transportmittel, um E-Books von Ihrer Festplatte auf Ihr iPhone oder iPad zu kopieren.

Ähnliches gilt für Fotos, mit denen iTunes für sich genommen auch nichts anzufangen weiß. Fotos werden unter OS X oder Windows mit den passenden Programmen verwaltet, aber via iTunes auf ein iOS-Gerät kopiert.

Für den umgekehrten Weg – also wenn Sie Fotos etwa vom iPhone auf Ihren Computer kopieren möchten – wird iTunes allerdings nicht benötigt. Hier verhält sich ein iOS-Gerät wie jede beliebige Digitalkamera.

So kommen Inhalte auf ein iOS-Gerät (Synchronisation)

Ein iOS-Gerät ist für sich genommen zwar bereits ein feines Gerät mit vielfältigen Möglichkeiten, doch sein volles Potenzial entfaltet es erst, wenn Sie es mit eigenen Inhalten (wie Musik, E-Books, Filmen oder Fotos) füllen und Ihre Termine und Adressen, die Sie auf Ihrem Computer verwalten, auch auf Ihrem iPhone oder iPad dabeihaben.

Der Abgleich der Daten auf Ihrem Computer mit den Daten auf dem iOS-Gerät wird „Synchronisation" oder kurz „Sync" genannt. Kommen auf dem Computer neue Inhalte hinzu, werden sie beim Datenabgleich automatisch auf das iOS-Gerät kopiert. Das funktioniert natürlich auch in die Gegenrichtung: Haben Sie unterwegs etwa eine App geladen oder im iTunes Store Musik gekauft, dann werden diese neuen Inhalte beim Sync auch der Mediathek von iTunes einverleibt.

Beim Datenabgleich zwischen Computer und iOS-Gerät haben Sie zwei Möglichkeiten:

- *iTunes:* Der traditionelle Weg führt über das Programm iTunes auf Ihrem Computer. Hier legen Sie fest, welche Inhalte auf Ihr Gerät kopiert werden sollen – ganz gleich, ob es sich dabei um Musik, Podcasts, Apps, E-Books oder anderes handelt. Bei jedem Sync legt iTunes zudem automatisch ein Backup Ihres Geräts auf der Festplatte Ihres Computers an, aus dem Sie im Falle eines Falles das Gerät wiederherstellen können.
- *iCloud/iTunes Store/App Store:* Mit iCloud können Sie Termine, Adressen, Notizen, Lesezeichen aus Ihrem Browser, Erinnerungen und mehr zwischen Ihrem Computer und Ihrem iOS-Gerät synchronisieren, ohne dass Sie es dazu an den Computer anschließen müssten. Außerdem legt iCloud auf Wunsch ein Backup im Internet an. Musik, Videos, Podcasts, Hörbücher oder Apps beziehen Sie über die entsprechenden Apps auf Ihrem Gerät.

Sie können Ihr iOS-Gerät also prinzipiell benutzen, ohne es auch nur einmal mit Ihrem Computer zu verbinden. Allerdings sind damit einige Einschränkungen verbunden. So ist es zum Beispiel nicht möglich, die Musik, die Sie bereits auf Ihrem Computer gespeichert haben, problemlos auf Ihr iPhone, iPad oder Ihren iPod touch zu übertragen. Hier bietet Apple zwar die Dienste iTunes Match und Apple Music, mit denen Sie Ihre komplette Musiksammlung (ganz gleich ob im iTunes Store gekauft oder auf Ihrem Computer in iTunes importiert) in der Datenwolke von Apple ablegen und jederzeit von dort auf jedes autorisierte Gerät laden können – also zum Beispiel auch auf Ihr iPhone. Aber die gibt es nicht umsonst – und der Sync via iTunes ist in vielen Fällen die einfachere Methode.

Sie müssen sich nicht für eine der beiden Methoden entscheiden, sondern können sie auch kombinieren. So lassen sich etwa Musik, Fotos oder Apps mit iTunes auf ein iOS-Gerät befördern, während sich iCloud um Termine, Adressen und Notizen kümmert.

> **!**
>
> **Nur eine Mediathek!**
>
> Bei der Synchronisation mit iTunes ist ein iOS-Gerät an eine Mediathek gebunden. Wenn Sie es an einen anderen Computer anschließen und es dort synchronisieren möchten, erhalten Sie eine Warnung, dass bei einer Synchronisation alle Inhalte auf dem Gerät gelöscht und durch die Inhalte der neuen Mediathek ersetzt werden. Es ist also von Haus aus nicht möglich, ein iOS-Gerät als mobilen Datenträger zu benutzen, mit dem Sie etwa Ihre Musik von der einen in die andere Mediathek übertragen können.

iOS-Geräte in iTunes

Sobald Sie ein iOS-Gerät an Ihren Computer anschließen, wird iTunes zur zentralen Verwaltungsstelle für Inhalte auf dem Gerät. Schließen Sie ein iOS-Gerät zum ersten Mal an, müssen Sie zuvor dem Computer den Zugriff auf das Gerät erlauben und auf dem iOS-Gerät bestätigen. Um auf ein angeschlossenes Gerät zuzugreifen, klicken Sie oben links auf das entsprechende Symbol ❶. Haben Sie mehrere Geräte angeschlossen, erscheint ein Auswahlmenü.

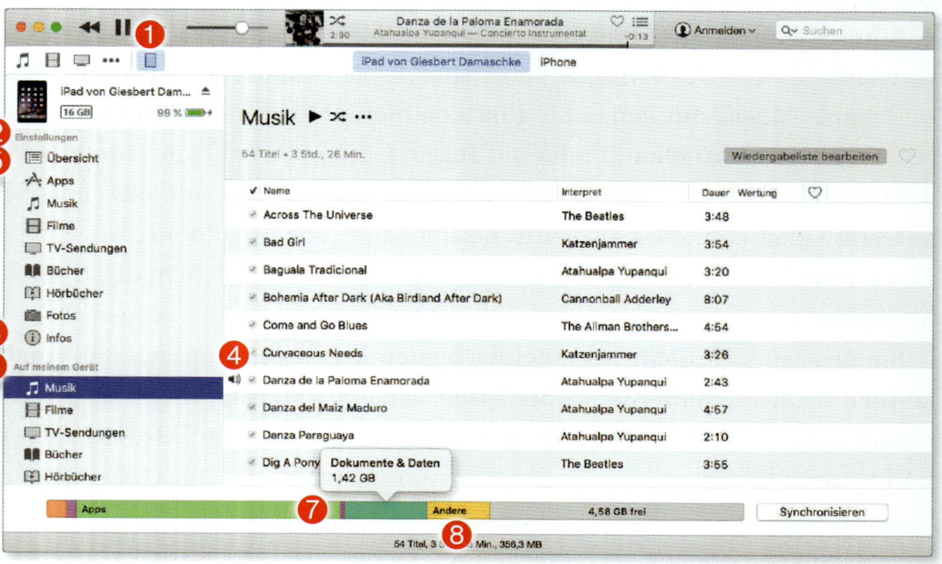

Schließen Sie ein iOS-Gerät an Ihren Computer an, wird iTunes zum zentralen Verwaltungsprogramm.

> **!**
>
> **Autostart von iTunes unterbinden**
>
> Sobald Sie ein iOS-Gerät an Ihren Computer anschließen, startet standardmäßig iTunes. Das ist oft sehr sinnvoll, aber halt nicht immer. Um das auszuschalten, wählen Sie in den „Einstellungen" von iTunes die Registerkarte **Geräte** und aktivieren dort die Option **Automatische Synchronisation von iPods, iPhones und iPads verhindern**. Denken Sie aber daran, dass Sie in Zukunft Ihre Geräte immer durch einen Klick auf **Synchronisieren** – bzw. bei Änderungen der Einstellungen durch einen Klick auf **Anwenden** – selbst auf den aktuellen Stand bringen müssen.

Im iTunes-Fenster sehen Sie nun eine Seitenleiste mit zwei Kategorien:

- *Einstellungen* ❷: Hier erhalten Sie zum einen allgemeine Informationen zum angeschlossenen Gerät und legen über die verschiedenen Inhaltsbereiche fest, welche Inhalte via iTunes auf Ihr iOS-Gerät kopiert werden sollen.
- *Auf meinem Gerät* ❸: Über die verschiedenen Bereiche können Sie nicht nur sehen, welche Inhalte auf Ihrem Gerät aktuell gespeichert sind, sondern auch auf diese zugreifen. Es ist so zum Beispiel möglich, Musik oder Filme wiederzugeben ❹, die Sie auf Ihrem iPhone oder iPad, aber nicht in iTunes haben. Das funktioniert nicht nur mit Ihrem Computer, sondern prinzipiell mit allen Computern, auf denen iTunes installiert ist. Dazu ist es nicht erforderlich, dass Sie sich an diesem Computer mit Ihrer Apple-ID anmelden.

Neben den Bereichen für die verschiedenen Inhalte (*Apps*, *Musik*, *Filme* etc.) bieten die *Einstellungen* zwei besondere Einträge:

- *Übersicht* ❺: Hier sehen Sie genau das, was der Titel ankündigt: eine Übersicht über die wichtigsten Eckdaten des jeweiligen Geräts. Hier legen Sie fest, ob Sie ein lokales Backup oder ein Backup bei iCloud anlegen möchten, und bestimmen grundlegende Sync-Optionen. Hier können Sie auch Ihr iOS-Gerät wiederherstellen. Dabei wird das Betriebssystem komplett neu installiert und anschließend das Backup Ihrer Daten wieder eingespielt. Das kann je nach Datenmenge durchaus ein bis zwei Stunden dauern.
- *Infos* ❻: Auf dieser Registerkarte wählen Sie aus, wie die Einträge für Ihre Kontakte und Kalender synchronisiert werden sollen. Falls Sie dazu iCloud benutzen, werden diese Daten automatisch via Internet abgeglichen und Sie können diese Registerkarte ignorieren. Andernfalls wählen Sie hier das Programm, mit dem Sie diese Daten verwalten.

Im unteren Bereich sehen Sie einen farbigen Balken mit der Speicherbelegung des angeschlossenen Geräts. Zeigen Sie auf einen Bereich, sehen Sie eine detaillierte Übersicht über den jeweiligen Bereich ❼.

!

„Andere“

Im Bereich **Andere** ❽ werden verschiedene Dateien zusammengefasst. Dazu gehören etwa Systemkomponenten, aber auch temporäre oder zwischengespeicherte Daten. Dieser Bereich ist typischerweise rund 1 GB groß, wächst im Laufe der Zeit moderat an und kann von Ihnen nicht beeinflusst werden. Hier landen auch Dateifragmente, die etwa bei einer fehlgeschlagenen Installation entstehen können. Wenn dieser Bereich auf deutlich über 2 GB anwächst, dann hilft nur eins: Sie müssen Ihr iOS-Gerät komplett wiederherstellen.

Geräte synchronisieren

Alle Inhalte, die Sie in Ihrer Mediathek verwalten, lassen sich via iTunes auf iPhone & Co kopieren. Das funktioniert in allen Bereichen immer gleich: Sie schließen Ihr iOS-Gerät an, wählen es in iTunes aus, wechseln zum gewünschten Bereich und markieren die zu synchronisierenden Inhalte. Anschließend klicken Sie auf *Synchronisieren*. Um Inhalte vom iOS-Gerät via iTunes zu löschen, deaktivieren Sie den Sync der entsprechenden Inhalte und synchronisieren Ihr Gerät.

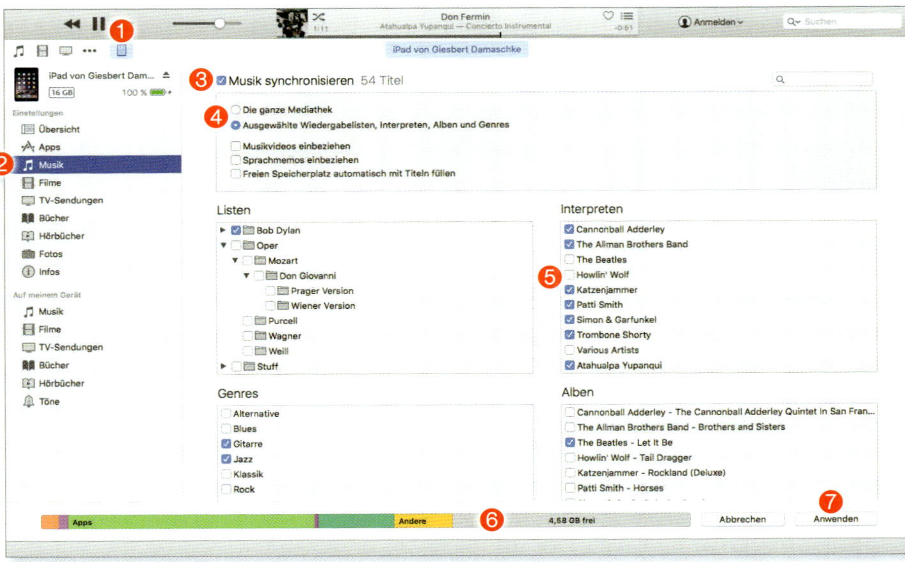

Der Datenaustausch zwischen iTunes und einem iOS-Gerät funktioniert im Prinzip immer gleich. Sie schließen Ihr iOS-Gerät am Computer an und wählen es in iTunes aus ❶. Anschließend wählen Sie den Inhaltsbereich, den Sie synchronisieren möchten (hier: „Musik" ❷). Hier aktivieren Sie nun den Sync ❸ und legen fest, welche Inhalte synchronisiert werden sollen. Üblicherweise können Sie wählen, ob Sie alle Inhalte oder nur eine Auswahl synchronisieren möchten ❹. Wenn Sie nicht alles synchronisieren, können Sie – je nach Inhalt – über verschiedene Optionen genauer bestimmen, was synchronisiert werden soll ❺. Bei der Auswahl sollten Sie die Speicherbelegung ❻ im Auge behalten, damit Sie nicht versehentlich mehr auf das Gerät zu kopieren versuchen, als es Platz bietet. Nach einem Klick auf „Anwenden" ❼ werden die Einstellungen übernommen, und das Gerät wird synchronisiert.

- *Apps:* Hier werden die Apps für iOS verwaltet, die Sie aus dem App Store geladen haben. Dabei können Sie nicht nur Apps kopieren, sondern auch die Anordnung auf dem Home-Bildschirm festlegen. Dazu klicken Sie die gewünschte Bildschirmseite doppelt an und können nun mit der Maus die Symbole verschieben, in Ordner sortieren oder auch vom iOS-Gerät löschen.

Mit iTunes lassen sich auch Apps ❶ auf einem iOS-Gerät verwalten. Um eine App zu installieren, klicken Sie entweder die entsprechende Taste ❷ an oder ziehen die App auf die gewünschte Bildschirmseite. Klicken Sie eine Seite doppelt an, wird sie vergrößert ❸. Sie können nun die Apps auf der Seite durch Ziehen und Ablegen neu anordnen oder auch löschen. (Zeigen Sie dazu auf eine App und klicken Sie auf das „x" ❹, das daraufhin eingeblendet wird.) Sie können eine App auch löschen, indem Sie in der Liste sämtlicher Apps auf „Entfernen" klicken ❺. Die Reihenfolge der Bildschirmseiten können Sie ebenfalls durch Ziehen und Ablegen ändern. Mit einem Klick auf „Anwenden" bzw. „Synchronisieren" ❻ werden Ihre Einstellungen übernommen.

- *Musik:* Bei Musik können Sie entweder Ihren kompletten Musikbestand auf das iOS-Gerät kopieren oder nur bestimmte Wiedergabelisten, Interpreten, Alben oder Genres auswählen. Diese Option ist meist zu bevorzugen, da Sie vermutlich sehr viel mehr Musik in iTunes verwalten, als Sie Platz auf dem iPhone oder iPad haben. Zur Wiedergabe von Musik wird unter iOS die App *Musik* benutzt, Musikvideos werden an die App *Videos* übergeben.

> **!** **Apple Music**
> Wenn Sie im Rahmen eines Apple-Music-Abos die iCloud-Mediathek nutzen, dann können Sie im Register **Musik** nichts mehr einstellen, da nun Ihr kompletter Musikbestand samt allen Wiedergabelisten automatisch über die Cloud zwischen den Geräten synchronisiert wird.

- *Filme, TV-Sendungen:* Wählen Sie die gewünschten Filme und Sendungen aus. Wenn Sie das nicht manuell machen möchten, können Sie iTunes auch anweisen, automatisch die neuesten Filme oder ungesehene Folgen bestimmter Sendungen zu kopieren. Aber Vorsicht! Diese Dateien sind üblicherweise sehr groß und benötigen entsprechend viel Speicherplatz – behalten Sie bei Ihrer Auswahl also die Speicheranzeige im unteren Bereich des iTunes-Fensters im Auge. Filme und TV-Sendungen finden Sie anschließend in der App Videos.
- *Podcasts:* Der Sync von Podcasts und einzelner Folgen funktioniert genau so wie der Sync von Musik. Sie können auch hier festlegen, dass etwa ungehörte oder die neuesten Folgen automatisch kopiert werden. Podcasts werden unter iOS mit der App Podcasts verwaltet. Der Abgleich lässt sich auch komplett automatisieren. Dazu aktivieren Sie in den *Einstellungen* von iTunes auf der Registerkarte *Store* den Punkt *Podcasts-Abonnements und -Einstellungen synchronisieren* und auf dem iOS-Gerät unter *Einstellungen –> Podcasts* den Punkt *Podcasts synchronisieren*.
- *Bücher, Hörbücher:* Auch hier aktivieren Sie zuerst den Sync und legen anschließend fest, welche Inhalte synchronisiert werden sollen. Hörbücher, E-Books und PDF-Dateien landen in iBooks.
- *Töne:* Hier verwaltet iTunes die Klingel- und Nachrichtentöne von iOS, die etwa beim Telefon, den Nachrichten oder FaceTime benutzt werden. Die Töne tauchen dann bei iOS in den entsprechenden Auswahlmenüs der Apps und unter *Einstellungen –> Töne* auf.
- *Fotos:* Auch wenn iTunes selbst keine Fotos anzeigen oder verwalten kann, legen Sie in iTunes dennoch fest, welche Fotos von Ihrem Computer an das iOS-Gerät übertragen werden sollen. Dabei können Sie entweder Alben aus dem Programm wählen, mit dem Sie Ihre Fotos verwalten, oder auch normale Ordner mit Fotos angeben, auf die iTunes beim Sync zugreifen soll. Fotos, die Sie vom Computer auf iPhone & Co kopiert haben, werden auf dem iOS-Gerät in der Fotos-App in eigenen Alben angezeigt. Es ist nicht möglich, diese Alben auf dem iOS-Gerät zu verändern oder zu löschen. Möchten Sie diese Fotos nicht mehr unter-

wegs dabei haben – schließlich benötigen Fotos jede Menge Platz auf dem Gerät –, dann müssen Sie in iTunes den Sync der entsprechenden Alben oder Order ausschalten und das Gerät synchronisieren.

> **!**
>
> **Nur markierte Inhalte synchronisieren**
>
> Auf der Registerkarte **Übersicht** finden Sie unter **Optionen** den Punkt **Nur markierte Titel und Videos synchronisieren**. Wenn Sie diesen Punkt aktivieren, werden nur die Titel auf das iOS-Gerät kopiert, bei dem Sie in iTunes das Listenmarkierungsfeld ausgewählt haben (s. dazu Kapitel 4). Standardmäßig sind alle Titel in iTunes markiert. Möchten Sie, dass bestimmte Titel nicht synchronisiert werden, entfernen Sie in iTunes das Häkchen im Listenmarkierungsfeld. Das ist zum Beispiel dann sinnvoll, wenn Sie bei der Synchronisation bestimmte Titel eines Albums oder einer Wiedergabeliste vom Sync ausnehmen möchten.

Per WLAN synchronisieren

Standardmäßig wird ein iOS-Gerät über das mitgelieferte USB-Kabel synchronisiert. Doch das muss nicht sein. Der von iTunes gesteuerte Datenaustausch zwischen Ihrem Computer und Ihrem iOS-Gerät kann auch drahtlos über Ihr heimisches WLAN erfolgen. Das ist zwar etwas langsamer als der Datenaustausch über Kabel, dafür aber deutlich bequemer.

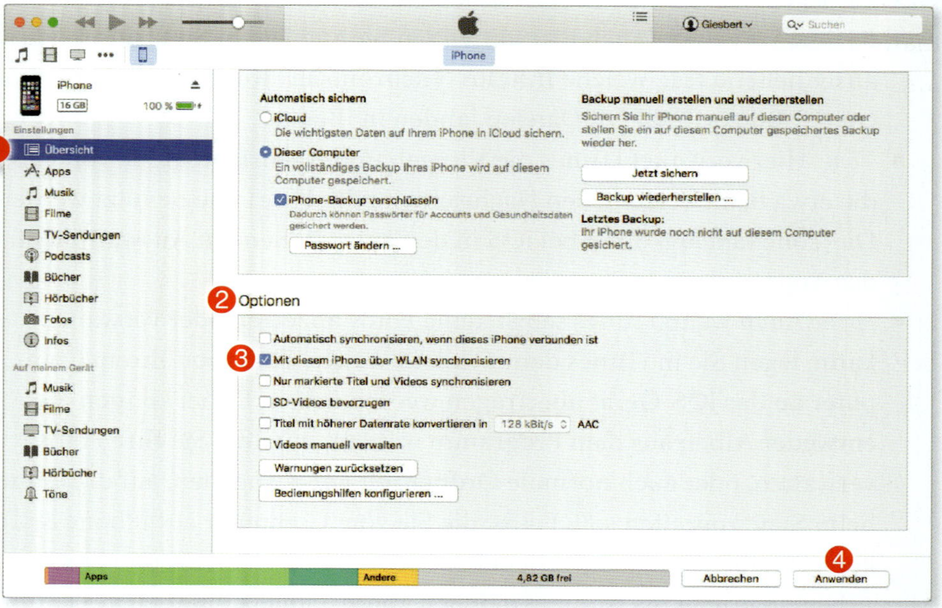

Ein iOS-Gerät kann auch drahtlos via WLAN mit iTunes synchronisiert werden.

Schließen Sie dazu Ihr Gerät einmal per Kabel an Ihren Computer an und aktivieren Sie in iTunes auf der Registerkarte *Übersicht* ❶ im Abschnitt *Optionen* ❷ den Punkt *Mit diesem {Gerät} über WLAN synchronisieren* ❸. Nach einem Klick auf *Anwenden* ❹ werden die neuen Einstellungen übernommen. Anschließend können Sie die Kabelverbindung zwischen Ihrem Gerät und dem Computer trennen. In Zukunft erfolgt der Datenaustausch über das Funknetzwerk.

Obendrein haben Sie die Möglichkeit, jederzeit einen Sync von Ihrem iOS-Gerät aus zu starten (vorausgesetzt, Ihr Computer ist eingeschaltet und iTunes ist geöffnet). Sie können Ihr iOS-Gerät also bequem vom Wohnzimmersofa aus mit dem PC im Arbeitszimmer abgleichen.

Starten Sie dazu auf Ihrem iOS-Gerät *Einstellungen -> Allgemein*, tippen Sie auf *iTunes-WLAN-Sync* und anschließend auf *Jetzt synchronisieren*. Sobald Daten zwischen dem iOS-Gerät und iTunes ausgetauscht werden, erscheint in der Statusleiste ein sich drehender, kreisförmiger Pfeil.

Musik und Videos manuell verwalten

Üblicherweise überlässt man den Sync von Musik und Videos iTunes. Es ist aber auch möglich, diese Daten manuell auf das iPhone oder iPad zu kopieren und selbst zu verwalten. Das funktioniert auch dann, wenn Sie Ihr iOS-Gerät üblicherweise von iTunes synchronisieren lassen. Allerdings können Sie die so kopierten Daten nicht manuell vom iOS-Gerät löschen. Für die vollständige manuelle Verwaltung aktivieren Sie zuerst im Abschnitt *Übersicht* den Punkt *Musik und Videos manuell verwalten* und klicken auf *Anwenden*.

Inhalte manuell kopieren: Schließen Sie Ihr iOS-Gerät an, wechseln Sie zu den Inhalten (Musik, Filme oder TV-Sendungen) ❶, die Sie auf das Gerät kopieren möchten, und klicken Sie auf „Wiedergabelisten" ❷. Markieren Sie nun die gewünschten Inhalte und ziehen Sie sie auf den Eintrag Ihres iOS-Geräts in der Seitenleiste ❸. Die markierten Titel werden sofort kopiert.

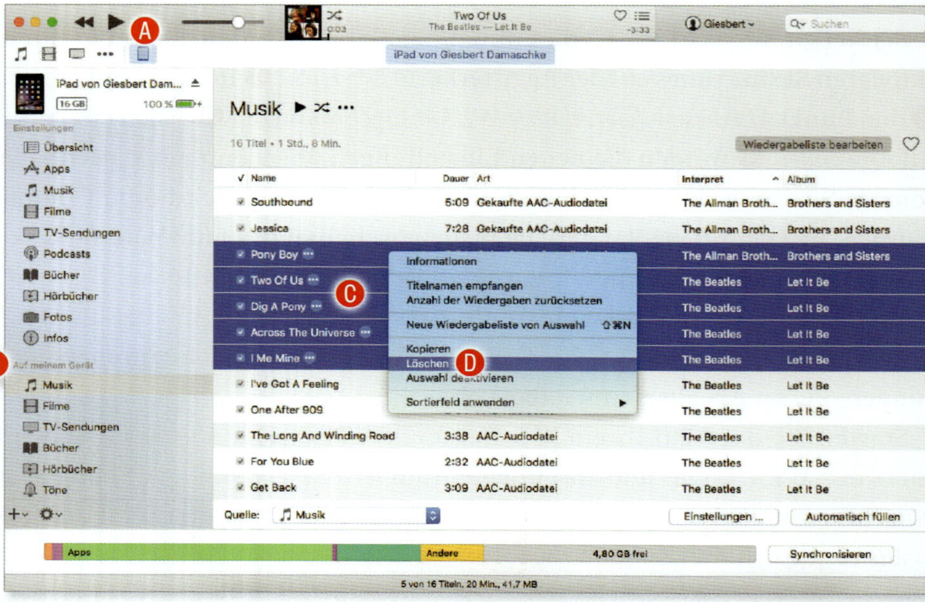

Inhalte manuell löschen: Um Inhalte vom iOS-Gerät zu löschen, schließen Sie Ihr Gerät an und wechseln anschließend zur Geräteanzeige in iTunes **A**. *Wählen Sie hier im Bereich „Auf meinem Gerät“* **B** *die Option Musik, Filme oder TV-Sendungen. Hier können Sie nun die gewünschten Titel markieren* **D** *und wie vom Finder (OS X) oder Explorer (Windows) her gewohnt löschen. Sie können die markierten Titel auch mit der rechten Maustaste anklicken und „Löschen“* **D** *wählen. Der Löschvorgang wird ohne weitere Rückfragen sofort gestartet.*

Musik und Videos

Musik und Videos auf Ihrem iOS-Gerät werden über die entsprechenden Apps wiedergegeben. Deren Einsatz ist denkbar einfach: Musik- oder Videos-App aufrufen, gewünschten Titel wählen, fertig.

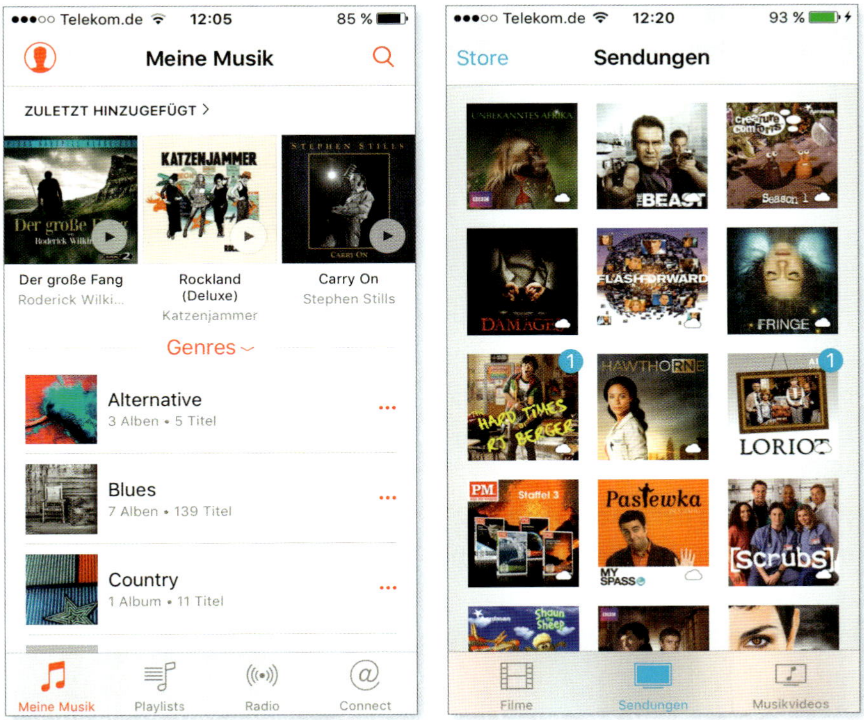

Musik und Videos werden unter iOS in den gleichnamigen Apps verwaltet.

Dabei ist die Orientierung in der Videos-App sehr simpel. Über die drei Menüpunkte *Filme*, *Sendungen*, *Musikvideos* am unteren Rand wechseln Sie zu den entsprechenden Inhalten, mit einem Tipp auf einen Eintrag starten Sie den Film.

In der Musik-App ist das etwas komplexer und nicht unbedingt auf Anhieb zu erkennen. Hier sehen Sie am unteren Rand die vier Punkte *Meine Musik*, *Playlists*, *Radio* und *Connect* ❶. Mit einem Tipp auf einen der Punkte wechseln Sie erwartungsgemäß zu den entsprechenden Bereichen. Unter *Playlist* sehen Sie Ihre Wiedergabelisten, die Sie entweder via iTunes oder die iCloud-Musikmediathek auf das iOS-Gerät kopiert haben, oder die Sie direkt auf dem Gerät anlegen. *Connect* wurde mit Apple Music eingeführt, mehr dazu in Kapitel 15.

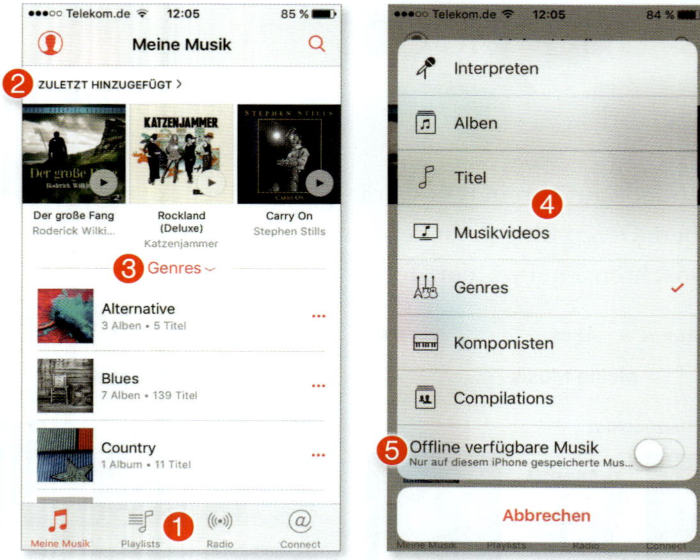

Die verschiedenen Sortiermöglichkeiten hat Apple in der Musik-App ein wenig versteckt.

Doch was ist mit den verschiedenen Sortiermöglichkeiten, etwa nach Interpreten, Alben oder Komponisten? Das sind ja viel zu viele Punkte, als dass man sie unten in die Menüleiste quetschen könnte. Hier hat sich Apple etwas einfallen lassen.

Der Bildschirm der Musik-App ist zweigeteilt. Im Register *Meine Musik* sehen Sie im oberen Bereich die zuletzt hinzugefügten Alben ❷, darunter wird die gesamte auf dem iOS-Gerät verfügbare Musik angezeigt. Die beiden Bereiche werden durch eine rote Trennlinie und dem Stichwort zur aktuellen Sortierung getrennt ❸. Tippen Sie nun auf die aktuelle Sortierung, öffnet sich ein Menü, in dem Sie die gewünschte Sortierung auswählen ❹. Hier können Sie auch festlegen, dass nur *Offline verfügbare Musik* ❺ angezeigt wird, also nur die Titel, die tatsächlich als Datei physikalisch auf dem iOS-Gerät gespeichert sind (falls Sie Apple Music samt iCloud-Mediathek nicht aktiviert haben, heißt dieser Punkt *iTunes-Käufe zeigen*).

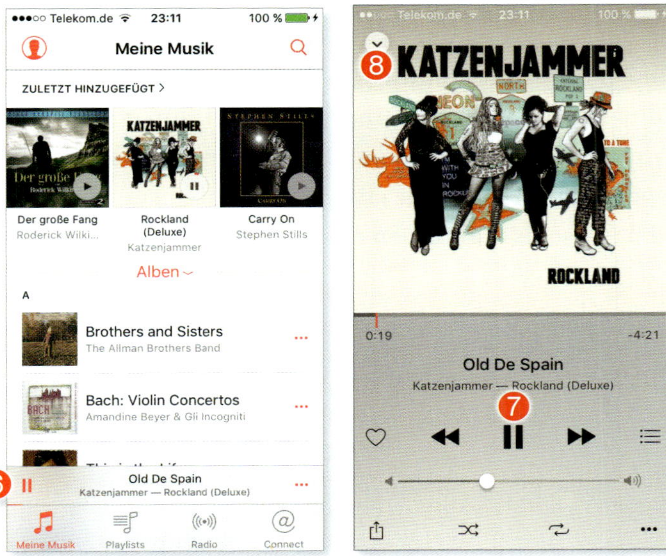

Der aktuell wiedergegebene Titel ist in der Musik-App immer nur einen Fingertipp entfernt.

Die Wiedergabe starten Sie wie gewohnt mit einem Fingertipp auf ein Album bzw. einen Titel. Der aktuell wiedergegebene Titel wird dabei am unteren Rand der Musik-App angezeigt ❻. Tippen Sie diese Anzeige an, werden die vertrauten Steuerungsmöglichkeiten der Wiedergabe angezeigt ❼. Mit einem Tipp auf den Pfeil links oben ❽ blenden Sie die Steuerung wieder aus.

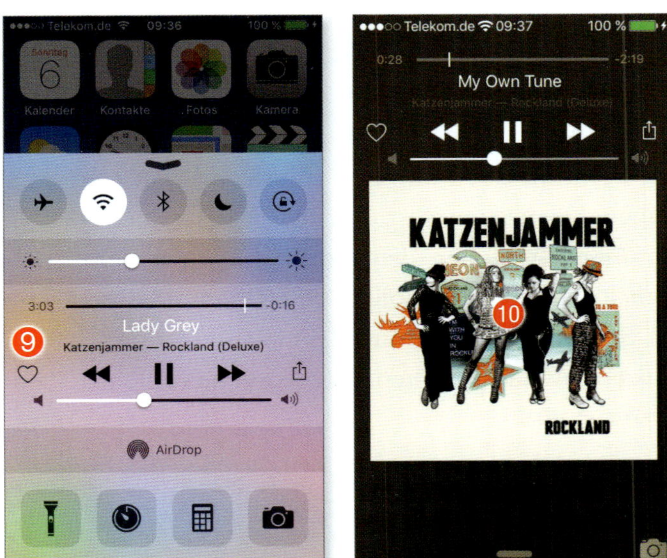

Die Wiedergabe läuft unabhängig von anderen Prozessen auf dem Gerät und wird natürlich auch dann fortgesetzt, wenn Sie die Musik-App verlassen. Nun erreichen Sie die Steuerung der Wiedergabe über das Kontrollzentrum ❾. Sie können im Internet surfen, E-Mails lesen, Notizen anlegen oder das Gerät auch in den Standby-Modus versetzen (in diesem Fall sehen Sie das Cover und den aktuellen Titel statt des gewohnten Hintergrundbildes ❿). Die Wiedergabe stoppt erst, wenn ein Stück (oder eine Wiedergabeliste) zu Ende ist, Sie in der Musik-App die Pausetaste antippen oder die App vollständig beenden.

!

Sprachmemos vom iPhone übertragen

Ein iPhone lässt sich mit der App **Sprachmemos** in ein Diktafon verwandeln. So können Sie unterwegs mehr oder weniger kurze Sprachnotizen aufzeichnen, Vorträge mitschneiden oder ein Interview aufnehmen. Damit diese Aufzeichnungen auf Ihrem Computer landen, müssen Sie bei der Synchronisation von Musik den Punkt **Sprachmemos einbeziehen** aktivieren. Die Aufnahmen finden sich dann als Wiedergabeliste **Sprachmemos** im Musik-Bereich von iTunes; die Medienart ist **Sprachmemo**.

Musik und Videos löschen

So schön und praktisch es auch ist, Filme und Musik auf dem iOS-Gerät dabeizuhaben – die Sache hat doch einen Haken: Die Dateien verbrauchen enorm viel Platz. Ein normales Musikalbum belegt um die 100 MB, eine Folge einer Fernsehserie kommt schon bei normaler Auflösung problemlos auf rund 700 MB, und in HD-Qualität sind hier rasch 2 GB zusammen. Bei Filmen ist der Platzbedarf natürlich am größten. Hier erreichen Sie bei modernen Blockbustern durchaus um die 5 GB.

Kurz: Selbst wenn Sie auch nur eine Handvoll Filme und Musik auf Ihrem Gerät dabeihaben, bekommen Sie rasch ein Platzproblem.

Da hilft nur eins: Sie müssen sich von den Inhalten trennen, die Sie aktuell nicht benötigen, also Musik, TV-Folgen und Videos löschen. Dabei gibt es zwei Möglichkeiten. Sie können ein Album oder einen Film direkt in der entsprechenden App (Musik oder Videos) löschen. Oder Sie gehen einen kleinen Umweg über die *Einstellungen* von iOS.

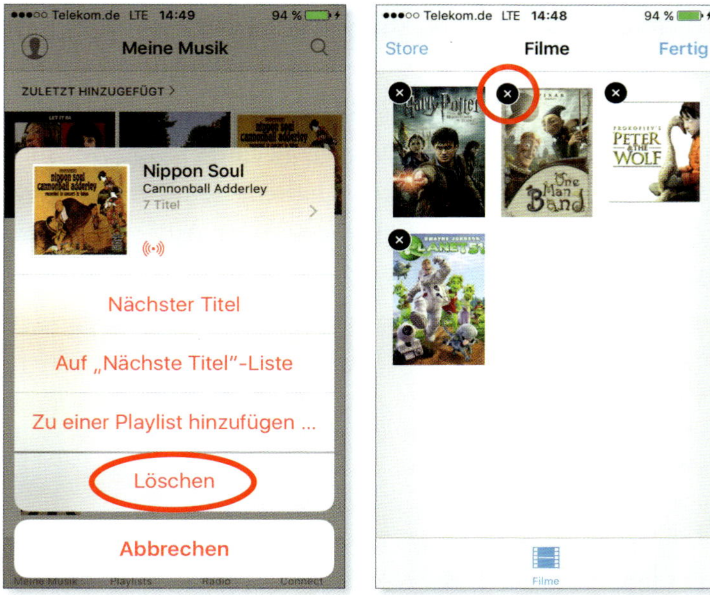

Um in der Musik-App (links) etwas zu löschen, tippen Sie auf die „Mehr"-Taste (die drei Punkte) und wählen „Löschen". Bei der Videos-App (rechts) wählen Sie „Bearbeiten" und löschen einen Film mit einem Tipp auf das „x" in der linken oberen Ecke.

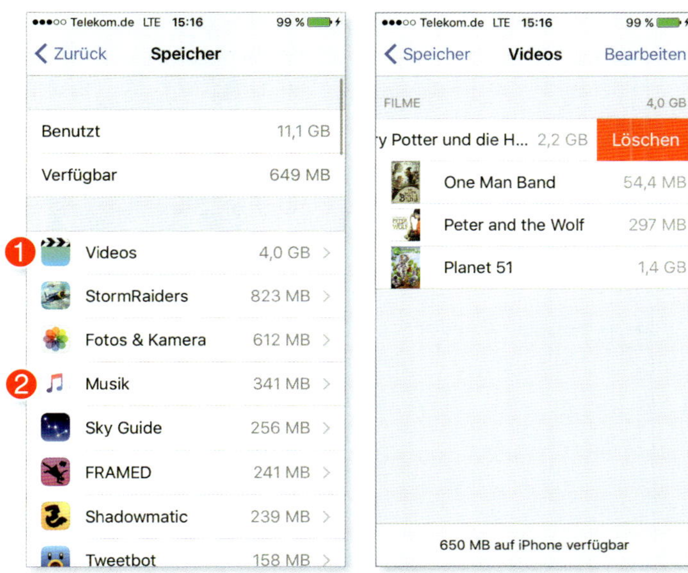

Wenn Sie wissen wollen, wie groß die Dateien sind, die Sie löschen möchten, wählen Sie „Einstellungen –> Allgemein –> Speicher- & iCloud-Nutzung". Hier tippen Sie im Abschnitt „Speicher" auf „Speicher verwalten". Tippen Sie auf „Videos" ❶ *bzw. „Musik"* ❷*. Sie sehen nun eine Liste aller lokal gespeicherten Medien samt Größenangabe. Um einen Titel zu löschen, streichen Sie ihn von rechts nach links durch und bestätigen mit einem Tipp auf „Löschen".*

Gekaufte Musik und Videos aus der Cloud abspielen

Sie müssen die Musik oder die Videos, die Sie auf dem iOS-Gerät wiedergeben, nicht zwingend auf diesem Gerät als Datei gespeichert haben. Musik und Videos, die Sie bei Apple im iTunes Store gekauft haben, steht Ihnen jederzeit zur Verfügung. Dazu werden die Daten in Echtzeit von den Apple-Servern via Internet an Ihr iOS-Gerät geschickt (ein Vorgang, den man „Streaming" nennt).

!

Apple Music und iTunes Match

Mit den beiden kostenpflichtigen Angeboten **iTunes Match** und **Apple Music** haben Sie via Internet Zugriff auf praktisch das komplette Musik-Angebot im iTunes Store. Zu Apple Music gehört auch die iCloud-Mediathek, die Ihnen Ihren kompletten Musikbestand – ganz gleich ob bei Apple gekauft, von CD gerippt oder von einem anderen Anbieter – ebenfalls via Internet zur Verfügung stellt. Mit Apple Music (und dem Unterschied zwischen Apple Music und iTunes Match) beschäftigt sich das Kapitel 15.

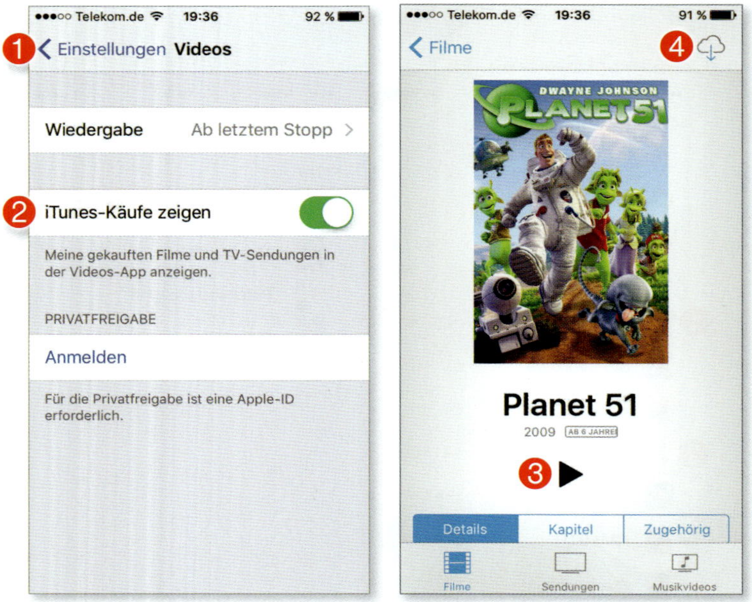

Auch vom iOS-Gerät aus können Sie problemlos auf Ihre im iTunes Store gekauften Videos zugreifen, ohne sie als Datei herunterladen zu müssen.

Um in der Videos-App Zugriff auf Ihre gekauften, aber aktuell nicht geladenen Inhalte zu bekommen, aktivieren Sie unter *Einstellungen –> Videos* ❶ den Schalter *iTunes-Käufe zeigen* ❷. Anschließend werden in der Videos-App alle im iTunes Store gekauften Filme und TV-Serien angezeigt und lassen sich wie gewohnt wiedergeben ❸. Ein kleines Wolkensymbol zeigt an, dass der entsprechende Titel aktuell nicht auf dem iOS-Gerät ist und beim Aufruf gestreamt wird. Soll der Film oder die TV-Serie lokal gespeichert werden, tippen Sie auf das Wolkensymbol mit dem Pfeil ❹.

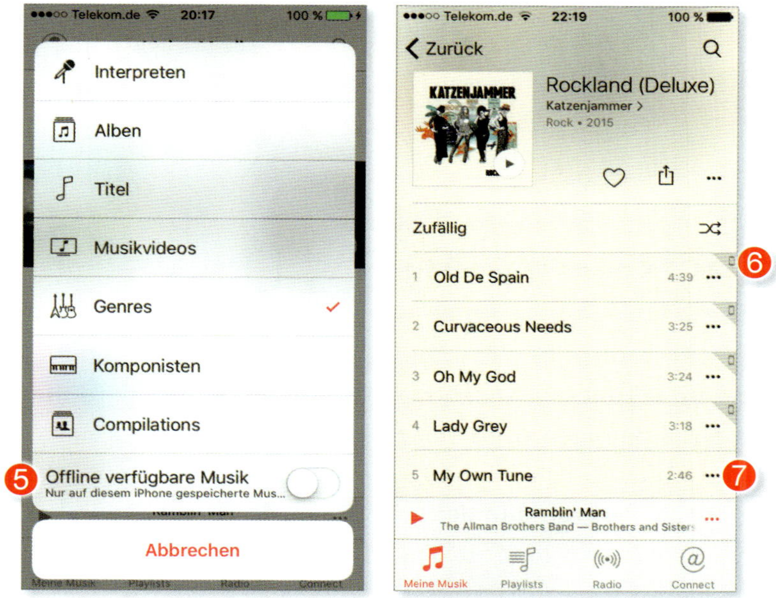

Auch Ihre Musik müssen Sie nicht unbedingt physikalisch auf dem iOS-Gerät gespeichert haben, um sie hören zu können.

Bei der Musik-App funktioniert das ein wenig anders. Hier schalten Sie zuerst unter *Meine Musik* den Punkt *Offline verfügbare Musik* aus ❺. Nun werden alle Einkäufe aus dem iTunes Store in der Musik-App angezeigt. Anders als bei der Videos-App werden aber nicht die nur online verfügbaren Titel markiert, sondern hier ist es genau anders herum: Alle nicht markierten Einträge werden via Internet auf das iOS-Gerät geladen, Titel, die auf dem Gerät als Datei verfügbar sind, werden mit einem kleinen Symbol markiert ❻. Möchten Sie einen Titel aus Apples Datenwolke herunterladen, tippen Sie auf das *Mehr*-Symbol ❼ – die drei Punkte – und wählen *Offline verfügbar*.

> **!**
>
> **Vorsicht vor der Kostenfalle!**
>
> So angenehm es auch ist, Videos und Musik aus dem Internet zu streamen – so leicht stolpert man dabei in eine Kostenfalle. Denn das Streaming belastet schließlich Ihr Datenvolumen bei Ihrem Mobilfunkanbieter. Um hier nicht unversehens das gesamte Volumen durch Musik und Videos zu verbrauchen, können Sie den beiden Apps den Zugriff auf die mobilen Daten untersagen. Dann funktioniert Streaming allerdings nur noch im WLAN. Schalten Sie dazu unter **Einstellungen –> Mobiles Netz** im Abschnitt **Mobile Daten verwenden** den Zugriff für **Musik** und **Videos** aus.

Podcasts und iTunes U

Das Podcast- und iTunes-U-Angebot aus dem iTunes Store wird unter iOS mit den beiden gleichnamigen Apps verwaltet. Dabei ist die Podcasts-App bereits installiert, die iTunes-U-App können Sie kostenlos aus dem App Store laden und installieren. Beide Apps sind in der Lage, die Podcast-Abos zwischen verschiedenen iOS-Geräte über iCloud zu synchronisieren.

Beim ersten Start fragen die Apps nach, ob Sie den Sync aktivieren möchten. Sie können Ihre Entscheidung jederzeit unter *Einstellungen –> Podcasts* bzw. *Einstellungen –> iTunes U* revidieren.

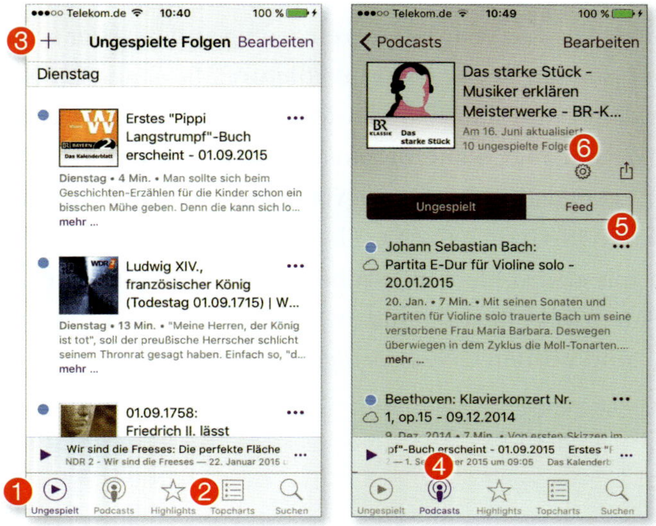

Podcasts werden auf einem iOS-Gerät über die Podcasts-App wiedergegeben und verwaltet.

Über das Menü am unteren Rand ❶ wechseln Sie zwischen den verschiedenen Ansichten. Über *Ungespielt* und *Podcasts* greifen Sie auf Podcasts zu, die auf dem iOS-Gerät gespeichert sind, die Punkte *Highlights*, *Topcharts* und *Suchen* ❷ bringen Sie zur Podcast-Abteilung im iTunes Store, wo Sie Podcasts direkt auf dem iOS-Gerät abonnieren und laden können. Über die Plustaste oben links ❸ legen Sie neue Sender an. Über *Podcasts* ❹ haben Sie nicht nur Zugriff auf alle Folgen eines Podcasts, sondern auch auf Ihre Sender bzw. Wiedergabelisten. Das *Mehr*-Menü (die drei Punkte) ❺ bietet Ihnen das vertraute Kontextmenü, über das Sie eine Folge etwa als gespielt markieren oder eine Folge laden können. Die Einstellungen des Podcasts können Sie nach einem Tipp auf das *Zahnrad* ❻ ändern.

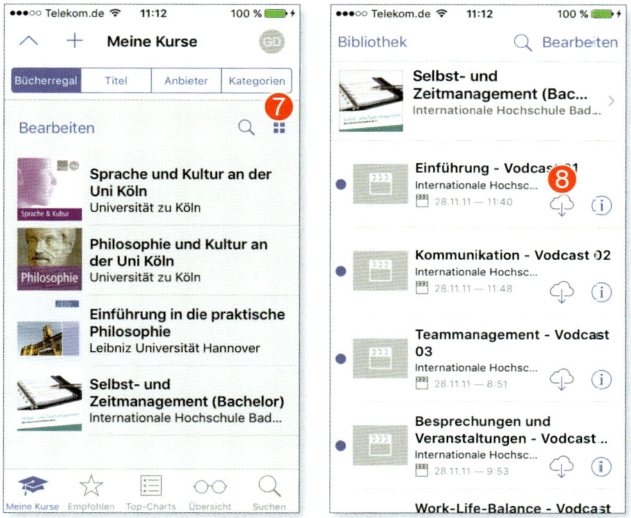

Auch unterwegs können Sie auf einem iOS-Gerät Ihre iTunes-U-Podcasts wiedergeben und neue Folgen aus dem iTunes Store laden.

Ähnliches gilt auch für iTunes U, allerdings können Sie hier keine Wiedergabelisten bzw. Sender definieren. Die Kurse werden in einem stilisierten Bücherregal oder als Liste angezeigt. Mit einem Tipp auf das entsprechende Symbol ❼ wechseln Sie die Darstellung. (Falls das Symbol nicht angezeigt wird, ziehen Sie den Bildschirm nach unten.) Bei den meisten Kursen handelt es sich um Video-Podcasts, die Sie entweder streamen oder mit einem Tipp auf das Wolkensymbol ❽ auch als Datei laden können.

Bücher und Hörbücher

Die App iBooks ist ein E-Book-Reader, also ein Programm, mit dem Sie elektronische Bücher auf dem iOS-Gerät lesen können. Mit diesem Programm geben Sie auch Ihre Hörbücher auf einem iOS-Gerät wieder. Das Programm unterstützt die zwei populären Formate, in denen elektronische Bücher und Dokumente üblicherweise vorliegen, also PDF und ePub:

- *ePub* ist die Abkürzung für „Electronic Publication“ und beschreibt das Standardformat vieler elektronischer Bücher.
- *PDF* steht für „Portable Document Format“ und bezeichnet einen Standard, mit dem sich beliebige Layouts problemlos auf den unterschiedlichsten Geräten anzeigen lassen. Ganz gleich, ob Sie ein PDF-Dokument auf Ihrem Computer oder Ihrem iPad betrachten – es wird auf beiden Geräten gleich aussehen.

Außerdem bietet iBooks den Zugang zu Apples digitaler Buchhandlung, dem iBooks Store (der genau so funktioniert wie der iTunes Store oder der App Store).

Es gibt verschiedene Möglichkeiten, iBooks mit E-Books zu füllen, um sie auf dem iOS-Gerät zu lesen.

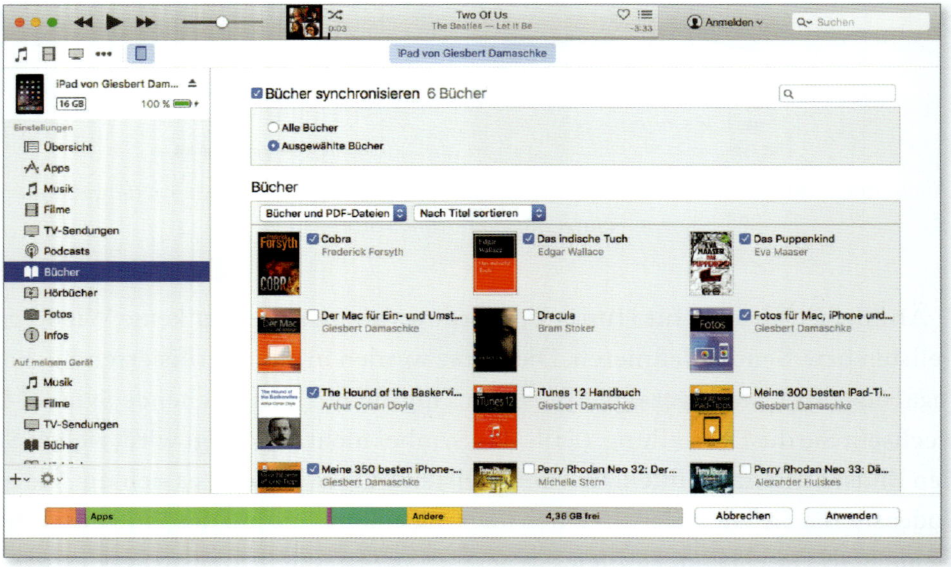

Auch wenn iTunes selbst mit E-Books nichts anzufangen weiß, werden sie doch mit dem Programm vom Computer auf das iOS-Gerät kopiert.

- *iTunes (Windows):* Sie laden Ihre Bücher mit iTunes aus dem iBooks Store oder importieren ePub- und PDF-Dateien aus dem Internet, von CD oder aus anderen Quellen. Dabei werden ePub- und PDF-Dateien ebenso importiert wie Musik und andere Medien. Mit iTunes synchronisieren Sie dann die gewünschten Bücher auf Ihr iOS-Gerät.
- *iBooks (OS X):* In der App iBooks wechseln Sie zum iBooks Store und laden dort die gewünschten Titel. Sie können auch ePub- und PDF-Dateien aus anderen Quellen in die App importieren. Via iTunes werden dann die Bücher auf das iOS-Gerät kopiert. (Sie können zwar auch in iTunes zur *Bücher*-Abteilung gehen, doch sobald Sie einen Titel laden, wechselt OS X ohnehin zu iBooks.)
- *iBooks Store (iOS):* Auf dem iOS-Gerät starten Sie die App iBooks und wechseln dort in den iBooks Store. Dort laden Sie die gewünschten Titel direkt in die App.
- *Import (iOS):* Auch auf dem iOS-Gerät lassen sich kopierschutzfreie ePub- oder PDF-Dateien nach iBooks importieren. Tippen Sie einen Link zu einer ePub-Datei an, zeigt Safari ein iBooks-Symbol und bietet Ihnen die Möglichkeit, die Datei über den Link *In „iBooks" öffnen* nach iBooks zu kopieren. PDF-Dateien werden angezeigt und bieten ebenfalls einen Link *In „iBooks" öffnen*. Beim nächsten Sync des Geräts mit iTunes werden die so importierten Bücher auch an iBooks (OS X) bzw. die Mediathek (Windows) übertragen.

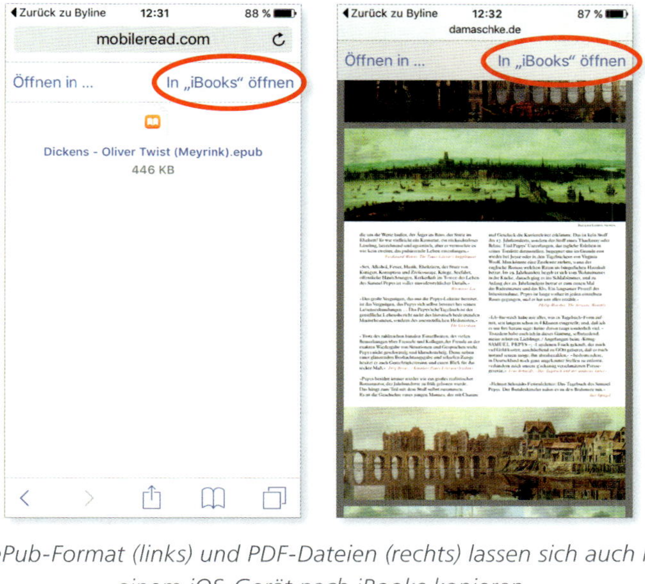

E-Books im ePub-Format (links) und PDF-Dateien (rechts) lassen sich auch mit Safari auf einem iOS-Gerät nach iBooks kopieren.

Die Sammlungen

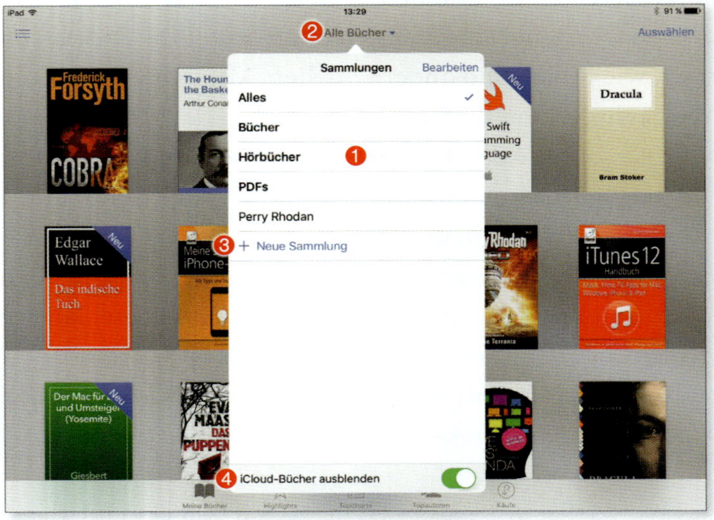

Mit iBooks verwalten Sie Ihre digitale Lektüre in „Sammlungen".

Sämtliche Bücher auf dem iOS-Gerät – egal ob ePub, PDF oder Hörbücher – werden in der Bibliothek von iBooks verwaltet. Dabei stellt iBooks die vorhandenen Titel mit ihren Covern in einem stark stilisierten Regal dar. Die Bücher werden in Sammlungen verwaltet, wobei iBooks die verschiedenen Dateitypen automatisch in drei getrennten Sammlungen verwaltet (*Bücher*, *Hörbücher*, *PDFs* ❶). In der Mitte der oberen Menüleiste von iBooks sehen Sie, welche Sammlung aktuell angezeigt wird. Standardmäßig sehen Sie hier *Alle Bücher* ❷. Um die Sammlung zu wechseln, tippen Sie auf den aktuell angezeigten Namen der Sammlung. Über *Neue Sammlung* ❸ legen Sie eine eigene Sammlung an, in der Sie ePub und PDF mischen können.

> **!**
>
> **Bücher in der Cloud**
>
> Wie bei Apps, Musik und Videos lassen sich E-Books, die Sie einmal im iBooks Store gekauft haben, jederzeit erneut kostenlos laden. Standardmäßig blendet iBooks (OS X, iOS) bzw. iTunes (Windows) alle Ihre Bücher ein, ganz gleich, ob sie als Datei vorhanden sind oder nicht. Bücher, die Sie zwar gekauft, aber aktuell nicht gespeichert haben, erkennen Sie am Wolkensymbol, das am Titel eingeblendet wird. Mit einem Klick (OS X, Windows) bzw. Tipp (iOS) auf dieses Symbol laden Sie die Datei. Möchten Sie die in der Cloud vorhandenen Titel nicht angezeigt bekommen, rufen Sie in iBooks die Verwaltung der Sammlungen auf und aktivieren hier **iCloud-Bücher ausblenden** ❹.

Ein E-Book lesen

Sie öffnen ein E-Book mit einem Tipp auf sein Cover. Geblättert wird fast wie in einem realen Buch. Ziehen Sie mit dem Finger eine Seite nach links oder rechts, wird sie in einer Animation umgeblättert. Tippen Sie einmal in die Mitte der Seite, wird ein Menü ein- bzw. ausgeblendet. In der unteren Zeile ❶ erfahren Sie, wie viele Seiten das aktuelle Kapitel noch hat, und über den Schieberegler ❷ können Sie sich durch das Buch bewegen.

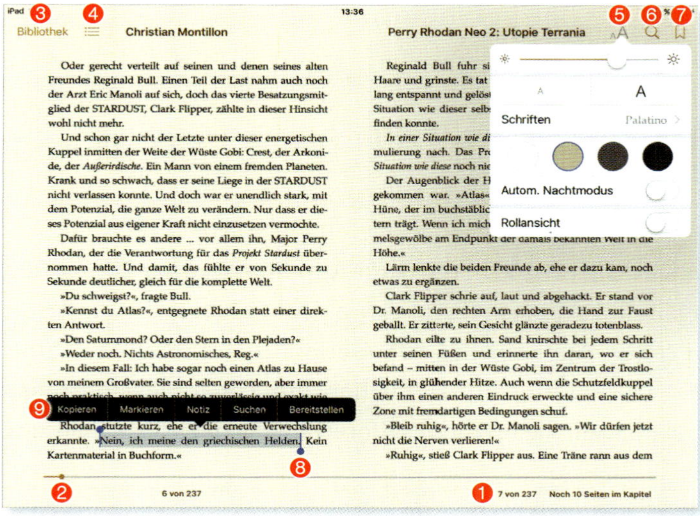

Bei der Darstellung eines E-Books orientiert sich iOS an einem realen Buch.

Das obere Menü bietet folgende von Möglichkeiten:

- *Bibliothek* ❸: Damit verlassen Sie das aktuelle Buch und kehren zur Bibliothek von iBooks zurück.
- *Listensymbol* ❹: Über diese Taste rufen Sie das Inhaltsverzeichnis auf. Von hier aus haben Sie auch Zugriff auf Ihre Lesezeichen und Notizen.
- *Schriftensymbol* ❺: Mit einem Tipp auf die Schriftentaste können Sie die Helligkeit, die Schrift, die Schriftgröße und die Farbgebung ändern.
- *Lupe* ❻: Hiermit rufen Sie die Suchfunktion auf und können das aktuelle Buch nach beliebigen Stichwörtern durchforsten.
- *Lesezeichen* ❼: Mit einem Tipp auf das Lesezeichensymbol markieren Sie die aktuelle Position im Buch. Sie können beliebig viele Lesezeichen setzen, die über das Inhaltsverzeichnis erreichbar sind.

In einem gedruckten Buch können Sie an wichtigen Stellen Lesezeichen einlegen oder beliebige Textstellen unterstreichen und Notizen an den Rand kritzeln. Das geht auch bei iBooks. Berühren und halten Sie die gewünschte Stelle im Buch. Es erscheint ein Kontextmenü, und das aktuelle Wort wird markiert. Sie können nun wie gewohnt die Markierung über die Griffpunkte ❽ erweitern und über das Menü ❾ die markierte Passage *Kopieren*, farblich *Markieren*, eine *Notiz* schreiben, nach dem markierten Text im aktuellen E-Book *Suchen* oder die markierte Passage über *Bereitstellen* an andere Apps weitergeben.

Markierungen und Notizen sind ebenfalls über das Inhaltsverzeichnis zu erreichen. Um eine Markierung oder Notiz zu löschen, streichen Sie sie im Inhaltsverzeichnis von rechts nach links durch und tippen auf *Löschen*.

App Store und iTunes Store

Über die beiden Apps iTunes Store und App Store haben Sie auf dem iOS-Gerät direkten Zugriff auf Apples iTunes Store. Dabei bietet der App Store – wie der Name schon sagt – Apps für das iOS-Gerät an, und im iTunes Store finden Sie Musik, Filme, TV-Sendungen, Hörbücher und Töne. Elektronische Bücher und Hörbücher bekommen Sie im iBooks Store, den Sie über die App iBooks erreichen.

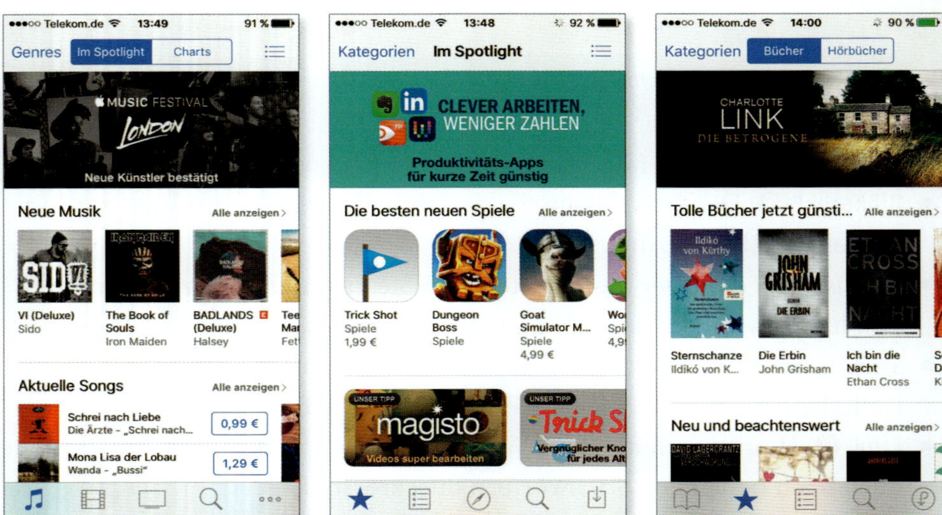

Unter iOS sind die verschiedenen Bereiche des iTunes Store auf mehrere Apps aufgeteilt (von links nach rechts: iTunes Store, App Store, iBooks Store), die von ihrem Aufbau und ihrer Funktion her dem iTunes Store von iTunes gleichen.

Der Aufbau der verschiedenen Stores ist dabei sehr ähnlich und unterscheidet sich auch kaum vom iTunes Store in iTunes. Über die verschiedenen Symbole wechseln Sie in den jeweiligen Bereich des Stores. Die Suchfunktion bietet den gezielten Zugriff auf bestimmte Inhalte. Wie Sie es von iTunes her gewohnt sind, erhalten Sie auch auf dem iOS-Gerät mehr oder weniger umfangreiche Detailinformationen zu einem Titel, können kurz in einen Song hineinhören und bei Gefallen ein Album, einen Film oder einen Titel mit einem Tipp auf den Preis kaufen.

Damit Sie einkaufen oder auch kostenlose Titel laden können, müssen Sie mit Ihrer Apple-ID angemeldet sein. Das erledigen Sie am einfachsten unter *Einstellungen –> App und iTunes Store*. Vor einem Download wird zudem noch das Passwort abgefragt.

!

Einkaufen mit der Touch ID

Auf neueren iOS-Geräten steht Ihnen „Touch ID" zur Verfügung, mit dem Sie die Legitimierung für den Einkauf im Store deutlich vereinfachen können. Anstatt Ihr Passwort einzugeben, legen Sie einfach den Finger auf die Home-Taste. Diese Funktion müssen Sie allerdings zuerst unter **Einstellungen –> Touch ID & Code** mit einem Tipp auf den Schalter **iTunes & App Store** aktivieren. Sobald Sie nun aufgefordert werden, Ihr Kennwort einzugeben, genügt es, Ihren Finger auf den Home-Button zu legen. Natürlich ist es weiterhin möglich, stattdessen das Kennwort einzutippen – schließlich könnte es ja sein, dass der Fingerabdrucksensor defekt ist oder Ihr Fingerabdruck nicht korrekt erkannt wird.

Alle Inhalte, die Sie mit Ihrem iOS-Gerät aus den Stores herunterladen, werden sofort installiert und stehen damit direkt nach dem Download zur Verfügung. Wenn Sie Ihr iOS-Gerät das nächste Mal mit Ihrem Computer synchronisieren, werden diese Inhalte automatisch in die Mediathek von iTunes auf Ihrem Computer übertragen.

Fotos übertragen

Auch wenn iTunes selbst mit Bildern nichts anzufangen weiß, ist es doch dafür zuständig, dass Ihre Fotos vom Computer auf dem iOS-Gerät landen. Der Foto-Sync unterscheidet sich dabei nicht vom Sync anderer Inhalte: Sie schließen Ihr iOS-Gerät an Ihren Computer an, wählen es in iTunes aus und wechseln zum Bereich *Fotos*. Hier wählen Sie die Ordner oder Alben aus, die synchronisiert werden sollen, und klicken auf *Anwenden*. Die ausgewählten Fotos sind dann über die Fotos-App auf dem iOS-Gerät zu sehen.

Anders verhält es sich allerdings, wenn Sie Fotos von einem iOS-Gerät an Ihren Computer übertragen möchten – denn hier bleibt iTunes völlig außen vor. Stattdessen wird das iOS-Gerät vom Computer als digitale Kamera behandelt, auf die Sie entsprechend zugreifen.

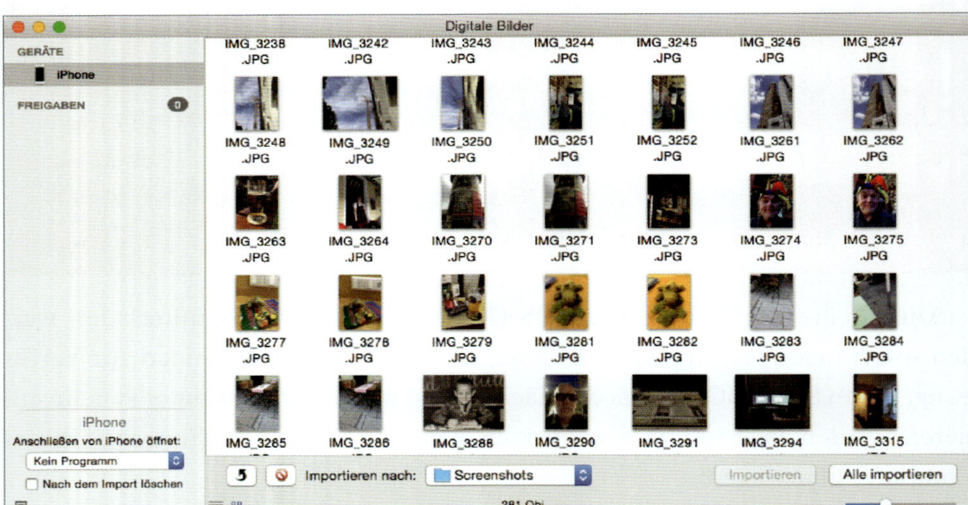

Unter OS X gibt es verschiedene Möglichkeiten, Fotos vom iOS-Gerät an den Computer zu übertragen. Standardmäßig benutzt OS X dazu das Programm „Fotos", es stehen aber auch die Programme „Vorschau" und „Digitale Bilder" (hier zu sehen) zur Verfügung.

Unter OS X benutzen Sie zur Übertragung der Fotos vom iOS-Gerät auf den Mac ein Programm wie *Digitale Bilder*, *Vorschau* oder *Fotos*. Natürlich können Sie auch jedes andere Programm benutzen, das in der Lage ist, Fotos von einer digitalen Kamera zu importieren.

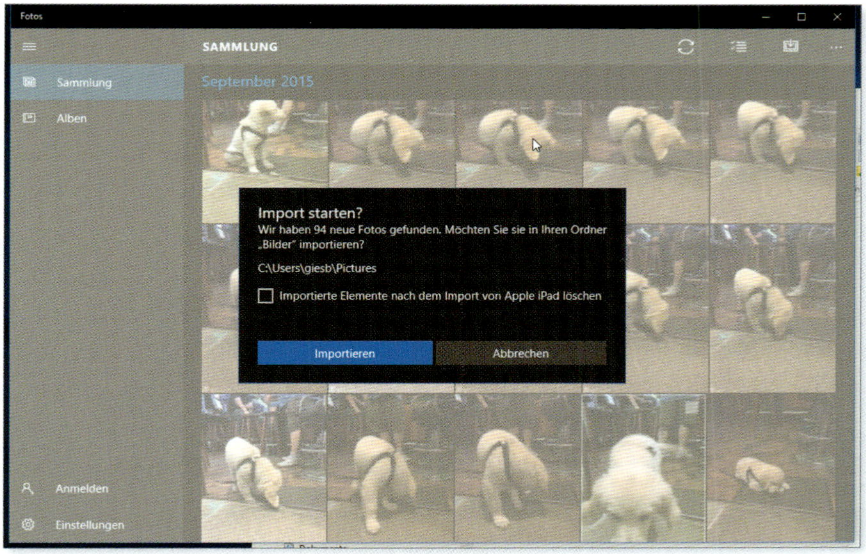

Auch unter Windows können Sie mit jedem beliebigen Programm, das auf eine digitale Kamera zugreifen kann, Bilder vom iOS-Gerät laden. Hier zu sehen ist etwa die Fotos-App von Windows 10.

Unter Windows ist es fast genauso wie unter OS X, auch hier kann jedes beliebige Programm, das auf eine angeschlossene Kamera zugreifen kann, die Fotos vom iOS-Gerät importieren. Anders als unter OS X kann das iOS-Gerät aber auch über den Windows Explorer direkt angesprochen werden, so dass Sie hier gezielt auf die Bilder zugreifen können, ohne erst ein Programm starten zu müssen. Allerdings ist die Ablagestruktur der Fotos bei einem iOS-Gerät auf Dateiebene einigermaßen unübersichtlich.

Backup, Update, Wiederherstellen

Mit iTunes werden nicht nur Inhalte zwischen Computer und iOS-Gerät abgeglichen, sondern auch die Inhalte vom iOS-Gerät in einem Backup auf dem Computer gesichert. Außerdem ist es möglich, das Betriebssystem iOS zu aktualisieren und ein iOS-Gerät via iTunes komplett neu aufzusetzen, es also wiederherzustellen. Dazu schließen Sie zuerst Ihr iOS-Gerät an Ihren Computer an, wählen es in iTunes aus ❶ und wechseln zum Bereich *Übersicht* ❷.

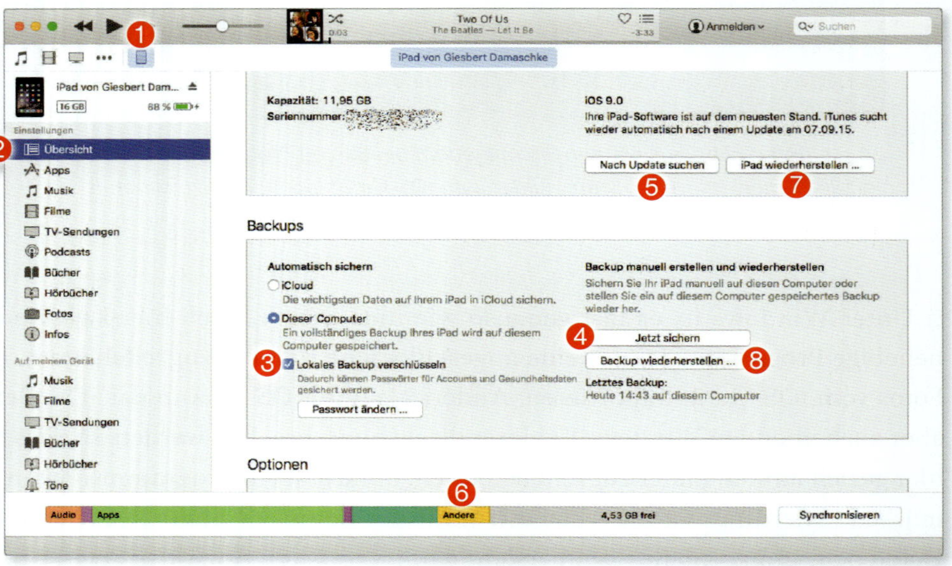

Mit iTunes können Sie von einem iOS-Gerät ein verschlüsseltes Backup anlegen und es im Falle eines Falles auch komplett neu aufsetzen.

- *Backup:* Standardmäßig legt iTunes bei jeder Synchronisation automatisch ein Backup des iOS-Geräts an. Damit kein Unbefugter in den Daten Ihres Backups herumschnüffelt, sollten Sie das Backup verschlüsseln und über ein Passwort schützen. Dazu schließen den Punkt *Dieser Computer –> Lokales Backup verschlüsseln* ❸. Möchten Sie unabhängig von der Synchronisation ein Backup anlegen, klicken Sie auf *Jetzt sichern* ❹. Angenehmer Nebeneffekt eines verschlüsselten Backups: Es werden nun auch die Gesundheitsdaten und die auf dem Gerät eingegebenen Passwörter gesichert.

- *System aktualisieren:* Sie können das Betriebssystem iOS zwar auch direkt auf dem iOS-Gerät über *Einstellungen –> Allgemein –> Softwareaktualisierung* aktualisieren, doch das empfiehlt sich nur bei kleineren Zwischenupdates. Bei einem größeren Versionssprung ist die Aktualisierung via iTunes nicht nur schneller, sondern mitunter auch die einzige Möglichkeit. Denn für die Installation umfangreicher Updates benötigt iOS einigen Platz auf dem Gerät – der nicht immer zur Verfügung steht. Normalerweise weist Sie iTunes auf ein vorhandenes Update hin. Wollen Sie sicher sein, dass Sie die aktuelle Systemversion von iOS benutzen, klicken Sie auf *Nach Update suchen* ❺.
- *Wiederherstellen:* Wenn Ihr iOS-Gerät sich beharrlich seltsam benimmt und nicht das tut, was Sie von ihm erwarten, oder wenn der Speicherbereich *Andere* ❻ dauerhaft unverhältnismäßig umfangreich ist (also deutlich über 2 GB Platz beansprucht), dann sollten Sie Ihr Gerät zurücksetzen und wiederherstellen. Legen Sie zuerst ein aktuelles Backup an und wählen Sie anschließend *iPhone* (bzw. *iPad* oder *iPod*) *wiederherstellen* ❼. Dabei wird zuerst nach der aktuellsten Version von iOS gesucht (und diese gegebenenfalls geladen). Anschließend wird das iOS-Gerät komplett gelöscht und das Betriebssystem neu installiert. Danach haben Sie die Möglichkeit, das iOS-Gerät entweder als komplett neues – und leeres – Gerät oder aus dem aktuellen Backup wiederherzustellen ❽.

Kapitel 13 Freigaben

Je länger Sie iTunes benutzen, desto mehr Inhalte verwalten Sie im Programm und eine desto größere Rolle wird es als Mediendatenbank spielen. Da wäre es schon ärgerlich, wenn die Wiedergabe der Inhalte an den Computer gebunden bliebe, auf dessen Festplatte die Daten gespeichert sind. Oder wenn Freunde und Familie keine Chance hätten, auf Ihre Medienschätze zuzugreifen. Daher lässt sich iTunes auch als Medienserver einsetzen, der anderen Nutzern bzw. Geräten den Zugriff auf Ihre Mediathek ermöglicht.

Die Freigaben von iTunes

Sobald Ihr Computer sich in einem Netzwerk befindet – also etwa dem heimischen WLAN –, lässt sich iTunes in einen Medienserver verwandeln. Damit ist es möglich, mit einem anderen Computer, einem iOS-Gerät (iPhone, iPad, iPod touch) oder mit einem Apple-TV via WLAN auf Inhalte in der Mediathek zuzugreifen.

Für die Freigabe benutzt iTunes Bonjour, ein von Apple entwickeltes Protokoll für die einfache Freigabe von Ressourcen in Netzwerken. Bonjour wird zusammen mit iTunes installiert und steht in der Regel auf jedem Computer zur Verfügung, auf dem iTunes vorhanden ist. Dank Bonjour müssen Sie sich nicht um die Netzwerkeinstellungen oder Dateifreigaben Ihres Computers kümmern, das übernimmt alles iTunes.

Mit einer Freigabe können Sie etwa mit Ihrem iPad auf dem Sofa einen Film sehen, der auf der Festplatte Ihres Computers im Arbeitszimmer gespeichert ist, und zwar ohne dass Sie diesen Film zuerst auf Ihr iPad kopieren müssen. Natürlich können Sie auch mit einem zweiten Computer via Freigabe auf die Inhalte einer freigegebenen Mediathek zugreifen.

Dabei kennt die Freigabe keine Systemgrenzen. Ganz gleich ob Windows oder Mac – für die Freigabe spielt das keine Rolle. Sie können mit einem Windows-PC auf iTunes-Inhalte auf einem Mac zugreifen und umgekehrt. Durch die Freigabe wird der Computer kaum belastet. Auch wenn sich Ihre Kinder auf ihrem Computer einen Film aus Ihrer Mediathek ansehen, können Sie an Ihrem Computer problemlos weiterarbeiten.

Dabei unterscheidet iTunes zwei verschiedene Arten der Freigabe:

- *Die Freigabe der Mediathek:* Die Freigabe ist für den Zugriff über einen anderen Computer auf die Mediathek gedacht (mit iPhone & Co funktioniert diese Freigabe nicht). Hier können Sie festlegen, auf welche Inhalte der Zugriff erlaubt ist und welche Inhalte davon ausgenommen sein sollen. So lässt sich der Zugriff z. B. auf bestimmte Medientypen, Genres oder Wiedergabelisten beschränken. Zudem kann der Zugriff über ein Kennwort geschützt werden. Eine Apple-ID ist nicht erforderlich.
- *Die Privatfreigabe:* Die Privatfreigabe ist der einfachste Weg, um die komplette Mediathek freizugeben, und insbesondere für den Zugriff via iPad, iPhone oder Apple-TV gedacht. Der Clou: Über die Privatfreigabe lassen sich Inhalte auch von einem Computer auf einen anderen kopieren. Für die Nutzung der Privatfreigabe benötigen Sie eine Apple-ID, außerdem müssen alle vernetzten Geräte für die Apple-ID der Privatfreigabe aktiviert sein.

!

Die Familienfreigabe

Neben den beiden Freigaben in iTunes gibt es noch die damit verwandte „Familienfreigabe" in iCloud. Damit ist es möglich, einer Gruppe mit bis zu sechs Familienmitgliedern – dem Organisator der Gruppe und fünf weiteren Personen – Zugriff auf alle Inhalte zu geben, die Sie (als Organisator) im iTunes Store, im App Store oder im iBooks Store gekauft haben. Doch nicht nur das: Familienmitglieder dürfen auch mit Ihrer Kreditkarte bei Apple einkaufen. Damit Ihre Kinder nicht unverhofft Ihre Kreditkarte leerräumen, können Sie spezielle Kinderaccounts einrichten. Zudem richtet die Familienfreigabe bei allen Mitgliedern ein gemeinsames Fotoalbum, einen gemeinsamen Kalender und eine gemeinsame Erinnerungsliste ein. Zu diesem Thema empfehle ich Ihnen das Buch „Apple-ID & iCloud" aus dem amac-buch Verlag.

Die Mediathek im Netzwerk freigeben

Wenn Sie iTunes als Medienserver einsetzen möchten, um etwa Ihren Kindern gezielt Zugriff auf bestimmte Inhalte auf Ihrer Festplatte zu geben oder um von einem zweiten Computer aus auf Ihre Musik zugreifen zu können, dann ist dies eine Sache weniger Mausklicks.

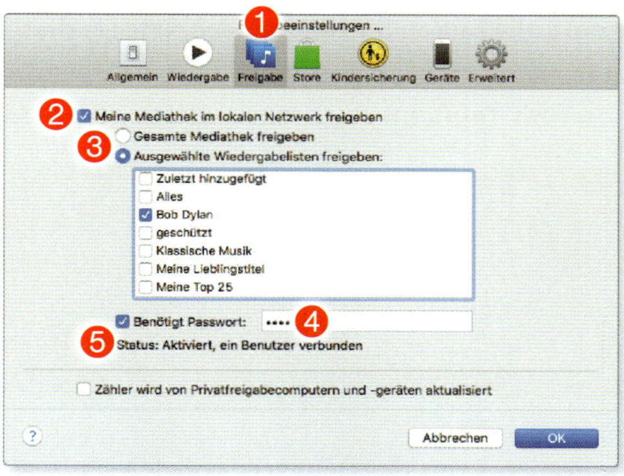

Die Freigabe der Mediathek im lokalen Netzwerk ist rasch erledigt. Anschließend kann jeder Benutzer im Netzwerk auf die freigegebenen Inhalte zugreifen.

1. Öffnen Sie die *Einstellungen* von iTunes und wechseln Sie zum Register *Freigabe* ❶.
2. Aktivieren Sie den Punkt *Meine Mediathek im lokalen Netzwerk freigeben* ❷ und legen Sie fest, ob Sie die *Gesamte Mediathek* oder nur *Ausgewählte Wiedergabelisten freigeben* möchten ❸. Dieser Punkt ist ein wenig missverständlich formuliert. Sie können hier nämlich nicht nur Wiedergabelisten, sondern auch komplette Bereiche, etwa *Musik*, freigeben.
3. Sobald Sie die Mediathek oder Teile davon im Netzwerk freigeben, kann jeder, der im lokalen Netzwerk angemeldet ist, auf die Mediathek zugreifen. Möchten Sie den Zugriff beschränken, vergeben Sie ein Passwort ❹.
4. Falls ein Benutzer via Netzwerk auf die Mediathek zugreift, wird dies hier angezeigt ❺ – einen anderen Hinweis auf aktive Zugriffe gibt es nicht.

Jeder Benutzer im Netzwerk kann auf die freigegebene Mediathek zugreifen. Dabei spielt es keine Rolle, ob ein Mac oder ein Windows-PC benutzt wird. In diesem Beispiel wird via Windows 10 auf eine Mediathek auf einem Mac zugegriffen.

Anschließend ist Ihre Mediathek für andere Teilnehmer im Netzwerk sichtbar. In der Symbolleiste von iTunes erscheint als erstes Symbol nun ein kleines Haus. Klicken Sie darauf, können Sie die freigegebene Mediathek auswählen ❻. Falls ein Passwort festgelegt wurde, erscheint zuerst eine entsprechende Abfrage. Es können bis zu fünf Teilnehmer gleichzeitig auf Ihre Mediathek zugreifen.

!

Nur bestimmte Titel oder Alben freigeben

Sie können entweder komplette Bereiche – Musik, Filme, TV-Sendungen und so weiter – oder Wiedergabelisten freigeben. Möchten Sie nur ein bestimmtes Album oder einen bestimmten Film freigeben, müssen Sie diese Inhalte vor der Freigabe in einer eigenen Wiedergabeliste sammeln.

Sobald das erledigt ist, kann der Benutzer von seinem Computer via iTunes auf die freigegebene Mediathek zugreifen – ganz so, als lägen die Daten auf seinem Computer. Der Benutzer kann Inhalte einer freigegebenen Mediathek genau so wiedergeben, wie er das von seiner lokalen Mediathek gewohnt ist. Einziger Unterschied: Es ist nicht möglich, die Datei-Informationen oder Metadaten freigegebener Inhalte zu ändern, und es ist auch nicht möglich, die Inhalte der freigegebenen Mediathek auf die lokale Festplatte zu kopieren.

!

Der Name im Netzwerk

Standardmäßig wird die freigegebene Mediathek unter dem Namen **Mediathek von {Benutzername}** angezeigt. Das können Sie natürlich ändern – und zwar in den **Einstellungen** von iTunes auf der Registerkarte **Allgemein**.

Den Zugriff über das lokale Netzwerk auf Ihre Mediathek bemerken Sie in der Regel nicht. Es ist völlig problemlos möglich, die Musik für einen Computer in einem anderen Zimmer freizugeben und gleichzeitig selbst Musik zu hören oder mit iTunes zu arbeiten.

Außer der kleinen *Status*-Anzeige unter *Einstellungen –> Freigabe* gibt es auch keinen Hinweis darauf, dass aktuell jemand über das lokale Netzwerk auf Ihre Mediathek zugreift. Erst wenn Sie die Freigabe rückgängig machen oder iTunes beenden, warnt iTunes Sie im Falle eines Falles, dass Sie im Begriff sind, die Wiedergabe bei einem anderen Benutzer abrupt zu beenden (allerdings nur unter OS X – unter Windows wird die Verbindung kurzerhand gekappt).

Die Freigabe-Einstellungen bleiben so lange aktiv, bis Sie sie in den Einstellungen explizit ändern oder die Freigabe komplett beenden. Wenn Sie iTunes beenden und neu starten, wird Ihre Mediathek also automatisch wieder im lokalen Netzwerk freigegeben.

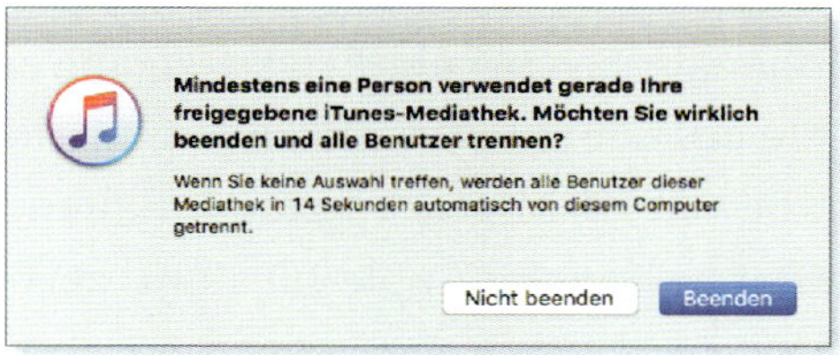

Wenn Sie iTunes bei aktiver Freigabe beenden, warnt iTunes Sie, wenn noch ein Benutzer mit Ihrer Mediathek verbunden ist.

Freigabe der Mediathek vs. Privatfreigabe

Neben der Freigabe der Mediathek kennt iTunes auch noch die Privatfreigabe, mit der Sie Ihre Mediathek für bis zu fünf verschiedene Geräte freigeben können.

Beide Freigaben ähneln sich, sind aber deutlich anders aufgebaut:

- *Wer gibt frei?* Bei der Freigabe der Mediathek gibt ein Anwender im Netzwerk seine Mediathek frei, und die anderen Benutzer greifen auf diese Mediathek zu. Bei der Privatfreigabe geben alle Teilnehmer Ihre Mediathek wechselseitig frei – jeder kann auf die Mediatheken der anderen Benutzer zugreifen.
- *Was wird freigegeben?* Bei der Freigabe der Mediathek können Sie die Freigabe auf bestimmte Bereiche oder Wiedergabelisten beschränken. Die Privatfreigabe kennt hier nur ein „Alles oder nichts".

- *Zugriff mit iOS:* Die Freigabe der Mediathek funktioniert nur bei Computern im Netzwerk. Bei der Privatfreigabe können Sie auch mit einem iOS-Gerät (iPhone, iPad, iPod touch) auf die Mediatheken der Privatfreigabe zugreifen, allerdings nur auf Musik und Videos. Es ist nicht möglich, die Inhalte auf einem iOS-Gerät für andere freizugeben.
- *Apple-ID:* Die Freigabe der Mediathek funktioniert unabhängig von der Apple-ID oder der Autorisierung eines Computers. Die Privatfreigabe ist dagegen an die Apple-ID gebunden. Außerdem muss ein Computer mit der Apple-ID autorisiert werden.
- *Kopieren von Inhalten:* Während Sie bei der Freigabe einer Mediathek deren Inhalte nur wiedergeben, aber nicht dauerhaft auf Ihrem Computer speichern können, ist das bei der Privatfreigabe kein Problem. Hier ist es möglich, Inhalte aus der einen in die andere Mediathek zu kopieren. Für die Wiedergabe von DRM-geschützten Inhalten müssen alle Computer natürlich mit der passenden Apple-ID autorisiert worden sein.

Sie können im Prinzip beide Freigaben gleichzeitig aktivieren, also sowohl die Freigabe der Mediathek als auch die Privatfreigabe. Das führt in der Praxis allerdings gelegentlich zu Verwirrung und Problemen. Wenn etwa ein Computer auf eine freigegebene Mediathek zugreift, steht die Privatfreigabe nicht mehr zur Verfügung. Am besten ist es, Sie aktivieren nur die Freigaben, die Sie tatsächlich benutzen.

Privatfreigabe aktivieren und nutzen

Bevor Sie die Privatfreigabe auf Ihren Geräten nutzen können, müssen Sie sie auf jedem Gerät mit der gleichen Apple-ID aktivieren:

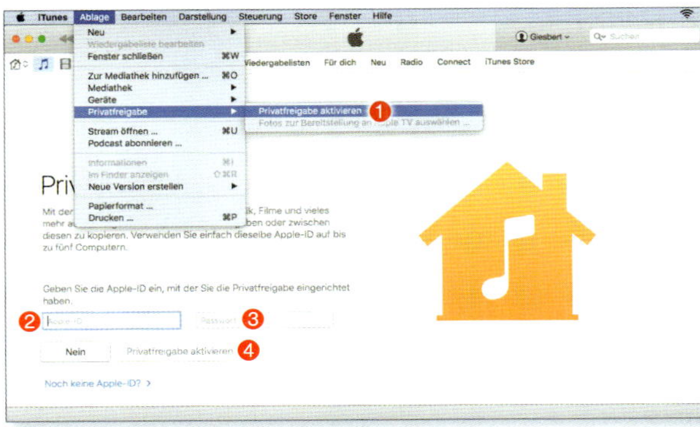

iTunes auf dem Computer: Wählen Sie „Ablage" (OS X) bzw. „Datei" (Windows) und dort „Privatfreigabe –> Privatfreigabe aktivieren" ❶. Geben Sie die „Apple-ID" ❷ ein, mit der Sie die Privatfreigabe starten möchten, und autorisieren Sie die Freigabe durch Ihr „Passwort" ❸. Anschließend klicken Sie auf „Privatfreigabe aktivieren" ❹.

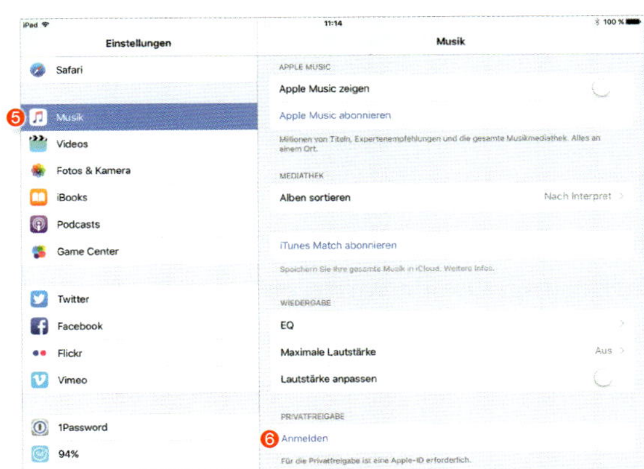

iPhone & Co: Wählen Sie „Einstellungen –> Musik" oder „Einstellungen –> Videos" ❺ und tippen Sie unter „Privatfreigabe" auf „Anmelden". Geben Sie nun die Apple-ID, die Sie für die Privatfreigabe benutzen, und das dazugehörige Kennwort ein. Die Privatfreigabe gilt automatisch für beide Bereiche, also sowohl für Musik als auch für Videos, ganz gleich, wo Sie die Apple-ID samt Kennwort eingetragen haben.

Um eine freigegebene Mediathek zu nutzen, gehen Sie folgendermaßen vor:

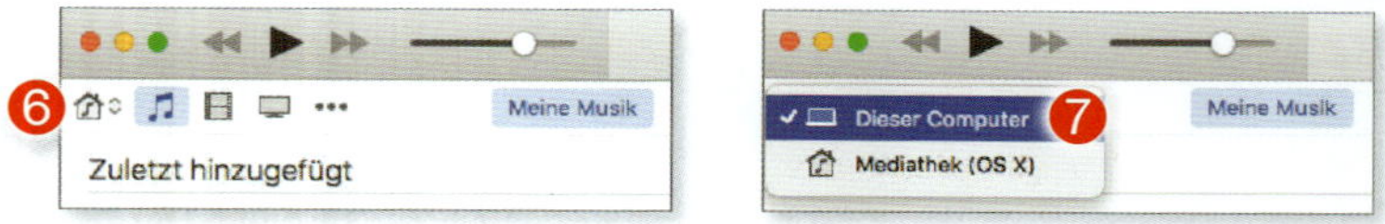

iTunes auf dem Computer: Bei einer aktiven Privatfreigabe erscheint in der Symbolleiste von iTunes als erstes Symbol ein kleines Haus ❻, über das Sie auf die Privatfreigaben auf anderen Computern zugreifen können ❼.

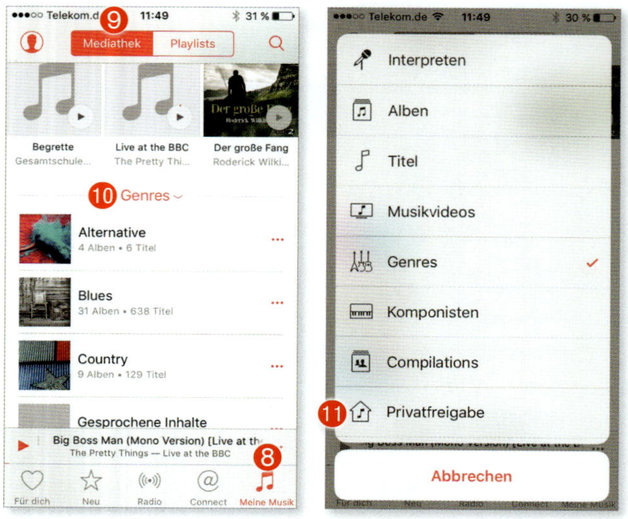

iPhone & Co: Wählen Sie in der Musik-App „Meine Musik" ❽ und dort „Mediathek" ❾. Tippen Sie auf die Bereichsauswahl ❿ und wählen Sie „Privatfreigabe" ⓫. Nun können Sie die gewünschte Mediathek wählen, auf die Sie via iPhone & Co zugreifen möchten.

Anschließend können Sie mit iTunes auf dem Computer bzw. der Musik-App auf einem iOS-Gerät so arbeiten, als stünden die Inhalte der anderen Mediathek lokal direkt zur Verfügung. Die Privatfreigabe erstreckt sich dabei auf die komplette Mediathek. Sie können also nicht nur Musik wiedergeben, sondern auch Filme, TV-Sendungen, Podcasts und Hörbücher. Apps für das iPhone und iPad werden ebenfalls angezeigt.

Wie bei der Freigabe der Mediathek spielt es auch bei der Privatfreigabe keine Rolle, ob Sie mit OS X oder mit Windows arbeiten. Es gibt aber einen Unterschied: Auf dem Mac werden E-Books mit dem Programm iBooks verwaltet und sind kein Bestandteil der Mediathek von iTunes; unter Windows sieht das anders aus: Hier sind E-Books, die auf ein iPhone oder iPad kopiert werden sollen, ebenfalls Teil der Mediathek.

Die Freigabe deaktivieren Sie unter *Ablage* (OS X) bzw. *Datei* (Windows) und dort unter *Privatfreigabe –> Privatfreigabe deaktivieren.*

Inhalte via Privatfreigabe importieren

Inhalte, die Sie über die Privatfreigabe im Netzwerk freigegeben haben, lassen sich nicht nur von Ihrer Mediathek an andere Computer und iOS-Geräte streamen, sondern auf anderen Computern auch umstandslos importieren, also dauerhaft auf der Festplatte speichern. (Bei iOS-Geräten geht das nicht, hier werden die Inhalte lediglich gestreamt.)

So können Sie schnell und unkompliziert etwa Filme für Ihre Kinder im iTunes Store kaufen und anschließend über die Privatfreigabe auf die Computer Ihrer Kinder übertragen, ohne die Filme auf deren Computer erneut aus dem Internet laden zu müssen. Da eine interne WLAN-Verbindung in aller Regel deutlich schneller als ein Download aus dem Internet ist, ist dies der schnellste Weg, um auch umfangreichere Dateien rasch von einem auf einen anderen Computer zu kopieren.

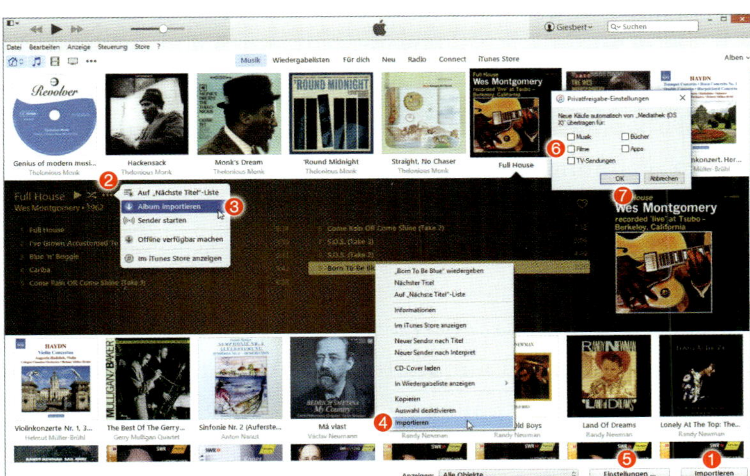

Über die Privatfreigabe lassen sich Inhalte nicht nur wiedergeben, sondern auch von der einen Mediathek in die andere importieren – hier zum Beispiel von einem Mac-Computer auf einen PC mit Windows 10.

Der Import von Dateien ist denkbar einfach: Sie wählen die gewünschten Inhalte aus (etwa ein Album, verschiedene Songs oder einen Film) und klicken unten rechts auf *Importieren* ❶. Der Import beginnt sofort ohne weitere Rückfragen.

Alternativ dazu können Sie auch die allgegenwärtige *Mehr*-Taste (die drei Punkte) ❷ anklicken und die entsprechende *Importieren*-Option ❸ wählen. Schließlich besteht noch die Möglichkeit, über einen Rechtsklick das Kontextmenü aufzurufen und die markierten Objekte zu importieren ❹.

Sie können den Vorgang auch automatisieren und dafür sorgen, dass neue Einkäufe von dem einen Computer automatisch an den anderen übertragen werden. Dazu klicken Sie unten rechts auf *Einstellungen* ❺, wählen die Inhalte, die automatisch übertragen werden sollen ❻, und bestätigen Ihre Wahl mit *OK* ❼.

Die Kindersicherung

Wenn Sie über die Freigabe der Mediathek oder die Privatfreigabe Inhalte von Ihrer Mediathek für Ihre Kinder freigeben, damit diese sich beispielsweise Filme aus Ihrer Mediathek via Apple-TV am Fernseher oder auf dem iPad ansehen können, dann haben Ihre Kinder standardmäßig vollen Zugriff auf alle Inhalte. Das ist vielleicht nicht immer gewünscht, schließlich gibt es Musik, Filme oder auch TV-Sendungen, die nicht unbedingt für Kinder geeignet sind. In diesem Fall können Sie über die Kindersicherung von iTunes den Zugriff auf bestimmte Inhalte sperren – zumindest in der Theorie, in der Praxis hat diese Funktion sehr enge Grenzen.

Denn für die Kindersicherung greift iTunes auf die Altersfreigaben zurück, die in den Metadaten einer Mediendatei enthalten sind. Diese Angaben können von Ihnen nicht verändert oder gesetzt werden. Das bedeutet in der Praxis: Die Kindersicherung funktioniert nur mit Inhalten, die aus dem iTunes Store stammen – denn nur bei diesen Inhalten gibt es die Altersfreigaben.

Musik, die Sie von einer CD importiert oder Filme, die Sie unabhängig vom Store Ihrer Mediathek hinzugefügt haben, lassen sich über die Kindersicherung generell nicht sperren. Dazu müssten Sie den Dateien eine Altersfreigabe mit auf den Weg geben – und genau das können Sie nicht. Sie müssen sich also darauf verlassen, dass die Anbieter die passenden Markierungen in den Dateien anbringen, was nicht immer der Fall ist.

Und nicht nur das: Die Kindersicherung greift prinzipiell nur bei Inhalten, die nicht lokal verfügbar sind. Befindet sich etwa auf einem Computer ein Film mit der Altersfreigabe „Ab 16 Jahren" und legen Sie die Grenze über die Kindersicherung bei „Ab 12 Jahren" fest, dann lässt sich der Film trotzdem wiedergeben. Nur Inhalte, die entweder über iTunes in der Cloud aus dem Store geladen bzw. gestreamt werden sollen oder die über eine Freigabe auf den Computer kommen, auf dem die Kindersicherung aktiv ist, werden überhaupt von der Kindersicherung überprüft.

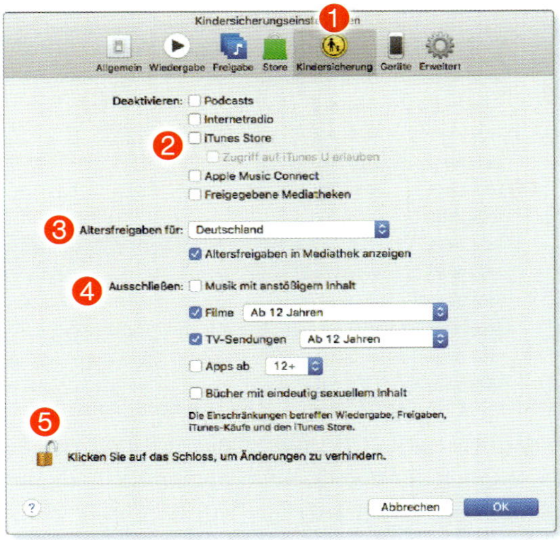

Die Kindersicherung von iTunes soll den Zugriff auf bestimmte Inhalte einschränken – was sie allerdings nicht wirklich zuverlässig tut.

Um die Kindersicherung zu aktivieren, wechseln Sie in den *Einstellungen* von iTunes auf die Registerkarte *Kindersicherung* ❶. Hier können Sie im Abschnitt *Deaktivieren* ❷ nun generell den Zugriff auf *Podcasts*, *Internetradio*, den *iTunes Store*, *Apple Music Connect* und *Freigegebene Mediatheken* sperren. Die entsprechenden Rubriken werden in der Mediathek von iTunes nicht mehr angezeigt.

Da in unterschiedlichen Ländern unterschiedliche Vorstellungen davon herrschen, was für Kinder geeignet ist und was nicht, legen Sie über *Altersfreigaben für* ❸ das Land fest, dessen Altersfreigaben iTunes berücksichtigen soll.

Unter *Ausschließen* ❹ können Sie nun Altersgrenzen für Filme und Serien festlegen und bestimmen, dass als anstößig empfundene Musik oder Bücher mit eindeutig sexuellem Inhalt gesperrt werden.

Es sei noch einmal daran erinnert, dass diese Sperren nur greifen, wenn Inhalte über eine Freigabe aus einer anderen Mediathek, über den iTunes Store oder über iTunes in der Cloud auf den Computer gelangen – Inhalte, die auf dem Computer Ihrer Kinder bereits vorhanden sind, werden auf jeden Fall wiedergegeben, ganz gleich, welche Altersfreigabe sie enthalten.

Wenn Sie verhindern möchten, dass die Sperren von jedem aufgehoben werden können, der Zugriff auf den Computer hat, können Sie die Änderung der Einstellungen mit Ihrem Admin-Kennwort schützen. Dazu klicken Sie auf das *Schloss* ❺ und geben Ihr Kennwort ein.

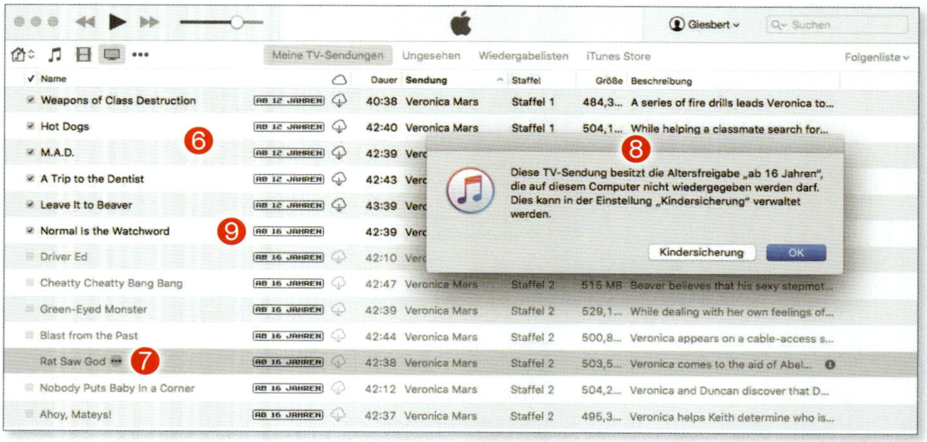

Die Kindersicherung greift nur bei Inhalten, die über eine Freigabe oder den iTunes Store bzw. iTunes in der Cloud auf den Computer kommen. In diesem Beispiel wurde die Altersgrenze für TV-Sendungen beschränkt, die „Ab 12 Jahren" sind, die entsprechenden Folgen lassen sich wiedergeben ❻. Folgen mit der Freigabe „Ab 16 Jahren" werden ausgegraut und nicht wiedergegeben. In diesem Beispiel wurde versucht, die Folge „Rat Saw God" ❼ zu starten, was iTunes verweigert ❽. Inhalte, die bereits lokal vorhanden sind, werden aber auf jeden Fall abgespielt, unabhängig davon, was Sie in der Kindersicherung eingeschaltet haben. In diesem Beispiel betrifft das die Folge „Normal ist the Watchword", die erst „Ab 16 Jahren" freigegeben ist ❾, aber dennoch wiedergegeben werden kann.

!

Der bessere Schutz: Freigabe von Wiedergabelisten

Alles in allem ist die Kindersicherung von iTunes leider nur eine eher halbherzige Lösung. Möchten Sie nur ausgewählte Filme oder TV-Sendungen für Ihre Kinder freigeben, gibt es eine sehr viel zuverlässigere (und einfachere) Lösung: Legen Sie eine Wiedergabeliste mit den entsprechenden Inhalten an und geben Sie über die Freigabe der Mediathek nur diese spezielle Wiedergabeliste frei. So können Sie sicher sein, dass Ihre Kinder tatsächlich nur auf das Material zugreifen können, das Sie freigegeben haben. Leider funktioniert das nicht mit iOS-Geräten.

Kapitel 14 Mediathek

Die Mediathek ist das Herzstück von iTunes. Normalerweise müssen Sie sich hier um nichts kümmern, iTunes verwaltet diese Datei und ihre Strukturen automatisch. Doch manchmal muss man halt doch Hand anlegen. Zum Beispiel dann, wenn Sie mit mehr als einer Mediathek arbeiten oder mit Ihrem kompletten iTunes-Bestand auf einen anderen Computer umziehen möchten.

Mit mehreren Mediatheken arbeiten

Normalerweise benutzt iTunes eine Mediathek, in der Sie alle Ihre Inhalte verwalten und gespeichert haben. Doch das muss nicht sein. Zwar kann iTunes immer nur auf eine Mediathek zugreifen, aber es ist problemlos möglich, verschiedene Mediatheken anzulegen und beim Start von iTunes auszuwählen, mit welcher Mediathek iTunes arbeiten soll.

Das ist zum Beispiel dann sinnvoll, wenn Sie verschiedene Funktionen von iTunes mit einer kleinen Testmediathek ausprobieren oder verschiedene Inhalte in verschiedenen Mediatheken verwalten möchten.

Wenn Sie z. B. nur selten auf Filme zugreifen, kann es sinnvoll sein, die Filme in einer eigenen Mediathek zu verwalten, um so mehr Übersicht in der Standard-Mediathek zu gewinnen.

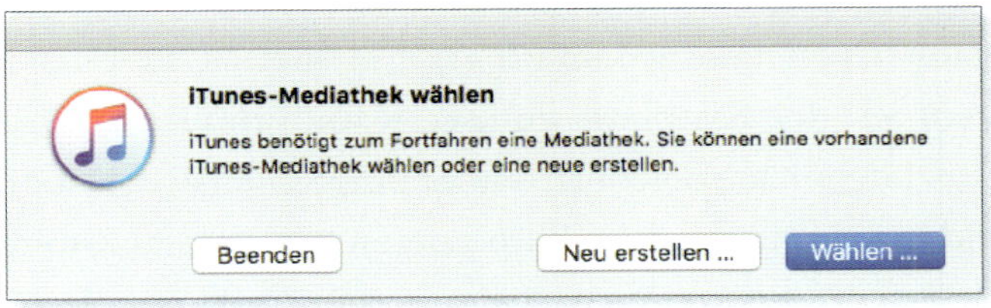

Halten Sie beim Start von iTunes die „alt"- (OS X) bzw. die „Shift"-Taste (Windows) gedrückt, lässt iTunes Ihnen die Wahl, ob Sie mit einer bestehenden oder einer neuen Mediathek arbeiten möchten.

Um iTunes dazu zu überreden, eine neue Mediathek anzulegen, müssen Sie das Programm zuerst beenden. Halten Sie nun die *alt-* (OS X) bzw. die *Shift*-Taste (Windows) gedrückt. Klicken Sie das Programmsymbol einmal an, falls es sich im Dock (OS X) bzw. in der Taskleiste (Windows) befindet. Klicken Sie es doppelt an, wenn Sie das Programm aus dem Programmordner starten.

Nun erscheint ein Dialog, der Ihnen drei Möglichkeiten bietet:

- *Beenden:* Das Programm wird wieder geschlossen, bevor es überhaupt richtig gestartet wurde.
- *Neu erstellen:* Hiermit legen Sie eine neue Mediathek an. Nach einem Klick erscheint ein Finder- (OS X) bzw. Explorer-Fenster (Windows), in dem Sie den Namen und den Speicherort der neuen Mediathek festlegen. Jede neue Mediathek enthält die vertrauten Ordner und Datenstrukturen.
- *Wählen:* Sobald Sie mehrere Mediatheken angelegt haben, legen Sie über diese Taste fest, welche Mediathek iTunes öffnen soll. Beim Mac wählen Sie dazu den gewünschten Ordner. Unter Windows wechseln Sie in den gewünschten iTunes-Ordner und wählen dort die Datei *iTunes Library.itl*.

Eine kleine Stolperfalle gilt es dabei zu berücksichtigen: Denn beim Start greift iTunes immer auf die zuletzt geöffnete Mediathek zu. Möchten Sie die Mediathek wechseln, müssen Sie das Programm beenden, das Programm mit gedrückter *alt-* bzw. *Shift*-Taste starten und im Auswahldialog die gewünschte Mediathek wählen.

Dateien zusammenlegen

Am besten fahren Sie mit iTunes, wenn Sie die Verwaltung der verschiedenen Inhalte und Dateien vollständig dem Programm überlassen. Es ist zwar möglich, Inhalte verstreut auf der Festplatte zu lagern und im iTunes-Ordner lediglich die Verwaltungsdateien zu speichern – aber empfehlenswert ist dies nicht. Eine Ausnahme sind hier umfangreiche Filmdateien (siehe dazu Kapitel 8).Wenn Sie beispielsweise Ihre Musik in einem Ordner außerhalb von iTunes gespeichert haben und nun eine Datei oder gleich den ganzen Ordner umbenennen, findet iTunes beim nächsten Start die Musik nicht mehr. Verschieben Sie eine Datei oder löschen Sie sie gar, gerät iTunes ebenfalls ins Stolpern. Das Problem verschärft sich, je mehr externe Ordner Sie für Ihre Inhalte in iTunes benutzen. Auch ein Umzug oder ein Backup Ihrer Mediathek bereitet dann unnötige und zum Teil erhebliche Probleme.

Falls Sie Ihre Musik und andere Inhalte bislang außerhalb des Ordners iTunes Media gespeichert haben, dann sollten Sie dies ändern. Glücklicherweise müssen Sie sich nicht selbst darum kümmern, sondern können die Aufgabe iTunes überlassen. Dabei können Sie gezielt einzelne Titel oder auch sämtliche außerhalb von iTunes gespeicherte Dateien nach iTunes Media kopieren. Dabei können Sie sowohl einzelne Titel als auch alle extern gespeicherten Medien in die iTunes-Mediathek kopieren.

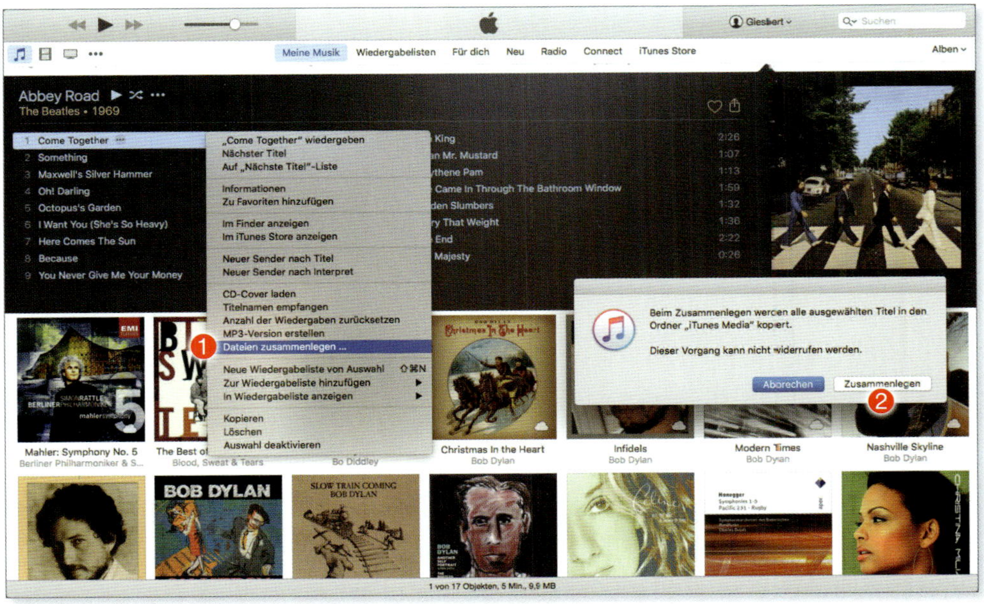

Einzelne Titel: Markieren Sie den bzw. die entsprechenden Titel und klicken Sie sie mit der rechten Maustaste an. Wählen Sie hier „Dateien zusammenlegen" ❶. Es erscheint eine kurze Information, dass der Kopiervorgang nicht rückgängig gemacht werden kann, die Sie mit „Zusammenlegen" ❷ bestätigen. Anschließend werden die Dateien der markierten Titel in die Mediathek kopiert.

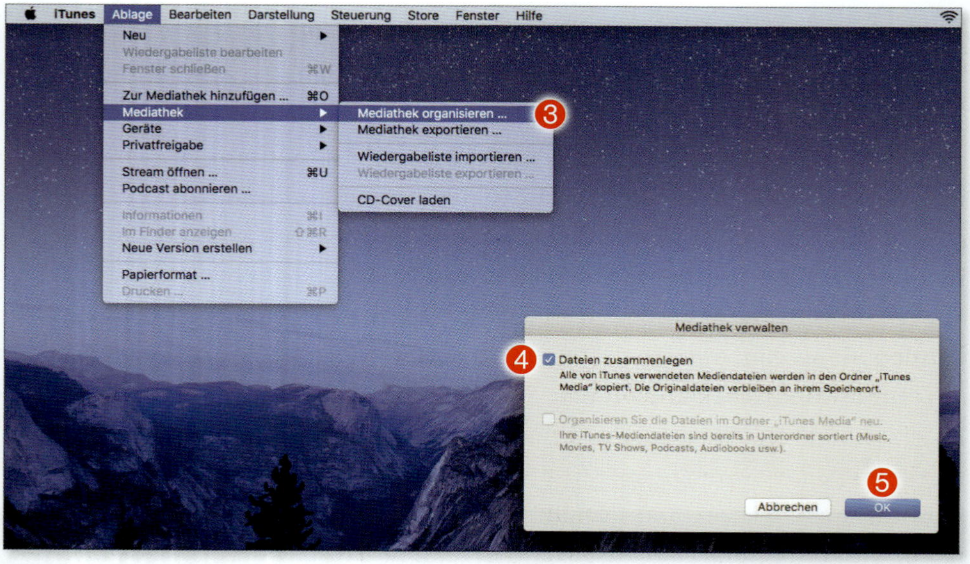

Alles: Wählen Sie in iTunes das Menü „Ablage" (OS X) bzw. „Datei" (Windows) und dort „Mediathek –> Mediathek organisieren" ❸. Hier aktivieren Sie „Dateien zusammenlegen" ❹. Nach einem Klick auf „OK" ❺ beginnt iTunes mit der Kopierarbeit, die sich je nach Umfang Ihrer Mediensammlung einige Zeit hinziehen kann.

!

Ausgegrauter Menüpunkt

Im Dialog „Mediathek verwalten" sehen Sie auch einen ausgegrauten und daher nicht anwählbaren Eintrag „Organisieren Sie die Dateien im Ordner ‚iTunes Media' neu". Dieser Punkt ist ein historisches Erbe. Beim Wechsel von iTunes 8 zu iTunes 9 wurden die internen Strukturen von iTunes geändert. Über diesen Menüpunkt konnte man beim Update dafür sorgen, dass die Strukturen neu aufgebaut wurden. Heute spielt dieser Punkt in der Regel keine Rolle mehr und wird daher ausgegraut.

Damit in Zukunft alle neuen Inhalte automatisch in die Mediathek kopiert werden, aktivieren Sie in den *Einstellungen* von iTunes auf der Registerkarte *Erweitert* die Option *Beim Hinzufügen zur Mediathek Dateien in den iTunes-Medienordner kopieren*.

Beim Zusammenlegen und Aufräumen der Mediathek bleiben die Originaldateien an Ort und Stelle. Sie liegen nach der Zusammenlegung also doppelt vor. Um Speicherplatz zu sparen, können Sie die verstreut auf Ihrer Festplatte liegenden Dateien problemlos löschen.

Speicherort der Medien ändern

Alle Inhalte, die Sie mit iTunes verwalten, speichert das Programm im Ordner *iTunes Media*. Dieser Ordner liegt unterhalb des Ordners *iTunes*, der sich wiederum in Ihrem *Musik*-Ordner befindet. Das muss aber nicht so sein, Sie können iTunes auch anweisen, einen anderen Ordner zum Speichern der Medien zu benutzen.

Das ist etwa dann sinnvoll, wenn mehrere Personen mit eigenem Account an einem Computer arbeiten. In diesem Fall können Sie den Medienordner in einem gemeinsam benutzten Bereich ablegen, damit alle Benutzer Zugriff auf Musik und Filme haben. Denkbar ist auch, dass Sie die Festplatte in Ihrem Computer durch ein SSD-Laufwerk ersetzt haben, das weniger Speicherplatz als die Festplatte bietet. Auch in diesem Fall ist es keine schlechte Idee, die von iTunes verwalteten Medien – aber nicht die Verwaltungsdateien – außerhalb des iTunes-Ordners zu speichern.

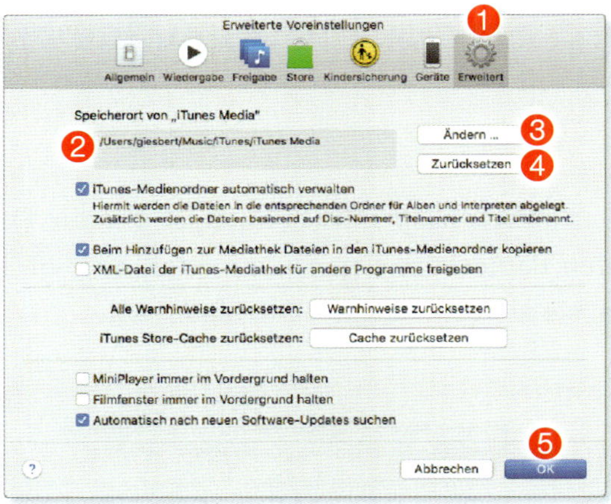

Normalerweise müssen Sie den Speicherort der Medieninhalte nicht ändern. Aber wenn das doch einmal sinnvoll sein sollte, können Sie dies natürlich tun.

Dazu wählen Sie in den Einstellungen von iTunes das Register *Erweitert* ❶. Hier sehen Sie im Feld *Speicherort von „iTunes Media"* ❷ den aktuellen Ordner. Standardmäßig sieht der Eintrag so aus:

- *OS X:* „/Users/{Name}/Music/iTunes Music/iTunes Media"
- *Windows:* „C:\Users\{Name}\Music\iTunes\iTunes Media"

Nach einem Klick auf *Ändern* ❸ werden Sie aufgefordert, einen neuen Ordner anzugeben. Haben Sie es sich doch anders überlegt, stellt ein Klick auf *Zurücksetzen* ❹ die alte Ordnung wieder her. Mit *OK* ❺ übernehmen Sie die Änderung.

Dabei ist allerdings zu beachten, dass alle bereits in der Mediathek vorhandenen Inhalte an der Stelle bleiben, wo sie sind. Die Inhalte, die sich bereits im aktuellen Medienordner befinden, werden also nicht kopiert! Stattdessen passt iTunes in den Metadaten der jeweiligen Titel den Speicherort an. Sollen auch alle bisherigen Inhalte an die neue Position umziehen, müssen Sie – wie im vorigen Abschnitt gezeigt – die Dateien am neuen Ort zusammenlegen.

> **!**
> **Vorsicht!**
> Das Ändern des Speicherorts der Medien kann bei unbedachtem Einsatz rasch zu einem veritablen Durcheinander führen. Falls Sie mit einem externen Medienordner arbeiten, müssen Sie dies beim Backup und beim Systemwechsel natürlich eigens berücksichtigen.

Gelöschte Inhalte wiederherstellen

Beim Löschen von Inhalten fragt iTunes nach, ob Sie die Datei(en) vollständig löschen – also in den Papierkorb legen – möchten oder ob iTunes die Dateien weiterhin behalten, sie aber nicht mehr anzeigen soll.

Wenn Sie Inhalte beim Löschen „Behalten", können Sie sie problemlos zu einem späteren Zeitpunkt der Mediathek erneut hinzufügen.

Vielleicht haben Sie sich gefragt, was das eigentlich soll. Schließlich scheint iTunes keine Möglichkeit zu bieten, nach „verwaisten" Inhalten zu suchen, also nach Inhalten, die zwar noch als Datei vorhanden, aber nicht mehr über iTunes zugänglich sind.

Nun, ganz einfach: Diese Abfrage ist zum einen ein Sicherungsnetz, mit dessen Hilfe Sie versehentlich gelöschte Einträge wiederherstellen können. Zum anderen bietet es Ihnen die Möglichkeit, bestimmte Inhalte vorübergehend aus der Mediathek zu entfernen, ohne die Dateien tatsächlich physikalisch zu löschen.

Um solche Dateien wieder in die Mediathek aufzunehmen, wählen Sie *Ablage –> Zur Mediathek hinzufügen* (OS X) bzw. *Datei –> Ordner zur Mediathek hinzufügen* (Windows) und wählen den Ordner *iTunes Media* für den Import. Nun durchforstet iTunes den kompletten Medienbestand und nimmt Dateien, die Sie versehentlich entfernt haben, wieder in die Mediathek auf.

Backup der Mediathek und aller Inhalte

Es ist eine gute Idee, die Mediathek und die Inhalte, die Sie mit iTunes verwalten, regelmäßig in einem Backup zu sichern. Wenn Sie nicht ohnehin regelmäßig ein Backup Ihrer kompletten Festplatte anlegen (wobei natürlich auch der komplette iTunes-Bestand gesichert wird), können Sie eine Sicherheitskopie auch manuell anlegen.

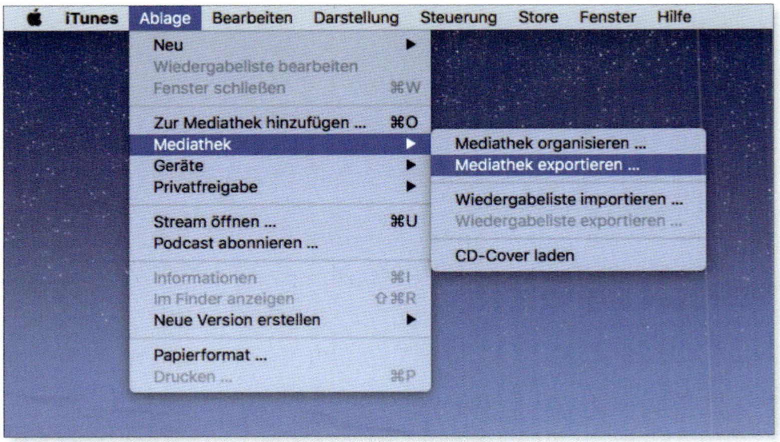

Auf den ersten Blick scheint iTunes eine einfache Export-Möglichkeit zu bieten. Doch das täuscht: Diesen Befehl werden Sie so gut wie nie benötigen.

Dazu scheint iTunes eine einfache Möglichkeit zu bieten, findet sich doch im *Ablage-* (OS X) bzw. *Datei*-Menü (Windows) der Befehl *Mediathek –> Mediathek exportieren*. Doch Vorsicht, dieser Befehl legt lediglich eine XML-Datei mit der Struktur Ihrer Mediathek an. Dabei werden keine Inhalte kopiert oder gesichert – für ein Backup Ihrer Daten ist dieser Befehl unbrauchbar.

Vor einem Backup sollten Sie sicherstellen, dass alle von iTunes verwalteten Inhalte sich im Medienordner von iTunes befinden. Dazu legen Sie wie erläutert die Dateien zuerst zusammen. Je nachdem, wie viele Daten Sie außerhalb von iTunes verwalten, kann sich dieser Vorgang einige Zeit hinziehen. Zudem müssen Sie überprüfen, ob Ihre Festplatte genügend Speicherplatz für Ihren kompletten Medienbestand bietet. Doch danach ist die Sache ausgesprochen simpel: Sichern Sie einfach den kompletten iTunes-Ordner auf ein externes Laufwerk.

Sollten Sie durch Unachtsamkeit oder technische Fehler anschließend Inhalte aus Ihrer Mediathek verlieren, können Sie diese gezielt aus dem Backup importieren, indem Sie die gewünschten Inhalte Ihrer Mediathek hinzufügen. Wenn Sie das komplette Backup zurückschreiben möchten, benennen Sie den aktuellen iTunes-Ordner zuerst um (etwa in „iTunes-alt") und kopieren nun die Sicherungskopie in Ihren Musik-Ordner. Starten Sie iTunes mit gedrückter *alt-* (OS X) bzw. *Shift*-Taste (Windows) und wählen Sie den frisch kopierten iTunes-Ordner aus. Wenn alles zu Ihrer Zufriedenheit funktioniert, können Sie den alten iTunes-Ordner löschen.

Auf einen neuen Computer wechseln

Irgendwann kommt für jeden Computer einmal der Zeitpunkt, zu dem er aufs Altenteil wandert und durch ein neues Gerät ersetzt wird. Mitunter wählt man auch einen radikalen Schritt und wechselt nicht nur die Maschine, sondern gleich das gesamte System, weil man in Zukunft statt mit Windows lieber mit OS X arbeiten möchte (oder umgekehrt).

Hier stellt sich natürlich die Frage, wie Sie Ihre Mediathek, alle Inhalte und Wiedergabelisten auf den neuen Computer bekommen. Und nicht nur das – wenn Sie an Ihrem alten Computer Ihre iOS-Geräte mit iTunes synchronisiert haben, möchten Sie das natürlich auch am neuen Computer tun. Da ein iOS-Gerät immer nur mit einer Mediathek synchronisiert werden kann, müssen Sie hier ein wenig Hand anlegen und dem System manuell auf die Sprünge helfen, damit Ihr iPhone oder iPad die Mediathek auf dem neuen Computer als alten Bekannten begrüßt und akzeptiert.

Das klingt jetzt vielleicht etwas kompliziert, aber keine Sorge: Im Grunde müssen Sie nur ein paar Einstellungen ändern und einige Dateien bzw. Ordner umkopieren. Sie müssen nur auf eines achten: Auf dem alten und dem neuen Computer muss die jeweils aktuelle iTunes-Version installiert sein.

> **!**
>
> **Systemübergreifend**
>
> Das hier gezeigte Vorgehen funktioniert nicht nur, wenn Sie von einem alten auf einen neuen Mac oder Windows-Rechner wechseln, sondern auch beim Wechsel der Systeme, also von Mac zu Windows oder umgekehrt.

Vorbereitungen

Damit Sie die benötigten Verwaltungsdateien von iTunes kopieren können, müssen Sie sowohl unter OS X als auch unter Windows auf eigentlich ausgeblendete Ordner zugreifen können.

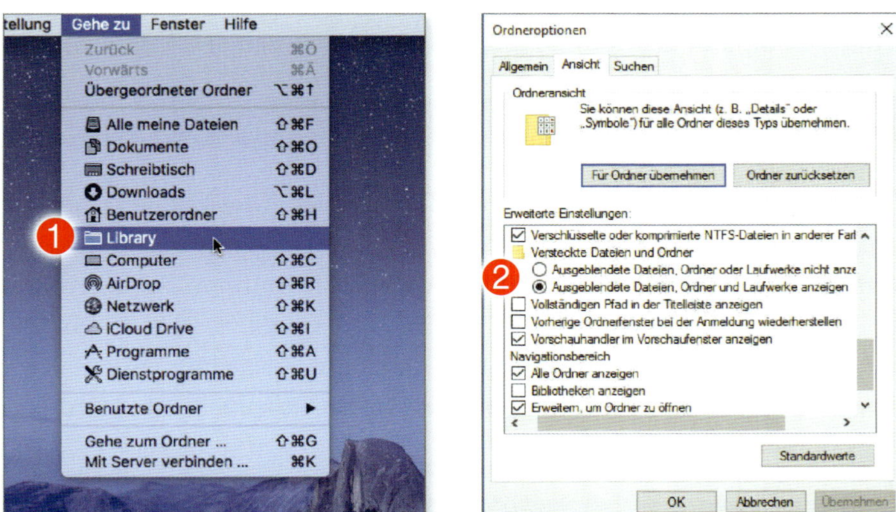

Damit Sie auch wirklich alle benötigten Dateien übertragen können, müssen Sie zuvor bei OS X (links) bzw. Windows (rechts) üblicherweise versteckte Ordner und Dateien sichtbar machen.

- *OS X:* Halten Sie die *alt*-Taste gedrückt und wählen Sie im Finder *Gehe zu –> Library* ❶. Lassen Sie dieses Fenster geöffnet, denn Sie werden es gleich benötigen.
- *Windows:* Wählen Sie in der *Systemsteuerung* den Eintrag *Darstellung und Anpassung*. Bei den *Explorer-Optionen* klicken Sie auf *Versteckte Dateien und Ordner einblenden*. Wählen Sie nun unter *Versteckte Dateien und Ordner* die Option *Ausgeblendete Dateien, Ordner und Laufwerke anzeigen* ❷.

Die Inhalte

Stellen Sie zuerst sicher, dass sämtliche Medien und Inhalte im Ordner iTunes vorliegen. Gegebenenfalls müssen Sie hier die Inhalte zuerst wie gezeigt zusammenlegen. Anschließend ist die Sache ausgesprochen einfach: Kopieren Sie den kompletten *iTunes*-Ordner vom alten auf den neuen Computer.

Das Backup der iOS-Geräte

Das Backup, das iTunes bei der Synchronisation anlegt, finden Sie unter OS X in Ihrer Benutzer-Library (die Sie bei den Vorbereitungen geöffnet haben) im Ordner *Mobile Sync*. Bei Windows liegt dieser Ordner in Ihrem Benutzerverzeichnis unter *AppData –> Roaming –> Apple Computer.* (Den Ordner *AppData* haben Sie während der Vorbereitungen sichtbar gemacht.) Dieses Verzeichnis kopieren Sie vom alten Computer an die entsprechende Stelle des neuen Computers.

Die Sync-Einstellungen

Die Synchronisations- und andere Einstellungen von iTunes stehen in der Datei *com.apple.iTunes.plist*. Diese Datei finden Sie unter OS X in Ihrer Benutzer-Library im Ordner *Preferences*. Unter Windows liegt sie in Ihrem Benutzer-Ordner unter *AppData –> Roaming –> Apple Computer –> Preferences*. Falls Sie die Datei-Endungen ausgeblendet haben, heißt die Datei nur *com.apple.iTunes*. Auch diese Datei kopieren Sie vom alten Computer in den entsprechenden Ordner des neuen Computers.

Start auf dem neuen System

Damit ist der Umzug bereits abgeschlossen. Falls Sie den iTunes-Ordner in den *Musik*-Ordner (OS X) bzw. in das Verzeichnis *Eigene Musik* (Windows) des neuen

Computers kopiert haben, greift iTunes beim ersten Start automatisch darauf zu. Falls dies nicht der Fall sein sollte, können Sie iTunes wie gezeigt auch beim Start anweisen, auf diesen Ordner zuzugreifen. Nun sind sämtliche Inhalte, Wiedergabelisten und Strukturen auf dem neuen Computer genau so, wie Sie sie vom alten Computer her kennen. Wenn Sie Ihr iPhone oder iPad anschließen, können Sie das Gerät wie gewohnt synchronisieren.

Kapitel 15 Apple Music

Mit *Apple Music* ist Apple vom reinen Verkäufer digitaler Musik zum Streaming-Anbieter geworden. Seit Apple Music können Sie Titel und Alben nicht nur gegen Geld im iTunes Store kaufen, sondern gegen eine moderate monatliche Gebühr können Sie fast alles hören, was es an Musik im iTunes Store gibt. Wie Apple Music funktioniert, welche Möglichkeiten es Ihnen bietet und worauf Sie achten müssen, erfahren Sie in diesem Kapitel.

Das ist Apple Music

Apple Music ist ein kostenpflichtiges Abo-Angebot von Apple, mit dem Sie Zugriff auf rund 30 Millionen Titel im iTunes Store bekommen. Einmal im Monat werden rund 10 Euro fällig, dafür dürfen Sie im iTunes Store Musik laden und hören, so viel Sie wollen. Die Musik wird dabei entweder direkt gestreamt – also via Internet von Apples Servern an Ihren Computer oder Ihr iOS-Gerät geschickt und dort wiedergegeben, ohne dass die Datei gespeichert wird – oder auf Wunsch auch als lokale Datei Ihrer Mediathek hinzugefügt, auf die Sie zugreifen können, auch wenn Sie nicht mit dem Internet verbunden sind. Solange Sie das Abo bezahlen, können Sie diese Musik problemlos wiedergeben.

Doch das ist längst nicht alles, Apple Music umfasst noch mehr:

- *Die iCloud-Mediathek:* Zu Apple Music gehört die iCloud-Mediathek. Dabei wird der komplette, lokal vorhandene Musikbestand Ihrer Mediathek in die Datenwolke von Apple geladen. Anschließend können Sie mit jedem Gerät, bei dem Sie Apple Music aktiviert haben, diese Musik via Internet laden und abspielen. Die iCloud-Mediathek wird auch benötigt, wenn Sie Alben, Titel oder Playlisten aus dem iTunes Store im Rahmen Ihres Abos lokal speichern möchten, um sie auch dann zu hören, wenn Ihr Computer bzw. Ihr iOS-Gerät offline ist.

> !
>
> **Die iCloud-Mediathek ist kein Backup!**
>
> An dieser Stelle sei bereits darauf hingewiesen, dass die iCloud-Mediathek kein Backup Ihrer Musik ist! Zwar enthält sie Ihren kompletten Musikbestand, und es ist auch problemlos möglich, die Dateien auf ein beliebiges Gerät herunterzuladen, das mit Ihrer Apple-ID konfiguriert ist. Doch fast alles, was Sie auf diesem Weg im Rahmen Ihres Apple-Music-Abos laden, besitzt einen Kopierschutz und liegt auch nicht immer in der Auflösung Ihrer lokalen Dateien vor. Sobald Sie Ihr Abo von Apple Music beenden, können Sie auf die Musik, die Sie über die iCloud-Mediathek geladen haben, in der Regel nicht mehr zugreifen.

- *Radio:* Neben dem Sender *Beats 1*, den Sie auch ohne Abo von Apple Music hören können, bietet Apple Music noch zahlreiche weitere Sender, die Musik der unterschiedlichsten Genres spielen. Es ist auch möglich, basierend auf einem Interpreten oder Titel eigene Sender zu erzeugen, die dann Musik spielen, die zum gewählten Interpreten oder Titel passen. Im Unterschied zum normalen Internetradio – das Sie etwa mit *Darstellung –> Mehr –> Internetradio* (OS X) bzw. *Anzeige –> Mehr –> Internetradio* (Windows) aufrufen – können Sie Beats 1 & Co nur dann nutzen, wenn Sie mit einer Appel-ID angemeldet sind.
- *Connect:* Mit Connect unternimmt Apple einen neuen Versuch in Sachen „soziales Netzwerk“ (der erste Versuch, Ping, wurde nach rund zwei Jahren als Fehlschlag eingestellt). Über Connect können Sie die neuesten Meldungen und Nachrichten zu Ihren Lieblingskünstlern abonnieren, selbst Kommentare verfassen und sich mit anderen Personen unterhalten. Connect wurde zwar als Bestandteil von Apple Music eingeführt, kann aber auch ohne bezahltes Abo genutzt werden.
- *Vorschlagsdienst:* Apple Music ist lernfähig und kann Ihnen dabei helfen, aus dem riesigen Angebot im iTunes Store Musik zu finden, die Sie noch nicht kennen, die Ihnen aber vermutlich gefallen könnte.

Das benötigen Sie für Apple Music

Apple Music kann mit jedem Windows-PC und Mac benutzt werden, auf dem iTunes ab der Version 12.2 installiert ist. Damit Sie Apple Music mit iPhone, iPad oder iPod touch einsetzen können, muss auf dem Gerät mindestens iOS 8.4 installiert sein. Apple hat angekündigt, auch eine passende App für Android-Smartphones anzubieten; auf Windows-Smartphones wird Apple Music vermutlich nicht verfügbar sein.

Außerdem benötigen Sie natürlich ein Konto bei Apple, also eine Apple-ID, bei der eine Bezahlmethode hinterlegt ist. Dabei kann es sich um Ihre Kreditkartendaten handeln oder auch um eine Apple-ID, deren Guthaben Sie über eine Gutscheinkarte auf mindestens 10 Euro aufgeladen haben.

Apple Music kann im Einzelabo auf bis zu zehn Geräten aktiviert werden, wovon maximal fünf Geräte ein Computer sein dürfen. Es ist also problemlos möglich, Apple Music auf Ihrem Computer im Büro, Ihrem PC daheim, Ihrem Notebook unterwegs und auf Ihrem iPhone und iPad zu aktivieren. Allerdings kann immer nur eines dieser Geräte auf Apple Music zugreifen. Es ist mit einem Standard-Account also nicht möglich, im Arbeitszimmer Apple Music auf dem Computer und im Wohnzimmer auf dem iPad gleichzeitig zu nutzen (dazu benötigen Sie die etwas teurere Familienfreigabe).

Drei Monate kostenlos, danach monatlich kündbar

Apple Music ist in den ersten drei Monaten kostenlos (und zwar ab dem Tag, an dem Sie die Testphase starten). Wenn Sie den Dienst nach Ablauf dieser Probezeit weiternutzen, verlängert sich das Abo um jeweils einen Monat. Ein Abo lässt sich monatlich kündigen, dazu müssen Sie Ihr Abo lediglich 24 Stunden vor der automatischen Verlängerung beenden. Die automatische Verlängerung Ihres Abos können Sie in der Kontoverwaltung Ihrer Apple-ID problemlos aus- und natürlich auch wieder einschalten.

Das kostet Apple Music

Apple Music ist ein monatlicher Abo-Dienst mit zwei verschiedenen Mitgliedsmodellen:

- *Einzelmitgliedschaft:* Wenn Sie Apple Music nur für sich nutzen möchten, dann werden einmal im Monat rund 10 Euro fällig. Genau: 9,99 Euro.
- *Familienfreigabe:* Apple Music lässt sich auch in die Familienfreigabe integrieren. Hier können bis zu sechs Personen Ihr Apple-Music-Abo nutzen. Dafür berechnet Apple im Monat knapp 15 Euro, nämlich 14,99 Euro. Alle Personen benötigen allerdings eine eigene Apple-ID.

Apple Music abonnieren

Apple Music ist nicht einfach nur ein Streaming-Dienst, also ein Angebot, über das Sie beliebig viel Musik auf Basis eines sehr umfangreichen Katalogs via Internet hören können. Apple will Ihnen auch dabei helfen, neue Künstler zu entdecken, die Ihrem Geschmack entsprechen könnten. Daher wird zu Beginn nicht nur das Abo-Modell gewählt, sondern Sie können auch angeben, welche Genres und welche Künstler Ihnen besonders gut gefallen. Und natürlich auch, mit welcher Musik Sie so rein gar nichts anzufangen wissen.

Beim Start von Apple Music werden zwei Funktionen automatisch eingeschaltet: die automatische Verlängerung des Abos und die iCloud-Mediathek. Das ist durchaus sinnvoll, aber gerade beim ersten Kontakt mit Apple Music nicht immer erwünscht. Aber keine Sorge: beides lässt sich ausschalten (und natürlich jederzeit auch wieder aktivieren).

!

Apple Music einblenden

Falls bei Ihnen in iTunes die Register **Für dich** und **Neu** nicht angezeigt werden, wurde Apple Music ausgeblendet. In diesem Fall rufen Sie die Einstellungen von iTunes auf und aktivieren auf dem Register **Allgemein** den Punkt **Apple Music einblenden**.

Abo-Modell wählen

Der Weg zu Apple Music ist denkbar einfach. Wechseln Sie in iTunes zum Musik-Bereich ❶ und wählen Sie hier das Register *Für dich* ❷. Sie sehen nun eine Begrüßungsseite zu Apple Music. Klicken Sie hier auf *Probeabo von 3 Monaten* ❸.

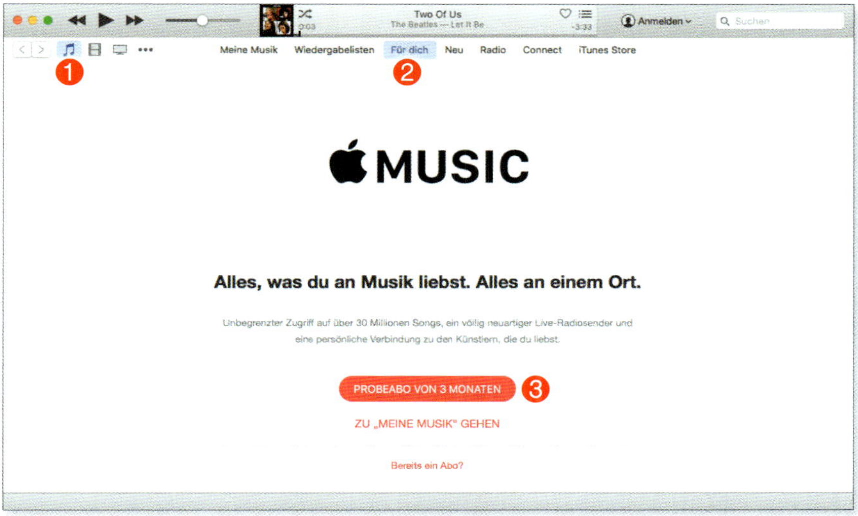

Apple Music kann drei Monate kostenlos ausprobiert werden.

Anschließend wählen Sie Ihr Abo. Dabei stehen zwei Möglichkeiten zur Verfügung: Das Abo für eine *Einzelperson* Ⓐ kostet nach Ablauf der Probezeit 9,99 Euro im Monat, das Abo für die *Familie* Ⓑ schlägt mit 14,99 Euro zu Buche. Beim Familienabo können bis zu sechs Personen das Abo nutzen, wobei jede Person eine eigene Apple-ID benötigt. Dieses Abo ist ein Teil der Familienfreigabe. Wenn Sie zu diesem Thema nähere Informationen wünschen, klicken Sie auf den entsprechenden Link Ⓒ.

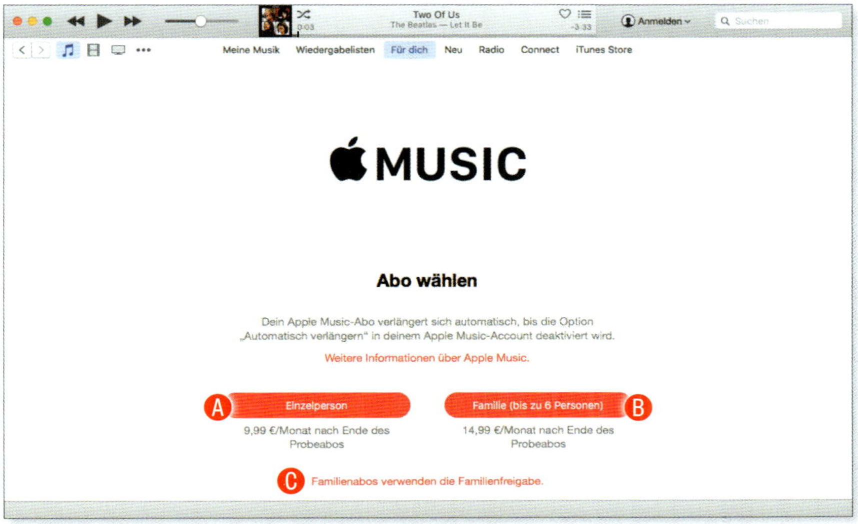

Apple Music können Sie als Einzelperson oder mit der ganzen Familie nutzen.

Nach der Wahl des gewünschten Abos verbindet sich iTunes mit dem iTunes Store. Falls Sie aktuell noch nicht mit Ihrer Apple-ID angemeldet sind, werden Sie aufgefordert, Ihre Daten einzugeben. Denken Sie daran, dass Sie Apple Music nur mit einer Apple-ID nutzen können, zu der Sie eine Bankverbindung hinterlegt oder bei der Sie via iTunes-Gutschein ein Guthaben von mindestens 10 Euro geladen haben.

Lieblingsmusik und -künstler bestimmen

Nach der Wahl des Abos möchte Apple Music etwas über Ihren Musikgeschmack wissen. Schließlich heißt das Register, über das Sie Apple Music aufrufen, nicht zufällig *Für dich* – hier werden Ihnen anschließend Künstler und Musik vorgeschlagen, die zu Ihren musikalischen Vorlieben passen (oder genauer: bei denen Apple Music davon ausgeht, dass sie Ihnen gefallen). Da Apple Music zu Beginn natürlich noch sehr wenig über Ihren Musikgeschmack weiß, sind die Vorschläge entsprechend allgemein. Doch je länger Sie Apple Music nutzen, desto besser lernt Sie das System kennen und desto präziser werden die Empfehlungen. Sie können diesen Schritt auch komplett überspringen und sich darauf verlassen, dass Apple Music im Laufe der Zeit schon lernen wird, welche Vorschläge Ihnen willkommen sind und welche nicht. Sie können diesen Schritt auch zu einem späteren Zeitpunkt nachholen.

Zuerst möchte iTunes Ihre Lieblingsgenres kennenlernen.

Als erstes präsentiert Ihnen iTunes eine Auswahl der im iTunes Store verfügbaren Genres. Hier klicken Sie ein Genre, das Sie mögen, einmal mit der Maus an. Mit einem Doppelklick markieren Sie Genres, die Sie ganz besonders bevorzugen. Diese Genres werden dann groß und mit einem Symbol dargestellt ❶. Zeigen Sie auf einen der roten Kreise, erscheint ein kleines *x* ❷. Klicken Sie darauf, wird das Genre entfernt. So können Sie Genres, die Sie überhaupt nicht mögen, aus der Auswahl ausschließen. Haben Sie sich vertan und möchten Sie von vorn anfangen, klicken Sie auf *Zurücksetzen* ❸. Haben Sie die Auswahl abgeschlossen (oder möchten Sie überhaupt keine Auswahl treffen), klicken Sie auf *Weiter* ❹.

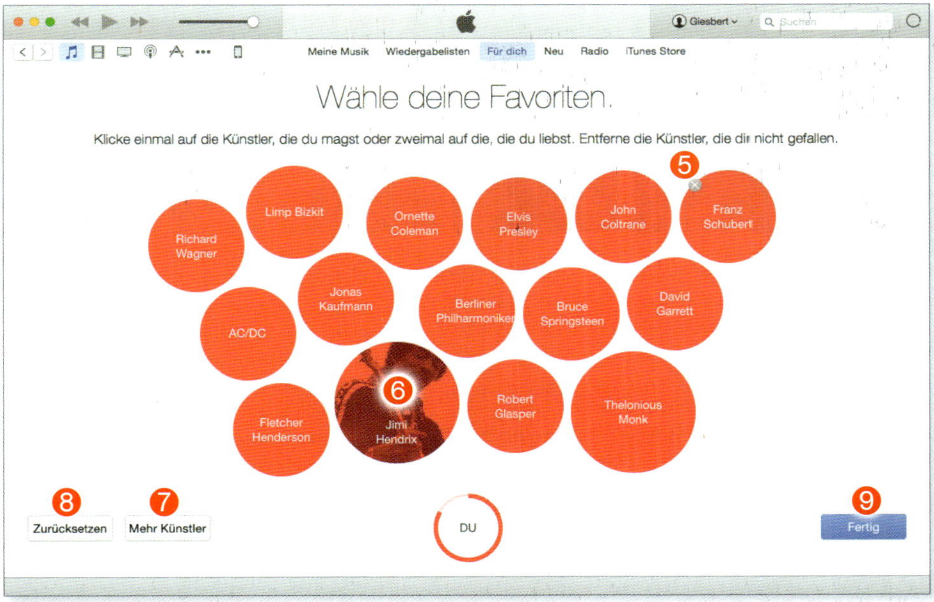

Basierend auf Ihrer Genre-Wahl schlägt Ihnen Apple Music verschiedene Künstler vor.

Nach der Wahl der Genres zeigt Ihnen iTunes nun verschiedene Musiker und Interpreten. Auch hier wählen Sie mit einem Klick Ihre Lieblinge aus oder entfernen sie mit einem Klick auf das *x* ❺. Interpreten, Komponisten oder Musiker, die Sie ganz besonders mögen, markieren Sie mit einem Doppelklick, worauf der entsprechende Kreis deutlich größer und mitunter mit einem Bild versehen wird ❻. Da das Angebot an Künstlern schier unüberschaubar ist, können Sie über *Mehr Künstler* ❼ auch eigene Namen hinzufügen.

Mit einem Klick auf *Zurücksetzen* ❽ beginnen Sie von vorn. Wenn Sie Ihre Auswahl getroffen haben oder diesen Schritt einfach komplett überspringen möchten, klicken Sie auf *Fertig* ❾.

Genres und Künstler später festlegen

Wenn Ihnen die Auswahl nicht gefällt, die Apple Ihnen vorschlägt, oder wenn Sie den Schritt zur Bestimmung Ihrer Lieblingsgenres und -künstler zu Beginn übersprungen haben, können Sie zu jedem Zeitpunkt von vorn anfangen oder Ihre bestehende Auswahl verfeinern.

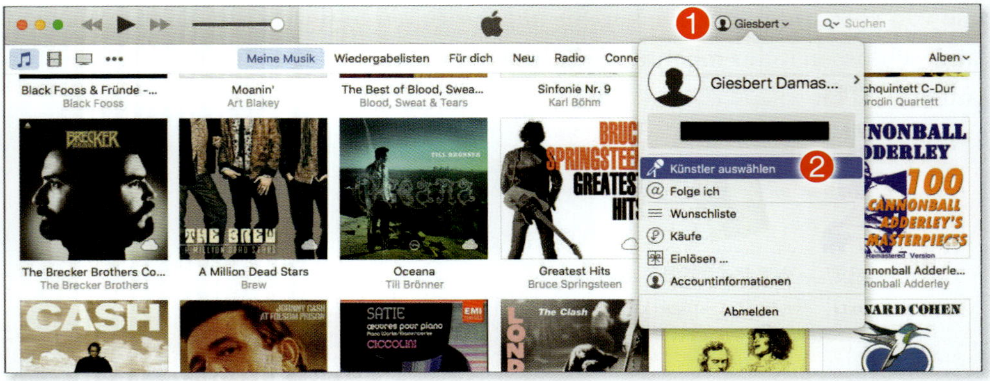

Den Auswahlprozess für Ihre bevorzugten Genres und Künstler können Sie jederzeit erneut starten.

Dazu klicken Sie in iTunes oben rechts auf Ihren Account ❶ und wählen *Künstler auswählen* ❷. Nun startet der beschriebene Auswahlprozess erneut, und Sie können Korrekturen und Ergänzungen vornehmen oder mit einem Klick auf *Zurücksetzen* von vorn anfangen.

Die iCloud-Mediathek vorerst ausschalten

Sobald Sie die Auswahl abgeschlossen haben, wird Apple Music aktiviert und der Inhalt der Registerkarte *Für dich* füllt sich mit Vorschlägen. Gleichzeitig wird die iCloud-Mediathek eingeschaltet und beginnt mit einer Analyse Ihrer vorhandenen Musik, um sie mit dem iTunes Store abzugleichen.

Das ist allerdings nicht immer erwünscht. Denn dieser Abgleich kann nicht nur lange dauern – sehr lange! –, und in dieser Zeit sollte Ihr Computer tunlichst eingeschaltet bleiben und online sein. Sondern es ist ja auch denkbar, dass Sie das gar nicht möchten oder Ihnen die iCloud-Mediathek ein wenig unheimlich ist.

In diesem Fall empfiehlt es sich, die iCloud-Mediathek vorerst auszuschalten. Haben Sie sich mit Apple Music vertraut gemacht und möchten nun alle Funktionen nutzen, ist es kein Problem, sie zu einem späteren Zeitpunkt zu aktivieren.

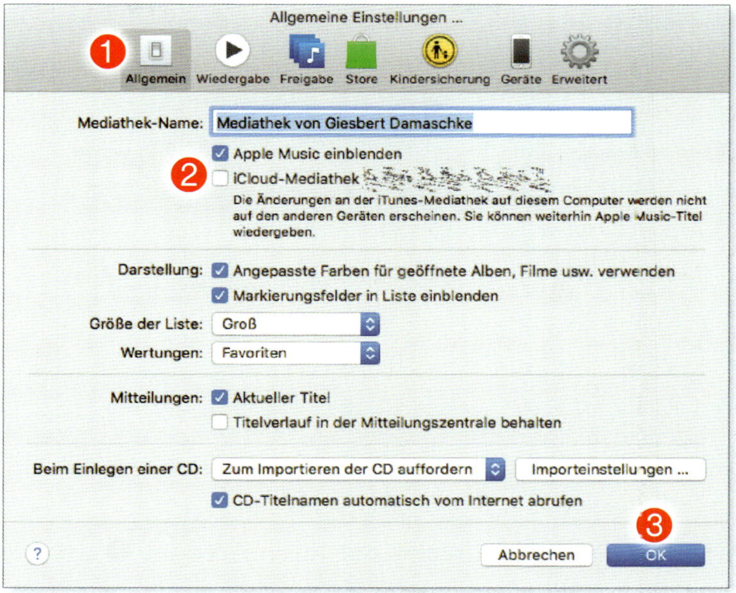

Die iCloud-Mediathek ist standardmäßig aktiv, kann aber jederzeit ausgeschaltet werden.

Um die iCloud-Mediathek auszuschalten, rufen Sie die *Einstellungen* von iTunes auf und wechseln zur Registerkarte *Allgemein* ❶. Dort entfernen Sie das Häkchen bei *iCloud-Mediathek* ❷. Bestätigen Sie Ihre Wahl mit einem Klick auf *OK* ❸.

Apple Music kündigen

Standardmäßig verlängert sich das Abo von Apple Music gegen Ende des aktuellen Monats (bzw. nach Ablauf der dreimonatigen Probezeit) automatisch um einen weiteren Monat. Wenn Ihnen Apple Music während der Probezeit nicht zusagt und Sie diesen Dienst nicht nutzen möchten, kann es Ihnen also sehr leicht passieren, dass Ihr Probe-Abo gegen Ihren Willen in ein bezahltes Abo überführt wird und Sie mindestens einen Monat bezahlen müssen. Daher empfiehlt es sich, die automatische Verlängerung während der Probezeit auszuschalten (was übrigens einer Kündigung Ihres Abos entspricht).

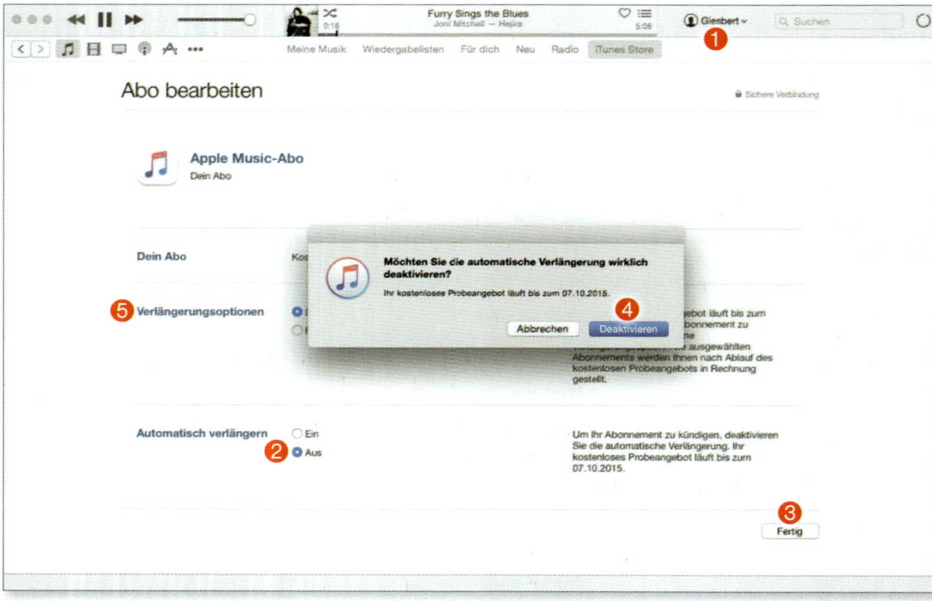

Die automatische Verlängerung des Apple-Music-Abos lässt sich jederzeit ausschalten.

Klicken Sie in iTunes oben rechts auf Ihren Account ❶ und wählen dort *Accountinformationen*. Sie sehen nun die Seite mit Ihren *Account-Daten*. Scrollen Sie nach ganz unten zum Abschnitt *Einstellungen*. Hier sehen Sie den Eintrag *Abos*. Klicken Sie dort auf *Verwalten*. Dort finden Sie den Abschnitt *Automatisch verlängern*. Klicken Sie hier auf *Aus* ❷ und bestätigen Sie mit *Fertig* ❸. Nach einer Sicherheitsabfrage ❹ wird die automatische Verlängerung deaktiviert.

Entscheiden Sie sich dafür, Apple Music nach Ablauf der drei Probemonate weiterhin zu nutzen, müssen Sie auf dieser Seite lediglich die gewünschte *Verlängerungsoptionen* ❺ erneut aktivieren.

> **!** **Apple Music kündigen**
> Apple Music kann zu jedem Zeitpunkt gekündigt werden. Dazu müssen Sie lediglich wie gezeigt die automatische Verlängerung ausschalten.

Apple Music im Einsatz

Sobald Sie Apple Music abonniert haben, können Sie es sofort ausprobieren. Ohne aktivierte iCloud-Mediathek fehlen zwar wichtige Funktionen – Sie können etwa keine Musik lokal speichern, Wiedergabelisten mit Musik von Apple Music anlegen oder Musik aus Apple Music auf ein iOS-Gerät kopieren –, aber das Streaming-Angebot kann problemlos genutzt werden. Es ist also möglich, nach Titel, Alben oder Künstlern zu suchen und die gefundene Musik direkt abzuspielen. Auch die Empfehlungen, basierend auf Ihren Vorlieben, können genutzt werden.

Musik suchen

Die Suche nach bestimmten Titeln, Alben oder Künstlern ist ausgesprochen simpel. Sie klicken einmal in das Suchfeld ❶ von iTunes, wählen statt *Meine Mediathek* den Punkt *Apple Music* ❷ und geben im Suchfeld den gesuchten Namen ein.

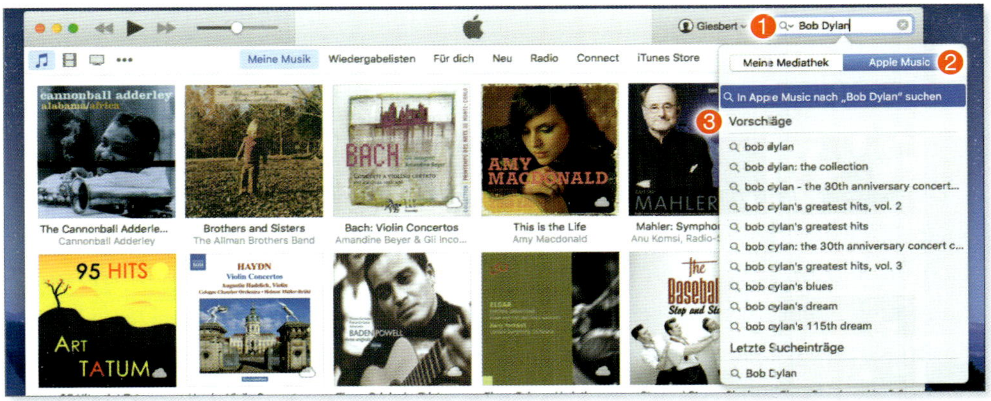

Apple Music integriert sich nahtlos in Ihre Mediathek

Wie von der normalen Suche gewohnt, zeigt Ihnen iTunes auch in diesem Fall einige Vorschläge, die zu Ihrer Sucheingabe passen ❸. Sie können nun einen der Vorschläge per Mausklick auswählen oder, wenn nichts Passendes dabei ist, Ihre Sucheingabe auch mit Druck auf die Eingabetaste an Apple Music durchreichen.

Sie sehen nun die passenden Treffer ❹, die üblicherweise nach *Topergebnisse*, *Alben*, *Titel*, *Playlists*, *Musikvideos* und *Künstler* geordnet ist. Klicken Sie einen Eintrag an, werden weitere Details zum gewählten Eintrag angezeigt (also zum Beispiel der Inhalt eines Albums). Sie können aber auch hier schon mit der Wiedergabe beginnen. Dazu zeigen Sie auf den Eintrag und klicken auf die *Play*-Taste ❺ (den Pfeil), die eingeblendet wird, sobald Sie mit der Maus auf ein Cover zeigen.

Die gewählte Musik wird nun via Internet an Ihren Computer geschickt und dort wiedergegeben.

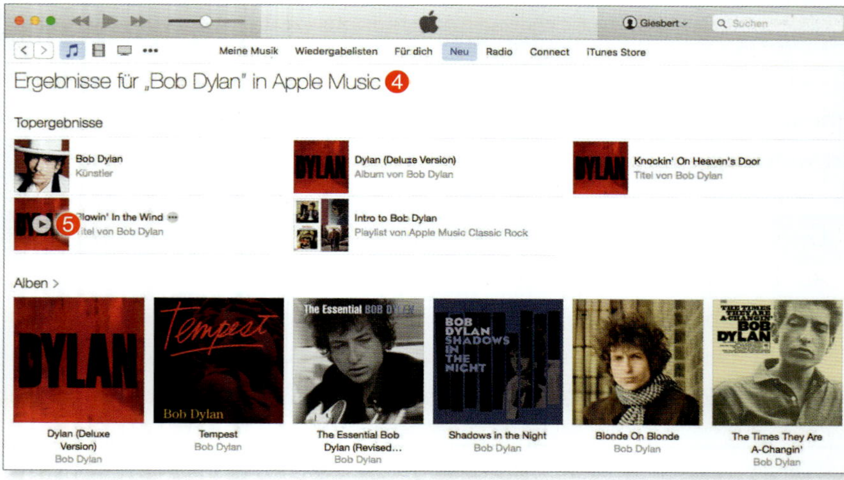

Jedes Album und jeden Titel in Apple Music können Sie sofort auf Ihrem Computer abspielen.

Der Katalog von Apple Music ist extrem umfangreich und entspricht fast dem gesamten Musikkatalog im iTunes Store, auf das Sie für 10 Euro im Monat praktisch unbegrenzt zugreifen können. Ab und an wird Ihnen Apple Music allerdings auch Ergebnisse präsentieren, die Sie nicht abspielen können. Dann bringt Sie ein Klick auf einen Treffereintrag zum iTunes Store, wo Sie den gewünschten Titel kaufen können. In diesem Fall haben die Rechteinhaber der entsprechenden Musik den Titel nicht zum Streaming freigegeben.

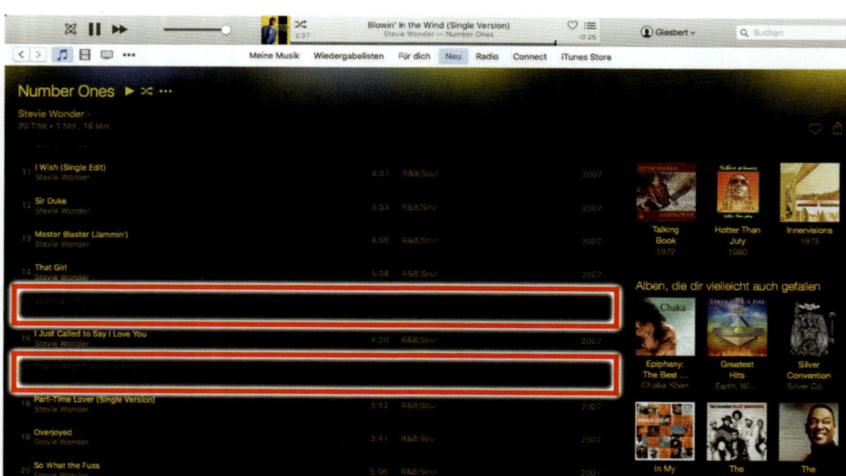

Gelegentlich stolpert man bei Apple Music über Titel, die sich nicht wiedergeben lassen. In diesem Fall haben sich die Rechteinhaber und Apple nicht über die Konditionen einigen können, zu denen ein Titel gestreamt werden darf.

Für dich

Im Register *Für dich* ❶ sammelt Apple Music Musikempfehlungen in Form von Wiedergabelisten und Alben, die zu Beginn auf den Angaben basieren, die Sie bei der Aktivierung von Apple Music gemacht haben. Je mehr Musik Sie bewerten, hören oder laden, desto genauer lernt Apple Music Ihren Geschmack kennen und desto besser werden die Vorschläge.

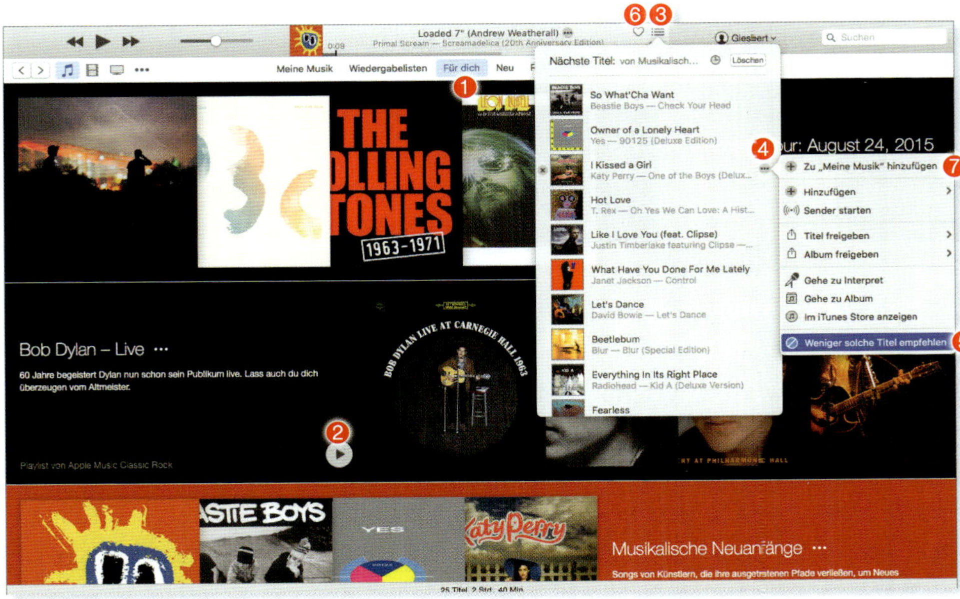

Im Register „Für dich" finden Sie Musikempfehlungen, die Apple Music auf Ihren Geschmack zuzuschneiden versucht.

Um eine der vorgeschlagenen Wiedergabelisten abzuspielen, zeigen Sie mit der Maus auf die Liste. Es erscheint eine Play-Taste ❷. Mit einem Klick auf diese Taste starten Sie die Wiedergabe. Möchten Sie wissen, welche Songs auf der Liste stehen und als nächstes gespielt werden, klicken Sie auf das Listensymbol im Aktivitätsfenster ❸. Falls Sie hier auf Titel stoßen, die Ihnen überhaupt nicht zusagen, klicken Sie auf die *Mehr*-Taste (die drei Punkte) ❹ und wählen hier *Weniger solche Titel empfehlen* ❺. Falls Ihnen im Gegenteil ein Titel ausnehmend gut gefällt, können Sie ihn mit einem Klick auf das Herz ❻ zum Favoriten erklären. In beiden Fällen merkt sich Apple Music Ihre Einschätzung und berücksichtigt sie bei zukünftigen Empfehlungen. Die Option *Zu „Meine Musik" hinzufügen* ❼ funktioniert nur, wenn Sie die iCloud-Mediathek aktiviert haben, mit der wir uns weiter unten ausführlicher beschäftigen werden.

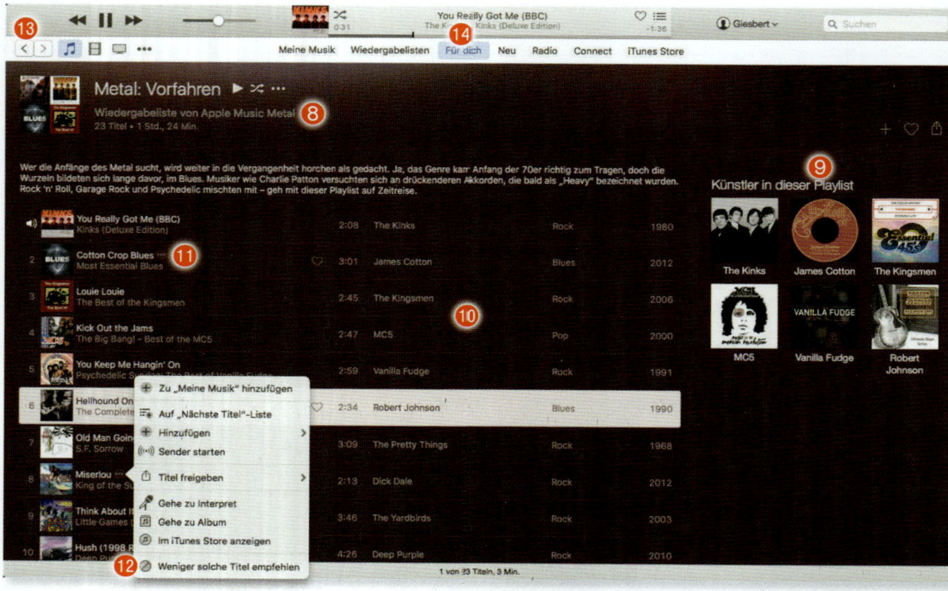

Natürlich verrät Ihnen Apple Music auch, was Sie bei den Vorschlägen im Detail erwartet.

Möchten Sie wissen, welche Titel in einer Playlist auftauchen, ohne die Liste starten zu müssen, klicken Sie sie an. Sie sehen nun Informationen zur Liste ❽, eine Übersicht über die in der Liste vertretenen Künstler ❾ und die Titel der Liste ❿. Hier können Sie wie gewohnt jeden beliebigen Titel mit einem Klick starten. Zeigen Sie auf einen Titel, erscheint die vertraute *Mehr*-Taste (die drei Punkte) und das Herz-Symbol ⓫, über das Sie einen Titel als Favoriten markieren. Auch hier bietet das *Mehr*-Menü die Option einen Titel abzuwerten ⓬, damit er und ähnliche Titel bei den nächsten Vorschlägen weniger stark berücksichtigt werden. Um zur Startseite von *Für dich* zurückzukehren, klicken Sie auf die Pfeil-Taste links ⓭ oder noch einmal auf *Für dich* ⓮.

Neu

Das Register *Neu* Ⓐ bietet genau das, was der Titel verspricht: Neuerscheinungen, neue Playlisten von Apple, neue Musikvideos, Neuigkeiten aus Connect und ähnliches mehr. Zu Beginn sehen Sie neben besonders herausgehobenen Neuerscheinungen Ⓑ die aktuellen Songs Ⓒ bei Apple Music, wobei Sie über ein Auswahlmenü in der Mitte ein spezielles Genre Ⓓ wählen können. Die Seite ist recht umfangreich, scrollen Sie ruhig einmal ganz durch.

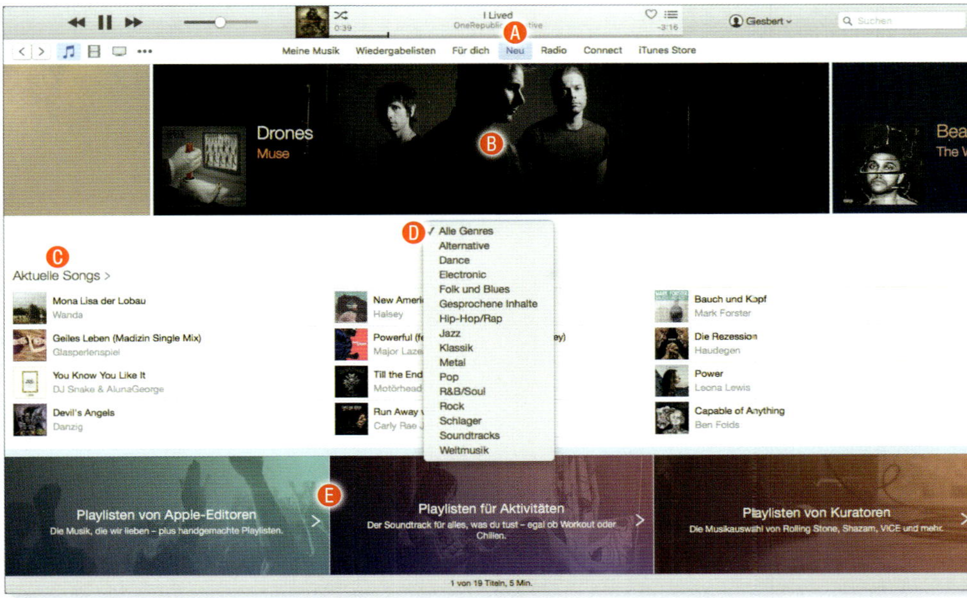

Das „Neu"-Register lädt zum Stöbern und Entdecken ein.

Einen Schwerpunkt bilden hier die Playlisten E, also thematisch gruppierte Wiedergabelisten zu einzelnen Genres, Künstlern oder Themen. Diese Listen werden nicht automatisch von einem Programm erzeugt, sondern von Menschen. Dabei handelt es sich um Apple-Mitarbeiter und „Kuratoren" (womit Personen gemeint sind, die nicht bei Apple beschäftigt sind, etwa die Redaktion des Musik-Magazins „Rolling Stone"). Diese Playlisten sind ein idealer Startpunkt, um einmal nach neuer oder auch ganz anderer Musik zu stöbern.

Die Auswahl und Wiedergabe von Musik funktioniert hier genauso wie bei *Für dich*, d.h. Sie können jeden Titel mit einem Mausklick wiedergeben oder Playlisten auswählen. Einziger Unterschied: Sie können zwar Favoriten wählen, aber die Option „Weniger solche Titel empfehlen" gibt es hier nicht.

Die iCloud-Mediathek

!

Backup ist Pflicht!

Normalerweise lässt die iCloud-Mediathek Ihre lokalen Daten in Ruhe und ändert dort nichts. Normalerweise. Doch wie bei jeder Software kann es auch bei Apple Music und der iCloud-Mediathek zu Fehlern kommen, die dafür sorgen können, dass Ihre lokale Mediathek durcheinandergewirbelt wird. Da stimmen dann mitunter die Cover nicht mehr, Alben werden auseinandergerissen oder Metadaten scheinbar willkürlich verändert. Wenn Sie die Metadaten von Alben bearbeiten, die Sie im iTunes Store gekauft haben, kann es passieren, dass durch Aktivierung der iCloud-Mediathek die im Store hinterlegten Daten wiederhergestellt werden. Auch wenn es sich dabei um Ausnahmen und nicht die Regel handelt, sollten Sie auf Nummer sicher gehen und vor der Aktivierung der iCloud-Mediathek ein Backup Ihrer lokalen Mediathek anlegen.

Neben dem reinen Streaming-Angebot bildet die iCloud-Mediathek die zweite Säule von Apple Music. Die iCloud-Mediathek erfüllt zwei zentrale Aufgaben.

- *Ihre Musik auf allen Geräten:* Die iCloud-Mediathek lädt Ihren kompletten lokalen Musikbestand in die Cloud und stellt sie Ihren anderen Geräten, auf denen Sie Apple Music und die iCloud-Mediathek aktiviert haben, zur Verfügung. Alle Änderungen, die Sie in Ihrer lokalen Mediathek vornehmen und alle Wiedergabelisten, die Sie lokal anlegen, werden automatisch in die Cloud übernommen und können auch von anderen Geräten genutzt werden.
- *Apple Music lokal speichern:* Sobald die iCloud-Mediathek aktiviert ist, können Sie Musik und Wiedergabelisten, die Sie via Apple Music hören, Ihrer lokalen Mediathek hinzufügen. Und zwar entweder als Verweis auf die Dateien in der Cloud oder auch als physikalische Datei auf Ihrem Computer. Auch diese Änderungen der lokalen Mediathek werden natürlich via iCloud automatisch zwischen Ihren Geräten abgeglichen.

> **!**
>
> **Die iCloud-Mediathek und iTunes Match**
>
> Auf den ersten Blick scheint die iCloud-Mediathek das zu bieten, was auch iTunes Match zu bieten hat: Der lokale Musikbestand wird in die Cloud kopiert und von dort aus auf alle anderen Geräte. Doch das täuscht. Bei iTunes Match laden Sie kopierschutzfreie Dateien auf Ihren Computer, die Sie auch dann noch wiedergeben können, wenn Sie Ihr iTunes-Match-Abo beenden. Dagegen liefert die iCloud-Mediathek fast ausschließlich Dateien mit Kopierschutz aus, die Sie nur so lange abspielen können, solange Ihr Apple-Music-Abo läuft. Beenden Sie das Abo, können Sie mit den via iCloud-Mediathek geladenen Titeln nichts mehr anfangen.

Die iCloud-Mediathek aktivieren

Die iCloud-Mediathek wird standardmäßig aktiviert, sobald Sie ein Apple-Music-Abo abschließen. Falls Sie die Mediathek wie oben gezeigt vorerst ausgeschaltet haben, können Sie sie jederzeit in den Einstellungen von iTunes aktivieren – und natürlich auch wieder ausschalten.

> **!**
>
> **Genius wird automatisch aktiviert**
>
> Sobald Sie die iCloud-Mediathek aktivieren, schaltet iTunes automatisch Genius ein. Bei Genius handelt es sich um eine spezielle Funktion von iTunes, die auf Basis eines bestimmten Titels automatisch eine Liste mit zueinanderpassender Musik zusammenstellt. So erhalten Sie mit einem Mausklick eine in sich stimmige Zusammenstellung von Musik aus Ihrer Mediathek und stoßen bei sehr großen Mediatheken so oftmals auch auf Titel, an die Sie vielleicht längere Zeit nicht mehr gedacht haben. Genius lässt sich anschließend nicht mehr ausschalten, sondern bleibt so lange aktiv, solange die iCloud-Mediathek eingeschaltet ist.

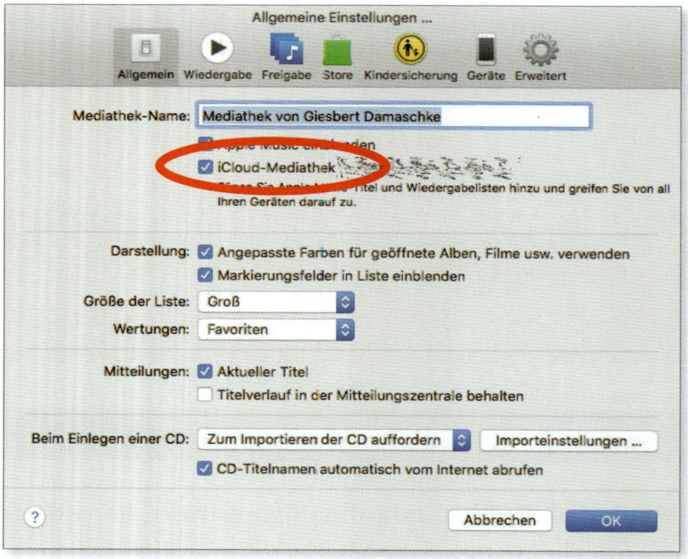

Sobald die iCloud-Mediathek aktiviert wird, beginnt Apple Music mit dem Abgleich Ihrer lokalen Mediathek mit dem Musikbestand bei Apple und lädt Titel, die nicht im iTunes Store verfügbar sind, automatisch in die iCloud.

Nach der Aktivierung sehen Sie in iTunes rechts oben einen sich drehenden Kreis, der Ihnen anzeigt, dass iTunes im Hintergrund vor sich hin werkelt. Was dabei genau passiert erfahren Sie, wenn Sie auf den Kreis klicken.

Die Aktivitätsanzeige gibt Ihnen jederzeit Aufschluss darüber, womit iTunes im Hintergrund beschäftigt ist.

Bei der ersten Aktivierung brauchen Sie zweierlei: eine stabile Internetverbindung mit möglichst hohen Upload-Raten – und Geduld. Sehr viel Geduld. Je nach Geschwindigkeit Ihrer Internetverbindung und Umfang Ihrer Mediathek kann der Abgleich Ihrer Mediathekbestände mit denen von Apple nicht nur ein paar Stunden, sondern etliche Tage bis hin zu ein oder gar zwei Wochen dauern.

Werden Sie also nicht nervös, wenn auch nach zwei Tagen kaum ein Fortschritt zu erkennen ist. Am besten lassen Sie Ihren Computer in dieser Anfangsphase so lange eingeschaltet, bis die iCloud-Mediathek erstellt und abgeglichen wurde.

Wie die iCloud-Mediathek Ihre Musik abgleicht

Was genau passiert eigentlich, wenn die iCloud-Mediathek Ihre Musiksammlung analysiert und in die iCloud hochlädt? Im Grunde ist das ganz einfach. Bei der Analyse nimmt sich iTunes jeden einzelnen Song in Ihrer Mediathek vor und überprüft, ob der Song in die iCloud geladen werden muss oder nicht. Dabei gibt es verschiedene Möglichkeiten:

- *Einkäufe:* Sie haben den Song oder das Album aus dem iTunes Store geladen. In diesem Fall muss der Song nicht von Ihrer Festplatte via Internet auf Apples Server hochgeladen werden, denn dort befindet er sich ja ohnehin schon.
- *Im Store vorhanden:* Sie haben den Song nicht aus dem iTunes Store, sondern einer anderen Quelle, etwa von CD gerippt oder bei einem anderen Anbieter gekauft. Allerdings hat Apple diesen Song ebenfalls im Angebot. Auch in diesem Fall muss der Song nicht hochgeladen werden, da er ja bereits vorhanden ist.
- *Nicht im Store:* Sie haben einen Song oder ein Album in Ihrer Mediathek, bei dem der iTunes Store passen muss. Das kommt eher selten vor, aber es kommt vor. In diesem Fall werden die Dateien von Ihrem Computer via Internet an die Server von Apple geschickt.
- *Im Store vorhanden, aber nicht für Streaming freigegeben:* Bleibt noch der Sonderfall, dass Sie ein Album bei einem anderen Anbieter gekauft oder von CD gerippt haben, das zwar im iTunes Store verfügbar ist, aber bei dem der Rechteinhaber Streaming via Apple Music nicht erlaubt. Auch in diesem Fall werden entsprechende Titel, die Sie lokal in Ihrer Mediathek gespeichert haben, an die Server von Apple geschickt.

Wenn Sie nach dem ersten Abgleich der iCloud-Mediathek Ihre lokale Mediathek verändern – also etwa eine neue CD rippen und der Mediathek hinzufügen oder die Metadaten zu einem Titel ändern –, dann werden diese Änderungen automatisch in die iCloud-Mediathek übernommen. Es kann allerdings auch hier einige Zeit dauern, bis der Abgleich abgeschlossen ist.

Der iCloud-Status

Wenn die Arbeit an der iCloud-Mediathek abgeschlossen ist, können Sie sich bei jedem Titel den *iCloud-Status* anzeigen lassen. Hier erfahren Sie, ob ein Titel auf die Server hochgeladen wurde oder ob Apple Music einen Treffer im iTunes Store gefunden hat.

Am schnellsten sehen Sie den iCloud-Status in der Titeldarstellung ❶ von iTunes. Klicken Sie mit der rechten Maustaste in einen Spaltenkopf und blenden Sie die Spalte *iCloud-Status* ❷ ein.

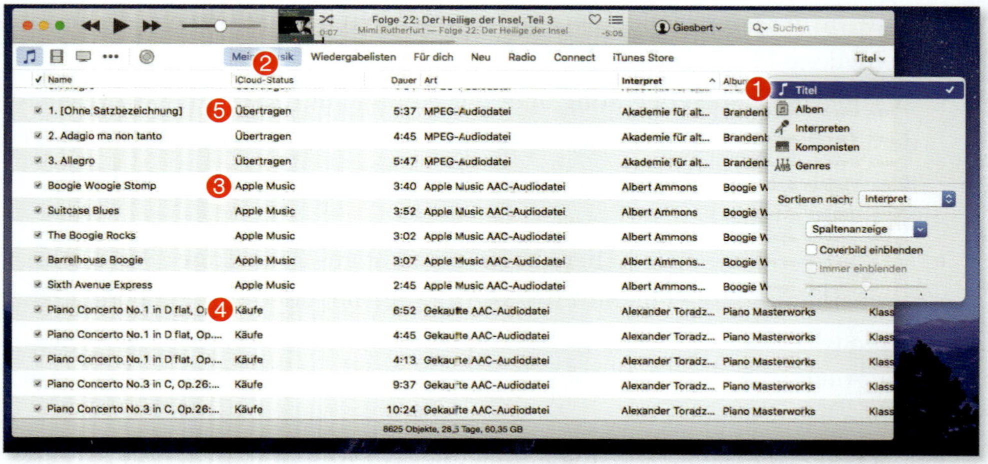

In der Titeldarstellung wird Ihnen auf Wunsch der iCloud-Status einer Datei angezeigt.

Hier gibt es nun vor allem drei mögliche Einträge:

- *Apple Music* ❸: Der entsprechende Titel wurde im iTunes Store gefunden und nicht hochgeladen. Bei Bedarf wird er aus dem Store gestreamt.
- *Käufe* ❹: Diese Titel haben Sie im iTunes Store gekauft, sie wurden also ebenfalls nicht hochgeladen.
- *Übertragen* ❺: Bei diesen Titeln war die Suche im iTunes Store erfolglos, also hat iTunes sie in die iCloud von Apple hochgeladen, damit Sie auch mit anderen Geräten auf Ihre Musik zugreifen können.

Neben diesen drei wichtigsten können auch noch andere Statuseinträge auftauchen, etwa *Warten* oder *Ungeeignet*. Bei *Warten* ist der Abgleich Ihrer lokalen Musik mit der iCloud-Mediathek noch nicht abgeschlossen, bei *Ungeeignet* handelt es sich üblicherweise um digitale Beigaben zu einem Album (etwa ein digitales Booklet), mit dem die iCloud-Mediathek nichts anzufangen weiß, da hier nur Musikdateien gespeichert und verwaltet werden.

Titel manuell in die iCloud-Mediathek laden

Normalerweise kümmert sich iTunes ganz allein darum, dass alle Titel automatisch in die iCloud-Mediathek geladen werden. Doch mitunter geht das auch schief, etwa weil während des Abgleichs die Internetverbindung kurzfristig ausgefallen ist oder Apples Server nicht korrekt reagierten. In diesen und ähnlichen Fällen erscheint als iCloud-Status eine Wolke mit Ausrufezeichen. Klicken Sie dieses Symbol an, erfahren Sie, dass der Titel nicht zur iCloud-Mediathek hinzugefügt werden konnte.

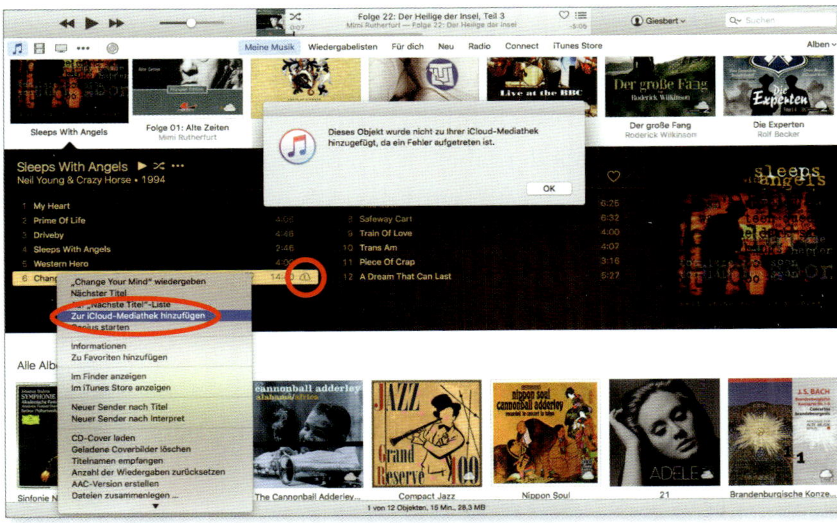

Manchmal geht ein Abgleich mit der iCloud-Mediathek schief. In diesem Fall können Sie iTunes auf die Sprünge helfen.

Da der Upload einer Datei oft an einem nur temporären Problem gescheitert ist, können Sie die entsprechenden Titel auch manuell der iCloud-Mediathek hinzufügen. Markieren Sie dazu die Titel, klicken Sie die Markierung mit der rechten Maustaste an und wählen Sie *Zur iCloud-Mediathek hinzufügen*.

Musik aus Apple Music Ihrer Mediathek hinzufügen

Sobald Sie die iCloud-Mediathek aktiviert haben, können Sie Titel und Alben aus Apple Music nicht nur anhören, sondern auch Ihrer eigenen Mediathek hinzufügen. So haben Sie auf die Musik, die Sie bei Apple Music gefunden haben, jederzeit Zugriff und müssen ein Album oder einen Titel nicht jedes Mal aufs Neue suchen.

Sie können beliebige Titel, Alben und Wiedergabelisten aus Apple Music in Ihre Mediathek aufnehmen.

Das Vorgehen ist dabei immer gleich und immer gleich einfach: Sie klicken bei einem Titel, einem Album oder einer Wiedergabeliste auf die allgegenwärtige *Mehr*-Taste (die drei Punkte) und wählen *Zu „Meine Musik" hinzufügen* ❶. Bei der Anzeige von Alben oder Wiedergabelisten sehen Sie zudem rechts außen ein Pluszeichen ❷. Klicken Sie darauf, wird das Album bzw. die Wiedergabeliste in Ihre Mediathek aufgenommen.

Alben oder Titel werden dabei wie Ihre lokal verfügbare Musik in die Mediathek übergenommen, Wiedergabelisten erscheinen in einem eigenen Bereich der *Apple Music-Wiedergabelisten* ❸.

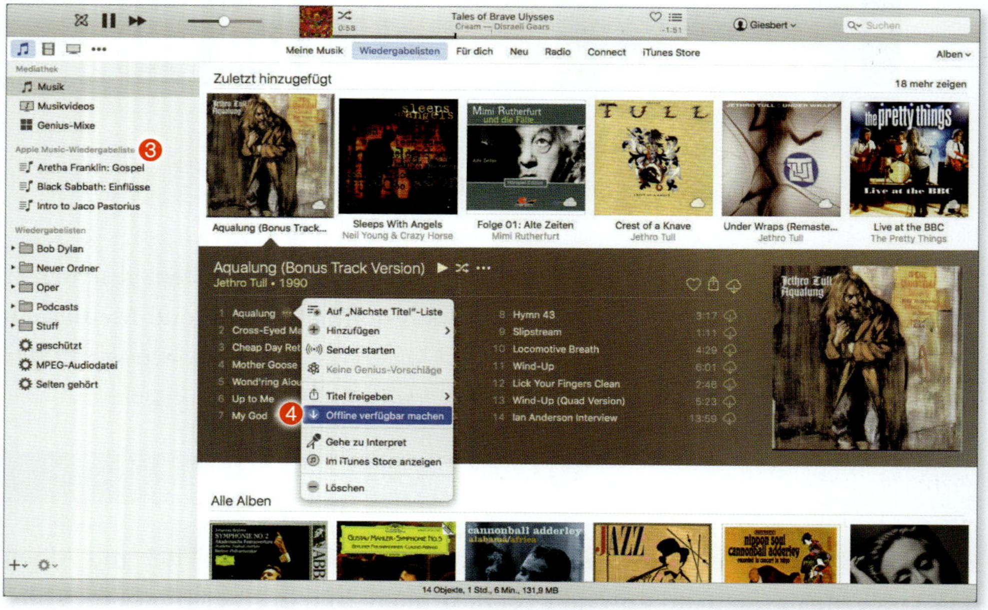

Sie können Musik aus Apple Music nicht nur streamen, sondern auch als Datei herunterladen und offline hören.

Musik, die Sie auf diese Weise aus Apple Music in Ihre Mediathek aufgenommen haben, wird dabei nicht physikalisch als Datei heruntergeladen, sondern verbleibt vorerst in der iCloud. Solange Sie online sind, können Sie diese Musik problemlos abspielen. Sie erkennen den Download-Status dieser Dateien an dem Wolkensymbol, das in jeder Darstellung bei den Titeln bzw. Alben angezeigt wird.

Aber natürlich ist es auch möglich, diese Musik als Datei zu laden, damit Sie auch offline Zugriff darauf haben. Dazu klicken Sie entweder auf das Wolkensymbol oder wählen im *Mehr*-Menü (den drei Punkten) den Eintrag *Offline verfügbar machen* ❹.

Die heruntergeladenen Dateien werden von iTunes automatisch im Verzeichnis bzw. Ordner *iTunes –> iTunes Media –> Apple Music* ❺ gespeichert (Ihre eigene, lokal verfügbare Musik finden Sie dagegen unter *iTunes –> iTunes Media –> Music* ❻). Diese Dateien sind kopiergeschützt und können nicht auf CD gebrannt oder in ein anderes Format konvertiert werden. Sobald Sie Ihr Apple-Music-Abo beenden, können Sie diese Musik nicht mehr wiedergeben.

Musik, die Sie im Rahmen Ihres Abos von Apple Music herunterladen, wird in einem eigenen Ordner gespeichert.

Freunde auf Musik hinweisen

Wenn Sie bei Apple Music einen interessanten Titel, ein neues Album oder eine gut gemischte Wiedergabeliste gefunden haben, dann können Sie Freunde und Bekannte auf Ihre Funde hinweisen. Vorausgesetzt, Ihre Bekannten haben ebenfalls ein Apple-Music-Abo, können sie dann die von Ihnen empfohlene Musik ebenfalls direkt abspielen.

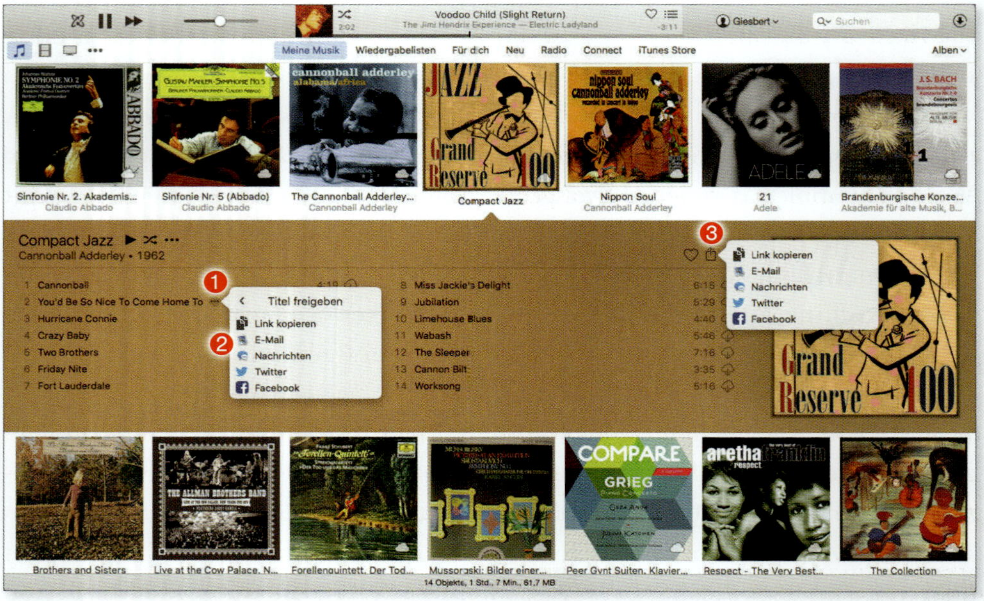

Sie können Freunde und Bekannte problemlos auf bestimmte Alben, Künstler oder Wiedergabelisten hinweisen.

Es gibt verschiedene Wege, um Ihre Funde mitzuteilen:

- *Mehr:* Klicken Sie auf die *Mehr*-Taste (die drei Punkte) ❶ und wählen Sie den irreführend benannten Punkt *Titel freigeben* (bei einem Album heißt der Punkt entsprechend *Album freigeben*, bei einer Wiedergabeliste *Wiedergabeliste freigeben*). Nun können Sie einen Link zum gewählten Objekt kopieren oder per Mail verschicken ❷. Unter OS X haben Sie zusätzlich die Möglichkeit, den Link als Nachricht, bei Twitter oder Facebook zu veröffentlichen.
- *Bereitstellen:* Bei einem Album oder einer Wiedergabeliste können Sie auch auf die *Bereitstellen*-Taste ❸ – das ist das Rechteck mit dem Pfeil nach oben – klicken und die gewünschte Option wählen.

Die iCloud-Mediathek mit mehreren Geräten nutzen

Die iCloud-Mediathek sorgt nicht nur dafür, dass Sie Titel und Alben aus Apple Ihrer lokalen Mediathek hinzufügen können, sondern stellt Ihre Mediathek auch für andere Geräte bereit, bei denen Sie sich mit Ihrem Account angemeldet und die iCloud-Mediathek aktiviert haben. Das funktioniert systemübergreifend. Wenn Sie also zum Beispiel die iCloud-Mediathek auf Ihrem privaten Mac aktiviert haben, können Sie darauf dann auch mit dem Windows-PC im Büro zugreifen.

Bei der Aktivierung der iCloud-Mediathek auf einem anderen Computer oder einem iOS-Gerät müssen Sie ein wenig Geduld haben, bis Ihre Mediathek von Apples Servern an das neue Gerät geschickt wird. Dabei wird natürlich nur die Struktur Ihrer Mediathek übertragen, die Musikdateien selbst stehen dann zum Streaming bereit, lassen sich aber – wie gezeigt – auch auf dem neuen Gerät als Datei physikalisch herunterladen. Wenn Sie auf dem zweiten Gerät Änderungen in Ihrer Mediathek vornehmen, also zum Beispiel einen neuen Song oder ein neues Album hinzufügen oder eine Wiedergabeliste anlegen, dann werden diese Änderungen automatisch in die iCloud-Mediathek übernommen und stehen dann auf allen anderen Geräten ebenfalls zur Verfügung, auf denen Sie die iCloud-Mediathek aktiviert haben.

Bitrate, Kopierschutz & Co

Im Grunde ist der Einsatz der iCloud-Mediathek exakt so einfach, wie es klingt. Aber es gibt auch einige Besonderheiten, die Sie kennen müssen, damit Sie nicht versehentlich Ihre Originaldateien Ihrer lokalen Mediathek verlieren.

Wie weiter oben erläutert, wird in der iCloud-Mediathek nicht einfach eine Kopie Ihrer lokalen Musikbestände hinterlegt, sondern beim Abgleich Ihrer lokalen Mediathek mit der iCloud-Mediathek wird immer versucht, den passenden Song im iTunes Store zu finden. Das spart Ihnen enorm viel Zeit und Bandbreite und bei Apple Speicherplatz auf den Servern.

Doch dieses sinnvolle Vorgehen hat Auswirkungen auf die Musik, die Sie via iCloud-Mediathek auf ein zweites (oder drittes, viertes ...) Gerät kopieren. Die Dateien, die in der iCloud-Mediathek bereitgehalten werden, entsprechen Ihren lokalen Dateien zwar musikalisch, aber in allen Punkten kann es zu deutlichen Unterschieden kommen. Das gilt für alle Titel mit dem iCloud-Status *Käufe* oder *Apple Music*. Dateien mit dem iCloud-Status *Übertragen* sind davon nicht betroffen.

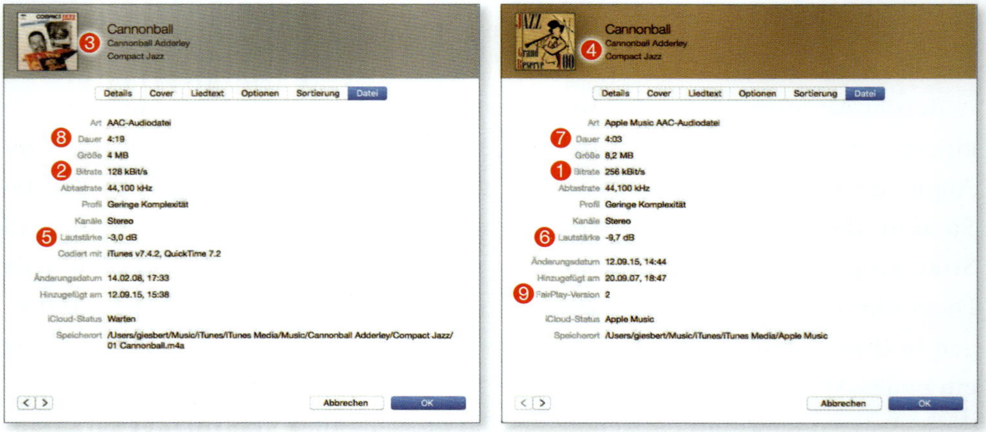

Musikalisch gibt es zwischen den Titeln der lokalen Mediathek (links) und denen der iCloud-Mediathek (rechts) keine Unterschiede. Bei allen übrigen Daten allerdings doch. In diesem Beispiel rühren die erheblichen Unterschiede zwischen den beiden Versionen daher, dass das Album „Compact Jazz" von Cannonball Adderley im iTunes Store nicht angeboten wird. Doch die einzelnen Titel dieses Albums sind auf einem „Best of" des Musikers enthalten. Auf diese Versionen greift die iCloud-Mediathek dann zurück und bastelt sich gewissermaßen das fehlende Album aus den Versatzstücken diverser Sampler zusammen.

Dies sind die wichtigsten Unterschiede:

- *Bitrate:* Titel und Alben, die via iCloud-Mediathek auf ein Gerät kopiert werden, haben eine Bitrate von 256 kBit/s ❶ – ganz gleich, in welcher Bitrate sie in der lokalen Mediathek vorliegen ❷. Die Dateien können auf einem zweiten Computer also in deutlich besserer, aber auch schlechterer Qualität als in Ihrer lokalen Mediathek vorliegen.
- *Cover:* Auch die Cover können sich zwischen der lokalen Mediathek ❸ und der iCloud-Mediathek ❹ unterscheiden.
- *Zusammenstellung von Alben:* Es kann vorkommen, dass CDs, die Sie gerippt und Ihrer Mediathek hinzugefügt haben, zwar nicht im iTunes Store vorhanden sind, die verschiedenen Titel auf diesem Album allerdings doch, etwa auf diversen Samplern einer Band. In diesem Fall werden die Dateien von den verschiedenen Samplern zu dem Album zusammengestellt. Das kann Auswirkung auf die Lautstärke der einzelnen Titel haben ❺, ❻.
- *Metadaten:* Wenn Sie die Metadaten einer gerippten CD oder eines im iTunes Store gekauften Albums manuell geändert haben, kann es vorkommen, dass in der iCloud-Mediathek die Metadaten auftauchen, die das Album im iTunes Store hat. Das hat dann unter Umständen Auswirkungen auf die Sortierreihenfolge. In einigen Fällen kann es auch passie-

ren, dass die iCloud-Mediathek diese Daten in Ihrer lokalen Mediathek verändert – ein Grund mehr, vor der Aktivierung der iCloud-Mediathek auf jeden Fall ein Backup Ihrer lokalen Mediathek anzulegen.

- *Länge:* Auch wenn die Dateien in der iCloud-Mediathek Ihren Originalen musikalisch entsprechen, kann es doch vorkommen, dass einzelne Titel unterschiedlich lang sind. Hier geht es allerdings nur um wenige Sekunden. Häufig ist es so, dass die Titel im iTunes Store (auf den die iCloud-Mediathek ja zurückgreift) ohne Pause beginnen und enden ❼. Titel, die Sie von einer CD gerippt haben, besitzen dagegen in der Regel zu Beginn und Ende ein paar Sekunden Pause, damit die einzelnen Titel auf der CD deutlich getrennt werden ❽.
- *Kopierschutz:* Der wohl wichtigste Unterschied betrifft den Kopierschutz der Dateien. Alle Titel mit dem iCloud-Status *Apple Music* werden über die iCloud-Mediathek prinzipiell mit einem Kopierschutz ausgeliefert – auch dann, wenn die Titel in Ihrer lokalen Mediathek keinen Kopierschutz haben. Ob eine Datei in iTunes kopiergeschützt ist oder nicht, erfahren Sie in den *Informationen* im Register *Datei*. Findet sich hier der Eintrag *FairPlay-Version* ❾, dann ist die Datei kopiergeschützt.

Es sei noch einmal darauf hingewiesen, dass diese Punkte nur für Titel mit dem iCloud-Status *Käufe* oder *Apple Music* gelten. Bei den Titeln, die den Status *Übertragen* haben, handelt es sich dagegen tatsächlich um eine Kopie Ihrer Originaldatei.

Aus diesen Besonderheiten der iCloud-Mediathek folgt natürlich auch etwas, das man gar nicht oft genug sagen kann und das ich daher noch einmal wiederhole: *Die iCloud-Mediathek ist kein Backup Ihrer lokalen Mediathek!*

Musik löschen

Bei aktivierter iCloud-Mediathek ändert sich das Verhalten von iTunes, wenn es darum geht, eine Datei zu löschen. Denn nun müssen Sie sich entscheiden, was genau Sie löschen möchten: die lokal gespeicherte Datei in Ihrer Mediathek – oder die Version in der iCloud-Mediathek? Hinzu kommt, dass unterschieden wird zwischen Ihrem Hauptrechner – also dem Computer, auf dem Sie zum ersten Mal die iCloud-Mediathek aktiviert und aus Ihrer lokalen Mediathek die erste Version Ihrer iCloud-Mediathek erstellt haben – und allen anderen Geräten, auf denen Sie später die iCloud-Mediathek nutzen. Diese Unterscheidung kann für einige Verwirrung und schlimmstenfalls dafür sorgen, dass Sie Dateien verlieren.

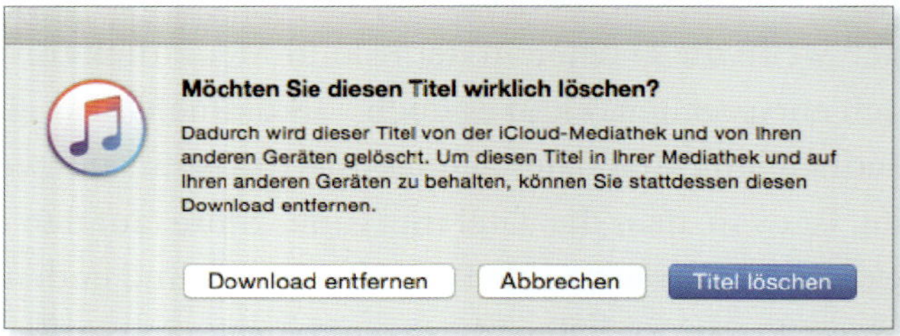

Beim Löschen eines Titels müssen Sie sich nun entscheiden, welche Version entfernt werden soll – nur die lokal vorhandene Datei oder auch die Version in der iCloud-Mediathek?

Sobald Sie eine Datei löschen möchten, die sowohl lokal in Ihrer Mediathek als auch in der iCloud-Mediathek vorliegt, erscheint ein Dialog, der Sie fragt, ob Sie den *Titel löschen* oder nur den *Download entfernen* möchten.

- *Titel löschen (vom Hauptcomputer):* Der Titel wird aus der iCloud-Mediathek gelöscht. Falls Sie die Datei auf Ihrem Hauptcomputer löschen, erscheint als nächstes eine Warnung, dass Sie im Begriff sind, „Ihre Originalkopie" zu löschen, die „möglicherweise auf keinem Ihrer anderen Computer gespeichert" ist. Mit einem Klick auf *Behalten* wird die Datei aus der iTunes- und der iCloud-Mediathek gelöscht, verbleibt als Datei aber auf Ihrer Festplatte im Standardverzeichnis *iTunes Media –> Music*. Soll die Datei komplett aus Ihrer Mediathek entfernt werden, wählen Sie *In den Papierkorb bewegen*.

Bevor Sie die Originalkopie eines Titels löschen, warnt Sie iTunes.

- *Titel löschen (von anderen Computern):* Bei allen anderen Computern, bei denen Sie die iCloud-Mediathek aktiviert und eine lokal vorhandene Datei löschen möchten, löschen Sie mit einem Klick auf *Titel löschen* ohne weitere Rückfragen die lokale Datei und gleichzeitig die Version in der iCloud-Mediathek. Glücklicherweise ist ein versehentliches Löschen einer Datei aber kein Beinbruch – die Datei landet im Papierkorb und kann von dort wieder in iTunes importiert und auch der iCloud-Mediathek hinzugefügt werden.

- *Download entfernen:* Damit löschen Sie die lokale Version einer Datei, die Version in der iCloud-Mediathek bleibt erhalten und kann von dort erneut geladen werden. Wenn Sie diese Option wählen, wird der Titel also weiterhin in iTunes angezeigt, nun allerdings mit einer kleinen Download-Wolke markiert. Wenn Sie ihn nun wiedergeben, wird er aus der iCloud-Mediathek gestreamt, aus der er sich natürlich auch als Datei herunterladen lässt. Doch Vorsicht! Denken Sie daran, dass die Version in der iCloud-Mediathek keine Kopie Ihrer Originaldatei ist und Sie im Falle eines Falles nur noch eine kopiergeschützte Version des Titels haben, den Sie ohne Apple-Music-Abo nicht mehr abspielen können.

Wenn Sie dagegen einen Titel löschen möchten, der nicht als Datei physikalisch auf Ihrem Computer ist, sondern nur über die iCloud-Mediathek zur Verfügung gestellt wird, erscheint eine Sicherheitsabfrage, in der Sie darauf hingewiesen werden, dass Sie dabei sind, den Titel aus Ihrer iCloud-Mediathek zu löschen – der Titel ist dann also nicht mehr über die iCloud-Mediathek verfügbar. Sollten Sie den Titel bereits auf einem anderen Gerät als Datei geladen haben, bleibt diese Datei erhalten.

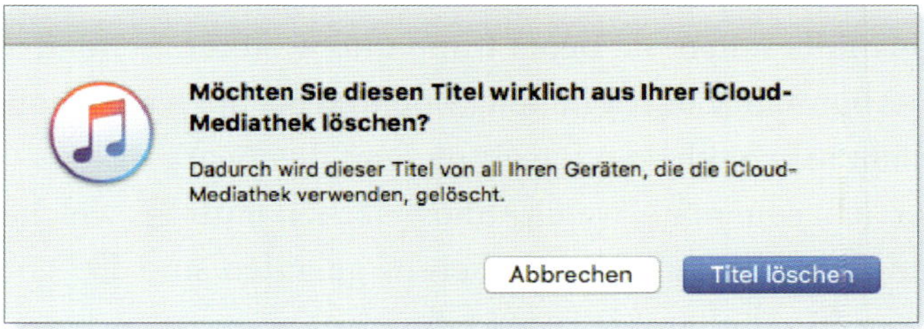

Beim Löschen eines Titels, den Sie nur via iCloud-Mediathek auf Ihrem Computer verfügbar haben, wird der Titel auf allen anderen Geräten ebenfalls gelöscht.

Radio

Mit *Radio* bietet Apple auch Radiostreams im Internet an. Das Angebot teilt sich in den Sender *Beats 1* und einer ganzen Reihe von Sendern, die sich einem bestimmten Genre widmen. Außerdem können Sie auch eigene Sender (basierend auf einem Titel, einem Künstler oder einem Album) hinzufügen.

Beats 1

Beats 1 ist ein kostenloses Angebot für alle iTunes-Benutzer und kann auch dann gehört werden, wenn Sie Apple Music nicht abonniert haben.

Beats 1 unterscheidet sich deutlich von fast allen Radioangeboten im Internet. Hier sorgen nicht automatische Playlisten für das Programm, sondern es wird von echten Menschen zusammengestellt und moderiert. Dabei hat Apple namhafte Künstler wie Elton John, Pharrell Williams, Anna Lunoe, Zane Lowe oder Ellie Goulding als Moderatoren gewinnen können.

Um Beats 1 zu starten, klicken Sie in iTunes zuerst auf *Radio* ❶. Wenn Sie Apple Music nicht aktiviert haben, sehen Sie nun die Programmübersicht von Beats 1. Andernfalls sehen Sie Beats 1 und alle weiteren Sender, auf die Sie als Apple-Music-Abonnent Zugriff haben. Möchten Sie auch als Abonnent die Programmübersicht sehen, klicken Sie einmal auf das Beats-1-Logo.

In der Übersicht sehen Sie, welche Show aktuell läuft ❷, welche Shows demnächst starten ❸ und welche Shows bereits gelaufen sind ❹. Mit einem Klick auf *Jetzt anhören* ❺ schalten Sie Beats 1 ein.

Möchten Sie bereits gelaufene Shows nachträglich hören, klicken Sie unter *Featured Shows* auf einen der Moderatoren ❻. Nun erhalten Sie die früheren Shows in Form einer Wiedergabeliste, die Sie problemlos wiedergeben können – und zwar auch dann, wenn Sie Apple Music nicht aktiviert haben.

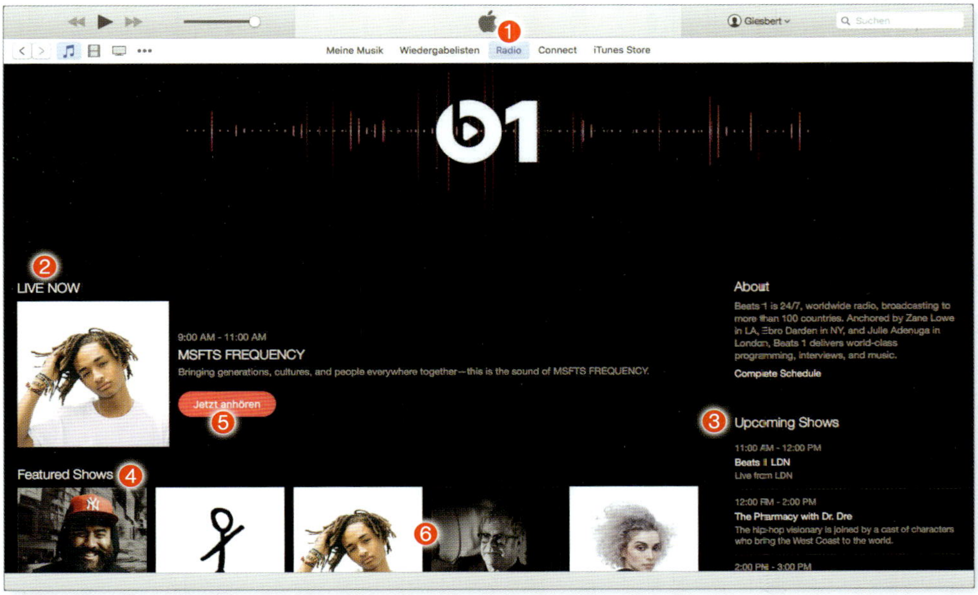

Beats 1 können Sie auch ohne Abo von Apple Music hören.

Weitere Sender

Während Beats 1 für jeden iTunes-Nutzer kostenlos zur Verfügung steht (vorausgesetzt, man hat sich mit seiner Apple-ID angemeldet), können die übrigen Genre- und Spartensender nur von Abonnenten von Apple Music gehört werden.

Dazu gehören Sender wie *Charting Now*, *The Mixtape* oder *Pop Hits* A, die aktuelle Hits spielen. Wenn Sie lieber Musik eines bestimmten Genres oder einer bestimmten Stilrichtung hören, wählen Sie einen der übrigen gut 20 Sender, deren Namen Programm ist: *Classic Rock*, *Metal*, *Klassik*, *Jazz* oder *Alternative* B. Insgesamt bietet Radio aktuell (September 2015) 30 Sender. Man kann wohl davon ausgehen, dass Apple das Angebot im Laufe der Zeit noch erweitern wird. Um einen Sender zu starten, zeigen Sie auf den entsprechenden Eintrag. Es wird eine Play-Taste C eingeblendet. Mit einem Klick auf diese Taste schalten Sie den Sender ein.

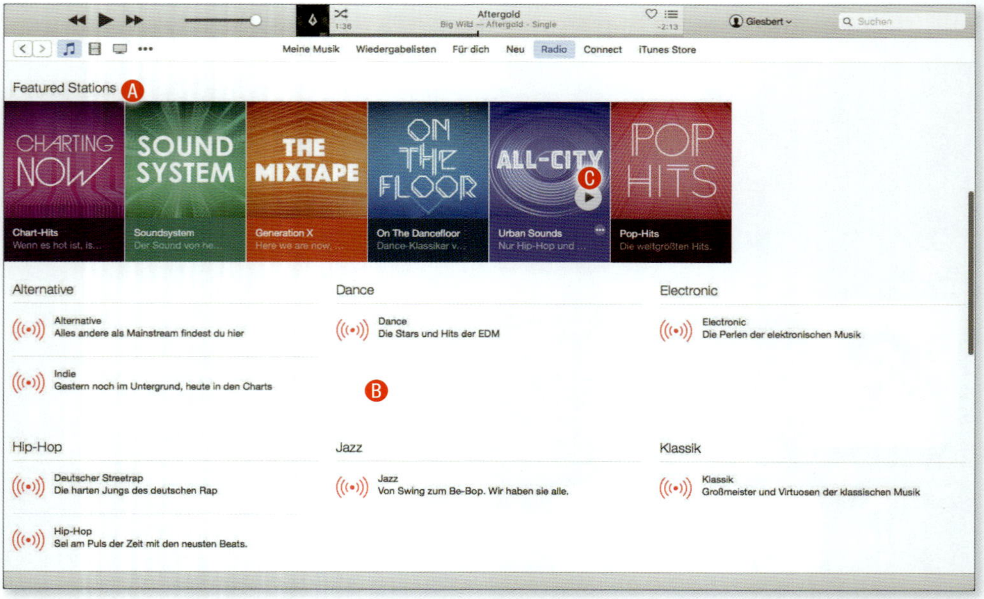

Neben dem kostenlosen Sender Beats 1 stehen den Abonnenten von Apple Music noch knapp 30 weitere Sender für praktisch jeden Geschmack zur Verfügung.

Musik aus Radio nachhören und in die Mediathek übernehmen

Radio ist eine flüchtige Sache: Sie schalten einen Sender ein, hören die Musik, und wenn ein Titel vorbei ist, ist er auch schon wieder weg. Beim klassischen Radio kann man mit etwas Glück im Radioprogramm erfahren, was das denn für ein Song war, den man da zufällig mitbekommen hat und den man gern noch einmal hören möchte – oder man lässt gleich einen Rekorder mitlaufen, um nichts zu verpassen.

Das geht gewissermaßen auch bei Radio in iTunes. Zwar gibt es hier kein Programm und auch keine Aufnahmefunktion, aber dafür gibt es die Möglichkeit, auf bereits einmal über Radio gehörte Titel nachträglich zuzugreifen. Wenn die iCloud-Mediathek aktiviert ist, lassen sich Titel auch problemlos der eigenen Mediathek einverleiben.

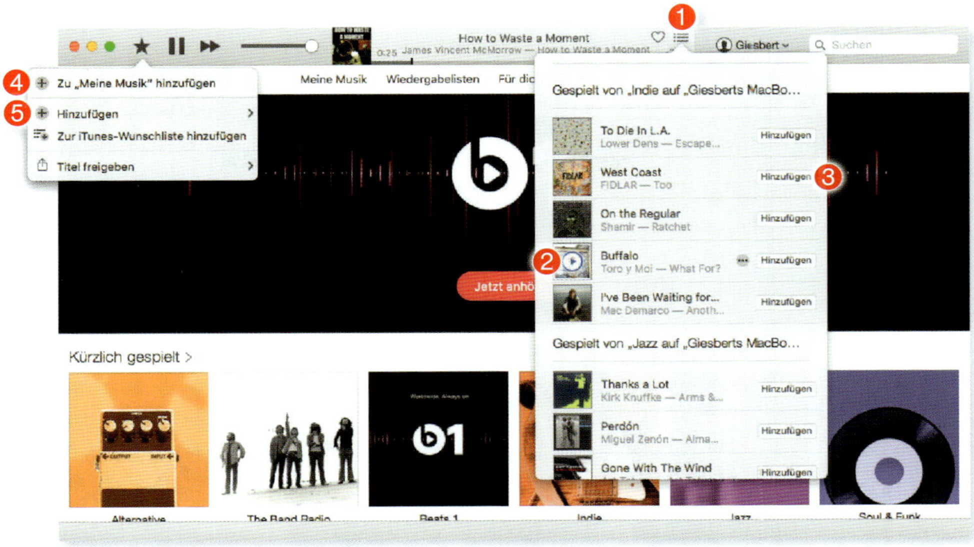

Sie können jeden Titel, den Sie über „Radio" gehört haben, Ihrer Mediathek hinzufügen und so immer dann hören, wenn Sie es möchten – und nicht, wenn er zufällig bei Radio gespielt wird.

Um einen Blick auf die in letzter Zeit gehörten Songs zu werfen, aktivieren Sie einen beliebigen Radio-Sender und klicken auf das Listensymbol in der Aktivitätsanzeige ❶. Sie sehen nun die Titel und Sender, die Sie in letzter Zeit mit Radio gehört haben. Hier können Sie mit einem Klick auf einen Titel ❷ diesen erneut abspielen – na ja: fast. Denn in diesem Fall greift iTunes nicht auf den kompletten Song zu, sondern gibt lediglich die üblichen 1:30 Minuten Vorschau aus dem iTunes Store wieder. Immerhin: Sie wissen, was im Radio gelaufen ist, und können anschließend über die Suchfunktion von iTunes den Titel in Apple Music suchen und komplett wiedergeben.

Haben Sie die iCloud-Mediathek aktiviert, können Sie Titel auch in Ihre Mediathek aufnehmen. Dazu klicken Sie beim entsprechenden Titel auf *Hinzufügen* ❸. Den aktuellen Titel nehmen Sie mit einem Klick auf die Stern-Taste auf. Wählen Sie hier den Punkt *Zu „Meine Musik hinzufügen"* ❹. Möchten Sie einen Song gleich in eine Wiedergabeliste übernehmen, klicken Sie auf *Hinzufügen* ❺ und wählen anschließend die gewünschte Wiedergabeliste. Der aktuelle Titel taucht kurz danach unter Neuzugängen bei *Meine Musik* auf (und dank iCloud-Mediathek dann auch auf Ihren anderen Geräten).

Eigene Sender

Neben den 30 Sendern, die Radio von Haus aus mitbringt, können Sie auch eigene Sender – basierend auf einem Song, einem Album oder einem Künstler – erstellen. Dazu zeigen Sie auf die allgegenwärtige *Mehr*-Taste (die drei Punkte) und wählen *Sender starten*.

Sie können jederzeit – basierend auf einem Titel, Album oder Interpreten – eigene Sender erzeugen.

Nun erzeugt iTunes – ähnlich wie bei Genius – eine zufällige Zusammenstellung von zueinanderpassenden Titeln und trägt gleichzeitig den neuen Sender ❶ im Register *Radio* ein.

Jeden Titel, der aktuell gespielt wird, können Sie bewerten und Apple Music so mitteilen, bei welchem Titel die automatische Auswahl richtig lag – und bei welchem nicht. So lernt Apple Music im Laufe der Zeit Ihren Geschmack kennen und die Qualität der Musikvorschläge wird besser.

Um einen Song zu bewerten, klicken Sie in der Aktivitätsanzeige auf die *Mehr*-Taste und wählen *Mehr solche Musik spielen* oder *Titel nie wieder spielen* ❷.

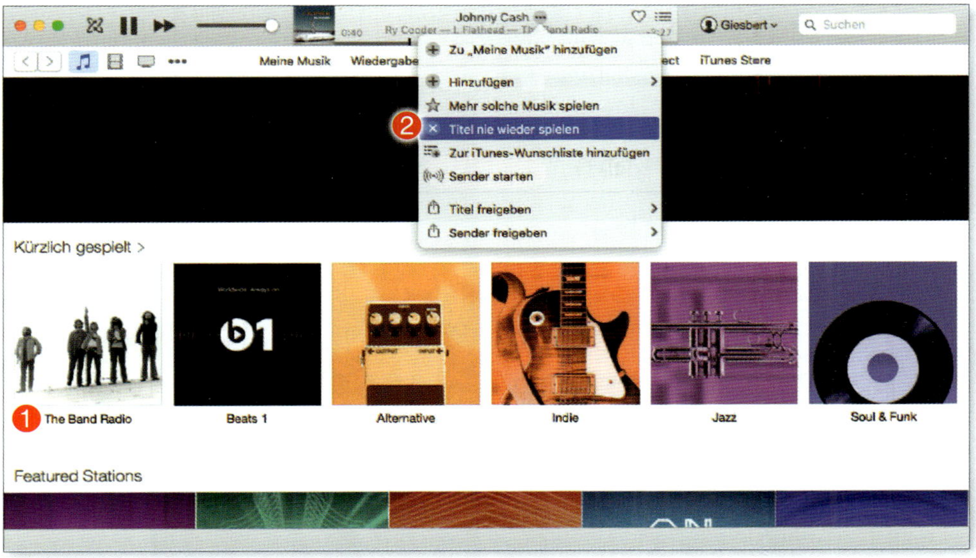

Jeder Titel, den Apple Music Ihnen im automatisch erstellen Sender präsentiert, kann von Ihnen bewertet werden, damit Apple Music Ihren Geschmack in Zukunft besser trifft.

Connect

Connect wurde zusammen mit Apple Music eingeführt, lässt sich aber auch ohne Apple-Music-Abo nutzen. Allerdings sind die Möglichkeiten von Connect dann etwas limitiert.

Das ist Connect

Mit *Connect* unternimmt Apple nach dem Fehlschlag mit Ping einen weiteren Versuch, ein soziales Netzwerk wie Facebook speziell für Musik zu etablieren.

Denn Connect soll vor allem den Musikern eine Plattform bieten, über die sie auf neue Alben, Konzerte und andere Neuigkeiten hinweisen können. Bei Connect können die Künstler auch beliebiges Hintergrundmaterial veröffentlichen, zum Beispiel einen Ausschnitt aus noch nicht veröffentlichten Aufnahmen, alternative Versionen ihrer Songs, Archivmaterial, Songtexte, Videos – was die Künstler bei Connect teilen, bleibt den Künstlern überlassen.

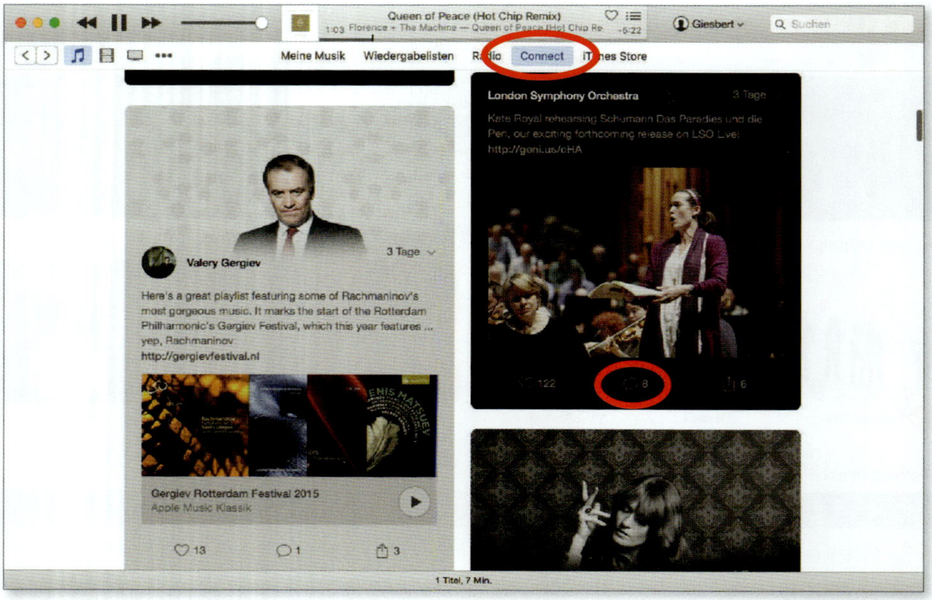

Künstler und Interpreten können über „Connect" Texte, Bilder, Videos und Musik veröffentlichen – alle anderen können hier nur kommentieren.

Bei Connect bleiben Sie allerdings – anders als in anderen sozialen Netzwerken – immer in der Rolle des Zuschauers bzw. Zuhörers. Sie können zwar die Beiträge der Künstler kommentieren, aber Sie selbst können keine eigenen Beiträge schreiben.

Künstlern folgen und entfolgen

Damit Sie im Abschnitt *Connect* ❶ etwas sehen, müssen Sie natürlich einem Interpreten oder Künstler „folgen", womit Sie dessen Beiträge bei Connect abonnieren. Das übernimmt iTunes zum Teil automatisch: Bei jedem Titel oder Album, das Sie von Apple laden, folgen Sie dem entsprechenden Künstler automatisch.

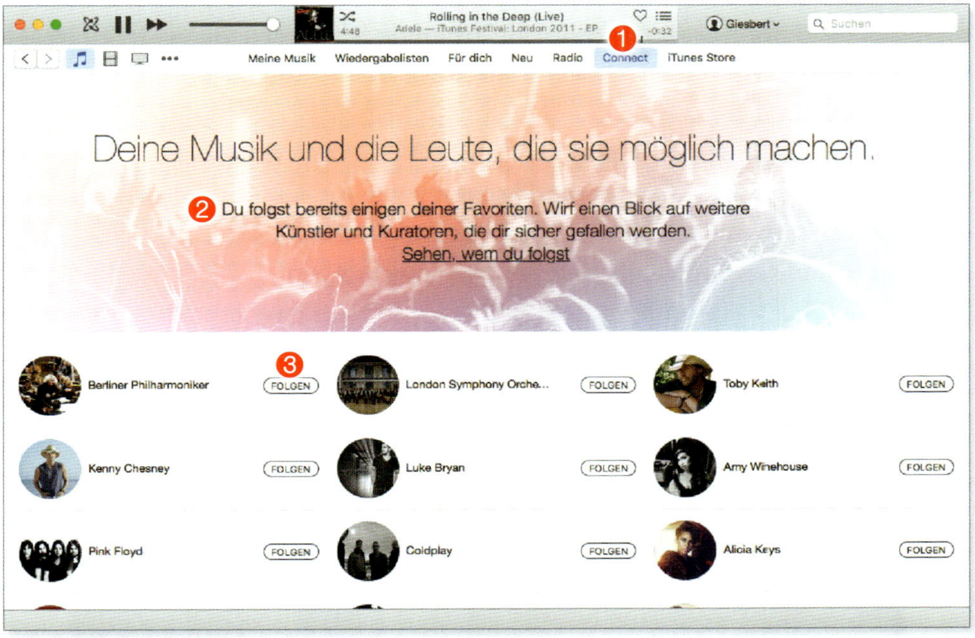

Auch wenn Sie Connect noch nie benutzt haben, „folgen“ Sie bereits einigen Künstlern, da iTunes alle Downloads aus dem iTunes Store automatisch in Ihre Abo-Liste einträgt.

Beim ersten Zugriff auf Connect – oder wenn die Künstler, denen Sie bereits folgen ❷, das System nur sehr sporadisch benutzen und es daher keine Beiträge gibt, die angezeigt werden könnten – zeigt Ihnen iTunes eine Seite mit diversen Vorschlägen, die auf Inhalten Ihrer Mediathek basiert. Mit einem Klick auf *Folgen* ❸ nehmen Sie den entsprechenden Künstler in Ihre Abo-Liste auf.

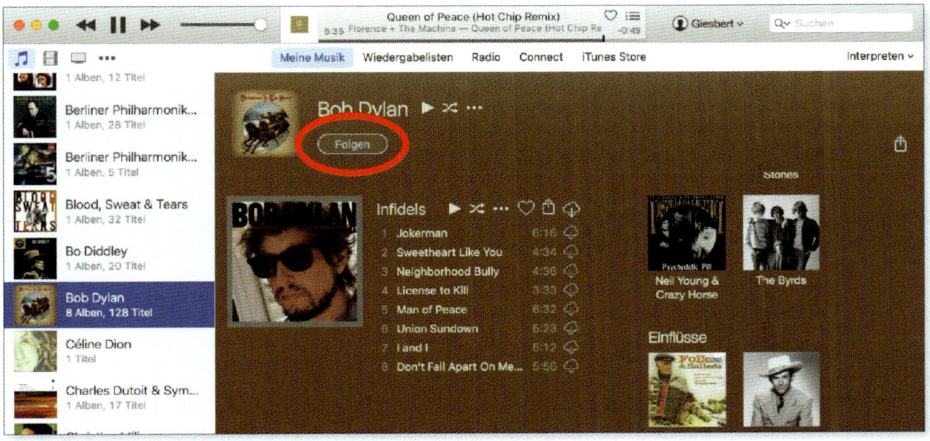

Wann immer Sie sich Informationen zu einem Interpreten anzeigen lassen – ganz gleich ob wie hier in iTunes oder bei Apple Music –, taucht eine „Folgen“-Taste auf.

Natürlich können Sie auch gezielt bestimmten Künstlern folgen. Dazu lassen Sie sich entweder in Ihrer lokalen Mediathek den Interpreten oder bei Apple Music die Seite des entsprechenden Künstlers anzeigen und klicken dort auf *Folgen*. Diese Taste sehen Sie bei fast allen Künstlern – auch bei denen, wo sie eher sinnlos ist, weil es etwa die Band schon lange nicht mehr gibt oder weil der Künstler verstorben ist. In diesem Fall werden die Neuigkeiten zum jeweiligen Künstler in der Regel von einer Plattenfirma, einem Agenten oder anderen Personen veröffentlicht – falls überhaupt. Es kann durchaus passieren, dass Sie gleich ein paar Dutzend Künstlern folgen und das Register *Connect* trotzdem leer bleibt.

So leicht, wie Sie einem Künstler folgen können, können Sie die Gefolgschaft auch wieder aufkündigen.

Ihre Entscheidung, einem Künstler bei Connect zu folgen, können Sie jederzeit widerrufen. Am einfachsten geht dies, wenn Sie im Register *Connect* bei einem Beitrag, der Sie dann doch nicht so sehr interessiert, auf den Namen des Künstlers klicken. Es wird Ihnen nun die Künstlerseite von Apple Music angezeigt. Hier zeigen Sie auf die Taste *Folge ich*, die damit zu *Entfolgen* wird. Ein Klick darauf – und die Gefolgschaft wird beendet.

Sehen, wem man folgt

Da iTunes bei einem Download aus dem iTunes Store Ihre Liste der Künstler, denen Sie folgen, automatisch aktualisiert, ist es nicht ganz einfach, den Überblick darüber zu behalten, wem Sie nun tatsächlich folgen und wem nicht.

Daher empfiehlt es sich, gelegentlich einen Blick in die Liste all derer zu werfen, denen Sie auf Connect folgen. Dazu klicken Sie in iTunes auf Ihren Account ❶ und wählen *Folge ich* ❷.

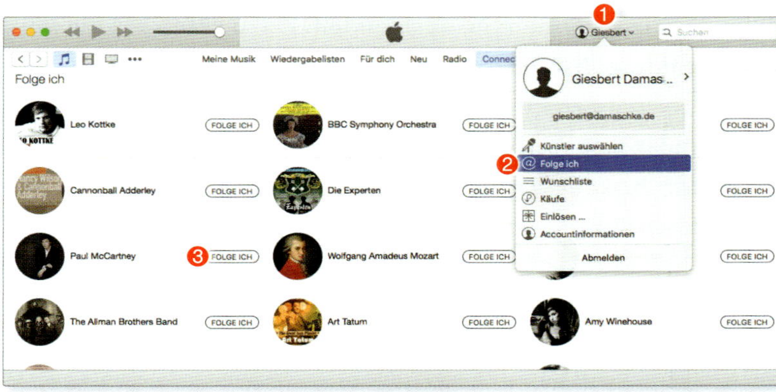

Über Ihren Account können Sie sich auch eine Liste aller Künstler anzeigen lassen, denen Sie folgen.

Nun nimmt iTunes Kontakt zu Apple auf und zeigt Ihnen eine Liste aller Künstler, denen Sie bei iTunes folgen. Mit einem Klick auf *Folge ich* ❸ können Sie dem entsprechenden Künstler auch „entfolgen".

Connect ausblenden

Wenn Sie Apple Music oder die iCloud-Mediathek nicht benutzen und die entsprechenden Menüpunkte erst gar nicht angezeigt bekommen möchten, dann ist das ganz einfach: Sie deaktivieren die entsprechenden Punkte auf dem Register *Allgemein* in den *Einstellungen* von *iTunes*. Einen entsprechenden Eintrag für Connect suchen Sie hier allerdings vergeblich.

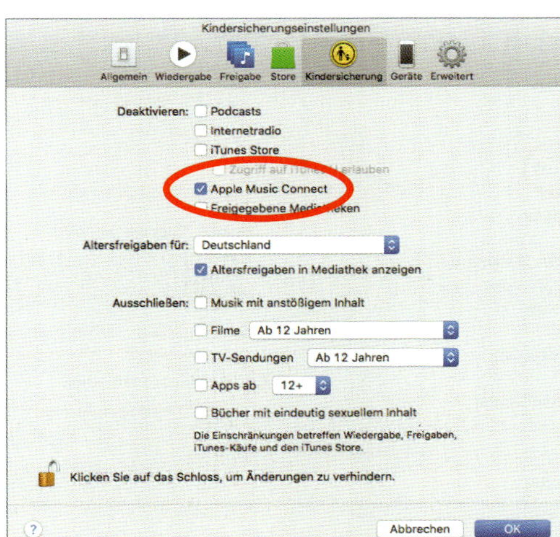

Apple Music Connect schalten Sie in den Einstellungen zur Kindersicherung aus.

Doch auch Connect können Sie ausblenden. Dazu rufen Sie die *Einstellungen* von iTunes auf und wechseln zum Register *Kindersicherung*. Hier klicken Sie im Abschnitt *Deaktivieren* den Punkt *Apple Music Connect* an und bestätigen mit *OK*. Damit verschwindet nicht nur der Menüpunkt *Connect*, auch bei den Interpreten werden die *Folgen*- bzw. *Entfolgen*-Tasten nicht mehr angezeigt.

iPhone & Co

Apple Music und die iCloud-Mediathek wird auch auf iOS-Geräten unterstützt (iPhone, iPad, iPod touch) – vorausgesetzt, auf diesen Geräten läuft mindestens iOS 8.4. Allerdings sind dabei einige Besonderheiten zu berücksichtigen.

Apple Music und die iCloud-Mediathek aktivieren

Damit Sie Apple Music und die iCloud-Mediathek auf einem iOS-Gerät nutzen können, müssen Sie diese Funktionen natürlich zuerst aktivieren. Das erledigen Sie unter *Einstellungen –> Musik*. Dort aktivieren Sie die beiden Schalter *Apple Music zeigen* und *iCloud-Musikmediathek*.

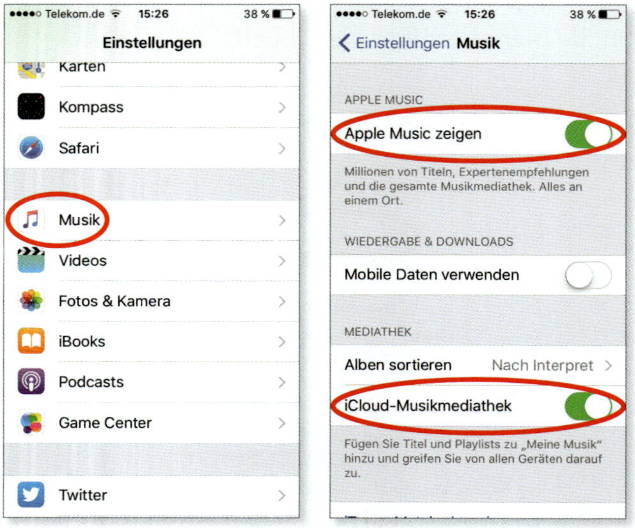

Apple Music und die iCloud-Musikmediathek aktivieren Sie unter iOS in den Einstellungen der Musik-App.

Sobald Sie diese Funktionen eingeschaltet haben, ändert sich das Menü in der Musik-App. Aus *Meine Musik*, *Playlists*, *Radio* und *Connect* wird dann auf dem iPad *Für dich*, *Neu*, *Radio*, *Connect*, *Playlists* und *Meine Musik*. Auf dem iPhone wird *Playlists* aus Platzgründen nicht mehr angezeigt. Hier erreichen Sie die Wiedergabelisten nun über *Meine Musik*. Dort können Sie zwischen den beiden Registern *Mediathek* und *Playlists* wechseln.

Musik auf iPhone & Co speichern

Wie mit iTunes auf Ihrem Computer können Sie mit iPhone & Co problemlos auf das Angebot von Apple Music zugreifen. Möchten Sie Musik aus Apple Music lokal auf Ihrem iOS-Gerät speichern, müssen Sie – wie bei iTunes – die iCloud-Musikmediathek aktiviert haben.

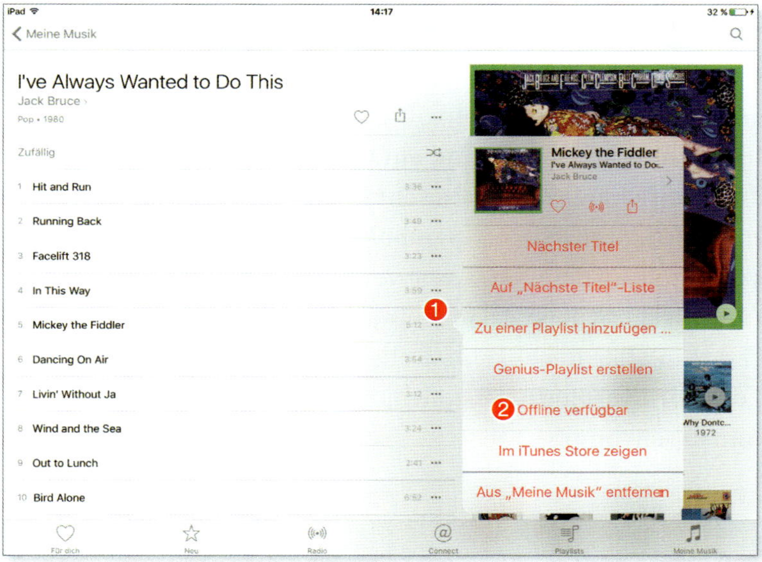

Sobald die iCloud-Musikmediathek auf einem iOS-Gerät aktiviert ist, können Sie beliebige Titel aus Apple Music als Datei auf dem Gerät speichern.

Um einen Song oder ein Album aus der Cloud lokal auf Ihrem Gerät zu speichern, tippen Sie auf die *Mehr*-Taste (die drei Punkte) ❶ und wählen *Offline verfügbar* ❷. Der Download beginnt ohne weitere Rückfragen.

Über den Fortschritt beim Herunterladen informiert Sie eine Kopfleiste, die im Register *Meine Musik* ❸ eingeblendet wird. Tippen Sie darauf ❹, erhalten Sie eine genaue Übersicht über alle aktiven Downloads. Hier können Sie einen Download auch pausieren oder abbrechen ❺.

Im Register „Meine Musik" können Sie sich die aktuellen Downloads anzeigen lassen.

Das funktioniert in der Regel völlig problemlos – problematisch ist allerdings, wie Sie Ihr iPhone oder iPad auf einen lokal verfügbaren Titel aufmerksam macht. Nämlich nur durch ein sehr kleines, dezentes Symbol, das leicht zu übersehen ist. Nur wenn dieses Symbol angezeigt wird, ist die entsprechende Datei physikalisch auf dem iOS-Gerät vorhanden. Andernfalls wird der entsprechende Titel aus der iCloud geladen und auf das Gerät gestreamt. Das spielt in einem WLAN in aller Regel keine Rolle, wohl aber unterwegs. Wer hier nicht aufpasst, der wird verblüfft feststellen, in welchem Rekordtempo sein mobiles Datenvolumen schrumpft.

Vorsicht, Datenfalle! Nur wenn ein kleines Symbol an einem Titel erscheint, ist dieser Titel als Datei auf dem iOS-Gerät gespeichert – alle anderen Titel werden via Internet gestreamt und belasten Ihr Datenvolumen.

Online-Inhalte und den mobilen Datenzugriff kontrollieren

Wenn Sie sicher sein wollen, dass sich unterwegs Ihr Datenvolumen nicht versehentlich in Musik auflöst, sollten Sie der Musik-App den Zugriff auf mobile Daten verbieten und sich in der Musik-App unterwegs nur die Inhalte anzeigen lassen, die sich tatsächlich physikalisch auf dem Gerät befinden.

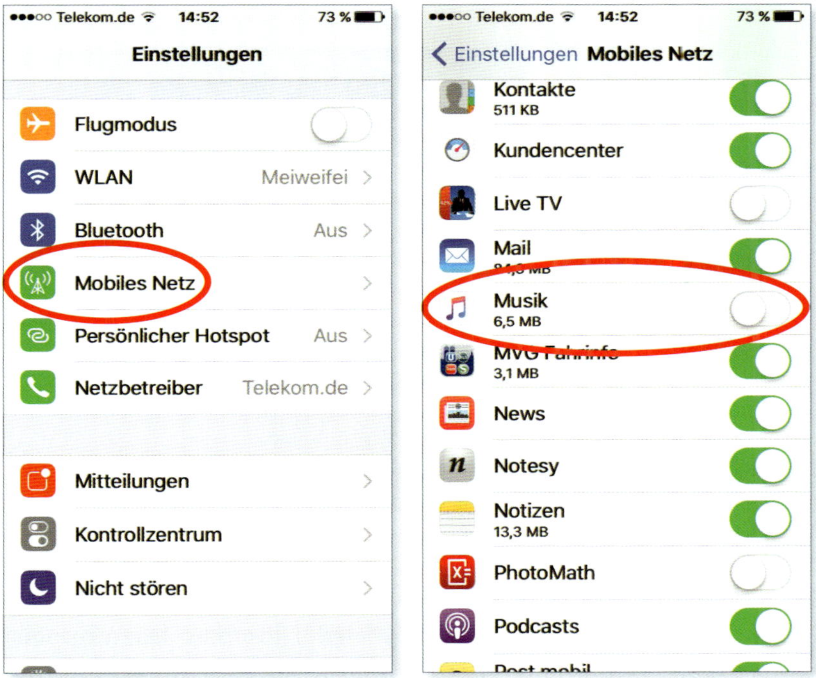

Schalten Sie den mobilen Datenzugriff für Musik aus, um unterwegs nicht versehentlich Musik via Mobilfunk zu streamen.

Dazu wählen Sie auf dem iOS-Gerät zum einen *Einstellungen –> Mobiles Netz* und schalten im Abschnitt *Mobile Daten verwenden* den Zugriff für die Musik-App aus. Zum anderen tippen Sie in der Musik-App im Register *Meine Musik* ❶ auf die aktuell gewählte Darstellung (etwa: *Alben* ❷) und aktivieren hier den Schalter *Nur Offline-Musik* ❸.

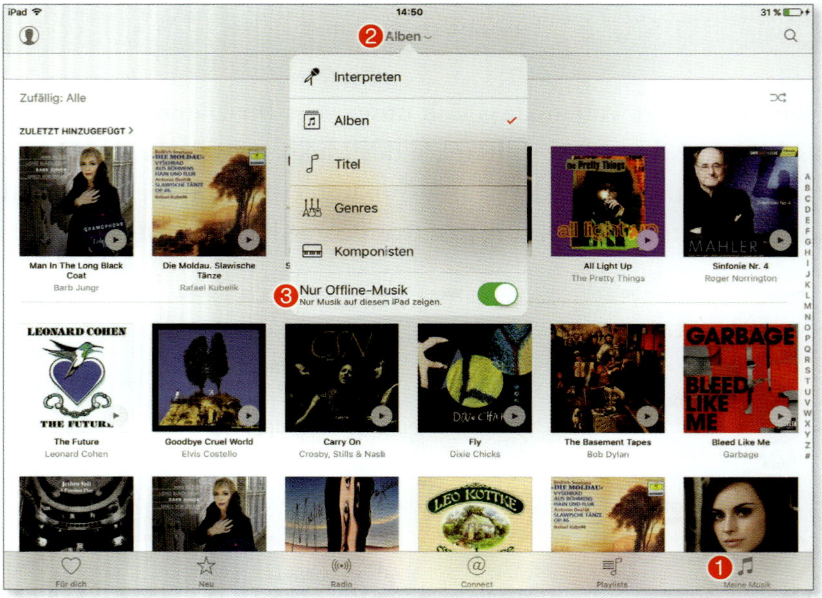

Wenn Sie sicher wissen wollen, welche Titel physikalisch als Datei auf Ihrem iOS-Gerät gespeichert sind, aktivieren Sie den entsprechenden Schalter.

Lokale Musik löschen

Ein iOS-Gerät hat nur begrenzten Speicherplatz. Um Platz zu schaffen, können Sie geladene Musik jederzeit problemlos wieder löschen. Dazu tippen Sie bei einem geladenen Album oder Titel auf die *Mehr*-Taste (die drei Punkte) und wählen hier *Download entfernen* bzw. *Downloads entfernen*.

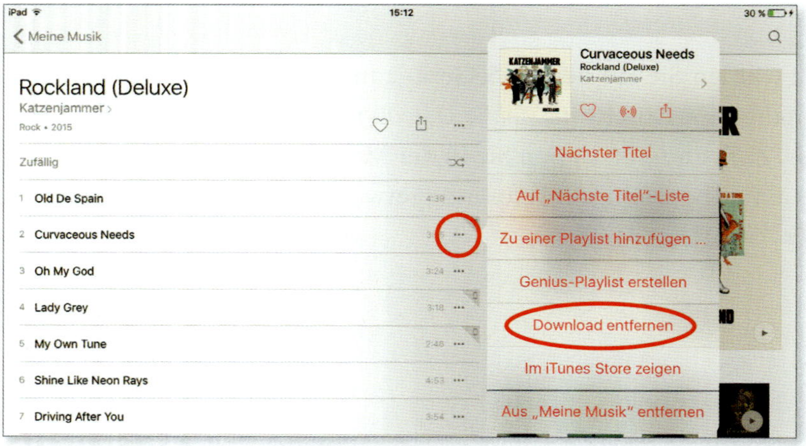

Jede von Apple Music geladene Datei lässt sich problemlos wieder vom iOS-Gerät löschen.

Lokale Synchronisation und die iCloud-Mediathek

Sobald Sie auf dem iOS-Gerät in den Einstellungen die iCloud-Mediathek aktiviert haben, werden Sie eine Überraschung erleben, sobald Sie das Gerät an Ihren Computer anschließen, um es mit iTunes zu synchronisieren. Denn dann ist der Musik-Sync ausgeschaltet. Es ist also nicht mehr möglich, Ihre lokal vorhandene Musik wie gewohnt aufs iPhone zu kopieren.

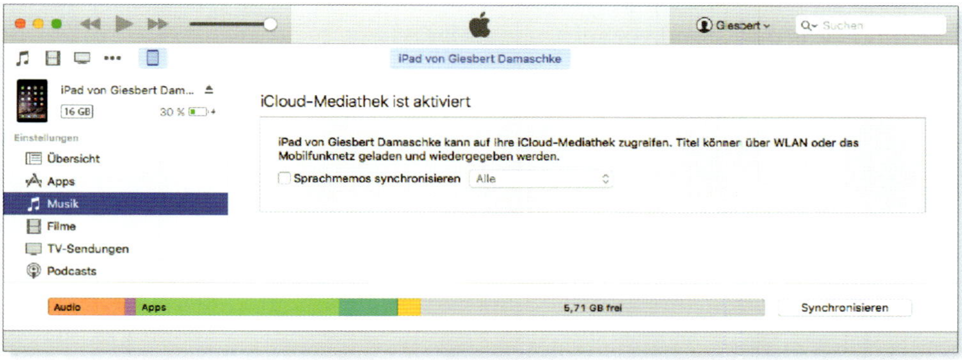

Sobald die iCloud-Mediathek auf einem iOS-Gerät aktiviert ist, ist ein lokaler Sync der iTunes-Mediathek nicht mehr möglich.

Das ist zwar auf den ersten Blick folgerichtig, schließlich haben Sie dank iCloud-Mediathek jederzeit Zugriff auf Ihre Musik und es gibt eigentlich keinen Grund, den knappen Speicherplatz auf einem iOS-Gerät mit Musikdateien zu füllen, die man auch via Internet streamen kann.

Aber das gilt natürlich nur in einer perfekten Welt, in der man überall und jederzeit über eine stabile Internetverbindung verfügt und sich um das Datenkontingent seines Mobilfunkanbieters keine Gedanken machen muss.

Die Praxis sieht da leider – zumindest hierzulande – anders aus. Wirklich bedenkenlos nutzbar ist Streaming (und damit auch Apple Music) letztlich nur im WLAN. Unterwegs bremsen unzuverlässige Internetverbindungen und teilweise horrende Mobilfunkpreise den Streaming-Spaß doch deutlich aus.

Es kann also durchaus sehr sinnvoll sein, die iCloud-Mediathek zu nutzen und trotzdem Musik via iTunes auf ein iPhone oder iPad zu kopieren. Natürlich könnte man die gewünschten Titel auch im WLAN aus der iCloud-Mediathek auf das Gerät herunterladen – aber warum sollte man einen zeitaufwendigen Download in Kauf nehmen, wenn der lokale Sync via USB doch sehr viel schneller geht?

Möchten Sie also lokal verfügbare Musik aufs iPhone kopieren, ohne auf die iCloud-Mediathek verzichten zu müssen, gibt es einen ganz einfachen Trick:

Schalten Sie die iCloud-Musikmediathek auf dem iOS-Gerät vorübergehend einfach aus. Anschließend können Sie Ihre Musik via iTunes wie gewohnt aufs iPhone kopieren. Sobald der Vorgang abgeschlossen ist, aktivieren Sie die iCloud-Mediathek erneut.

Hier gibt es nur eins zu beachten: Sie können ausschließlich Musik auf das iOS-Gerät streamen, die Sie unabhängig von Apple Music in Ihrer Mediathek vorrätig haben. Titel, die Sie als Datei aus Apple Music Ihrer Mediathek hinzugefügt haben, lassen sich nicht synchronisieren. Hier führt dann kein Weg am Download aus der Cloud vorbei.

Anhang A Apple-ID

Apple bietet zahlreiche Dienste an, für die Sie sich mit einer Apple-ID anmelden müssen. Diese ID ist nichts anderes als Ihre E-Mail-Adresse, die Sie bei Apple hinterlegt haben und mit der Apple Ihre Kontakt- und Kontodaten – also Ihren Account – verknüpft. In diesem Anhang beschäftigen wir uns mit allen Fragen rund um die Apple-ID.

Die Apple-ID

Ursprünglich wurden die Apple-ID und das damit verknüpfte Kundenkonto bei Apple für den Einkauf im iTunes Store benötigt, weshalb diese ID mitunter auch noch „iTunes Store-Account" heißt. Nach wie vor ist der Einkauf im iTunes Store und seinen verschiedenen Ablegern, wie dem App Store, dem iBooks Store und dem Mac App Store, das Haupteinsatzgebiet der Apple-ID. Doch Sie benötigen die ID auch für andere – kostenlose – Angebote, wie etwa für die Privatfreigabe von iTunes oder die vielfältigen Möglichkeiten von iCloud und Apple Music. Auf dem Mac und iOS-Geräten stehen Ihnen mit Ihrer Apple-ID auch die Angebote *Nachrichten* und *FaceTime* offen.

Eine Apple-ID ist ländergebunden und immer nur in dem Land bzw. dem regionalen Store gültig, in dem sie angelegt wurde. Es ist also nicht möglich, mit Ihrer deutschen Apple-ID im US-Store von Apple einzukaufen. Auch der Zugriff auf die kostenlosen Angebote in den Stores anderer Länder ist mit einer deutschen Apple-ID nicht möglich. Das Anlegen einer Apple-ID ohne Bankverbindung ist nicht ganz so einfach, wie man sich das vielleicht wünscht. Wer etwa seinen Kinder eine eigene Apple-ID spendieren will, gleichzeitig aber verhindern möchte, dass die lieben Kleinen unversehens Geld ausgeben, der steht vor einem kleinen Problem, das sich glücklicherweise leicht lösen lässt. Wie das geht, erfahren Sie weiter unten.

Kleiner, aber notwendiger Exkurs: Sichere Passwörter

Beim Anlegen einer Apple-ID werden Sie aufgefordert, ein Passwort festzulegen, das den Zugang zu Ihrem Kundenkonto schützt. Apple hat hier relativ strenge Vorgaben für ein gültiges Passwort: mindestens acht Zeichen, Groß- und Kleinbuchstaben gemischt, mindestens eine Ziffer, kein Zeichen dreimal nacheinander. Das wirkt auf den ersten Blick vielleicht ein wenig wie Schikane. Doch glauben Sie mir: dieser Eindruck täuscht.

Apple stellt recht hohe Anforderungen an ein gültiges Passwort – und das ist auch gut so.

Ihr Passwort ist der Schlüssel zu Ihrem gesamten Kundenkonto bei Apple. Hier sind nicht nur Ihre Kontaktdaten, sondern auch Ihre Bankverbindung hinterlegt. Alle Interaktionen mit Apple, alle Einkäufe und Downloads, der Zugang zu Ihren Daten bei iCloud – all das und noch einiges mehr ist mit Ihrer Apple-ID verknüpft. Jeder, der Ihr Passwort errät, kann mit Ihrer Apple-ID auf Ihre Kosten allerlei Unheil anrichten: Ihr Konto plündern, auf Ihre Kosten bei Apple einkaufen, Ihre Identität übernehmen und so weiter und so fort.

Es ist also in Ihrem eigenen Interesse, Ihre Apple-ID mit einem starken, also nicht leicht zu erratenden oder zu errechnenden Passwort zu schützen. Dumm nur, dass starke Kennwörter leider nur sehr schwer zu behalten sind. Doch es gibt einen einfachen Trick, mit dem Sie Kennwörter bilden können, die einerseits schwer zu erraten, andererseits aber noch relativ leicht zu merken sind: Merken Sie sich nicht Ihr Passwort, sondern die Regel, nach der es gebildet wurde.

Beginnen Sie mit einem Satz, den Sie sich leicht merken können, etwa: „Mein Opa hat am 20. Mai Geburtstag." Nun notieren Sie das erste Zeichen jedes Satzteils und erhalten: MOha2MG. Denken Sie sich zwei für Sie wichtige Zahlen aus, etwa ein Geburtsdatum, und kombinieren Sie die Zahlen mit dem Passwort. Beim 27. März sähe das etwa so aus: 27MOha2MG03. Wenn Sie das Datum nun noch mit Satzzeichen von Ihrem Passwort trennen – 27&MOha2MG&03 – erhalten Sie ein Passwort, das Sie sich zwar auch nicht unbedingt merken, aber jederzeit relativ leicht aus der nur Ihnen bekannten Bildungsregel ableiten können. Ein solches Passwort hält einer ernsthaften Attacke zwar auch nicht unbedingt stand, denn absolut sichere Kennwörter gibt es leider nicht. Es schützt Sie aber ganz erheblich besser als ein Wald-und-Wiesen-Passwort, das jeder mit ein wenig Geduld herausbekommt.

!

Passwortmanager

Es ist eine gute Idee, Passwörter und andere sensible Informationen in eigenen Programmen zu verwalten, die diese Daten verschlüsselt speichern. Diese Programme werden dann selbst mit einem Master-Passwort gesichert. Sie müssen sich dann nur noch dieses Master-Passwort merken, um an all Ihre Passwörter zu gelangen. Hier bietet der Markt eine große Auswahl an passenden Programmen. Die Palette reicht von der kostenlosen OpenSource-Lösung **KeePass** (für Linux, OS X, Windows) bis zum kostenpflichtigen Profiprogramm **1Password** (für iOS, OS X, Windows).

Eine Apple-ID auf dem Computer einrichten

Da die Apple-ID von zentraler Bedeutung ist, gibt es zahlreiche Möglichkeiten, wie Sie eine Apple-ID einrichten können. Spätestens dann, wenn Sie einen Dienst nutzen möchten, für den Sie eine Apple-ID benötigen, wird Ihnen auch die Einrichtung einer neuen ID angeboten. Das Verfahren ist dabei immer gleich und soll hier am Beispiel von iTunes erläutert werden. Auch hier haben Sie mehrere Möglichkeiten. Sie können etwa im Menü *Store –> Apple-ID erstellen* wählen oder Sie klicken oben rechts auf die Account-Taste *Anmelden* ❶ und wählen hier ebenfalls *Apple-ID erstellen* ❷.

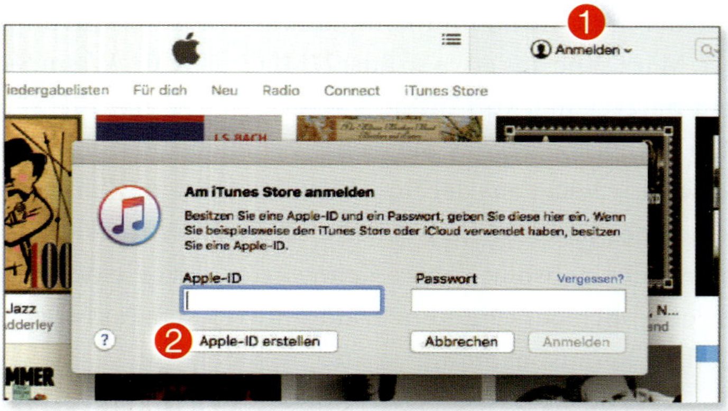

Viele Wege führen zu einer Apple-ID, hier zum Beispiel über die Account-Taste in iTunes.

Ganz gleich, welchen Weg Sie einschlagen – der weitere Prozess sieht auf allen Geräten gleich oder doch sehr ähnlich aus. Nach den üblichen Präliminarien wie einer kurzen Information über die Apple-ID und den AGBs (die Sie per Mausklick akzeptieren müssen) erscheint ein Eingabeformular.

Hier geben Sie zuerst Ihre E-Mail-Adresse und ein Passwort ein. Die hier eingetragene E-Mail-Adresse wird Ihre Apple-ID.

Ein Passwort muss mindestens acht Zeichen lang sein und mindestens eine Zahl, einen Klein- und einen Großbuchstaben enthalten. Sie dürfen keine Leerzeichen benutzen und kein Zeichen drei- oder mehrmal hintereinander eingeben. Ein Passwort wie „1234Hallo" wäre zum Beispiel gültig – wenn auch sehr schwach, also schon durch einfaches Ausprobieren zu erraten, und deshalb keinesfalls zu empfehlen! –, ein Passwort wie „1234mmmm" ist dagegen nicht zulässig.

Anschließend definieren Sie drei Sicherheitsfragen. Diese Fragen werden z. B. dann gestellt, wenn Sie Ihr Passwort vergessen haben. Notieren Sie sich Ihr Passwort, die Sicherheitsfragen und Ihre Antworten gut. Sie sollten zudem eine *Optionale E-Mail-Adresse* angeben, über die Sie Apple notfalls kontaktieren kann. Zu guter Letzt geben Sie noch Ihr Geburtsdatum an. Achten Sie darauf, dass die beiden letzten Optionen nicht aktiviert sind – andernfalls bekommen Sie regelmäßig Werbung von Apple. Mit *Weiter* gelangen Sie zur nächsten Formularseite.

Beim Standarddialog zur Erstellung einer Apple-ID kommen Sie ohne Angabe einer Zahlungsmethode nicht weiter.

Hier geben Sie Ihre Bankverbindung und Ihre Anschrift ein. Mit einem Klick auf *Apple-ID erstellen* wird die ID schließlich erzeugt. Sie erhalten eine Bestätigungsmail an die von Ihnen eingegebene E-Mail-Adresse, die einen Bestätigungslink enthält. Nachdem Sie diesen Link angeklickt haben, gilt Ihre Adresse als verifiziert, und der Account kann uneingeschränkt benutzt werden.

!

Eine Apple-ID unter iOS einrichten

Auch auf einem iPhone, iPad oder iPod touch können Sie eine Apple-ID einrichten. Das wird Ihnen bereits bei der ersten Inbetriebnahme angeboten. Sie können das aber auch später jederzeit nachholen. Hier bietet iOS ebenfalls zahlreiche Möglichkeiten, und jede App, die auf die Apple-ID zugreift, ermöglicht es Ihnen, eine ID zu erstellen. Am einfachsten geht dies wohl unter **Einstellungen –> iTunes & App Store**. Dort finden Sie die Taste **Neue Apple-ID erstellen**, über die Sie einen ähnlichen Dialog wie in iTunes starten.

Eine Apple-ID ohne Zahlungsmethode einrichten

Wenn Sie mit dem beschriebenen Verfahren eine Apple-ID anlegen, haben Sie sich vielleicht darüber geärgert, dass Apple partout eine Zahlungsmethode von Ihnen wissen will, bevor die ID angelegt wird.

Doch vielleicht sind Sie noch etwas misstrauisch und möchten Apple Ihre Bankdaten nicht so ohne weiteres anvertrauten. Oder Sie sind ohnehin nur an kostenlosen Apps für Ihr iPhone interessiert, für die Apple nun wirklich nicht Ihre Bankverbindung kennen muss. Oder Sie möchten Ihrem Kind eine eigene Apple-ID einrichten, ohne Gefahr zu laufen, dass Ihr Nachwuchs versehentlich Ihre Kreditkarte plündert. Kurz: Es gibt mehr als einen Grund, warum man auf die Angabe seiner Bankverbindung (vorerst) verzichten möchte. Es ist schließlich kein Problem, diese Daten später nachzutragen.

Glücklicherweise ist es durchaus möglich, eine Apple-ID einzurichten, ohne dass Sie Ihre Bankverbindung oder Ihre Kreditkartendaten eintragen müssen. Allerdings hat Apple den Weg dorthin ein wenig versteckt. Der Trick besteht darin, ohne aktive Apple-ID eine (beliebige) kostenlose App herunterladen zu wollen.

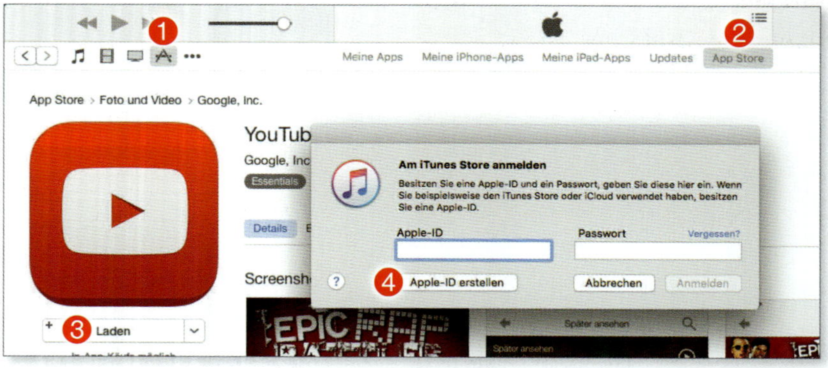

Wenn Sie einen Account ohne Bankverbindung anlegen möchten, dann geht das nur über einen kleinen Umweg.

Wechseln Sie in iTunes in den *Apps*-Bereich ❶ und dort zum *App Store* ❷. Suchen Sie sich nun eine x-beliebige, kostenlose App aus und klicken Sie auf *Laden* ❸.

Es erscheint der übliche Anmeldedialog, in dem Sie auf *Apple-ID erstellen* ❹ klicken. Nun beginnt die beschriebene Anmeldeprozedur – mit einem kleinen, aber wichtigen Unterschied: Bei der Abfrage der Zahlungsmethode haben Sie nun auch die Möglichkeit, *Keine* zu wählen.

Die Möglichkeit, „Keine" Zahlungsmethode anzugeben, hat Apple gut versteckt.

Daten der Apple-ID ändern

Es gibt viele Möglichkeiten, die Daten Ihrer Apple-ID zu ändern, also etwa nach einem Umzug die Adresse zu aktualisieren, das Passwort zu ändern, neue Sicherheitsabfragen zu definieren, eine neue E-Mail-Adresse für die Kontaktaufnahme anzugeben und ähnliches mehr.

Sie können die Daten Ihrer Apple-ID nicht nur via iTunes oder auf Ihrem iOS-Gerät, sondern auch über jeden Browser bearbeiten. Rufen Sie dazu die Webseite „appleid.apple.com" auf.

- *Daten auf dem Computer ändern:* Auf dem Computer starten Sie iTunes und wählen *Store –> Account (Ihr Account) anzeigen*. Alternativ dazu können Sie in iTunes auch oben rechts auf Ihren Account klicken und *Accountinformationen* aufrufen. Geben Sie nun Ihr Passwort ein. Sie sehen dann Ihre *Account-Daten* und können mit einem Klick auf *Bearbeiten* die gewünschten Informationen ändern.
- *Daten unter iOS ändern:* Auf einem iOS-Gerät (iPhone, iPad, iPod touch) wählen Sie *Einstellungen –> App und iTunes Store*, tippen dort auf Ihre Apple-ID und wählen *Apple-ID anzeigen*. Auch hier können Sie nun alle gewünschten Informationen direkt bearbeiten.
- *Daten über das Webinterface ändern:* Über einen Webbrowser erhalten Sie ebenfalls vollen Zugriff auf alle hinterlegten Daten. Rufen Sie dazu im Browser die Adresse *appleid.apple.com* auf und klicken Sie hier auf *Ihre Apple-ID verwalten*. Geben Sie Ihre Apple-ID und Ihr Passwort ein und klicken Sie auf *Anmelden*. Hier können Sie nun sämtliche Informationen zu Ihrer Apple-ID einsehen und gegebenenfalls ändern. Der Zugriff auf Ihr Passwort und die Sicherheitsfragen wird erst freigegeben, wenn Sie zwei der drei Sicherheitsabfragen korrekt beantwortet haben.

Passwort vergessen?

Sie sollten sich Ihr Passwort, die von Ihnen gewählten Sicherheitsfragen und Ihre Antworten gut notieren. Trotzdem kann es natürlich passieren, dass Sie das Passwort zu Ihrer Apple-ID vergessen haben. In diesem Fall hilft Ihnen *iForgot* weiter, über das Sie Ihr Passwort zurücksetzen lassen können.

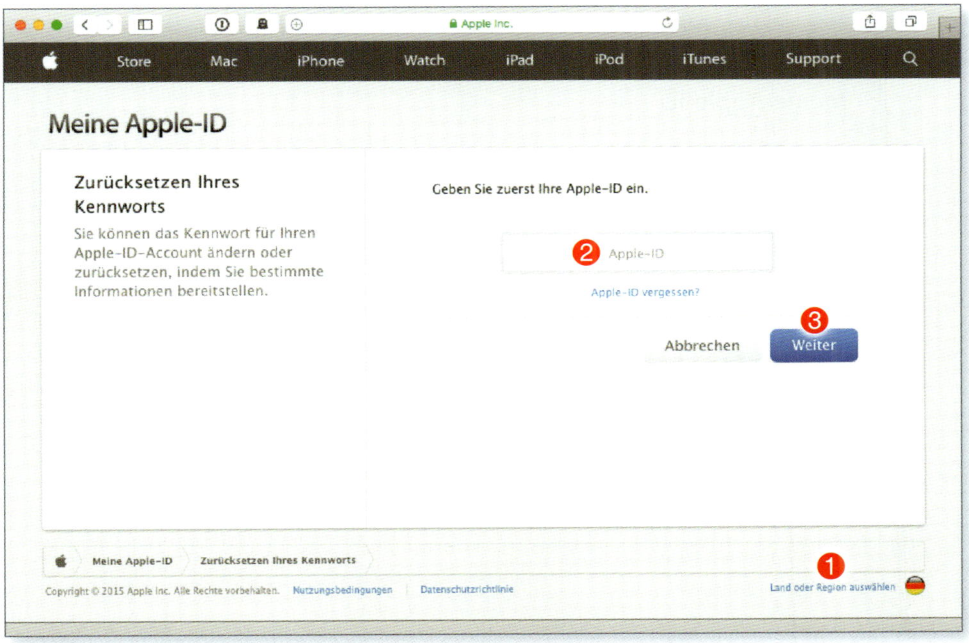

Wenn Sie Ihr Passwort vergessen haben, können Sie es über eine Webseite bei Apple zurücksetzen.

Wie alle Angebote und Hilfestellungen rund um die Apple-ID erreichen Sie auch iForgot auf verschiedenen Wegen. Am schnellsten geht es im Browser unter der Adresse *iforgot.apple.com*. Die Webseite öffnet sich üblicherweise auf deutsch. Sollte das nicht der Fall sein, können Sie die Sprache über den Link rechts unten ändern ❶.

Hier geben Sie nun Ihre Apple-ID ein ❷ und klicken auf *Weiter* ❸. Im nächsten Schritt haben Sie nun zwei Möglichkeiten:

- *E-Mail-Authentifizierung* ❹*:* Sie erhalten umgehend eine E-Mail an die Adresse, die Sie als Kontaktadresse angegeben haben. In der Regel ist dies wohl Ihre Apple-ID. Die E-Mail enthält einen Link, der Sie zu einer

Webseite führt, auf der Sie ein neues Passwort festlegen können. Der Link ist drei Stunden lang gültig. Sollten Sie nicht innerhalb von drei Stunden auf die Mail reagieren, müssen Sie den Vorgang wiederholen.

- *Sicherheitsfragen beantworten* ❺: Hier müssen Sie zuerst Ihr Geburtsdatum angeben. Anschließend wird Ihnen eine der drei Sicherheitsfragen vorgelegt. Wenn Sie diese Fragen korrekt beantwortet haben, können Sie das Passwort neu festlegen.

Wählen Sie eine der beiden Möglichkeiten und klicken Sie auf *Weiter* ❻.

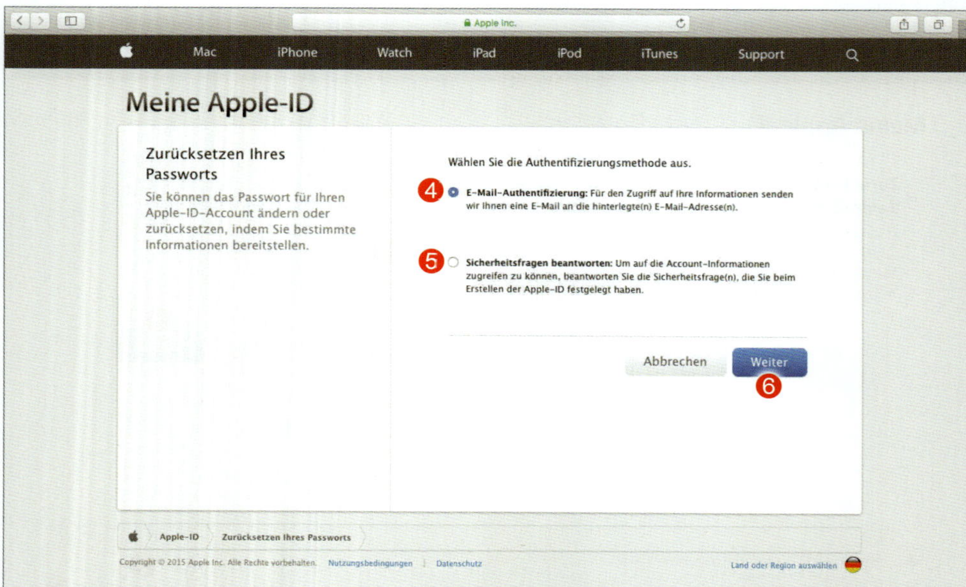

Um Ihr Passwort zurückzusetzen, können Sie sich entweder einen Link per Mail zuschicken lassen oder Sie beantworten die Sicherheitsfragen, die Sie bei der Einrichtung Ihrer Apple-ID angegeben haben.

Apple-ID vergessen?

Es kann durchaus vorkommen, dass Sie nicht nur Ihr Passwort, sondern auch Ihre Apple-ID vergessen haben. Auch in diesem Fall gibt es Hilfe und es ist noch nicht alles verloren.

Am einfachsten ist es, wenn Sie in iTunes Songs, Apps oder E-Books haben, die Sie in der entsprechenden Abteilung des iTunes Store mit Ihrer Apple-ID gekauft haben. Denn dann ist diese ID in den Metadaten der Dateien enthalten und kann problemlos ausgelesen werden.

Markieren Sie den entsprechenden Titel und drücken Sie *cmd + I* (OS X) bzw. *Strg + I* (Windows). Auf der Registerkarte *Datei* ❶ finden Sie den Eintrag *Gekauft von* mit Ihrem Namen und mit Ihrer Apple-ID ❷ in den Klammern dahinter.

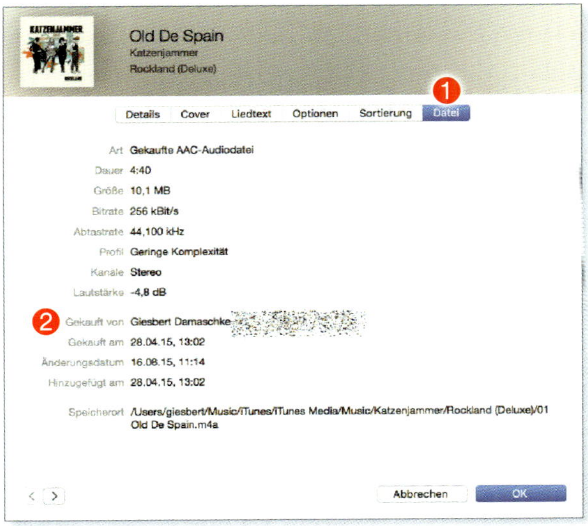

Falls Sie einmal nicht wissen, mit welcher ID Sie einen Titel gekauft haben – die Datei-Informationen verraten es Ihnen.

Falls Sie keine Songs, Apps oder E-Books haben, bleibt Ihnen noch der Weg über *iforgot.apple.com*. Hier klicken Sie auf den Link *Apple-ID vergessen?* unterhalb des Eingabefelds für die Apple-ID.

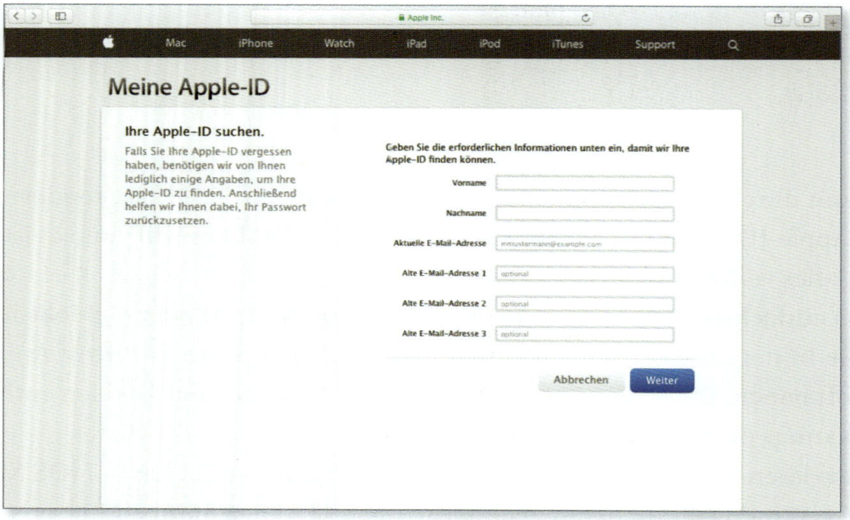

Auch im Browser können Sie sich über „iforgot.apple.com" Ihre Apple-ID verraten lassen.

Hier geben Sie Ihren Namen und die E-Mail-Adresse ein, die Sie in den Einstellungen der Apple-ID als Ihre Kontaktadresse eingetragen haben. Nach einem Klick auf *Weiter* haben Sie anschließend – wie beim Zurücksetzen Ihres Passworts – die Möglichkeit, sich entweder über eine E-Mail an Ihre Adresse zu authentifizieren oder durch Beantwortung Ihrer Sicherheitsfragen.

Falls Sie die alternative Kontaktadresse oder die Sicherheitsfragen nicht mehr wissen, haben Sie allerdings ganz schlechte Karten. Denn dann wird Ihnen auch der Apple-Support nur noch mit sehr viel Glück weiterhelfen können.

Am besten ist es also, wenn Sie erst gar nicht in die Verlegenheit geraten, Ihre Apple-ID ermitteln oder Ihr Passwort zurücksetzen zu müssen. Schreiben Sie sich daher beim Anlegen einer Apple-ID sorgfältig alle Ihre Angaben auf, und verwahren Sie den Zettel sicher bzw. speichern Sie das Dokument mit den Daten an einer sicheren Stelle.

Anhang B Tastenkombis

Ob Mac oder Windows – das zentrale Werkzeug zur Bedienung und Steuerung des Computers ist die Maus. Doch wenn Sie Ihre Finger ohnehin auf der Tastatur haben, können Sie mit Kurzbefehlen (also Tastenkombinationen) den Einsatz von iTunes erheblich beschleunigen. Grund genug, Ihnen die wichtigsten Kurzbefehle für iTunes unter OS X und Windows einmal in einer Tabelle übersichtlich zu präsentieren.

Aktion	OS X	Windows
Programmsteuerung		
Programm-Einstellungen	cmd + ,	Strg + ,
iTunes-Fenster ausblenden	cmd + H	–
Alles außer iTunes ausblenden	cmd + alt + H	–
Statusleiste ein-/ausblenden	cmd + ß	Strg + / (Ziffernblock)
iTunes-Fenster schließen, ohne das Programm zu beenden	cmd + W	–
Mediathek beim Start wählen	Beim Programmstart alt drücken	Beim Programmstart Shift drücken
Im „Geschützten Modus" (ohne Plugins) starten	Beim Programmstart cmd + alt drücken	Beim Programmstart Shift + Strg drücken
Beenden	cmd + Q	Alt + F4

Darstellung		
Darstellungsoptionen	cmd + J	Strg + J
Spaltenbrowser ein-/ausblenden	cmd + B	Shift + Strg + B
„Nächster Titel" ein-/ausblenden	alt + cmd + U	Shift + Strg + U
Visuelle Effekte einblenden	cmd + T	Strg + T
MiniPlayer ein-/ausblenden	alt + cmd + M	Shift + Strg + 1
Zwischen Fenster und MiniPlayer wechseln	Shift + cmd + M	Shift + Strg + M
Alle Markierungsfelder in Listen an-/abwählen	Klicken Sie mit gedrückter cmd-Taste in ein Markierungsfeld.	Klicken Sie mit gedrückter Strg-Taste in ein Markierungsfeld.

Aktion	OS X	Windows
Wiedergabe		
Markierten Titel von Anfang an wiedergeben	Return	Return
Pausieren/Fortsetzen	Leertaste	Leertaste
Stoppen	cmd + .	Strg + .
Im aktuellen Titel vorwärts/rückwärts spulen	alt + cmd + Pfeiltaste rechts/links	Strg + Alt + Pfeiltaste rechts/links
Nächster/Vorheriger Titel (außer Alben-Darstellung)	Pfeiltaste rechts/links	Pfeiltaste rechts/links
Nächster/Vorheriger Titel (Alben-Darstellung)	cmd + Pfeiltaste rechts/links	Strg + Pfeiltaste rechts/links
Zum aktuellen Titel springen	cmd + L	Strg + L

Wiedergabelisten		
Neue Liste	cmd + N	Strg + N
Neue Liste aus Auswahl	cmd + Shift + N	Strg + Shift +N
Neue intelligente Liste	alt + cmd + N	Strg + Alt + N
Komplette Liste oder einzelne Titel aus der Liste löschen (Inhalte bleiben erhalten)	Backspace	Backspace
Komplette Liste oder Titel aus der Liste und aus der Mediathek löschen (Inhalte werden gelöscht)	alt + Backspace	Shift + Backspace
Genius-Liste aktualisieren	cmd + R	F5

Mediathek		
Inhalte importieren	cmd + O	Strg + O (nur Dateien, keine Ordner)
Informationen zu markierten Titeln anzeigen	cmd + I	Strg + I
Markierte Datei im Finder (OS X) bzw. Explorer (Windows) zeigen	cmd + Shift + R	Shift + Strg + R
Inhalte suchen	cmd + F	Strg + F

iTunes Store		
Zum Store wechseln	Shift + cmd + H	Shift + Strg + H
Seite neu laden	cmd + R	Strg + R
Zurückblättern	cmd + Ö	Strg + Ö
Vorblättern	cmd + Ä	Strg + Ä
Im Store suchen (von überall her)	Text im Suchfeld eingeben und alt + Return drücken	Text im Suchfeld eingeben und Strg + Return drücken

Index

A

B

C

D

E

F

G

H

I

J

K

L

M

N

O

P